극중지계 1

정치 · 외교 · 안보 편

극중지계 1
정치 · 외교 · 안보 편

1판 1쇄 발행 2021. 8. 23.
1판 2쇄 발행 2021. 9. 27.

지은이 정덕구 외 지음, 니어재단 편저

발행인 고세규
편집 임지숙 · 원소윤 디자인 정윤수 마케팅 정성준 홍보 박은경
발행처 김영사
등록 1979년 5월 17일(제406-2003-036호)
주소 경기도 파주시 문발로 197(문발동) 우편번호 10881
전화 마케팅부 031)955-3100, 편집부 031)955-3200 | 팩스 031)955-3111

값은 뒤표지에 있습니다.
ISBN 978-89-349-8488-7 04300 | 978-89-349-8487-0 (전2권)

홈페이지 www.gimmyoung.com 블로그 blog.naver.com/gybook
인스타그램 instagram.com/gimmyoung 이메일 bestbook@gimmyoung.com

좋은 독자가 좋은 책을 만듭니다.
김영사는 독자 여러분의 의견에 항상 귀 기울이고 있습니다.

한국의 거대 중국 극복하기

극중지계
克中之計

정치외교
안보편

정덕구 외 지음
니어재단 편저

1

중국은 미래 한국의 가상의 적인가,
공존의 파트너인가?

김영사

극중지계, 그 담대한 도전

이 책은 현재 전환의 시대를 맞은 한중 관계의 제반 문제와 시진핑習近平식 중국의 실체와 행태 등을 성역 없이 다루고 있다. 어느 정도 공존의 틀 속에서 순항하는 듯하던 한중 관계는 중국의 급부상과 함께 미중 간 전략적 경쟁이 충돌 양상을 보이면서 새로운 국면을 맞았다.

시진핑 시대에 이르러 중화민족주의의 중국몽中國夢이 팽창주의의 모습으로 나타나고 금세기 들어 미국의 국력이 점점 쇠퇴의 길로 들어서면서, 세계는 본격적인 세력 전이power transition의 시대를 맞고 있다. 이에 따라 동북아시아의 지정학 · 지경학적 환경도 크게 바뀌어가고 한중 관계는 새로운 요소들이 지배하기 시작했다. 지난 30여 년간 한중 간에는 보완적 생존관계와 산업관계가 형성되어왔다. 이것이 한중 관계의 공존의 틀이었다.

미중 간에도 공존과 협력의 틀이 형성되었고, 이것이 한중 관계의 공존적 발전에 큰 도움이 되어왔다. 그러나 지금 이러한 공존의 틀과 보완적 생존관계는 급격히 약화되고 있고, 경쟁과 충돌의 요소가 커지고 있다. 한마디로 한중 관계는 전환 시대에 진입하고 있는 것이다. 그리고 한국은 중국과 충돌이냐 예속이냐 아니면 기존의 공존의 시대로 돌아가느냐의 생존적 기로에 서 있다. 이제 중국의 굴기의식이 전통적 대국외교와 더불어 해륙海陸외교로 나타나고 있고, 한반도에 대한 영향력을 유지하기 위한 중국의 현란하고 난해한 외교 행보가 계속되고 있다. 강성 팽창된 국력을 바탕으로 한국을 위에서 내려다보며 숨겨왔던 발톱을 내보인다.

이 책은 이러한 새로운 현상을 가감 없이 구체적으로 종합, 분석하고 한국의 새로운 생존 방정식을 모색한다. 한마디로 강성대국 중국을 극복하기 위한 비방서秘方書로서 극중지계克中之計인 것이다.

중국은 미래 한국에 어떤 존재인가

이제 본격적으로 중국의 실체와 정체성에 대한 새로운 인식과 대응 자세가 요구되고 있다. 과연 앞으로 중국은 우리에게 가상의 적인가 아니면 공존의 동반자인가? 가치, 생각, 방법이 다른 중국을 어떤 전략과 생존 방정식으로 극복할 것인가? 이것이 한국에 던져진 현실적이고 기본적인 질문이다. 한동안 중국에는 이런 속설이 있었다. "중국이 한국을 볼 때 한국보다는 뒤에 바짝 붙어 서 있는 미국을 먼저 본다." 그러나 지금 중국은 한국과 미국 사이의 거리를 주목하고 있다. 한미동맹이 절대적 동맹에서 상대적 동맹으로, 수직적 동맹에서 수평적 동맹으로 변화하는 상황을 꿰뚫어 보고 있는 것이다.

중국은 2008년 발생한 글로벌 금융위기 이후 미국의 위력이 눈에 띄게 약화되고 민주주의가 동요하는 모습을 보이자 숨겨진 발톱을 전면에 드러냈다. 중국의 정체성과 행동규범은 팽창과 도전으로 바뀌고, 세계와 더불어 생존하겠다던 당초 그들의 생존 방정식은 이제 독자생존 방정식으로 변화하고 있다. 이런 중국과 더불어 살아가야 하는 한국의 생존전략은 새로운 환경에 따라 어떻게 바뀌어야 할까? 그리고 이것은 얼마나 실효성이 있을까? 미국과 오랫동안 군사동맹을 맺고 가치를 공유해온 한국은, 지금 매의 눈을 뜨고 사자의 발톱으로 무장한 중국과 인접국이라는 현실로 인해 위협을 받고 있다. 앞으로 우리의 주권과 생존권을 지키기 위해 할 수 있는 선택은 무엇인가? 전 세계가 범한 중국에 대한 예측 오류에서 한국 또한 자유로울 수 없다. 그 오류에 기초한 기존의 중국 전략에 대한 전면적인 수정이 불가피한 실정이다. 가장 우려되는 것은 상황변화에 대응하는 유연성의 부족이다. 정치사상, 이념의 경직성이 한국의 행동규범과 생존 방정식 전반을 지배하고 있기 때문이다. 이제 우리는 중국의 실상을 정확히 인식하고 그들의 실력과 실체를 인정해야 한다. 지금 미국은 쇠퇴하고 있는데 중국은 급부상하고 있고, 그 끝은 예측하기 어렵다. 그리고 한국은 둘

사이에 낀 존재가 되고 있다. 특히 한국은 중국과 3개의 거리 관계 속에 있고 이것이 공존의 생존 방정식을 설정하는 데 최대의 장애 요인이 될 것이다. 중국과의 충돌이나 예속의 시나리오를 피하고, 공존의 시나리오를 찾아내는 것은 고난도의 과제이다. 이제 한국은 강성한 팽창주의의 중국을 극복해야 한다. 우리의 주권과 생존권을 굳건히 지키며, 우리 나름의 넓은 공간 속에서 자주적인 외교적 · 경제적 선택을 해나가야 한다. 그리고 중국과 안정된 공존관계를 만들어나가야 한다.

NEAR재단은 중국의 미래 예측과 한국의 생존 방정식을 재구성해야 한다는 강박감 속에서 지난 2년여를 보냈다. 어떻게 하면 중국의 미래에 대한 예측 오차를 줄일 것인가, 그리고 이에 기초한 한국의 생존 방정식의 상수와 변수는 어떻게 수정되어야 하는가에 대한 고뇌에 찬 논의가 1년 이상 계속되었다. 그러나 진정 국적 있는 중국 연구의 대가大家를 찾아내는 것은 그리 쉬운 일이 아니었다. 그리고 중국 연구계에 퍼져 있는 지식과 정보의 파편화 현상으로 인해 이번 연구 계획을 수차례 수정할 수밖에 없었다. 그래도 시간과 노력의 대가로 극중지계의 기본에 충실한 소중한 연구진을 얻게 된 것은 국가를 위해 다행스러운 일이다.

중국은 변화무쌍하고 난해하며, 우리의 미래 생존과 번영에 있어 변수에서 상수의 반열에 오르고 있다. 또 한 번의 예측 오류로 한국의 주권과 생존권을 지키는 데 부정적 영향을 미칠까 두려움이 앞선다. 이제 용틀임하는 중국의 미래를 추적 및 추정해보고 이에 따른 세 가지 생존 시나리오를 설정한다. 미래의 중국은 미래 한국에게 가상의 적인가, 아니면 공존의 동반자인가? 그리고 중국은 미래 한국의 생존 방정식에 있어서 상수의 반열에 이미 올라섰는가? 이에 대한 평가들을 바탕으로, 미래 한국의 생존 방정식을 재구성하고자 한다.

중국, 그 난해한 용틀임

중국은 오랫동안 스스로 갇혀 있었다. 그러나 지금은 용틀임하고 있다. 오랜 담금질 끝에 문을 열고 나서며 외치고 있다. 세계 속의 중국, 나아가 세계의 리더 국가로 우뚝 서려 하며 초강대국 미국의 글로벌 리더십을 위협한다.

마오쩌둥毛澤東 시대의 중국이 세계를 열쇠 구멍을 통해 보았다면 덩샤오핑鄧小平 시대의 중국은 문을 열고 밖에 나가서 보고, 장쩌민江澤民과 후진타오胡錦濤 시대에는 높은 산 위에서 세계를 내려다보았다. 지금 시진핑 시대의 중국은 비행기 심지어 우주선에서 지구를 내려다보고 각종 데이터를 수집하며 세계를 조감한다.

지금 우리는 중국의 현란하고 난해한 용틀임 앞에서 자리매김에 부심하고 있다. 이제 중국의 팽창은 세계를 위협하고 부상 목표는 점점 높아지는데 그들의 설명 논리는 자못 난해하다. 이를 바라보는 한국의 시각도 점점 혼돈에 빠지고 있다. 한국은 앞으로 중국과 어떤 관계 방정식을 세울 것인가? 이러한 중국의 용틀임은 앞으로 얼마나 지속될 것인가? 또 그 속에는 어떤 함정이 기다리고 있는가? 지난 40여 년 동안 한중 간에 설정되어온 보완적 생존관계와 산업관계는 지속 가능한가? 중국과의 생존관계, 평화적 국가관계를 만들려면 우리가 우리 자신과 중국을 정확히 아는 것이 대전제이고 출발점이다. 현재 새로운 국면으로 치닫는 미중 간의 갈등과 충돌 그리고 이에 따른 한국의 지정학 · 지경학적 위험을 헤징하면서 특히 중국의 용틀임 궤적을 면밀히 추적해야 한다. 더욱이 디지털공산주의, 중화민족주의, 과학기술 중국몽을 실체로 새 패러다임을 구상하는 중국에 지리적으로 가장 근접한 한국은 어떤 차원에서 어떤 전략으로 이에 대응할 것인가? 이제 한국의 대응 시나리오를 공존과 충돌, 예속으로 나누어 그 기초여건을 탐색해야 한다. 한마디로 극중지계를 찾기 위한 심모원려深謀遠慮에 혼신을 다해야 한다.

오랫동안 대륙세력의 일부였던 우리는 고구려 시대 말고는 대륙에 막혀 활로를 찾지 못한 채 한반도에 갇혀 살아왔다. 제2차 세계대전 이후 역사의 질곡 끝에 우리는 해양세력의 일부가 되었다. 동서 냉전 기간 중국 등 대륙은 스스로를 가두었고 북한은 대륙세력의 일부로, 한국은 해양세력의 일부로 나뉘었다. 지난 70여 년간 우리는 해양세력과 친화했고 고도성장과 민주주의를 일궈냈다.

탈냉전 후 우리는 가난하고 취약한 중국과 러시아를 만났다. 특히 중국은 우리의 중요한 파트너였다. 박정희식 개발모형을 교과

서로 삼아 수출주도의 공업화를 이룩한 중국이 이제는 세계분업 체제의 중심세력이 되고, 우리는 제조업 분야에서 중국과 쟁패爭霸하고 있다.

중국에 대한 새로운 인식의 세계

일제에서 독립 후 우리는 상당 기간 미국에 파이프를 연결해 생명수를 공급받았다. 그러나 지금은 중국에 연결된 파이프에 많이 의존한다. 비록 물이 깨끗하지 않을 때가 많지만 오늘날 중국에서 오는 물이 없이는 생존이 어려울 만큼 중국에 대한 의존도가 높다. 그런데 정치 · 외교 · 안보적인 분쟁이 있을 때마다 중국은 우리와 연결된 생존 파이프에 손을 대기 시작했다. 앞으로 그 파이프의 존재는 우리에게 어떤 의미로 작용할 것인가? 한중 간 국제정치적 역량의 차이가 불가피하기 때문에 중국은 우리에게 위협적인 나라가 되었다. 그동안 경제적 긴밀성이 정치적 우호관계를 견인하기도 했지만, 이제는 경제적 긴밀성이 정치의 볼모가 될 수도 있다. 그 때문에 두려움이 커지기도 한다. 더욱이 양국 간 국력은 비대칭성이 커지고 중국의 시야에서 한국은 점점 멀어져간다.

중국의 대국굴기가 팽창주의의 모습을 보이고 중국이 세계 초강대국으로 부상하려는 꿈을 꾸는 한 미국 등 서방 자유세계는 긴장할 수밖에 없다. 자유세계는 신흥국들과 더불어 그들 나름의 세계경제 질서를 형성해왔고 자유세계의 확장을 도모해왔다. 그러나 금세기 들어 중국의 굴기가 서방세계를 위협하는 수준에까지 다다르자, 중국에 대한 그들의 정책이 실패로 돌아가고 있음을 깨닫게 됐다. 이에 강력한 봉쇄와 방어전선을 펴기 시작했다. 지금 미국은 동맹국들을 모아 중국 포위 압박전선을 형성하고 전면전을 기획하고 있다. 미국은 과거 구소련과 일본을 주저앉혔던 전략이 이미 중국에는 통하지 않으리라는 판단에 이르렀다. 이 전쟁이 오래 지속될 수도 있다는 전망 속에 다양한 대중국 억제 정책을 펴는 중이다.

이 과정에서 한국이 취할 태도와 상황 인식은 무엇인가? 미중 사이에 낀 존재가 된 한국은 중국의 존재와 실체를 인정하고, 그들로부터 우리의 주권과 생존권을 지키는 데 혼신의 힘을 다해야 한다. 미중 간 충돌이 이어지더라도 2030년까지 중국은 굴기에 유리한 여건에 있다. 그 이후 중국의 미래에 대해서는 예측 오차와 추계 오차가 너무 크다. 인류문명의 본질적 문제, 즉 인간과 국민, 공동체, 국가 간의 관계 방정식 내부관계가 어떤 모습일지 예측이 어렵다.

미중 충돌의 장기화는 재앙인가 기회인가

중국 시진핑 총서기 겸 국가주석의 장기집권은 이제 기정사실이 되고 있다. 미중 충돌도 장기화 양상을 보인다. 신냉전으로 향하는 것이다. 이러한 상황은 우리에게 새로운 기회인가 재앙의 굴레인가?

단언하건대 그것은 우리가 하기에 달렸다. 미국은 중국과의 가치전쟁, 기술전쟁을 계속해나가면서 종국적으로 '시진핑식 중국 특색 사회주의 노선'과 '과학기술 중국몽'을 저지하려 할 것이다. 이 과정에서 시진핑 주석이 추구하는 길은 매우 험난해질 것이다. 독자 생존력이 약한 중국은 돌파구를 찾고, 나아가 주변국들을 우군으로 끌어넣으려 할 것이다. 그런데 이것이 재앙의 길로 연결될 수도 있지만 기회의 창이 될 수도 있다.

재앙이냐 기회이냐의 갈림길에서 한국은 미국, 중국 모두에 꼭 필요한 나라가 되어야 한다. 특히 중국에 꼭 필요한 전략자산을 많이 보유하는 것이 필수적이다. 반도체 이외에도 중국이 아쉬워할 강점을 많이 확보해야 한다. 이렇게 핵심, 틈새, 원천 산업기술을 갖춘 필수국가가 되면 중국은 힘의 논리로 우리의 주권과 생존권을 쉽게 건드릴 수 없을 것이다. 바로 자강自彊의 길을 가는 것이다. 이는 미중 사이에 낀 존재에서 벗어나는 수단이고, 한국의 길을 택할 자유와 책임을 확보하는 방법이다. 이와 같은 비장의 무기는 중국이 우리의 주권과 생존권을 건드릴 때마다 강력한 대응력을 행사한다. 중국이 국가자본주의를 강화함에 따라 미국 등 세계 각국도 시장장악력을 확보하기 위해 국가 차원의 기획, 개입, 지원을 시작할 것이다. 최근 조 바이든Joe Biden 미국 대통령은 자국의 반도체 굴기를 위해 직접 지휘봉을 잡았다. 국가를 위해 무슨 일이라도 하겠다는 자세이다. 다행히 한국은 반도체 부문 강자의 반열에 굳건히 서 있어서 반도체 전쟁에서 위기가 아닌 기회를 찾을 수 있다. 이 모든 것이 자강력의 결과이다. 그러나 국가 지도력이 불안정하고 국론이 분열된 오늘의 현실이 미래를 어둡게 만들까 걱정스러운 것이 사실이다.

한중 간 거리를 극복할 3개의 다리가 필요하다

수천 년 역사 속에 같이 호흡하며 생존관계를 이어오는 동안 두 나라 사이에는 넘을 수 없는 한계와 벽이 생겼다. 그동안 시대상황에 따라 그 한계와 벽은 분쟁과 전쟁으로 귀결되기도 했고, 때로는 현실을 인정하는 벽이 되어 타협과 공존의 길로 연결되기도 했다. 그러면서 3개의 거리 관계가 형성되었다.

첫 번째는 가치의 거리이다. 오랜 역사는 두 나라 사이에 문화적 동질성과 이질성을 동시에 가져다주었다. 이질성은 냉전 시대 이후 더욱 두드러졌다. 그 차이가 바로 가치의 거리로 나타나고 서로 바라보는 시선과 시계視界가 사뭇 다르게 자리 잡았다. 종전 후 중국에 공산당 정부가 들어서고 냉전 시대에 오랫동안 문이 닫히면서 가치의 거리는 더욱 깊이 자리를 잡았다. 특히 한국이 경제협력개발기구OECD에 가입하면서 선진경제국으로서 자유민주주의, 개방형 시장경제, 인권존중이라는 국가 정체성을 확립한 후 이 가치의 거리는 확연해졌고, 중국이 시진핑식 중국 특색 사회주의 노선을 확실히 하면서 더욱 멀어졌다.

두 번째는 기술경쟁력의 거리이다. 한중 두 나라의 기술경쟁력은 오랫동안 중국이 절대적인 우위에 있었다. 한때 중국은 세계기술의 원천지였다. 그러나 19세기 서구 열강의 제국주의 시대와 20세기 냉전 시대를 거치며 크게 낙후되었다. 지난 30여 년간 한국은 중국에 기술력 우위를 유지해왔고, 한중 경제는 공존관계 속에 호황을 구가했다. 지난 10여 년간 중국은 한국의 기술력을 거의 추격했고, 이제 많은 부문에서 추월하는 상황이다. 중국은 기술력 면에서 미국과 경쟁하며 과학기술 신냉전 시대를 열었으며, 과학기술 중국몽은 시진핑 시대 중국의 국시國是와 같이 자리 잡고 있다. 기술력과 방대한 인구를 바탕으로 중국은 한국을 내려다보기 시작했다.

세 번째는 상호 인식의 거리이다. 중국은 지금 중화민족주의로 무장한 채 주변국에 대한 대국외교는 물론이고 새로이 해륙외교를 펼치면서 오랫동안 잠복해 있던 복속의식을 되살리고 있다. 한국은 중국의 강압 외교 앞에서 주춤거린다는 혹평을 듣고 있다. 이것이 중국에 대한 잠재적 사대주의 때문인지 국익 차원에서의 문제인지는 분명하지 않다. 그러나 중국의 잠복된 대국주의 인식은 한중 관계의 발전에 큰 장애요인이 될 것이다.

이러한 3개의 거리를 극복하려면 3개의 다리가 필요하다.

첫 번째는 실사구시實事求是, 정경분리政經分離의 다리이다. 경제하는 사람은 철저한 정경분리의 원칙, 실사구시 정신하에 기업 활동에 전념해야 하고, 각국 정부는 그 환경을 조성하면서 튼튼한 정경분리의 다리를 놓아주어야 한다. 두 번째 다리는 자강의 다리이다. 중국과의 기술력 차이의 거리가 멀어지면서 한중 관계는 새로운 국면을 맞이했다. 중국의 잠복된 대국주의 인식이 되살아나고 중국은 이를 대외정책에 반영하고 있다. 이를 극복하려면 자력, 자강의 다리가 필요하다. 반도체와 배터리뿐 아니라 미래산업의 전략적 소재 · 부품 · 자본재 경쟁력을 중국이 따라오지 못하도록 초격차를 유지함으로써 한국이 중국에 꼭 필요한 나라가 되어야 한다. 세 번째 다리는 문화 교류와 미래세대 소통의 다리이다. 미래세대는 인식 공유의 폭을 넓히면서 상호 공존의식을 강화해야 한다. 한국이 자강력을 키우고 문화적 · 도덕적 · 윤리적 우월성을 갖춘다면 양국의 미래세대 사이에 소통과 유대의 다리가 놓일 것이다.

국적 있는 중국 연구가 필요한 때

중국의 내면세계는 베일에 싸여 있다. 그 베일을 최대한 벗겨내는 것이 중국 연구의 사명이다. 한국의 중국 연구는 아직 일천하다. 학문적 교류도 제한적이다. 지식과 정보의 제한 속에 갇혀 있고 중국에 대한 인식의 세계는 파편화 현상을 보이고 있다. 이제 일정 원칙을 기반으로 상황에 따라 유연하게 중국의 굴기에 대응해야 한다. 한중 간 힘의 비대칭성이 확대됨에 따라 자강론적 선택과 집중이 필요한 지금, 한국의 국적 있는 중국 연구가 더욱더 중요하게 되었다. 특히 앞으로 시진핑식 중국 특색 사회주의 노선에서 중화 민족주의, 과학기술 중국몽이 대외정책에 그대로 반영될 가능성이 크다. 따라서 우리는 중국의 전략전술에 대한 정보와 지식을 축적하고 항상 현재화하도록 노력해야 한다. 그러나 중국 당국은 정보와 지식을 통제하고 학자나 연구자의 정치성향에 따라 크게 차별하는 경향이 있다. 이에 따라 국적 있는 중국 연구는 많은 제약을 받게 되고, 연구대상에 대한 접근성도 크게 통제된다. 체계 있는 중국 연구는 지속성과 인내심을 필요로 한다. 그리고 개인별 중국 연구는 파편화되기 쉽다. 더불어 중국의 속내나 내면세계보다는 표피의 문제, 면과 입체의 문제보다는 점의 문제에 머무르게 된다. 그러다 보니 보는 입장에 따라 다른 답변이 나오는 경우가 흔하다. 중국이라는 산은 하나인데 누구는 동東산이라 하고 또 누구는 서西산이라 한다. 이러한 뼈아픈 현실을 극복하려면 국가 차원의 자원과 인력의 투자가 필요하다. 중국의 한국에 대한 동향과 정보 수집은 비교적 용이한 반면 한국의 중국 내부에 대한 정보 · 지식의 수집은 철저히 제한 및 통제되어 있다. 지금 중국의 실상과 미래전망을 꿰뚫어 보고 대응전략을 짜는 데 있어 한국은 정보와 지식의 비대칭성에 허덕이고 있다. 이를 극복하지 않으면 대중국 전략이 편향되거나 이념의 굴레에 갇히게 될 것이다.

NEAR재단의 중국 연구는 소명 의식 속에서 20년 가까이 쉬지 않고 계속되어왔다. 첫 단계는 중국의 내면을 깊이 있게 들여다보며 한중 간의 보완적 생존관계의 조건과 한계를 설정하는 것이었다. 이와 함께 중국, 중국인이 한국, 한국인에 대해 지닌 내면의 본심을 파악하는 것이었다. 둘째 단계는 국제사회가 우려하는 중국 위험론危險論과 위협론威脅論의 실체를 규명하는 것이었다. 중국의 정치 · 경제 · 사회 체제의 위험요인이 무엇이고, 그것이 국제사회에 미치는 의미를 분석하는 것이었다. 셋째 단계는 중화민족주의의 본질에 관한 문제로서 그들의 지향점 및 그들이 꾸는 꿈과 지구적 · 보편적 가치 사이에 내재해 있는 충돌요인을 분석하는 것이었다. 그러나 시진핑 시대 중국 특색 사회주의 노선에서 중화제국주의적 중국몽, 과학기술 중국몽을 도전의 가치로 삼고 공격적 굴기를 계속하는 중국을 이렇게 평면적으로만 바라보아서는, 그 내면세계를 깊이 있게 파악하기 어렵다. 따라서 보다 본질적인 문제의 틀을 세우고 여러 가지 기본질문을 던지면서 하나하나 답을 찾아나가야 한다.

이제 우리가 바라보는 중국에 대한 인식의 틀을 어떻게 정리해야 하는가? 우리가 두려워하는 것이 중국 자체의 굴기인가 아니면 시진핑이라는 제왕적 지도자인가? 시진핑 체제의 내구성은 어느 정도이며 시진핑 주석은 얼마나 장기집권할 수 있을 것인가? 중국이 과연 미국을 제치고 세계 제1의 강국으로 부상할 것인가? 미국의 국력이 그렇게 지속적으로 약화할 것인가? 시진핑 주석의 자신만만함의 근거는 무엇이고 이러한 대미항전을 스스로 장기집권의 길을 열기 위한 수단으로 인식하는 것은 아닌가? 미중 간의 신냉전은 어떤 경로로 얼마나 오래 계속될 것인가? 한국은 지금 본격적인 세력 전이 시기의 한복판에 서서 어떤 대응체제를 갖추고 있는가? 한미동맹은 어떻게 변화하고 있고 앞으로 어떻게 형질이 변경될 것인가? 그리고 시진핑 시대 중국의 위협을 막아줄 방패로서 충분한가? 한국의 경제력, 외교국방력, 사회통합력은 이러한 거대한 파고를 헤쳐나갈 추동력과 복원력을 확보하고 있는가? 이렇게 수많은 기본질문이 가지를 쳐나가다 보니 지난 2년의 세월이 금세 지나갔다. 이제 그간의 지적 상상력과 탐구력이 결집된 결과물을 내놓을 때가 되었다.

그동안 극중지계라는 험난하고 담대한 시도는 많은 사람을 지치게 했다. 지난 1년간 NEAR재단은 한국의 외교 · 안보 전문가, 특히 중국 연구가들에게 너무나 기본적이면서도 해답을 얻기에는 지난한 질문들을 공중투하하듯 던져왔다. 이 과정에서 우리 모두는 가장 기본에 관한 질문이 가장 답변하기 어렵다는 사실을 발견했다. 그 답변들을 종합 · 정리하여 가장 가운데에 선 채 눈을 크게 뜨고 중국을 바라보기 위해 수많은 자기 수정과정을 거쳤다. 이제 국적 있는 중국 연구의 첫걸음을 내딛는다. 이어서 많은 학문적 실사구시가 계속되기를 기대한다.

이 책은 이렇게 무모하리만큼 담대하게 중국의 심장과 폐부를 꿰뚫어 보려 한다. 그들의 모호성과 이중성은 우리를 힘들게 했다. 이를 넘어서기 위해 많은 인내심과 담금질도 필요했다. 동시에 중국은 미래 한국의 가상의 적인가라는 합리적 의구심을 지닌 채 예속과 충돌의 시나리오를 그렸다. 미래 지향적인 공존의 생존 방정식도 세우려 했다. 더 나아가 우리가 무엇을 버리고 바꾸며 갖춰야 할 것인지 고민했다. 이렇게 정리된 미완성 교향곡 한 편을 국민 여러분께 바친다.

이 어려운 연구 작업에 많은 분이 참여했다. 그들의 노고와 헌신에 경의를 표한다. 기타 여러 외교 · 안보 전문가들의 참여와 조언이 빈 곳을 메우고 균형 있는 결론을 가져오는 데 크게 기여했다. 특히 중국 연구의 태두인 고려대학교 서진영 명예교수와 중국 미래에 대한 석학 김진현 전 과학기술부 장관의 깊이 있는 조언은 이 책의 격조를 높이고 균형을 잡아주는 데 크게 도움을 주었다. 그리고 복잡한 원고를 최고 품질의 책으로 만들어주신 김영사의 고세규 대표 및 임직원 여러분께 심심한 감사의 말씀을 드린다. 마지막으로 극중지계 프로젝트를 완성하기 위해 불철주야 노심초사한 NEAR재단 직원 여러분에게도 많은 빚을 지었다. 특별히 이 책을 위한 모든 작업은 소이문화원素怡文化院(이사장 이규성 전 재무부장관, 재정경제부장관)의 거액 기부로 이루어졌음을 밝힌다.

정덕구 NEAR재단 이사장

집필에 참여하신 분들

이상현 세종연구원 원장 | 주재우 경희대학교 교수 | 이성현 세종연구원 센터장
이정남 고려대학교 교수 | 양갑용 국가안보전략연구원 연구위원
신종호 통일연구원 실장

차례

2부

시진핑의 중국은 한국을 어떻게 보는가

3부

미중 충돌의 끝은 어디인가

5부

한국의 대중국 전략체계

극중지계의 탐색

- 한국은 강성하게 팽창하고 있는 중국을 어떻게 극복할 수 있을까?
- 중국은 미래 한국의 가상의 적인가, 아니면 공존의 동반자인가?
- 한중 간 공존·충돌·예속의 시나리오를 벗긴다.
- 미중 간 신냉전이 세기적 문명충돌로 이어지려는 이때 한국, 한국인은 무엇으로 주권과 생존권을 지킬 것인가?
- 미국은 우리의 영원한 해결사, 최종대부자인가?
- 이제 자강론으로 재무장해 세계 필수국가가 되어야 할 때이다.

눈을 크게 뜨고 중국을 다시 바라본다

한중 간의 오랜 역사를 반추해보면 한중 관계에는 숙명적 요소가 많다. 쉽게 단절할 수도 너무 가까이 갈 수도 없는 관계 방정식 속에서 두 나라의 관계가 면면히 이어지고 있다. 중국은 오랫동안 한국을 변방국가로 여기며 절대적 영향력을 행사해왔지만, 여타 소수민족처럼 흡수 및 통합하지 못했다. 수준 높고 독자적인 문화적 정통성과 특유의 민족의식, 그리고 국가의 주권과 생존권에 대한 강한 저항의식 때문인지도 모른다. 중국이 굴기에 성공할수록, 미중 간 패권경쟁이 심해질수록 한국은 중국에 지정학적 중요성을 지닌다. 중국은 특히 인도, 베트남, 타이완과 더불어 한국에 대해 지리적 포위감을 느낀다. 그럴수록 시진핑의 중국은 복속의 질서를 회상할 수밖에 없다. 따라서 상황과 질서의 변화에도 불구하고 중국의 한국에 대한 중화제국주의적 사고와 행동에는 변화가 없을 것이다. 그리고 이제 한국은 시진핑의 천하체제에서 중국의 시야로부터 벗어나고 있다.

한국전쟁 참전 70주년 기념식에서 시진핑은, 당시 중국이 미국제국주의와 싸워 대국 지위를 세계에 보여주며 승리한 전쟁을 했다고 주장했다. 그 당사국에 한국은 없었다. 한중 우호협력 관계(1992), 21세기를 향한 협력 동반자 관계(1998), 전면적 협력 동반자 관계(2003), 실천적인 전략적 협력 동반자 관계(2017) 등 역대 양국 국가 원수 간에 나누었던 선언의 정신은 시진핑 집권 이후 보이지 않는다. 중국몽 실험을 위하여 그는 그 어떤 역사적 진실과 정의도 인정하지 않는다. 지난 30년의 궤적과 흔적을 지우고 싶은지도 모른다. 그렇다고 중국이 독자 생존력을 지닌 것은 아니다. 중국이 대국이라고는 하나 자연 생명자원인 먹거리, 에너지, 물이 절대로 부족한 나라에 속한다. 자연자원이 열악한 조건에서 급속한 근대화와 제국주의 중국몽을 돌관적突貫的으로 추진하다 보니 중국은 전 세계의 자원과 자연을 다량 흡입해 소비해야 하는 문제국가가 되고 있다. 협력과 우호관계가 생존의 기본자산이 되어야 하는 중국이 왜 고립주의적 외교자세를 유지하는지가 중국이 지닌 딜레마인 것이다. 더구나 먹거리와 에너지 생명자원이 치명적으로 부족한 중국이 근대화에 성공할수록 더욱더 세계 생명자원의 고갈은 촉진될 수밖에 없다. 나아가 환경악화와 미세먼지 문제는 황해, 동해 지역의 생존환경을 더욱 조악하게 만들 것이다. 결국 중국의 돌파구는 원자력을 미래 핵심 에너지원으로 삼고 최신기술을 갖춘 세계 최대 원자력 발전국을 향해 전략을 집중하는 것이다. 그리고 중국 원자로의 설치 장소는 대부분 중국의 동해안인 황해, 발해만 쪽이다. 앞으로 한국의 안전과 생존권에 최대 위험요소가 될 수 있는 사안이다. 게다가 중국은 수소탄과 원자탄을 갖춘 핵무기 대국이다. 이것이 한국 안보에 어떤 위협이 될 것인지에 대해 심각히 논의된 적은 없다. 이렇게 중국이 군사 대국으로 우뚝 섰다고 가정할 때 한국의 주권과 생존권에 어떤 위협이 될 것인지, 그 위협을 완화할 방안은 무엇인지, 심각한 과제가 아닐 수 없다.[1]

세계는 왜 중국의 급부상을 우려하는가

지금 우리는 미국, 일본, 유럽의 성장 정체와 중국, 중국몽의 급진전을 경이로움과 두려움 속에서 바라보고 있다. 중국이 세계무역기구WTO에 가입하던 해인 2001년, 미국에서는 9 · 11 테러 사건이 터졌고, 2008년에는 글로벌 금융위기가 터졌다. 2009년에는 중국이 세계 자동차생산 1위국, 무역규모 1위국으로 등극하더니 2011년에는 동일본 대지진과 후쿠시마 원전사고가 터졌다. 이듬해인 2012년 중국은 드디어 일본을 제치고 국내총생산GDP 세계 2위국으로 올라섰다. 2013년에는 시진핑 주석이 최고 권력자가 되었다. 2015년에는 '중국제조 2025'가 발표되고 2019년에는 후베이성 우한이 신종 코로나바이러스감염증19COVID-19의 진원지가 됐다. 이후 팬데믹 상황으로 번지며 전 세계에 확장되었다.[2]

유럽에서는 영국의 유럽연합EU 탈퇴를 계기로 EU의 위축이 진행되는 중이다. 도널드 트럼프Donald J. Trump 대통령 취임 이후 시작된 미중 간의 갈등과 충돌은 여전히 계속되고 있다. 이어 2021년 바이든 행정부 출범 후에는 미국 민주주의에 최대의 위기국면이 찾아왔다. 이에 반해 중국의 도광양회韜光養晦 태도는 지금 찾아보기 힘들다. 그 대신 강력한 힘을 바탕으로 한 좌고우면 없는 대국 굴기 드라이브가 계속된다. 2021년 이 시점에, 미국뿐 아니라 세계와 더불어 한국은 중국의 굴기에 대한 증폭된 두려움에 빠지고 있다. 욱일승천旭日昇天하고 있는 중화제국주의 중국몽이 추구하는 가치, 시진핑 시대의 중국 특색 사회주의 사상이라는 엄연한 현실 때문이다. 그것이 대국 굴기를 넘어 공격적이고 파괴적인 도전으로 이어질 뿐 아니라, 문명충돌로까지 이행되지 않을까 하는 두려움 때문이다.

중국의 굴기가 왜 미국에 위협이 되는가? 그리고 왜 우리나라나 세계에 위협인가? 중국의 굴기가 미국에 위험이 되는 이유는 미국적 질서와 가치를 위협하기 때문이다. 그러나 중국 굴기가 우리에게 위협이 되는 이유는 상당히 다르다. 미국적 패권질서에 편입된 우리의 기본질서를 위협하고, 중국적 질서와 가치 그리고 중국적 국익을 우리에게 강요할 가능성이 커지기 때문이다.

미중 간 과학기술 신냉전 시대의 개막[3]

지금 진행되는 미중 충돌은 무엇보다 과학기술 신냉전 시대를 예고한다. 중국은 분명하고 확고하게 과학기술을 국가운영의 중심에 두고 있다. 더욱 우려되는 것은 시진핑이 지닌 과학기술관이다. 칭화대 화학과 출신인 시진핑은 과학기술적 사고에 기반을 두고 군사 · 산업 분야뿐 아니라 국가관리, 국내정치 통제수단으로서 소프트웨어 기술을 최대한 활용하고 있다. 21세기 첨단 과학기술인 4차 산업 기술을 정치, 경제, 금융, 사회, 문화, 통치, 통제, 사상관리의 영역에까지 활용하고 발전시킨다. 또한 디지털 빅데이터 정치가 정보 커뮤니케이션의 동원, 분배에서 대의민주주의보다 더 효율적이고 우월하다는 확신을 키우고 있다.

과학기술을 통치의 수단으로 삼아 국가의 모든 자원과 역량을 총집중한다. 앞으로 이러한 중국의 기술발전 모형이 세계의 정치·경제 흐름을 어떻게 바꿀 것인지, 이것으로 중국이 세계경제 패권을 장악할 수 있을 것인지가 최대의 관심이 아닐 수 없다.

그동안 중국은 군사기술 분야에서 경쟁력이 있었다. 그러나 민생기술 분야는 1990년대까지도 낙후돼 있었다. 병마개는 못 만들면서 최첨단 가속기 제작기술은 뛰어났다. 하지만 2001년 이후부터는 달라졌다. 세계무역체제 참여를 계기로 군사기술을 넘어서 제조기술, 서비스기술, 기초과학기술 분야를 총망라한 과학기술 대국을 지향해왔다. 이후 20년 만에 그 목표를 거의 달성했다. 나아가 시진핑의 과학기술 중국몽에 힘입어 기술연구와 특허에서 세계 1위 기술이 속속 등장하며 짧은 시간 내에 G2 기술 강국으로 올라서게 됐다. 이제 시진핑은 중국의 중화민족주의 과학기술 정책의 핵심이고 중심이다.

2018년 시진핑 주석은 집권 2기에 들어서면서 중국의 기술발전 영역을 확장하는 것에서 더 나아가 인공지능AI과 생명과학 분야에서 미국을 능가하는 최最선진국으로 도약할 것을 촉구했다. 더불어 핵심기술의 자주적 통제와 혁신주도권, 발전주도권을 강조했다. 이 시기가 트럼프 정부가 미중 분리, 미중 무역기술 신냉전을 본격 시작한 때이다. 그러나 시진핑 주석은 이러한 미국의 압박이 중국을 자력갱생의 길로 내몰고 있다고 천명했다. 이것을 천재일우의 기회로 삼아 과학기술 주도권 확보를 위해 모든 것을 걸고 항전하자고 독려했다. 이것이 미중 간 전략적 경쟁의 핵심이 아닐까 생각한다. 한마디로 AI, 인터넷, 빅데이터, 기술융합 혁신체제와 이론 연구에서 최고의 성과를 올리는 신시대 달성을 통해 과학기술 선두국이 되겠다는 꿈이 과학기술 중국몽의 핵심이다. 2018년 트럼프 행정부는 미국의 탈중국화와 과학기술 신냉전을 공개적으로 공식화했다. 또한 바이든 새 대통령은 미중 간의 기술대결을 자유세계의 기술민주주의 대 중국의 기술독재주의 간의 싸움이라고 규정했다. 이어서 2021년 3월 쿼드Quad 정상회의에서 미국, 일본, 오스트레일리아, 인도 네 나라 정상은 첨단기술 분야에서 중국을 견제하기 위하여 쿼드기술네트워크QTN를 출범시키고 관련 정보를 공유하기 시작했다.

미국은 중국의 기술 굴기가 미국의 기술 수준에 접근하지 못하도록 미국 신기술혁신 전략에 천문학적 재원을 투입하고 있다. 미중 과학기술 신냉전의 결말은 어떻게 날 것인가? 과연 중국은 미국을 추월해 최고의 과학기술 강국으로 우뚝 설 수 있을 것인가? 과학기술에 기반한 완전한 기술독재 체제를 건설할 수 있을 것인가? 그리고 종국적으로 과학기술을 통해 종합 국력에서도 미국이나 서방세계를 압도할 수 있을 것인가? 그 결과가 어찌 되더라도, 과학기술 중국몽이 성공하든 실패하든 시진핑의 시도는 세계 정치·사회·경제에 거대한 파도를 일으키고 있다. 문명사적, 인류생존의 실존적 문제를 제기하고 있다. 미국 등 서방세계는 시진핑식 과학기술 중국몽의 성공이 가져올 파장을 우려한다. 중국 특색 사회주의

사상이 휴머니즘, 인본주의를 파괴하고 초휴머니즘, 비인간주의, 탈인간주의로 이행되지 않을까도 심각히 경계하고 있다. 중국의 과학기술 중국몽과 미국의 과학기술 동맹체제의 경쟁구도 속에서 어떻게 한국이 스스로 새로운 과학기술 생태계를 만들어나갈 것인가에 우리의 사활이 걸려 있는 것이다.

중국의 자신감 회복과 미국의 자존감 손상

중국 시진핑 주석과 공산당 세력은, 이번 기회에 강공자세를 취하면서 미국의 속도조절 필요성을 최대한 유인하려 할 것이다. 나아가 북한을 끌어안고 러시아와 손을 잡으며, 미국의 동맹외교에 대항하는 전선을 강화하고 있다. 중국공산당 정권은 상당한 상황적 어부지리를 얻고 있는 것이 사실이다. 심지어 이참에 시진핑의 장기집권을 기정사실화하고 더 나아가 민주주의 체제보다 사회주의 체제가 우월하다고 역공을 펴려고도 한다. 미국이 주도하려는 가치전쟁의 예봉을 미리 꺾어놓으려는 것이다. 이러한 속도조절론, 소강론에도 불구하고 미국의 대중 위기의식은 더욱 강화될 가능성이 크다. 이 때문에 중국과의 극심한 경쟁은 불가피할 것이다. 미중 갈등이 깊어가면 자연적으로 가치와 이념의 중요성이 부각될 수밖에 없다.

이때 중국은 경제보복, 안보위협을 넘어 한국에 정체성의 변화를 강요하게 될 가능성도 있다. 힘에 기반한 수직적 위계질서를 바탕으로 한 신중화질서의 회복에 박차를 가할 것이라는 얘기가 된다. 이 과정에서 중국은 미국 바이든 행정부의 동맹라인에서 한국을 가장 약한 고리로 볼 것으로 전망된다. 한국에 그들이 밀고 나갈 신중화질서로의 복귀에 참여하라는 강한 회유와 압박을 가할 가능성도 크다. 예컨대 어떤 인센티브를 주기보다는 보복성 조치로 한국의 의지를 꺾고 어정쩡한 위치로 만들려 할 것으로 보인다. 이렇게 될 경우 국민의 폭증하는 반중 정서로 인해 한중 간 이념 간극은 더욱 벌어질 것이다. 또 기존의 한중 간 갈등영역인 고구려 등 역사갈등, 김치 · 한복 등 문화갈등, 중국의 잦은 방공식별구역Air Defence Identification Zone, ADIZ 무단 진입 등의 군사갈등을 뛰어넘는 새로운 갈등 항목의 확장이 예상된다.

중국의 강공전환과 미국의 느슨한 동맹외교 다잡기

상황을 더욱 어렵게 만드는 현실은, 미국이 반反중국동맹을 결집할 충분한 리더십과 절대적 힘을 갖고 있느냐에 대한 회의론의 대두라고 할 수 있다. 미국의 동맹국들이 코로나19 재앙 속에서 자국의 경제적 이익을 버리면서까지 미중 간의 가치전쟁에 뛰어들 것인지는 아직 확실치 않다. 또 트럼프 행정부 때 추락한 미국의 신뢰성을 회복하는 데도 더 많은 시간이 필요할지 모른다. 에마뉘엘 마크

롱Emmanuel Macron 등 유럽 정상들 중 일부는 중국을 상대로 전쟁을 벌이는 것은 갈등을 야기할 뿐 아니라 매우 비생산적이라고 생각한다. 심지어 일본도 중국 시장을 생각하지 않기란 거의 불가능하다. 따라서 미국 입장에서는 대중국 동맹의 대오를 오랫동안 공고히 유지하는 것이 최대 관건이라고 봐야 한다. 당연히 향후 미중 간의 힘의 경쟁은 우군 확보라는 치열한 외교전으로 확대되는 양상이 될 수밖에 없다.

미국의 바이든 대통령은 이 점에 주목하면서 쿼드의 실질협력 증진방안을 모색하고 있다. 최근 들어서는 반도체와 백신 등 핵심역량을 강화하고, 이것을 고리로 쿼드를 비롯한 기타 동맹국들에 대해 영향력을 더욱 확대하는 중이다. 시진핑 주석도 가만히 있을 까닭이 없다. 앞으로 미중 간 충돌지점의 어느 곳에서도 양보는 없을 뿐 아니라 쉽게 물러서지 않으리라는 태도를 분명히 하고 있다. 이를 위해 힘에 기반한 공세적 외교전선을 펼 가능성이 크다. 이 경우 시진핑 중국의 강국 · 강군 DNA가 본격적으로 표출될 것이다. 기존처럼 미국과의 경쟁을 피하기보다 현실 상황을 일종의 성장통으로 여기면서 핵심이익을 지키기 위한 공세적 외교를 펼칠 것으로 예상된다. 더불어 일대일로一帶一路 프로젝트에 다시 생기를 불어넣고 더욱 강력하게 국유기업의 약진을 추진할 것으로 보인다.

시진핑은 자신의 절대적 권위를 강화하고 있다. 동시에 통치의 정당성을 잃지 않기 위해 중국사회를 더욱 이념화시키면서 민족주의까지 고취하고 있다. 미중 갈등은 변증법적 사관으로 해석한다.

정반합正反合의 논리적 각도로 국제환경의 변화를 보면서 위기의식을 강화하고 전략적 역량을 유지해야 한다고 강조한다. 미중 갈등을 피하기보다는 오히려 이 도전을 받아들이고 중국이 더 강해지는 기회로 삼자고 독려한다. 결론적으로 중국의 대미 인식은, 기존의 충돌을 피해야 할 대상에서 강대국이 되기 위해 반드시 넘어야 할 산으로 변화됐다고 할 수 있다.

바이든 행정부 출범 이후 미국은 중국의 이러한 강공전환을 예리하게 관찰하면서 투 트랙Two Track 전략으로 대응하고 있다. 첫째, 향후 10년을 바라보며 중국이 도저히 따라올 수 없는 고차원적 기술발전 계획에 여야가 합의하고, 의회와 백악관이 대중국 장기 대응전략에 천문학적 투자를 하는 데 합의했다. 둘째, 반도체, 전기자동차, 배터리 등 미국이 실행 가능한 분야에서 중국을 봉쇄하는 데 총력을 기울이고 있다. 아울러 북대서양조약기구NATO의 재단결, 한미일 공존체제 강화, 쿼드 협력구도의 정착에 몰두하면서 대중국 봉쇄망을 강화하고 있다.

주목할 점은 지난 6월 런던에서 개최되었던 G7 정상회의에서 자유진영은 미국의 대중국 전략에 상당 부분 동조했고 한국, 오스트레일리아, 인도, 남아공의 정상들도 이 회의에 참석했다는 사실이다. 또한 EU와 주요국들도 미국의 대중 압박에 동참하기 시작했다. 그리고 미국은 한미 정상회담, 미일 정상회담을 성공적으로 개최하여 한미일 공조체제를 공고히 했다. 바이든 정부의 파상적 대중국 봉쇄전략의 전개로, 중국의 경제력 앞에서 다소 주춤거리던 미국의 동맹체제가 어느 정도 복원되고 있는 것으로 보인다. G7 정상회의 전 시진핑의 중국은 '반외국제재법'을 제정하며 공격적 행보를 보이고 있지만, 큰 틀에서 보면 시진핑 공산당정권의 지나친 대외확장이 역공을 부르는 국면이다.

미국의 공격 포인트, 시진핑?

이러한 현상을 반영하듯 미국의 시진핑 다시보기가 진행되고 있다. 미국의 대중국 전략보고서들은 미중 갈등의 근본 원인을 미국 패권에 전면 도전하는 시진핑, 중국몽의 지도자로서 사회주의 이념적 가치를 내세우는 시진핑으로 수렴시킨다. 그리고 시진핑을 교체하는 것이 근본적 해법이라고 제시하면서 중국공산당 내부의 분열을 이용해야 한다는 방법론도 내놓는다. 아울러 미국의 적이 중국이라는 국가 그 자체일 수는 없다고 인식한다. 결국 두 나라는 오랫동안 경쟁자로 남을 것이다. 그러나 미국은 시진핑식 팽창주의 중국 특색 사회주의가 자유세계와의 문명충돌로 이어질 것을 우려한다. 그 중심에 시진핑이 있고, 시진핑의 숨겨진 목표는 세계와 중국의 발전 그리고 중국 인민의 이익보다는 자신의 장기집권에 있기 때문에, 시진핑이 모든 문제의 근원이라는 인식이 많은 공감을 얻고 있다.

미국의 우려는 더욱 심각하다. 최근 드러난 바이든 대통령과 그

참모들의 걱정은 중국의 부상 이전에 미국이 쇠퇴하고 있다는 현실이다. 더불어 이것이 미국 한 나라만의 문제가 아니라, 자유세계 전체에 악영향을 미칠 것이라고 믿는 듯하다. 이에 반해 중국공산당은 내부 결속이 더욱 공고해지고 있다. 코로나19와 미국 민주주의의 위기에 따른 반사이익일 수 있지만, 지도자 시진핑에 대한 불만을 잠재울 만한 치적과 선전선동이 잘 작동된 탓이 아닐까 싶다. 지금 시진핑의 총서기 및 국가주석 3연임은 무난해 보인다. 시진핑과 중국공산당의 대미 입장은 강공으로 전투태세를 강화하겠다는 것으로 봐도 무방하다. 앞으로 전개될 바이든 행정부의 대응전략과 시진핑 주석의 반응이 주목된다.

한중 간 국력 차이의 확대와 기울어진 운동장

미중 간 전략적 경쟁이 충돌의 단계에까지 진전됨에 따라 한국은 두 나라 사이에 낀 존재가 될 수 있는 어려운 상황이다. 이 상황을 적정하게 관리하는 것은 진정 고난도 게임과도 같다. 이를 도식화하거나 틀에 가둘 수도 없다. 해법이 난해하다. 특히 중국의 강대국화, 힘의 굴기로 한중 간의 관계 역학에서 힘의 비대칭화가 더욱 심화되리라는 사실에 주목해야 한다. 앞으로 한중 관계의 4대 갈등 요소는 △ 북핵 문제 △ 한미동맹 △ 한중 비대칭관계 △ 반중·혐한 감정이 될 것이다. 우리와 중국은 양국 관계를 전략적 협력 동반자 관계로 규정하고 있다. 그러나 현실은 기울어진 운동장 같은 일방적 관계가 계속되고 있다. 한중 관계는 이제 그 어느 때보다 '외생변수'의 영향을 받는 시기로 접어들었다. 가장 중요한 변수는 미중 간 전략적 경쟁이라고 봐야 한다. 지금 한국 정부는 북핵 문제 해결에도 버거워하고 있다. 이런 상황에서 미중 간 전략적 경쟁의 소용돌이에 휩쓸리면 구한말 때처럼 될지 모른다. 국내 외교 전략가들 사이에서로 다양하고 혼란스러운 해법 제시가 난무하면서, 국가 차원의 통합적이고 일관된 정책을 펼쳐나가기가 어려울 가능성이 크다. 게다가 5년 단임 정치의 수명이 다되어가고 있기 때문에 혼란을 수습할 만한 국가 리더십이 실종되어, 외교 · 안보 전략이 표류할 수도 있다. 여기에 지금 한국이 미국과 중국 모두로부터 구애를 받기보다는 양쪽 모두로부터 전략적 의구심을 받는 상황인 것도 문제이다. 한국 외교가 큰 어려움에 빠질 수 있는 것이다.

중국에 대한 잘못된 환상과 대중국 포비아

미국도 그랬듯 한국은 오랫동안 중국의 신기루만 보고 그대로 이해하고 판단해왔다. 그 결과 중국에 대한 막연한 환상의 프레임에 빠져들게 됐다. 첫째는 한반도 통일에서 중국의 역할이 절대적이라는 환상과 미신이다. 둘째는 한반도 비핵화에서 중국의 역할이 매우 중요하다고 여기는 잘못된 믿음이다. 셋째는 중국 시장이 우리의 생명줄이므로 절대 상실해서는 안 된다는 환상이다. 이 신화들은 많은 친중파, 지중파 인사나 지식인들에게는 거의 신앙과 같은 것일 수 있다. 그러나 지난 40년 동안, 아니면 훨씬 더 오랫동안 중국은 그것이 사실이 아님을 확실히 증명해왔다. 절체절명의 시기에 우리는 이러한 환상과 미신에서 벗어나야 한다. 중국은 한국이 이 프레임에서 빠져나오지 못하게 관리하고 견인한다. 그 결과 우리는 중국을 과도하게 의식한 나머지 스스로 중국에 대한 강박관념을 만들어왔다. 외교적 의사결정에서 중국 요소를 지나치게 증폭시키기도 했다. 그 결과 우리의 정책 의사결정에 대한 중국의 반응을 선제적으로 고민하는 습관이 생겼다. 그러면서 중국 포비아phobia(공포)를 지니게 되었다. 이처럼 중국에 대한 강박관념, 중국의 한반도 역할에 대한 미신과 맹신이 중국 공포를 만들고 외교적 저자세로 이어졌다. 실제로 우리는 한반도 전쟁 책임론, 동북공정, 김치 파동, 사드THAAD(고고도미사일방어체계) 보복에서 보듯 중국에 우리의 논리를 제대로 전달하고 싸우지 못했다. 우리가 중국에 대한 미신과 공포심에서 벗어나려면, 국적 있는 중국 연구로 체득한 정보를 기반으로 입장을 확실히 세우고, 담대한 외교자세를 확립해야 한다. 그러나 중국의 정치체제와 외교생태를 고려할 때 중국에 할 말을 다 한다고 하더라도 자존심을 지나치게 건드려서는 안 된다. 중국인은 자존심과 명예를 무엇보다도 소중하게 여기는 민족이기 때문이다. 최대한 겸손하지만 당당히 우리의 논리를 지속적으로 밝혀야 한다. 그렇게 하려면 우리가 중국이 꼭 필요로 하는 전략무기를 많이 보유해야 한다. 반도체뿐 아니라 중국이 따라올 수 없고 우리에게만 있는 핵심, 원천을 다수 확보하는 것이 중국의 복속주의 외교압력에 대응하는 힘이 될 것이다. 중국에 외교적 대응을 할 때 우리가 명심해야 할 점이 또 있다. 한국이 비록 물리적 차원의 국력에서는 중국에 비해 '작은 국가'이나 소프트파워에서는 매우 '큰 나라'라는 점, 세계적 차원에서 중국보다 더 매력적인 국가이자 보편국가라는 사실이다. 경제적 차원에서도 그렇다. 중국 역시 한중 관계의 발전이 한국은 말할 것도 없고 중국의 발전에도 불가결의 요소가 될 수 있다는 사실을 잘 인식하고 있다. 따라서 우리에게는 당당하고 정상적인 외교를 하는 자세가 필요하다.

이제 중국은 한중 관계를 더욱 중시하면서 기존의 압박 외교에서 벗어나 한국의 국민 앞에 오만한 태도를 버려야 할 것이다. 그리고 중국의 보다 유연한 대미 전략은 한중 관계의 원만한 발전에 크게 기여할 것이다. 또한 중국은 한미 관계의 실존적 가치를 인정하고 한미동맹을 바라보는 시각을 보다 합리적이고 유연하게 지녀야 할 것이다.

외교가 국력의 차이를 어떻게 극복할 수 있을까

강대국과의 국력 차이를 극복하는 길은 외교 역량, 국민의 문화적 역량, 통합된 국가 정체성, 도덕적 · 윤리적 우월성을 확보하는 것이다. 무엇보다도 외교력은 국가 간의 국력 차이를 극복하는 첫 번째 국가 역량이다.

그러면 우리의 외교력은 왜 취약한가? 한국은 오랫동안 세계 강대국에 포위되어 있는 지정학 · 지경학적 위치로 인하여 자유로운 외교 선택이 어려웠던 것이 사실이다. 더욱이 한국이나 일본은 현대 국제사회에서 독자적 외교전략을 구사한 경험이 없다. 오랫동안 냉전의 틀 안에서 미국에 의존하며 생존해온 결과이다. 그러나 탈냉전 시대에 한국은 혼자 사는 법을 배워야 한다. 한국의 관점에서 세계를 보는 한국적 세계관을 지니고, 21세기의 생존전략을 모색하는 한국적 외교전략이 필요하다. 무엇보다도 모든 영역에서 우리의 상상력과 활동의 제한을 혁파해야 한다. 그야말로 한국인의 생존영역을 남북한을 뛰어넘어 세계적 · 우주적 영역으로 확장할 수 있는 인식의 혁명이 필요하다. 모든 국민이 국내적 이슈에만 매몰되지 않고, 세계와 보편가치를 기준으로 사유하고 활동할 수 있도록 훈련해야 한다. 이를 위해서는 교육, 언론, 정치 등의 영역에서 제한 없는 논쟁과 토론이 필요하다. 특히 정치영역에서부터 한국적 외교전략에 대한 논쟁을 전면화해 우리의 생존전략에 관해 다양한 견해가 표출되고 집약되도록 해야 한다. 당장 이번 대선과정에서 강대국의 세력 전이 시대에 한국의 생존전략이 무엇인가에 대한 대권주자들의 비전과 정책 논쟁이 치열하게 전개되어야 한다.

전환 시대의 상황 인식 필요성

한국은 그동안 미중 분쟁의 격화와 그 사이에 낀 어려운 현실에 우려를 표하면서도 어떻게 이 상황을 헤쳐나갈 것인지에 대한 장기전략 수립에는 적극 나서지 않았다. 미중 분쟁을 우리가 해결할 수는 없으므로 국외자적 관망 속에서 소극적 체념론에 빠져 있었다. 그러나 작금의 상황은 그렇게 만만하지가 않다. 이제 우리가 어떤 선택을 하든지 높은 리스크가 따르는 고난도 게임이 기다리고 있다. 지난 30년의 관점과 상황 인식에서 벗어나 중국의 급부상을 명확히 인식하고 한국의 생존 방정식을 새롭게 재구성해야 할 때이다. 이렇게 한국을 둘러싼 동북아시아의 지정학 · 지경학적 환경과 여건은 한국으로 하여금 새로운 인식과 대응자세를 추동하며 견인하고 있다. 아마도 다가오는 25년간 또는 그 이상에 걸쳐 미중 경쟁은 세계의 모습을 크게 바꾸어놓을 것 같다. 전환기적 충돌 양상 그리고 전운이 감돌고 있는 이때, 한국은 주권과 생존권을 지키기 위한 새로운 인식과 대응태세로 무장해야 하는 위기 상황에 놓여 있는 것이다.

크게 보아 한국은 21세기 미중 갈등에 그대로 노출되고 있다. 이 상황에서 중국의 강대국 부상이 한국과 한반도 지정학에 끼칠 영향에 대한 인식이 부족하고 상상력을 결여한다면, 우리는 또 한 번의 어려운 시기를 맞을지 모른다. 고난도 과제가 2022년 새 정부의 숙제로 기다리고 있다. 새 정부가 출범하는 2022년은 한중 관계 회복의 새로운 시도와 국력의 비대칭화가 동시에 진행되는 한 해가 될 것이다. 중국은 강력하게 한국을 중국 쪽으로 견인하려 할 것이 분명하다.

세기적 세력 전이, 한국의 주권과 생존권

2021년 1월 기준, 미국과 중국의 경제력 차이는 100 대 71 수준으로 평가된다. 앞으로 세계는 비대칭적 양극화 시대가 상당 기간 지속될 가능성이 크다. 중국은 미국과 대등한 양국체제로 대립하기에는 아직 국력이 모자란다. 더욱이 군사력이나 외교적 네트워크, 나아가 첨단기술력으로 양국이 전면 경쟁하기에는 아직 때가 이르다. 그렇다 하더라도 중국은 상승하고 미국은 서서히 하강하는 세력 전이 현상이 상당 기간 지속될 것이다. 역사적으로 한국은 한반도 주변 강대국의 세력 전이 과정에서 대응능력이 취약했다. 비록 그때와는 국력이나 외교 역량의 차이가 나더라도 세력 전이가 진행되었던 구한말 통한의 외교적 실패를 답습하려는 기질적 한계를 보이지 않을까 하는 우려도 있다. 이러한 세력 전이의 대혼돈 속에서 한국 정치는 그에 걸맞은 외교력과 사회 역량 통합력, 그리고 방향감각을 갖춰야 할 것이다.

세력 전이기마다 찾아오는 한국의 국론 분열

세력 전이 기간에는 한국 사회의 내부갈등 요소가 커질 가능성이 있다. 이런 때일수록 혜안과 경륜이 있는 국가 지도력이 필요하다. 흐트러지는 국론을 통일하고 논쟁을 봉합하면서 우리의 주권과 생존권을 확실히 지켜나가야 할 때인 것이다. 변화와 전환 시대에 대한 대응능력을 갖추려면 큰 원칙과 유연한 대응자세가 기초자산이 돼야 한다. 이러한 필수 외교자산은 지금도 크게 부족한 것으로 보인다. 그동안 우리는 큰 원칙도 없었을 뿐 아니라 그때그때의 상황 대응자세는 경직적이었다. 특히 그동안의 한국 외교에는 국내 정치요인이 깊게 관여되어왔다. 그 결과 국익 계산에 있어서 냉철함과 치열함, 정교함 등이 부족했다.

중국은 스스로 항복하지 않고 버티면 장기전에 유리하다고 생각하면서 시간이 자기편이라고 믿는다. 장기전 양상을 보이는 미중 충돌 과정에서 큰 원칙 없는 경직된 자세로 그 수많은 파고를 어떻게 넘을 수 있겠는가? 큰 원칙을 세우고 선제적 전략을 수립하면서 상황 전개에 유연하게 대응해야 한다. 그리고 점의 전략에서 벗어나 면의 전략으로 전략지형을 바꿔 다양한 선택지를 확보해야 한다. 사드 배치 문제로 중국과 갈등을 빚었을 때 한국은 1년 넘게 결정을 못 내리고 혼란 속에 우유부단한 자세를 보였다. 한국은 이 과정에서 큰 대가를 지불했다. 우유부단한 태도로 동맹국 미국을 의아하게 만들고, 중국의 한국에 대한 인식도 더 악화시켰다. 중국은 한국이 중국과 미국 사이에서 기회주의적으로 행동하고 있다고 느꼈다. 이제 우리는 외교 · 안보 전략에서 한국이 종종 취해온 기회주의적 균형 전략에 대해 전면적인 재검토에 들어가야 한다. 한반도 역사에서도 강대국 간의 세력 전이 시대를 여러 차례 경험한 바 있다. 그런데 한반도에서의 강대국 간 세력 전이 과정은 김춘추-김유신의 신라 시대를 제외하면 대체로 비극적이었다. 국제적 차원에서의 강대국 간 경쟁은 한국 국내 정치의 분열과 대결로 심화, 확대되었다. 결과적으로 명분론과 실리론, 척화론과 주화론 등이 엇갈리면서 내부적으로 지리멸렬하는 양상을 보인 채 스스로 붕괴되는 비극을 자초했다. 이와 같은 역사적 경험을 고려해 21세기의 세력 전이 시대에 다시금 미국과 중국을 두고 명분론과 실리론의 분열적 사고가 반복되지 않도록 해야 할 것이다. 이를 위해 미국에 대해서도, 중국에 대해서도 주체적 인식을 해야 한다. 미국과 중국을 우리의 국익 차원에서 바라보며 접근해야 한다.

중국을 바라보는 한국 지성사회의 파편화 현상

더욱이 미래에 나아갈 방향과 전략에 대해 한국 지성사회가 보이는 파편화 현상이 무의식으로까지 확장되는 것은 가장 두려운 일이다. 지금 학계나 연구계에서는 국적 있는 균형감 갖춘 중국 연구를 찾기 힘들다. 중국에서 제공되거나 중국에서 배운 국제정치의 틀에서 중국을 바라보는 경향도 일부 눈에 띈다. 아울러 미국을 중심으로 한 중국 연구는 미국의 세계 지도력에 대해 우호적인 반면, 중국의 발흥을 미국의 지도력에 대한 도전으로 받아들이는 경향이 있다. 진정한 국적 있는 중국 연구가 절실하다. 국론이 분열되고 사회적 논의가 파행되는 이유도 미중 경쟁을 바라보는 인식의 세계가 지나치게 편향되어 있기 때문이다. 지식의 편식과 이념의 편향이 정치이념의 극단화를 가져오고, 국론의 파편화를 몰고 올 것을 생각하니 두렵기만 하다. 중국의 기회의식, 미국의 위기의식 속에서 한국의 무의식 · 의식 표류는 한국의 미래까지 표류시킬 수 있다. 앞으로 중국은 중국몽 달성을 위해 국가자본주의 체제를 더욱 강화할 것이다. 그리고 중국식 전랑戰狼 외교 속에서 대국의 아량보다는 횡포와 갑질이 체질화될 수도 있다. 이 과정에서 미중 충돌을 우리가 해결할 수 없다는 이유로, 관망하면서 소극적 체념론으로 일관한다면 미중 모두로부터 신뢰를 잃을 것이다. 이제부터 한국은 한국의 길을 가야 한다. 국민의 자유로운 선택 속에 국가 사회적 생산성이 극대화되는 자유자본주의적 국가 사회 거버넌스를 확고히 견지해나가야 한다.

운명론과 자강론

석학 김진현 전 과학기술부장관은 힘주어 말한다.

"중국의 굴기에 대응하여 우리가 경계해야 할 것은 우리의 정신세계에 보이지 않게 스며들어 있는 운명론이다. 여기에서 빨리 벗어나 자강론을 확고히 세워야 한다. 이것이 한국의 미래 생존전략의 기본자세이다."

첫째는 중국 경사傾斜나 중국 추종론이다. 즉 충돌성, 단층성, 반도 지리에 따라 한국이 중국에 경사될 수밖에 없다는 오래된 중국관이다. 중국의 잠복된 복속주의나 한국의 잠재된 사대주의를 운명론으로 몰아가려는 친중 편향의 소중화론이다. 둘째는 한국의 해양화 성공 그리고 한국의 고난 극복에 미국이 해결사 역할을 해주었고, 앞으로도 해결해줄 것이라는 운명론이다. 셋째는 주술적呪術的 운명론이다. 한마디로 한반도 세계 중심론이다. 한국이 운명적으로 세계의 중심, 인류문명의 중심에 나설 것이라는 자아도취적·비논리적 운명론이다. 이것은 21세기 전반부의 세계 역학구도를 헤쳐나가야 할 한국 국민이 가장 경계해야 하는 인식이다. 중국의 팽창주의는 한국의 주권과 생존권에 크게 위협적인 존재인 것이 분명하다. 중국과 한국은 가치적 · 문명사적 동류Like-Minded 국가가 될 수 없다. 그리고 미국이 영원한 우리의 우군이고 한국이 어려울 때 항상 세이프가드Safeguard가 되거나 최종대부자Lender Of Last Resort가 될 것이라는 믿음은 비현실적이다. 중국, 미국 모두가 자국의 이익을 극대화하기 위해 모든 수단을 동원할 것이고, 한국이 이에 반하는 선택을 할 때면 언제나 국익 차원에서 한국에 등을 돌릴 수 있다. 하물며 지난 70년 성공신화의 연장선상에서 한국이 세계의 중심이 되리라는 생각은 상당히 주술적이다. 따라서 이제 우리는 이러한 운명론적 함정에서 벗어나야 한다. 미중 사이에 낀 존재에서 벗어나 두 강대국 모두에 필요한 나라가 되어야 한다.

주목해야 할 점은 최근 미중 간의 신냉전이 한국을 자강의 길로 내몰고 있다는 것이다. 이것이 엄중한 현실이다. 그러나 자강론도 당분간 두 나라와의 협력 없이는 실현 불가능함을 잊어서는 안 된다. 또한 한국이 미국, 중국, 러시아, 일본의 4개 인접 강국에 대해 규모와 양, 크기, 범위로 겨루는 것은 원천적으로 위치 선정을 잘못하는 것이다. 먼저 자력으로 생존권을 지키며 강국들의 힘을 견제하고 방어할 수 있어야 한다. 네덜란드, 이스라엘, 스위스 같은 소강국이나 중강국처럼 핵심, 틈새, 원천을 확보해 스스로 세계에 필수적인 국가가 되어야 한다. 그리고 그들 강국과 협력관계를 공고히 해야 한다. 자강의 길을 가기 위해서는 국내 체제 정비가 최우선 과제이다. 국내 정치의 프레임에 갇히고 그 연장선상에서 외교 · 안보를 바라보지 말아야 한다. 그리고 국제 외교 · 안보의 흐름에 역류해서는 안 된다. 중국이 우리에게 위협이 되는 존재임에는 틀림이 없으나 단단한 국민 통합력 앞에서 그들의 압박은 번번이 실패로 돌아갈 것이다.

또한 한국은 중국에 대해 분명히 선을 그어야 한다. 국가 정체성에 대해 확고한 원칙과 신념을 중국에 각인해야 한다. 그러려면 반도체 이외에도 미국과 중국이 모두 아쉬워하는 전략자산을 많이 확보해야 한다. 그리고 누구도 한국이 미국의 동맹외교에서 가장 약한 고리라는 오판을 하지 않도록 원칙과 자세를 확고히 세워야 한다. 그러나 한국이 중국에 할 말을 다 한다고 해서 중국의 핵심이익을 전면 부정하거나 중국의 자존심을 지나치게 건드려서는 안 된다. 굴종하지 않으나 겸손하게 그리고 분명한 원칙 속에서 대하는 것이 좋다. 그러려면 시진핑 권부 내, 그리고 공산당 내부와 다양하게 인적 네트워크를 구축해야 한다. 이 문제가 향후 한중 외교의 핵심과제가 될 것이다. 반면 동맹국인 미국에 대해서도 국익 차원에서 때로는 우리의 원칙을 분명히 할 수 있어야 한다. 그리고 한국이 처해 있는 지정학 · 지경학적 위치를 미국이 감안하도록 설득해야 한다. 미국 의회 등 워싱턴 조야에서 한국의 국적 있는 외교를 위해 전방위적으로 활약하며 대화 채널, 인적 네트워크를 튼튼히 구축해야 한다. 이것이 한국의 대미 외교의 성패를 좌우할 것이다.

중국에 대한 도덕적 · 윤리적 우월성 확립

또 하나 중요한 것은 국가 · 국민의 도덕적 · 윤리적 우월성이 자강론의 중요한 요소라는 점이다. 스스로 과학기술 전문가라고 칭하는 시진핑 주석의 과학기술력 드라이브는 중국을 과학기술 강국으로 만들었다. 하지만 과학기술은 높은 도덕적 · 윤리적 가치관과 유리되어 있다. 따라서 그들이 추구하는 가치는 발전된 과학기술로 국민을 통제, 압박, 탄압하는 도구로 쓰일 뿐 아니라 세계 평화를 위협하는 무기가 될 수 있다. 향후 중국은 국력의 신장, 팽창을 이루더라도 인본주의적 문명관이 지배하는 문명사적 전환기에 도덕적 · 윤리적으로 열등 국가로 전락할 수도 있다. 도덕률과 윤리관은 미국 등 서방세계에도 똑같이 적용된다. 한국이 모든 국가와 협력하고 필수 불가결한 국가로 자생력을 확보함에 있어서도 인류 보편적 가치, 높은 도덕률과 윤리관으로 무장해야 한다. 이것이 갖추어진다면 주변 강국들이 함부로 경시하지 못하는 나라가 될 것이다. 한 국가의 흥망성쇠는 외부요인보다 내부요인에 달렸다는 것이 역사, 문명사의 교훈이다. 앞으로 미중 간의 신냉전적 충돌 과정에서 한국은 많은 충격과 고난에 직면할 수 있다. 이 과정에서 국가 리더십이 어떻게 국민은 물론 국가사회의 다양한 구성요소들과 더 연대하고, 협력하며, 참여를 이끌어낼 수 있느냐가 중요한 관건이다. 과거 우리 민족이 겪었던 국난의 대부분은 국가 리더십의 실종 속에서 일어났던 것임을 기억해야 한다.

정덕구 NEAR재단 이사장

克
中
之
計

1부

중국은 우리에게 어떤 나라인가

중국은 우리의 미래에 가상의 적인가 아니면 공존의 동반자인가? 미중 패권경쟁이 격화 및 장기화 조짐을 보이면서 이제 우리는 중국의 실상을 정확히 인식하고 그들의 실력과 실체를 직시해야 한다. 지금 미국은 쇠퇴하고 있으나 중국은 급부상하고 있다. 또 그 끝을 예측하기 어렵다. 그리고 한국은 둘 사이에 낀 존재가 되고 있다. 더욱이 거대 중국과의 충돌이나 예속의 시나리오를 피하고 공존의 시나리오를 찾아내는 것은 고난도 과제일 것이다.

역사적으로 오랫동안 국력이 기울어져 비대칭관계였던 한국이 중국에 경제력의 우위를 누리고 원조까지 제공했던 기록은 한때의 추억이다. 한국전쟁 당시 한국은 직접 중국과 전쟁을 했다. 중국에 가장 인접한 지역인 한국에는 미군이 주둔하고 있다. 그리고 한국은 미국의 군사동맹국이다. 중국이 굴기에 성공할수록, 미중 간 패권경쟁이 심해질수록, 한국은 중국에 지정학적 중요성을 지닌다.

중국은 중국 나름의 강점과 약점이 있다. 한국도 선진화된 중견 국가로서의 장점이 있다. 이러한 점을 심층 분석해 한중 관계를 열린 관계로 바라보며 대응전략을 모색해야 한다. 중국은 분명 우리에게 위협이지만 동시에 중국의 부족한 점을 메울 수 있는 면에서 기회가 될 수도 있다. 따라서 중국에 대해 무엇이 우리의 강점인지, 또 어떤 기회가 열려 있는지 냉철한 사고와 유연한 전략이 필요하다.

한편 미국과 중국의 전략적 경쟁은 중장기적으로 오래 진행될 것이다. 최소한 앞으로 10년 동안은 미국의 세계 리더십이 유효할 것이고, 시진핑 국가주석이 통치하는 중국도 국가자본주의와 국가주의 체제를 유지하기 위한 노력을 배가할 것이다. 그러나 장기적으로 시진핑 이후의 중국은 부족한 독자 생존력을 위해 세계와 협력할 수밖에 없을 것이다. 작금의 중국이 유아독존적 행태로 욱일승천하는 것처럼 보이지만, 그럼에도 중국은 당분간 시진핑의 신시대 중국 특색 사회주의를 지도 사상으로 견지할 것이다.

문제는 10여 년 이후의 중국이다. 시진핑 시대가 지나도 중국의 공산당 체제는 변함이 없을 것이다. 따라서 한중 간의 가치와 정체성은 상당 기간 서로 좁혀지기 어렵다. 국력의 차이가 커질수록 더욱더 그럴 것이다. 그럼에도 지경학 · 지정학적 관점에서 중국은 우리나라의 최대 수요처이고 협력의 잠재력이 있는 중요한 나라이다. 이런 점에서 우리는 긴장 속에 중국과의 공존의 길을 모색해나가야 한다. 동시에 장기적 안목을 지니고 시진핑 이후의 중국에 대비해야 한다. 14억 인구의 중국은 이미 식량, 자원, 물, 에너지 부족으로 세계와의 협력 없이는 독자생존이 불가능하다. 시진핑 이후의 차세대 지도자가 지배하는 중국은 이 점을 중시하면서 시진핑 시대와 다른 사고와 전략으로 새로운 생존 방정식을 모색할 수도 있다. 그들이 스스로의 생존을 위해 세계 속에서 공존하며 협력해야 하기 때문이다. 그러나 그때까지 우리는 시진핑 시대의 중국에 실사구시적 시각으로 대응해야 한다. 미중 간 전략적 경쟁 속에서 우리가 생존하기 위해서는 우리의 외교 공간을 더 확대하고 외교 지평을 넓히는 전략을 갖춰야 할 것이다.

시진핑 시대에 진입한 이후 중국은 한미동맹의 성격 변화에 대응하면서 우리의 주권과 생존권을 위협하는 행위를 보이고 있다. 우리는 이를 강력하게 경계하고 저지해나가면서 시진핑 시대의 한중 관계를 관리해야 한다. 우리와 국가 정체성, 기본가치에서 큰 차이를 보이는 시진핑의 중국과 완전히 공존하기는 어려울 것이다. 그렇지만 경쟁력의 우위를 점하고 경제적 이익을 일정 부분 공유하면서 공존의 틀을 깨서는 안 된다.

한 가지 유념해야 할 사항이 있다. 중국과 공존은 하되 긴장의 끈을 놓지 말고 중국을 대면하면서 충돌과 예속을 피하는 방법을 찾아가야 한다는 점이다. 이 과정에서 중국과 독자적으로 대치할 경우를 대비한 어느 정도의 독자방어 체제를 갖추어야 한다. 더불어 우리 국력의 부족한 부분은 동맹 네트워크 외교를 통해 메우면서 튼튼한 대중국 전략체계를 갖추어야 한다.

1장

한국의 중국관, 어떻게 정립되어 있나

한국에게 중국은 어떠한 존재인가? 한국이 중국에서 추구하는 국가이익은 무엇인가? 우리의 대중국 외교에서는 지금까지 이런 질문을 심각히 고민한 적이 없었다. 고민할 필요가 없었다. 한중 수교 30년 동안 양국 관계는 고민 없이 순조롭게 급성장했기 때문이다. 양국 관계의 발전 속도는 타의 추종을 불허한다. 이를 입증하는 자료로 한중 양국은 다양한 경제지표와 통계를 자주 인용한다. 외교에서도 양국의 동반자 관계 내용이 수차례 격상되어온 결과, 이제는 '최고 수준'의 동반자 관계라고 자화자찬한다. 그런데 통상적으로 외교에서 그런 의미를 지닌 동반자 관계는 없다. 동반자 관계는 외교적 수사이며 상징적 의미에 불과하다. 우리와 중국의 관계를 '전략적 협력 동반자 관계'로 규정했으나 양국 간에 전략적 협력 사례가 거의 없었던 사실만으로도 이는 입증된다.

중국이 우리 경제에 지니는 의미는 크다. 최고의 수출시장이

자 투자시장이다. 우리의 관광 수익 면에서도 중국의 기여도는 단연 으뜸이다. 그러나 이런 경제적 현실이 제재와 보복의 수단으로 역이용될 경우 막대한 손실을 피할 수 없다. 우리는 이런 경험을 2000년의 '마늘 분쟁'에서 이미 한 차례 경험했다. 그리고 2016년 중국의 사드 보복의 충격에서 벗어나지 못하고 있다. 당시 한국의 사드 배치는 한중 간 극렬한 대립을 유발했다. 중국의 경제 보복은 한중 관계를 크게 후퇴시켰고, 중국 내부에서도 정치 이슈를 경제 보복으로 연결한 똑똑지 못한 처사라고 비판하기 시작했다.

이 사이에 한중 양국 간의 문화갈등도 극명하게 드러났다. 중국의 한반도와 한민족에 대한 감춰진 인식 역시 그대로 노출됐다. 중국인에게 잠재된 민족적 우월감인 '중화사상'이 혐한嫌韓 정서로 표출됐다. 국제관습의 수준을 넘은 중국의 과도하고 일방적인 강경책을 경험하면서, 우리는 중국을 두려움과 우려의 대상, 의식해야 하는 대상으로 각인했다. '중국 포비아'가 커지면서 우리 외교는 미국과 중국의 전략적 경쟁에서 곤욕을 치르고 있다. 동맹의 이익 차원에서 제기하는 미국의 요구에 우리는 한 치의 망설임도 없이 중국의 반응부터 고민하는 습관이 생겼다. 이는 한중 간의 역학관계 변화로 중국으로부터 모종의 외교적 압박을 경험한 결과이다.

특히 미중 간 전략적 경쟁이 가열되면서, 미국의 동맹국으로서의 책임과 의무를 수행하는 과정에서 중국의 압력을 의식하는 습관이 스스로 길러지고 있다. 주권국가라는 사실이 무색할 정도로 우리가 중국을 의식하는 수준은 과도할 정도이다. 역으로 중국이 최근 우리에게 보여주는 외교·군사적 행위는 우리를 주권국가로서 존중하는지 의심이 들 만큼 무례해지고 있다. 과도할 정도라는 표현도 과하지 않다. 우리의 주권과 생존권을 무시하는 언행이 빈번해지는데도 한국이 정면 대응하지 않는 것을 바라보면서 중국은 마음 놓고 우리에 대한 영향력을 키우고 있다. 중국은 이제 우리의 외교 의식과 의사결정에 지대한 영향을 미치는 존재가 되었다. 중국의 지배력은 우리 사회를 분열시키고 외교적 압박을 가할 정도로 강해졌다. 우리 외교가 주권국가로서 제 기능과 역할을 하는 데 많은 제약을 가하고 있다. 대중국 외교에서 우리의 자존감, 자부심과 자긍심은 상당히 구겨진 상태이다. 이에 국민은 분노한다. 40~50% 대에 머물렀던 우리 국민의 중국에 대한 부정적 정서는 2017년에 60%를 넘어선 후 줄곧 높아져 2021년에는 77%에 이른다.[5] 그럼에도 정부 지도층 엘리트의 대중국 저자세 외교는 지속되고 있다. 일종의 트라우마 같은 대중국 위축감이 깊이 자리 잡고 있는 것이다.

2장

한중 간 3개의 거리와 3개의 다리

가치·기술경쟁력·상호 인식의 거리 관계

미중 간 패권전쟁이 본격화하는 가운데 한중 관계도 전환기 상황에 놓였다. 앞으로 한중 간에 어떻게 충돌을 최소화하면서 상황을 관리해나갈 것인가 하는 고난도 게임이 기다리고 있다. 한중 관계는 역사가 매우 깊기 때문에 그 과정에서 형성된 거리는 쉽게 극복되기 어렵다. 오랫동안 한중 간에는 3개의 거리 관계가 조성되어왔다.

첫 번째는 가치의 거리이다. 국가가 추구하는 가치와 목표 그리고 바라보는 시선이 어떻게 다른가의 문제이다. 우리는 자유민주, 시장체제, 인권존중이라는 3대 가치를 전제로 OECD에 가입했다. 이는 거의 항구적인 한국의 기본가치이다. 덩샤오핑 시대 이후로 후진타오 시대 전반부까지만 해도 우리는 중국의 공산당 1당 지배 구조가 연성화 과정을 거치며 시간이 지날수록 우리와의 가치의 거리가 좁혀질 것을 기대했다. 그러나 시진핑 시대, 특히 최근에 들어 공산당 지배체제가 경성화되고 자유민주나 인권존중이라는 가치와는 점점 멀어져가고 있다. 이렇게 한중 양국 간 가치의 거리가 멀어질수록 경제적 유대관계나 긴밀성이 과연 지속 가능하겠는가 하는 기본적 질문에 직면하게 된다.

두 번째는 기술경쟁력의 거리이다. 그동안 한국은 글로벌 가치사슬Global Value Chain, GVC의 내부구조에서 중국과 일정한 분업관계를 유지해왔고 산업 내 협력이 증가되었다. 그리고 어느 정도의 기술 우위가 유지되었다. 그러나 최근 20년간 중국의 기술 추격이 눈부실 정도로 가속화되었다. 시진핑 주석의 주도하에 과학기술 중국몽이 전면적으로 펼쳐지면서, 이제는 미국 등 선진국이 주도하는 고도 정보화 분야까지 기술경쟁력을 강화하고 있다. 이렇게 한중 간의 기술 거리는 거의 좁혀지거나 추월당하고 있다. 가치의 거리는 멀어지고 기술 거리는 좁혀져 추월당하는 상황에서 한중 간의 생존관계는 매우 복잡 미묘한 함수관계로 변하고 있다. 가치적 동맹관계는 성립될 수 없는 상황이고, 기술경쟁력은 역전되고 있으니 양국 간 공존의 생존 방정식은 어디서 찾을 수 있을 것인가?

세 번째는 상호 인식의 거리이다. 한중 사이에는 오랫동안 잠복된 인식의 거리가 있다. 시진핑 주석이 트럼프 대통령에게 말했다는 소위 속국론이다. 시진핑이 지닌 역사관은 한漢족의 역사이고, 천일통天一統 사상을 배경으로 한다. 그동안 중화민족은 주변 소수민족을 끊임없이 복속, 흡수, 통합해왔다. 한국과 베트남은 나라가 크고 문화적으로 독립된 정체성을 유지해왔기 때문에 통합하지 못했지만, 복속의식 속에서 중국의 영향력 아래 두어야겠다는 강한 의지를 보였다.

중국의 복속주의, 한국의 잠재된 사대주의

중국인의 인식 속에는 민족적 우월감의 표현인 중화사상이 뿌리를 내리고 있다. 이를 바탕으로 한국이 오랫동안 중국에 복속되어 있었다는 소위 복속주의 인식이 깊이 박혀 있다.[6] 반면 한국은 이를 강력히 부정하면서도 깊이 잠복된 사대주의 인식이 일부 남아 있다. 중국인의 잠재된 복속주의는 양국 국민 사이를 갈라놓는다. 이는 한중 양국을 점점 멀어지게 하는 부정적 요인으로 작용할 수 있다. 극복하지 못하면 또 하나의 충돌요인이 될 가능성이 있다.

중국은 복속주의를 내면에 잠복시키면서 이것을 자주 대외전략으로 표현한다. 중국 당국자들도 수시로 대국의식을 표현하는 가운데 소국은 대국끼리 설정한 국제질서에 순응해야 한다고 강조한다. 이러한 대국과 소국의 관계 설정은 현대판 복속주의가 아닐 수 없다. 여건과 역량이 아직 미치지 못하지만, 중국은 대국정신으로 소국을 바라보고 있다. 궁극적으로 중국식 세계관은 중국 중심의 천하체제일 것이다. 따라서 중국과 육지와 바다로 국경을 맞대고 있는 20개국 중 중국에 우호적인 나라가 거의 없을 정도로 중국은 외교적으로 고립되어간다. 중국이 경제력으로 인접국가를 회유한다 해도 20개국들은 내심 이것이 복속주의적 표현이라고 인식한다.

한중 관계는 깊은 경제적 유대관계 속에서도 거리적 내부 갈등이 존재한다. 이것은 한중 관계의 심화발전의 길에 장애요인이 될 것이다. 이러한 양국 간의 거리 확대로 양국 사이에는 이질성이 크게 자리 잡을 수밖에 없다. 생존 방정식 내부의 상수와 변수도 계속 진화 및 변화하고 있다. 특히 시진핑 시대 이후 중국의 국가 목표와 가치가 진화 및 변화하면서 서로를 바라보는 한중의 시선과 시야는 크게 달라지기 시작했다. 중국이 세계를 향해 질주하는 동안 바로 근접한 한국은 그들의 시야에서 벗어나기 시작했다. 한때 한국을 중국의 롤 모델로 보던 인식도 이제는 과거의 속국이자 상대하기 쉬운 나라로 여기는 인식으로 바뀌어가고 있다. 반면 한국에서는 중국 혐오도가 높아지는데도 정부 당국, 기업인들은 중국 앞에만 서면 왜 스스로 작아지는가 하는 자조적 한탄까지 나오고 있다. 중국 외교의 특성과 보복 관행 때문만은 아닐 것이다.

3개의 험한 다리 어떻게 놓을까

이러한 부정적 현상을 극복하려면 이들 3개의 거리를 이어줄 3개의 다리가 필요하다. 3개의 거리가 양국 관계를 갈라놓더라도 이를 건널 수 있는 다리가 있다면 대부분의 차이를 극복할 수 있을 것이다. 그러나 현재 3개의 다리는 모두 끊기거나 좁은 외나무 실다리처럼 흔들리는 형국이다.

첫 번째는 정경분리와 실용적 행동규범의 다리이다. 정치이념이나 가치의 거리가 아무리 멀어져도 장사하는 사람들은 크게 유념해서는 안 된다. 경제는 장사꾼 정신으로 극복해야 한다. 서로 필요하기 때문에 주고받는 것이다. 정부는 민간기업의 대중국 비즈니스에 대해 정경분리 원칙을 강력히 요청해야 하고 이를 견지할 의무가 있다. 중국의 사드 보복 당시의 대응을 반복해서는 안 된다. 이를 위해 경제관계와 관련한 양자, 다자 협정을 적극 보완하고 발전시켜야 한다. 중국의 대외적 정경분리는 다분히 형식적이기 때문에 자국의 국익에 반하는 정치적 이슈가 발생할 경우 경제보복을 가할 것이다. 이러한 가능성을 원천적으로 차단하는 것이 한중 정부 간 협정, 협의의 핵심 과제가 될 것이다. 시진핑 시대 중국 외교는 자기 룰과 행동규범에 따라 하고 싶은 대로 선택하고 결정한다. 더욱이 정경분리는 매우 선택적으로 운영될 것이다. 우리 기업들의 중국 비즈니스에는 많은 정치적 위험이 도사리고 있는 것이 현실이다.

두 번째는 기술진보와 혁신자강의 다리이다. 미중 간의 목숨건cut throat 기술전쟁 과정에서 한국의 기술진보는 더디게 진행된다. 혁신역량도 생태계적 함정에 빠지고 있다. 기존 제조업의 분업구조에만 의지할 경우 우리는 중국 기술경쟁력의 하위 공급자로 전락할 수도 있다. 그러나 미중 간 기술전쟁은 전방위적인 정보화 시대를 열 가능성이 커서 비교 우위에 있는 한국이 중국과의 기술경쟁력 거리를 벌리는 계기가 마련될 수도 있다. 특히 포스트코로나19 시대는 400m 계주에서의 배턴터치 때처럼 금쪽같은 기회이다. 미국과의 기술동맹 내지 협력구도를 적극 견인하고 활용해야 한다. 또한 중국의 과학기술 중국몽 실현 과정을 면밀히 추적하고 우리 기술과의 협력 가능성을 계속 탐지해야 한다. 그리고 스스로 독보적 기술력으로 자강 노력을 강화해야 한다.

세 번째는 미래 세대의 인식전환의 다리이다. 다음 세대는 이러한 잘못된 인식의 거리에서 벗어나야 한다. 복속의식이나 사대의식은 이미 때 지난 케케묵은 민족감정에 불과하다. 이 시대에 중국에 복속할 나라가 어디 있고, 중국을 사대할 나라가 어디 있겠는가? 이것은 잘못 선정된, 현존하는 나쁜 과거형 인식이다. 이것을 소멸하려면 미래지향적인 생존 방정식의 다리가 필요하다. 차세대인 정보화세대가 발상을 전환할 다리가 필요한 것이다. 복속과 사대의 잔재를 극복하려면 양국의 차세대를 미래 지향적으로 교육하는 것이 필요하다. 그리고 양국의 다음 세대 간 문화적 교류 확대가 필수적이다. 그러나 중국의 현 정치 지도세력은 이들의 인식세계를 민족주의로 몰아가고 자본주의 자유시장 선호사상을 억제하면서 이 다리를 끊어놓으려 할 것이다. 더욱 가슴 아픈 현상은 요즘 한국에 유학 온 중국 학생은 반한파, 중국에 유학 간 한국 학생은 반중파가 되어 돌아온다는 점이다. 젊은이들 사이에서 중국인의 중화사상이라는 민족적 우월감이 표면화되어 충돌하거나 가치관과 문명관 차이가 커지는 것은 안타까운 일이다. 이 다리는 건설하는 데 시간이 오래 걸리므로 인내심을 가지고 추진해야 할 것이다. 이처럼 한중 간에는 3개의 거리가 존재하고 이를 극복할 3개의 다리가 반드시 필요하다. 3개의 다리를 건설하고 관리하려면 중국과의 우호협력 관계를 잘 유지해야 한다. 한국이 중국에 꼭 필요한 나라가 되어야 한다. 중국은 약한 한국을 무시할 것이고 강한 한국을 두려워할 것이다. 자강론이 절실히 요구되는 이때 중국과의 관계 방정식은 복잡하고 난해할 수밖에 없다. 이를 풀어나가는 것이 이 책의 소명이다.

3장

중국에 대한 잘못된 환상과 대중국 포비아

냉전 시기 중국은 우리에게 '죽의 장막'에 가려진 나라였다. 탈냉전과 함께 수교하면서 중국을 알기 시작했다. 냉전과 분단의 역사 때문에 우리에게는 중국에 대한 우리만의 기대치가 생겨났다. 1980년대 말 우리가 '북방정책'을 추진한 연유에서 이를 엿볼 수 있다. 과거 우리는, 소련을 위시한 공산권 국가가 우리와 북한을 교차승인을 하면 한반도의 통일이 앞당겨질 것으로 판단했다. 1990년대에 들어와 1차 북한 핵위기 사태가 발발했을 때 중국의 해결사 역할도 기대했다. 중국이 북한의 동맹국이었기 때문에 대북 영향력이 있을 것으로 추정했다. 1992년 수교 이후에는 13억의 중국 시장에 매료되었다. 환상에 사로잡혔다 해도 과언이 아니었다. 당시 사업하는 이들은 "중국인에게 이쑤시개만 다 팔아도 13억 개"라며 기대감을 표현할 정도였다.

그러나 실제로 중국을 접하면서 우리는 그 광대함 때문에 실정을 제대로 이해하기 어려웠다. 여느 나라와 같이 중국의 신기루만 보면서 중국을 이해하고 판단했다. 그러면서 중국에 대한 환상만 키웠다. 중국이 우리의 경제적 도움을 더 필요로 했기 때문에 대북 관계에서도 당연히 우리 뜻대로 중국이 움직여줄 것으로 여겼다.

막연한 환상이 만든 대중국 외교 프레임

현실은 우리의 기대를 저버렸다. 그런데 우리는 아직도 기대를 버리지 못했다. 환상에서 벗어나지 못했기 때문이다. 광대한 중국을 다 이해하지 못한 결과이다. 결국 우리의 중국에 대한 막연한 환상은 오늘날 우리의 대중국 외교의 프레임이 되어버렸다. 그리고 이는 오늘날까지 우리의 중국 인식을 지배해오고 있다. 그 프레임은 중국 역할론에 대한 우리만의 잘못된 환상 또는 강박관념이 되었다. 우리의 대중 외교는 아래와 같은 프레임에 구속되어 있다.

- 한반도 통일에서 중국의 역할이 결정적일 것이다.
- 북한의 비핵화에서 중국의 역할은 매우 중요하다.
- 지속 가능한 발전을 위해 절대 중국 시장을 상실해선 안 된다.

한중 수교 이후 우리의 중국 외교 경험을 통하여 이 프레임이 잘못 설정된 것이었음을 스스로 확인했음에도 여기서 벗어나지 못하고 있다. 가령 한반도 통일 문제에 있어 중국이 우리와 북한에 전하는 메시지는 본질적으로 다르다. 우리에게는 늘 피상적 의미에서 자주평화통일을 지지한다고 전한다. 외세의 간여 없이 한민족의 합의하에 이뤄지는 평화적 통일을 지지한다는 의미이다. 그러나 북한에는 김일성의 고려연방제 통일 구상을 지지한다는 입장을 견지한다. 최근에는 이를 "북한의 주장과 북한이 견지하는 입장을 지지"한다고 재포장하고 있다. 이것만으로도 한국 주도로 한반도가 흡수통일되는 것을 반대하는 중국의 이유를 알 수 있다.

북한 비핵화와 관련한 중국의 대북 영향력은 미국도 인정하는 사실이다. 그러나 중국은 이를 발휘하는 데 늘 수동적이었다. 반면 우리는 중국이 한반도의 비핵화를 지지하는 입장을 견지하면서 자발적이고 주동적으로 행동할 것으로 기대했다. 하지만 그러지 않았다. 이 때문에 일각에서는 중국의 대북 영향력이 실제로 미미하다는 평가도 제기되었다. 현실 역시 크게 다르지 않았다. 미국의 압박이 없으면 중국은 요지부동이었다. 미국이 대북 선제공격이나 경제제재와 같은 압박 수단을 운운할 때만, 중국은 마지못해 대북 영향력을 발휘하라는 미국의 요구를 들어줬다.

중국 시장에서 우리 기업이 중국의 높은 비관세 장벽으로 인해 겪는 차별과 고충은 30년이 지나도 해소되지 않고 있다. 이 와중에 최근 우리와 중국 간의 기술격차가 좁혀지고 사드 제재까지 추가되면서 중국 시장에서 우리의 입지가 축소되고 어려움이 커져가고 있다. 우리 경제의 지속 가능한 발전을 위해 중국 시장에서의 우리의 전략이 새로이 마련되어야 하는 시점이 다가온 것이다. 그럼에도 우리는 아직도 대중국 프레임이 잘못되었다는 것을 인정하지 않는다. 이 프레임에서 탈피할 경우 우리가 겪을 단기위험과 외교적 마찰요인을 너무 크게 생각한 나머지 새로운 프레임에 대한 도전의식이 위축되어 있기 때문이다. 우리의 대중국 소통 채널은 극히 제한적이다. 중국의 내면을 알고 있는 인적 자산 또한 부족하다. 그 결과 국격이 훼손되는 온갖 외교적 굴욕을 당해도 적절히 대응하고 협의할 상대가 마땅치 않다. 정상 외교에 의존하다 보니 구체적 해법을 찾지 못하는 형국이다. 결국 경제적 손실까지 입고 있는데 이는 실체를 외면한 대응전략의 결과이다. 이 같은 부당한 대우와 불이익은 스스로 자초한 면이 있다.

작금의 우리는 중국을 과도하게 의식한 나머지 중국에 대한 강박관념을 스스로 만들어나가고 있다. 외교적 의사결정에서 중국요소에 대한 의식이 증폭된 결과이다. 이로써 우리는 정책 의사결정 결과에 대한 중국의 반응을 선제적으로 고민하는 습관이 생겼다. 이런 사고의 구조가 고착되면서 중국 공포증과 같은 심리적 불안감이 의식 속에 안착했다.

우리의 대중국 저자세 외교는 중국이 강대국으로 부상했다는 이유만으로는 설명이 안 된다. 중국의 부상은 이미 이전에 시작되었기 때문이다. 우리가 한반도 문제에서 중국의 역할에 대한 강박관념에 갇혀 맹신한 것이 그 원인임을 합리적으로 의심할 수 있는 대목이다.

중국의 현란한 외교전술에 휘둘리는 한국 외교

중국의 외교전술은 변화무쌍하고 난해하고 현란하다. 첫 시범 케이스가 사드 보복이었다. 중국의 의지에 반하는 행동을 할 때 어떻게 되는지 한국을 본보기로 삼아 보여준 것이다. "원숭이를 겁주기 위해 닭을 죽인다"는 중국의 고전적인 전술에서 나왔다고 봐도 좋다. 한국은 이러한 중국의 전술을 예견하지 못한 것 같다. 그만큼 중국의 외교는 무자비하다. 중간지대에서 우물쭈물하다가는 업신여김을 당한 채 짓밟힌다. 이제 와서 한국이 중국 편향으로 돌아가기는 어렵다. 설사 돌아가더라도 중국은 이를 당연하게 여기면서 거느리려 할 것이다. 중국은 상대방이 굴종할수록 더욱 압박하는 경향이 있다.

앞으로 한중 관계, 미중 관계의 전개 과정에서 한국이 보여주는 선의적 행동은 중국에 어떻게 반영될 것인가? 지금 중국은 대한국 관계를 하향조정하고 있다. 미국 쪽으로 완전히 가지 못하도록 묶어놓되 큰 관심은 기울이지 않는 것이다. 시진핑 방한 문제도 한국을 다룰 전략자산으로 이용한다. 한국이 애걸복걸할수록 중국은 느긋하게 전략적 이익을 계산한다. 한국이 자신의 전략적 가치를 조정당하며 어느 쪽으로도 쉽게 움직이지 못하도록, 속칭 중국식 전랑 외교력이 위력을 발휘하고 있는 것이다.

중국은 미중 경쟁의 심화 과정에서 주변국을 대략 3개의 카테고리로 나눈 것 같다. 첫째 그룹은 일본과 같은 미국의 확실한 우방국들이다. 중국은 이들과 비즈니스적 태도로 냉담하게 대하며 실리를 챙긴다. 둘째 그룹은 미중 경쟁 와중에서 중국 편향 입장을 보이는 필리핀 같은 친중 국가들이다. 중국은 이들에게 경제적 편익을 제공하며 자국 편으로 묶어둔다. 셋째 그룹은 한국같이 미중 사이에서 줄타기 외교를 하는 나라들이다. 중국은 이들 나라에 대해 경제적 편익을 제공하는 대신 강한 제재를 가한다.

미중 갈등은 장기화될 전망이다. 한국도 장기적인 준비를 해야 한다. 이 역시 한국에게는 취약점이다. 한국은 체질상 장기전에 약하기 때문이다. 미래에 대한 치밀한 리뷰 세션 없이 상황론적 대처로 위기를 넘기면서 '설마'하는 집단 안위의식에 의존하는 것이 그 동안의 한국이었다. 장기전으로 진행될 미중 충돌 과정에서 오랫동안 한국 외교의 명품 처방전으로 불린 안미경중安美經中은 갈수록 유지되기 어려울 가능성이 크다.

한국이 미중 사이에서 전략적 모호성을 지니는 중간지대에 머물 수 있는 시간은 5년 정도라는 예측이 해외에서 나온 바 있다. 그러나 상황이 전개되는 양상이나 우리가 하기에 따라서 그보다 더 짧아질 수도 있다. 우려스러운 점은, 이 유효기간 동안 미중 사이에서의 선택 문제를 둘러싸고 한국 사회 내부에서 갈등이 증폭될 가능성이 있다는 사실이다. 만약 또 한 번 분열시대를 겪는다면 지구상에서 한국의 위치는 점점 왜소해질 것이다. 미중 패권의 장기전이 한 세대 동안 진행되는 과정에서 우리에게 닥쳐올 위험은 경제적·안보적 측면에만 국한되지 않는다. 이념과 가치관, 그리고 국가 정체성 문제로까지 확장될 것이다.

우리의 대중국 저자세 외교 사례들

우리가 중국에 저자세 외교를 취하는 이유는 다음과 같은 몇 가지 대표 사례에서 찾아볼 수 있다.

사례 1.

1990년대 초부터 시작된 한중 수교 협상에서 첫 단추를 잘못 꿰면서 시작됐다. 중국에 한국전쟁 발발책임과 개입에 대한 사과를 받기는커녕 문제 자체도 청산하지 못했다. 이런 역사적 문제의 청산은 상당한 시간이 걸린다. 당시 임기 2년 남짓 남은 정부가 한중 수교라는 '과업'을 이룩하기 위해서는 시간이 없었다. 그래서 제대로 문제를 제기하지 못하고 '미제의 사건'으로 묻혀버렸다.

사례 2.

1990년대 탈북자의 한국 송환을 우리 정부는 우리 헌법에 따라 정당하게 중국 측에 공식 요청했다. 그러나 중국은 거절했다. 이 일은 정부의 중국 '눈치 보기' 외교가 본격화된 결정적 계기가 되었다. 당시 우리 정부는 이 문제가 중국과의 외교 문제로 비화되고 국제화되는 것을 방지하려고 했다. 이를 위해 '조용한 외교'를 선택했다. 결과가 좋을 까닭이 없었다.

사례 3.

1999년 정부는 중국 정부의 반발을 예상하는 가운데 '재외동포의 출입국과 법적 지위에 관한 법률'(재외동포법)을 제정하려고 했다. 이 과정에서 중국 '눈치 보기' 행태는 더욱 심해졌다.[7] 정부는 동 법률안 대상에서 중국 동포와 고려인을 우선 제외하기로 결정했다.[8] 눈치 보기의 한 단면이었다. 그래놓고 2003년 국회는 동 법안을 수정하여 중국 동포와 고려인을 다시 포함하는 개정안을 통과시켰다. 그러자 중국 당국은 동 법안에 찬성한 국회의원들의 중국 비자발급 신청을 거부했다.[9] 이 법안을 중국 동포에 적용할 수 있었던 때는 한중 관계가 개선된 2008년이었다.

사례 4.

2004년 중국은 우리의 고구려사를 왜곡하여 자국의 역사에 편입시켰다. 이른바 '동북공정' 사업의 결과로 빚어진 '사건'이었다. 이에 국민은 항의 가두시위를 펼쳤다. 그러나 정작 정부는 또다시 저자세를 취했다. 2차 북핵위기 사태와 6자회담, 그리고 경제문제가 발목을 잡았다는 것이 정부의 해명이었다. 2003년 7월 7일 중국의 사스SARS(중증급성호흡기증후군) 사태가 진정되어가던 시기에 노무현 대통령은 '위기를 국익 극대화로 이용하는 외교'의 마음을 안고 중국을 방문한다. 기록에는 그가 사스 사태 이후 중국을 방문한 첫 외국인 지도자가 되었다.[10] 노무현 대통령의 중국 방문을 중국에 대한 사대나 저자세로 볼 수는 없지만 최대 현안인 동북공정 문제는 끝내 매듭 짓지 못했다. 중국은 고구려사 문제 해결을 위해 2004년 중국 특사 우다웨이武大偉를 통해 '5개의 양해사항 구두합의'를 했다.[11] 후진타오 주석은 2006년에 이를 확약했다. 그러나 아무런 후속조치가 없었다. 그리고 2008년 동북공정이 종결되면서 고구려는 중국 역사교과서에서 중국 역사로 편입되었다.

사례 5.

2013년 중국은 우리 군에 동경 124도 서쪽으로 들어오지 말라고 일방적으로 통보했다. 동경 124도선을 한중의 경계선으로 하면 70% 이상의 서해가 중국 관할로 들어간다. 이후 해군 함정이 124도 서쪽으로 이동하면 중국 해군이 달라붙어 자국의 작전 구역이라며 즉시 나가라는 경고를 하곤 했다. 국제법에 그런 경우는 있을 수 없다. 더구나 자국의 해상 영역임을 주장하기 위해 공해인 124도선 주변에 부표까지 설치했다. 한국군에는 124도선을 넘지 말라 해놓고, 자신들은 이 선을 넘어 백령도 앞바다까지 진출했다. 서해에서 야금야금 영역을 넓혀가는 소위 서해공정이다. 주권국가라면 이런 상황에 가만있을 수 없다. 필리핀은 중국을 국제해양법재판소에 제소하여 승소했고, 베트남도 타이완도 강력히 맞섰다. 대한민국은 어떻게 대응하고 있을까? 중국에 대해 정부가 항의했다는 흔적을 찾을 수가 없다. 얼마 전 정상회담에서 문재인 대통령이 미국 대통령과 남중국해의 항행 자유를 포함한 국제법 존중을 유지해야 한다고 말했으나 정작 서해에 대한 언급은 없었다.

사례 6.

우리 정부는 중국이 화禍를 겪을 때마다 이를 한중 양국 관계의 발전 기회로 활용하려 했다. 이웃 국가로서 배려하고 도움을 줘야 한다는 것이 이유이다. 틀리지 않다. 그러나 우리의 '전화위복'에 대한 기대감과 달리 결과는 항상 정반대였다. 사태가 진정되면 중국은 이를 잊어버리고 감사함을 몰랐다. 잠시 망각했던 우리를 다시 약소국으로 치부했다. 2008년 5월 12일 발생한 중국 쓰촨성 대지진으로 이명박 대통령은 중국에 '조문외교'를 단행했다. 그리고 구호물자와 의료약품, 현금 100만 달러 등 총 500만 달러를 지원했다. 44명의 구조인력도 파견했다. 한중 기업인이 모인 자리에서 대통령은 "양국 간 역내 경제협력을 강화하는 차원에서 서해를 양국의 '내해內海'로 만들어가자"고 역설했다.[12] 이 발언 이후인 2010년 천안함 폭침 사건이 발생하자 중국은 오히려 이를 핑계로 서해를 자신의 '앞바다'로 전환하고자 했다. 역사의 아이러니가 아닐 수 없다. 또한 중국은 천안함 사건 때도 그러기는 했으나 11월의 연평도 폭격 사건을 시종일관 목도하고도 북한 편을 들었다. 북한의 주장과 같이 우리 군이 북한의 경고를 무시한 결과로 발생한 사건으로 치부했다.

사례 7.

2015년 10월 1일 박근혜 대통령은 우방의 반대를 무릅쓰고 중국 인민해방군의 열병식에 참석했다. 이른바 톈안먼의 '망루외교'가 연출되면서 한중 관계가 절정에 달하는 순간이었다. 그러나 우리는 주변국으로부터 중국에 경사된 것 같은 모양새를 보였다. 중국의 환대 또한 오래가지 못했다. 2016년 1월 6일 북한의 4차 핵실험 직후 한중의 '핫라인' 전화 통화는 이뤄지지 않았다.[13] 한 달이 지나서야 이뤄진 통화에서 시진핑은 사드 배치의 위험성을 강조하며 반대 입장을 보였다. 후문에 따르면 4차 핵실험 때의 전화 불통과 시진핑의 동문서답이 박근혜의 사드 배치 결정을 촉발한 것으로 알려졌다.

사례 8.

코로나19 위기에서도 정부의 대중 저자세 외교는 계속되었다. 신종 코로나바이러스가 창궐한 지 얼마 지나지 않은 2020년 2월 3일 대통령은 "중국의 어려움이 바로 우리의 어려움"이라며 중국에 감성적으로 대응했다.[14] 이 감성은 지난 3년 동안 틈만 나면 중국에 우리나라가 중국과 '운명공동체'라고 발언했던 것과 맥을 같이한다. 발언의 핵심은 결국 우리나라 위기사태의 책임이 중국에 있지 않다는 것이었다. 우리 정부는 의사협회의 7번 선의에도 불구하고 중국인 입국 금지를 거부했다. 중국의 경제 보복과 시진핑 답방 결정에 미칠 정치적 불이익을 과도하게 의식하면서 전형적인 중국

'눈치 보기' 자세를 보인 것이다. 그러면서 우리는 코로나19 창궐 2달 만에 세계 2위의 확진자 국가가 되었다. 상황이 이렇게 되자 중국은 우리에게 단호한 조치를 내렸다. 2020년 3월 25일, 우리 국민의 중국 입국을 엄격히 제한하도록 조치한 것이다.

사례 9.

중국은 2021년 6월 9일 한중 외교장관 통화에서 한국에 은혜를 베푸는 식의 발언으로 우리를 현혹했다. 왕이王毅 국무위원 겸 외교부장은 중한 간의 '패스트 트랙'을 잘 활용해 필수 인력의 왕래를 보장하자고 강조했다. 여기서 말하는 '패스트 트랙'은 2020년 6월부터 한중 양국이 필수적인 경제활동과 기업인의 왕래를 보장하기 위해 시행된 원칙적 사안이었다. 이에 우리 정부와 언론이 중국의 호의를 대대적으로 선전한 바 있었다. 그러나 불과 5개월 뒤인 11월 11일 중국은 일방적으로 이를 중단시켜버렸다. 이에 우리 외교부는 '전면적 중단'이 아니라고 해명했다. 결과는 완전한 중단이었다. 그리고 얼마 뒤 중국은 우리 국민의 중국 입국 조건을 강화하는 조치를 일방적으로 발표했다. 2020년 12월 1일부터 중국 입국을 위해서는 사전 코로나19 검사결과뿐 아니라 유전자증폭PCR 검사와 별도로 혈청항체 검사를 중국에서 추가로 받아야 한다는 것이었다. 우리 정부 당국은 항의는커녕 해명조차 요구하지 못했다. 주중 대사는 중국의 검역 조치가 강화된 것이 아니고, 오히려 중국이 다른 나라에 비해 한국에 혈청항체 검사를 준비할 시간을 줬다고 발언해 물의를 일으켰다. 그렇다고 동일한 조건을 중국 입국자에게 적용하지도 못하고 있다. 백신을 접종한 중국인 입국자는 한중 양국이 합의한 입국 완화 절차 조치에 따라 단축된 격리 기간의 혜택을 보고 있다.

우리 국민 기억 속에는 사드 배치 논쟁 때 중국이 보여준 자세와 언행이 생생하다. 중국의 행태는 우리의 안보를 위해 국가로서 행사할 수 있는 주권을 무시하는 수준이었다. 중국이 자행한 온갖 위협 발언과 제재 조치는 내정 간섭 차원으로 우리 뇌리에 박혔다. 이는 코로나19 사태 때도 정부가 중국인의 입국부터 항공기의 중국 출입항에 대해 다른 나라의 대응 수준과 달리 예우한 사실로도 잘 나타난다. 국민은 중국의 눈치만 보는 정부 당국의 태도에 크게 불만을 나타내고 있다. 중국 '눈치 보기', '저자세 외교'의 문제는 진영의 문제가 아니다. 진보든 보수든, 좌든 우든, 무슨 연유든 김대중 대통령 이후 역대 대통령들 모두가 똑같은 자세로 대중국 외교를 일관해왔다. 우리의 중국에 대한 높은 경제 의존도만으로 이를 해명할 수는 없다. 과거의 경험을 반면교사 삼아 대중 외교를 대등하고 평등한 위치에 자리매김할 수 있는 지혜와 전략이 필요하다. 중국은 이제 우리의 외교 의식과 의사결정을 지배하는 존재로 자리 잡고 있다. 중국의 존재감은 우리 사회를 분열시키고 때로는 우리 외교를 굴복시킬 정도로 강해졌다. 대중국 외교에서 우리 국민의 자존감과 자부심, 자긍심 회복이 필요하다.

4장

한중 간 국력의 비대칭성 확대와 한국의 주권·생존권 지키기

금세기 들어 한중 간 국력은 중국 쪽으로 기울어진 운동장처럼 서서히 비대칭관계로 변해왔다. 지난 10년간 급속히 부상한 중국의 위상으로 양자 관계에 일대 변화가 일어난 탓이다. 시간이 지나면서 중국의 한국에 대한 무역 의존도는 낮아지는데 한국의 중국에 대한 무역 의존도는 높아졌다. 지속성장하는 중국과 정체하는 한국이 대비되면서 최근 들어 양국 간 비대칭성은 구조적으로 더욱 심화되고 있다. 중국이 보는 한국의 몸값은 더욱 떨어지고 중국의 대외전략에서 한국의 비중은 점점 낮아진다. 이 과정에서 반중·반한 감정은 더욱 커지고 있다. 한국은 사드 보복의 완전철회를 갈망하지만, 중국은 지속적으로 한국에 영향력을 행사하려는 차원에서, 사드 카드를 한편에 두되 완전히 버리지 않을 만큼 집요한 외교자세를 견지할 것이다.

한국 정부가 그동안 중국과의 외교에서 순진한 면을 많이 보여준 측면도 있다. 중국은 항상 그들이 하고 싶은 것을 할 것이며 이러한 외교자세는 앞으로도 충분히 한국 정부를 곤경에 빠뜨릴 수 있다. 우리는 국제관습의 수준을 넘는 중국의 과도하고 일방적인 강경책을 경험하면서도 중국을 두려움의 대상, 우려의 대상, 의식해야 하는 대상으로 각인했다. 그러나 한중 간에 국력의 비대칭성이 크게 확대되고, 시진핑 시대 중국의 대륙적인 전랑 외교가 도전해온다 하더라도, 우리의 주권과 생존권, 정체성을 지키기 위해서 어떤 양보도 해서는 안 된다. 중국이 하드파워 국가로서 힘을 행사한다고 해도 국제법과 국제규범이 존재하기 때문에, 우리의 의지와 확실한 원칙만 지키면 중국의 압박은 극복할 수 있다. 앞으로 중국과 어떠한 형태의 딜이나 협의를 함에 있어 우리의 주권과 생존권, 정체성은 딜의 대상이 되어서는 절대로 안 된다. 이것이 한국의 대중 관계에서 마지노선이 되어야 한다.

외교가 국력의 차이를 얼마만큼 메울 수 있을까

약소국 외교의 영원한 숙제는 국력의 차이를 외교가 어떻게 얼마만큼 메울 수 있느냐 하는 것이다. 미중 사이에서 자강론을 통해 모든 나라에 꼭 필요한 국가가 된다 하더라도 중견국은 항상 강대국과의 국력 차이에서 오는 외로움과 압박감을 느낀다. 아울러 주권과 생존권이 자주 위협받는다. 이를 극복하는 수단 중 가장 지속 가능한 것은 우리와 뜻을 같이하는 나라들과의 연대 네트워크일 것이다. 앞으로 한국은 자유민주주의 개방체제를 표방하는 국가들과의 연대의 틀에서 벗어나는 우를 범하지 말아야 한다. 최근 한국의 외교 행보는 우리 국력으로는 실현이 그리 용이하지 않은 꿈에 빠져드는 듯한 모습을 보여왔다. 미국과 중국 모두에게서 러브콜을 받겠다든지 중국과의 관계를 생각해서 미국과 일정 거리를 유지하겠다는 다소 비현실적 자세를 자주 보였다. 그러나 외교 · 안보는 우리의 주권과 생존권을 굳건히 지키기 위해 주변국들과의 네트워크를 튼튼히 하는 것에 그 목적이 있다.

우리는 전통적인 동맹국 미국과 우리가 위험할 때 지켜주었던 역사를 공유하고 있다. 비록 미국의 국력이 옛날만 못하고, 길게 보면 중국의 굴기가 지속되어 미국과 어깨를 같이할 수 있는 국력을 지닐 것이라는 전망이 우세하지만, 이는 최소한 20~30년 이후가 될 것이다. 무엇보다도 중국과는 점점 멀어지는 가치의 거리가 존재하고, 국력의 비대칭성도 점차 확대되고 있다. 또 한중 관계는 국제적 공존이나 규범에 의해 보증되지 못한다. 그리고 모든 선택이 우리 손에 있는 것도 아니다. 중국식 외교형태는 자주 복속주의적 자세를 내포한다. 중국이 꼭 미래 한국의 가상의 적이라고 단정 짓기는 어렵지만, 우리는 그 가능성을 열어놓고 중국을 예리한 눈으로 바라보아야 한다.

한국은 이제 상위 중견국가로 발돋움하면서 G20 국가에서 D10 Democracies 10 국가로 국제적 위상이 높아지고 있다. 이들 국가는 자유민주주의, 개방체제를 국시國是로 삼고 있는 나라들이다. 이들과의 연대는 가치의 연대뿐 아니라 우리의 장점을 공급하고 단점을 보완받는 미래 이익의 공동체적 네트워크라 할 것이다. 특히 핵심 신기술 공동연구라든지 새로운 분업체계 형성 과정에 적극 참여하고, 그들 사이에서 승자의 반열에 오르려면 열린 자세로 네트워크의 핵심 국가가 되어야 한다. 물론 우리가 처한 지정학 · 지경학적 위치를 감안할 때 중국에 대한 우호관계도 한국 외교의 한 축이 될 수밖에 없다. 그렇다 하더라도 그 때문에 우리와 가치와 이익을 공유해야 할 자유민주주의 네트워크 국가들과의 연대의 틀에서 벗어나거나 소외되어서는 절대로 안 된다.

외교 · 안보 전략의 성숙과 획기적 인프라 구축

미국은 동맹에 반대하는 세력이나 국가에 차별적 대우를 하는 등 동맹주의 외교를 시작하고 있다. 이에 따라 한국의 중국 접근은 과거보다 엄청난 비용이 요구된다. 한미동맹 역시 동맹의 이익이 우선이기는 하나 비용 청구서를 내포하고 있지 않다고 말하기 어렵다. 이것이 미중 신냉전 시대를 맞이하는 한국 외교 · 안보의 실사구시이기도 하다. 이와 관련하여 민족주의나 국내 정치이념은 국내 정치 내에 가둬놓아야 한다. 이것이 문을 열고 나와 주권, 생존권을 지키는 외교 · 안보의 영역에 파고드는 순간, 이 시대 외교 ·

안보의 실사구시는 크게 훼손당할 수밖에 없다. 이제 한국의 외교·안보 전략은 성숙의 경지에 올라서야 한다. 자유세계 10대 강국의 외교가 편협함과 논리의 파편화에 갇혀 있게 된다면, 우리는 외교 후진국이라는 국제사회의 평가를 면할 수 없다. 향후 10년간 한국의 국정 최대 과업 중 하나는 외교 · 안보 역량을 획기적으로 키우는 것이다. 국력을 뛰어넘는 외교력을 키우기 위한 인프라 역시 구축해야 한다. 이를 위해 먼저 외교 · 안보 전략의 큰 지도를 그리고, 점의 전략에서 벗어나 선과 면으로, 나아가 입체적으로 전략 구도를 심화시켜야 한다. 그리고 외교 · 안보 전략 결정체계와 외교인력 양성체계에도 획기적 변화가 필요하다.

5장

이제 우리는 중국을 어떻게 바라보아야 하는가

중국공산당 창당 100주년에 바라본 그 실체

시진핑 정권이 출범한 2013년 이후 중국은 마오쩌둥 시대로 회귀했다. 시진핑 이전의 중국에 대한 우리와 세계의 기대는 일치했다. 중국은 개혁개방의 성공을 위해 국제질서에 융합하면서 국제 제도와 규범을 준수하는 양상을 보였다. 이런 과정에서 중국공산당의 대외 행위가 전형적인 공산주의의 공세적이고 공격적인 행동 규범에서 벗어나 연성화된 모습을 보여주었다. 이는 경제발전을 통해 국익을 취득하기 위한 선택의 결과였다. 정경분리 원칙을 견지하면서 국제사회에 동화하고 공존체제에서 생존하는 양상을 보여주었다.

그러나 중국공산당 창당 100주년을 맞이한 2021년, 안타깝게도 중국의 모습은 과거 경성화된 체제의 재연이다. 개인보다는 국가를 더 중시하고, 국가보다는 당을 더 강조하는 이른바 '중국 특색 사회주의' 체제를 굳혀가려는 노력을 경주하고 있다. 경제가 발전하고 개개인의 소득이 증가하면 민주화에 대한 욕망이 커질 것이라는 민주화의 일반적인 기대 방정식에 역행하는 상황이 연출되고 있는 것이다. 시진핑의 등극 이래 중국공산당은 1당 영도체제를 유지·강화하기 위해 더 권위적으로 변했다. 1당 독재체제에 반드시 수반되어야 하는 사회통제 통치수단을 총동원하고 있다. 사회통제가 강화되는 상황에서 중국이 양산하는 대내외 정책을 예측해보면 강경하고 이질적인 것을 추구할 가능성이 농후하다. 시진핑의 중국은 사회주의의 완성을 대내외 정책의 최고 국정목표로 삼고 있기 때문이다.

이런 이유로 중국공산당이 추진하는 국내정책은 사회주의의 완성이라는 국정목표를 실현하기 위한 방향으로 전개될 수밖에 없다. 대외정책도 이런 국내정책의 목표를 달성하기 위한 목적 아래 추진될 것이다. 사회주의의 완성을 목표로 하는 중국의 대외정책은 결국 공세적이고 공격적일 수밖에 없다. 즉 사회주의 완성을 최종 국정목표로 견지하는 동안 대륙적 팽창주의 외교정책을 펼쳐나갈 것이라는 뜻이다. 이 경우 중국의 대외 행위는 다른 정체성과 가치를 지닌 주변 나라와의 갈등을 불가피하게 만든다. 2021년 7월 1일 중국공산당 창당 100주년 기념연설에서 시진핑 주석은 미중 충돌 과정에서 미국 등 동맹국들과의 결사 항전을 "외세가 중국을 괴롭히면 머리 깨지고 피 흘릴 것外勢欺負, 頭破血流"이라는 강력하고 매우 직설적인 표현으로 천명했다. 그렇게 되면 중국의 권위주의 통치방식은 물론 사회주의의 완성을 위해 추진되는 전략 대부분이 국제사회의 비판과 반대로부터 자유롭지 못할 것이다.

시진핑 통치 시대가 지나고 새 지도자가 등장한 이후 중국이 다시 '새로운 길'을 모색할지는 알 수 없지만 우리는 중국이 국가 이기주의 차원에서 동원하는 모든 정책수단에 철저히 대비해야 한다. 최근 중국은 한국전쟁 참전을 '정의로운 전쟁'으로 미화했다. 또한 창당 100주년을 맞이해 장진호 전투를 영화로 개봉하면서 중국군의 활약상을 소개하는 동시에 한미동맹의 굴욕적 패배를 선전했다. 우리와 정체성과 가치가 다른 중국공산당의 실체를 직시해야 하는 이유이다.

중국에 대한 한국의 인식 재정립

이제 우리의 대중국 전략은 생존 차원에서 수립되어야 한다. 30년 정도의 장기적 안목에서, 독자 생존력이 부족한 중국이 세계 속에서 공존의 길을 찾을 수밖에 없다는 사실을 유념하면서 전략을 짜야 할 것이다. 중국이 이 기간 동안 지속적 발전을 유지하면, 중국은 변할 수밖에 없다는 결론이다. 소득 3만 달러 시대의 중국인은 더 이상 시진핑 시대의 국민이 아니게 될 것이다. 아무리 가치보다 빵이 우선한다 해도 고소득 국민은 그 나름의 가치와 욕구체계의 상향을 추구하리라고 희망 섞인 추정을 해본다.

반면 미국의 국력이 지금처럼 쇠퇴 추이에서 벗어나기 어려워질 경우 우리는 약한 방파제를 걱정할 수밖에 없다. 이를 대비하는 전략을 고민해야 한다. 이런 고민은 아주 장기적인 것이지만 미국의 국력 변화에 대비하고 한미동맹의 양적 · 질적 변화에 대응하면서 자강의 길을 적극 모색해야 한다. 한미동맹과 중국의 미래를 지정학 · 지경학적 관점에서 예민하게 바라보면서, 긴 안목으로 상황 변화에 따른 전략을 마련하는 자세가 필요하다. 가령 중국이 대외적으로 협력관계를 모색한다면 우리는 가장 유리한 위치에 놓이게 될 것이다. 그러나 한미동맹의 행보에 민감한 중국이 비협조적이고 공세적인 행위를 계속 보일 때 우리의 주권과 생존권은 중국의 위협에 쉽게 노출되는 취약점을 지니게 된다. 지금은 우리의 지정학적 위치가 위험에 노출되어 있는 시기이다. 특히 미중 충돌이 격화될수록 우리는 지정학 · 지경학적 비용을 더 많이 부담해야 한다. 나아가 시진핑의 중국과 가치적 거리를 둘 수밖에 없고 중국의 대륙외교에 휘둘릴 것이다. 그렇지만 우리는 끊임없이 중국과의 충돌과 예속을 회피해가며 주권과 생존권을 지켜나가야 한다.

결국 우리는 미중 신냉전이 장기화되는 국면에서 편승적 외교를 계속할 수는 없다. 이제 스스로의 새로운 대응전략 체계를 모색할 때이다. 무질서 속에 약육강식과 힘의 논리가 지배하는 세계정치에서 스스로의 생존법을 마련해야 한다. 어느 누구도 우리의 주권과 생존권을 지켜주지 않는다. 향후 10년간 우리는 시진핑 시대의 중국을 대면해야 한다. 이 기간 동안은 한미 간의 가치동맹에 의존할 수밖에 없다. 우리의 정체성과 주권, 생존권의 방어를 위해서이다. 그럼에도 중국과 적이 되어서는 안 되고, 중국에 예속되거나 중국과의 충돌을 피해야 하는 것을 우리의 대중국 정책의 명제로 삼아야 한다.

중국이 지역 강국이 된 사실을 직시해야 한다. 우리에게는 불편한 진실이다. 대외적 영향력을 확장하려는 중국의 노력이 한반도에 미치는 영향 자체도 현실로 다가오고 있다. 그렇다고 우리의 외교 · 국방 의사결정 과정에서 중국을 과도하게 의식해서도 안 된다. 우리는 주권국가로서 주권과 생존권을 보호하는 데 집중하면서 대중국 전략 마련에 치열해야 한다. 우리의 대중국 인식을 냉철하게 성찰해야 한다.

그 어느 나라도 이제 중국의 도전을 독단적으로 대응할 수 없는 것이 현실이다. 이 과정에서 우리 외교는 우리와 가치, 정체성이 유사한 국가들과 연대 및 동맹 관계를 계속 강화하고 유지해나가야 한다.

6장

한미동맹은 중국 위협에 대한 보호막인가

중국의 위협과 보복의 실체

중국은 증강된 국력으로 주변 지역에서 '중국몽'을 구현하려는 노력을 경주하고 있다. 이 과정에서 잠재되어 있던 영토주권 문제를 다시 수면 위로 올렸다. 특히 남중국해와 동중국해의 영토분쟁 문제에 있어 개혁개방 이후부터 견지한 원칙마저 버렸다. 그동안 중국은 이 문제는 나중에 해결하고 분쟁지역의 자원을 관련국들과 공동 개발하여 이익을 공유하자는 덩샤오핑의 원칙을 견지했었다.

그러나 21세기에 들어와 이들 해역에 대한 주권 주장을 본격화했고, 2015년부터는 실제로 점유하기에 이르렀다. 시진핑 역시 2012년부터 이를 시사하는 발언을 줄곧 했었다. 버락 오바마Barack Obama 전 대통령과의 비공식 회담 자리에서는 태평양이 넓으니 중국과 미국이 반반 관리해도 된다는 식의 구상도 제기했다. 2015년

가을 시진핑은 백악관 기자회견 자리에서 남중국해의 분쟁도서에 군사기지 시설을 건설하지 않겠다고 천명했다. 하지만 귀국 후 이 건설을 완료했음을 선포했다. 2010년부터는 동중국해의 댜오위다오釣魚島(센카쿠열도) 분쟁에도 적극 대응했다. 이와 동시에 우리의 서해를 내해로, 자국의 바다로 명명하기에 이르렀다.

주변 지역을 대상으로 '중국몽'을 펼치려는 중국은 '중화민족의 부흥'과 '중화사상'을 소환하고 있다. 이를 토대로 중국 중심의 세계를 최소한 주변 지역에서 구현하려 한다. 이 과정에서 중국의 복속주의가 다시 대두되기 시작했다. 중국의 위협론을 무마하기 위해 노력했던 이전 정권과 달리 시진핑의 중국은 '중국 위협론'을 자초하고 있다. 중국은 이처럼 영토주권을 회복하기 위한 주장을 펼치면서 주변국과의 갈등을 표면화했다. 영토 확장을 통해 과거의 수모와 치욕을 회복함으로써 중화민족의 부흥을 실현하려고 한다. 그리고 이를 중국몽의 토대로 활용하려 하고 있다. 이 과정에서 우리의 주권과 생존권이 위협받고 있다. 한중 간 역학관계의 변화로 인해 우리는 중국으로부터 모종의 외교적 압박을 경험하고 있는 것이다. 특히 미중 간 전략적 경쟁이 가열되면서 미국의 동맹국으로서 책임과 의무를 수행하면서도 스스로 중국의 압력을 의식하는 습관을 길러냈다. 주권국가임이 무색할 정도로 우리가 중국을 의식하는 수준은 과할 정도에 이르렀다. 역으로 중국이 최근 우리에게 보여주는 외교·군사적 행위는 우리를 주권국가로서 존중하는지 의심스러울 만큼 무례해지고 있다. 중국은 빈번히 우리의 주권과 생존권을 무시하는 언행을 하면서 우리에 대한 영향력을 증강하려는 태도를 보이고 있다.

한반도 분단 이후 중국은 이제 남북한 모두에 동시적 제재를 가하는 중이다. 2016년 우리의 사드 배치 결정으로 시작된 중국의 제재는 끝이 보이질 않는다. 2013년 중국은 우리와 일본에 자신의 ADIZ를 선포했다. 이에 우리도 우리의 ADIZ를 획정하면서 맞대응했다. 그러나 중국은 우리의 ADIZ를 자주 무단 진입하고도 개의치 않는다. 중국의 군과 외교 당국은 ADIZ가 국제법적 효력도 없고 규범에 불과하다는 입장을 견지하고 있다. 그러면서 중국인민해방군 공군의 무단 진입을 불법이 아니라면서 정당화했다. 더욱이 중국의 군용비행기와 함정이 우리의 영공과 영해에 때로는 초근접하고 때로는 무단 진입을 한다. 불법조업도 묵인한다.

중국은 미국의 인도·태평양 전략(인태 전략)과 쿼드를 자신에 대한 군사적 포위망으로 인식한다. 이를 상쇄하는 전략도 마련하고 있다. 중국인민해방군 해군 사령원 류화칭劉華清의 1986년 〈해군전략과 미래해상작전〉 보고서와 1987년 〈해상교통선의 작전문제〉 연설문에 따르면 중국은 우리의 영해와 공해를 넘보고 있다. 중국은 작전 보고서를 통해 근해작전 개념의 방어대상에 우리 서해를 포함시켰다. 또 연설문에서 우리의 동해를 방어대상으로 규정했다. 이 보고서는 중국의 해상작전전략 개념의 기본이 되었다. 중국이 우리의 영토주권을 '무단 침입'할 수 있는 근거로 활용한다는 얘기가 된다. 이로써 중국은 우리의 영해와 영공을 휘젓고 다닌다. 그 이유를 두 가지 의도에서 유추할 수 있다.

첫째, 우리 주변 지역의 공해마저도 영토화하려는 내심이다. 우리 영해에 대한 잦은 침범에서 이를 감지할 수 있다. 더욱이 이들이 태평양 길목을 진출입하기 위해서는 우리의 남해, 동해, 서해와 공해를 자유롭게 드나들 수 있어야 한다. 결국 무단 침입 행위를 일삼아 우리의 해양주권을 침해하는 데 어떠한 제약도 없음을 보여줌으로써 우리를 길들이려는 의도임이 분명하다.

둘째, 영해는 영공과 불가분한 관계임을 이용해 우리의 ADIZ를 무력화하겠다는 전략이다. 영해가 잠식되면 영공도 잠식된다. 중국이 우리의 해양주권을 침범하는 동시에 한국의 방공식별구역Korea Air Defense Identification Zone, KADIZ마저도 무시하는 이유이다. 중국은 2016년부터 군용기로 KADIZ의 무단 진입 횟수를 급속도로 증가시키고 있다. 2016~2019년 동안 중국 군용기는 450여 회 정도 출몰했다. 유사시 우리의 태평양 진출로를 막겠다는 의도이다. 한마디로 우리의 동맹이자 그들의 적국인 미국과 일본이 우리와 협력할 수 있는 해상과 상공 통로를 차단하겠다는 생각이다. 2020년 한 해에도 중국 해군이 우리 해상관할구역을 침범하는 일이 더욱 빈번해졌다. 예컨대 중국의 항공모함 랴오닝호와 산둥호는 약 20회가량 훈련을 진행했고 함정, 항공기 등을 포함한 대잠수함훈련도 약 10회 실시했다. 중국 해군의 경비함 역시 동경 123~124도 사이에서 매일 출몰하고 있고, 중국의 해상 초계기는 동 해역 상공에서 거의 매일 수차례 비행하고 있다. 급기야 2020년 12월에는 중국 군함이 우리의 북방한계선Northern Limit Line, NLL을 침입하여, 백령도 40km 앞 공해수역까지 나타났다.

중국은 자국의 '핵심이익'에 도전이 있을 경우 보복을 자행하곤 했다. 2001년 WTO에 가입한 이후에 이런 양상이 두드러지게 나타나고 있다. 중국은 타 국가와 정치 · 군사 분쟁이 발생했을 때 다양한 수단을 동원하여 여러 차례 경제보복 조치를 감행했다. 특히 비관세 장벽의 강화를 통해 타국에 경제보복을 가했다. 전례에서도 많이 보인다. 우선 프랑스, 영국, 노르웨이, 일본, 필리핀, 타이완에 대한 경제보복을 볼 수 있다. 보복을 감행한 이유는 많다. 이를테면 달라이 라마 접견, 중국 인권문제 제기, 중국과의 영토분쟁 등을 꼽을 수 있다. 이러한 문제에 대해 중국 정부는 자국의 핵심이익이 침해당했다는 명분으로 경제보복을 감행했다. 중국의 핵심이익은 국가주권, 국가안전(안보), 영토보전, 국가통일, 헌법에 기초하는 국가정치제도와 사회 안정, 경제 · 사회의 지속적 발전을 의미한다. 그런데 한국의 경우만큼은 독특한 사례이다. 이제까지 중국은 타 국가가 자국 방어를 위해 특정 무기를 배치하는 것, 즉 한국의 사드 배치와 같은 유사한 군사적 결정에 대해 경제보복을 감행한 사례가 없었다. 하지만 이번에는 한국이 미국의 대중국 봉쇄에 적극 협력한다고 인식하면서 높은 수준의 경제보복을 감행한 것이다. 이러한 담론이 중국에서는 2009년부터 중국 학계와 학자들 사이에서 생겨나기 시작했다.[15] 중국이 자국의 핵심이익의 범위를 확대해석하여 국가안전(안보)을 침해하는 전략적 문제로 인식할 경우,

강도 높은 보복 조치를 감행할 가능성이 상당히 크다. 사실상 낮은 단계의 경제보복은 이미 실행되고 있다고 보아야 할 것이다.

이에 우리는 해외시장 다변화를 통해 대중 의존도를 낮추려는 노력을 경주해왔다. 중국에 대한 과도한 의존성에서 벗어나 다변화 등 새로운 대응전략을 모색하고 있다. 예컨대, 일본은 중국의 희토류 수출 금지 조치에 대해 공장을 아세안 지역으로 이전하여 리스크를 분산시키거나, 희토류 대체 기술을 개발하는 방식으로 대응했다. 타이완은 동남아 국가들과의 경제협력을 강화해 중국에 대한 의존도를 줄이겠다는 '신남향新南向정책'을 추진했다. 우리 정부도 시장의 확대와 유연성 확보를 위해 중국 외 지역으로 무역 및 투자 공간을 확대할 구체적 방안이 필요한 시점이다. 이명박 정부 이후부터 우리나라도 '신남방정책'과 '신북방정책'을 전개하고 있으나 이런 노력은 앞으로도 주권국가로서의 위치를 확고히 하는 입장에서 부단히 추진되어야 한다. 이와 더불어 중국의 부당한 규제에 대해서는 적극적으로 이의를 제기해야 한다. WTO 등 국제경제기구의 분쟁해결 조정기관에 제소하여 중국의 책임 있는 대국으로서의 역할을 강조해야 한다.

한미동맹의 범위와 한계

한미동맹은 한반도와 동북아 지역의 역학관계 변화로 인해 서로 다른 목표를 방어하기 위한 기제로 전환되어가는 과도기에 있다. 그럼에도 아직은 한반도 차원에서 대북 억지력 확보를 최우선시한다. 북한의 한반도 적화무력통일과 공산화 억제에도 집중한다. 그동안 한미동맹의 목적과 기능 및 역할은 남북한 간의 국력 격차와 재래식 군사력의 비대칭에도 불구하고 불변했다. 당시 공고한 북중 관계와 북소동맹이 존재했기 때문이다. 한반도의 세력균형은 한미동맹이 북한의 두 동맹과 병존하면서 유지되었었다.

동북아 차원에서 한미동맹의 목표와 의미는 두 가지 맥락에서 찾을 수 있다. 하나는 미국의 동북아 전략이익을 수호하는 데 있어 한반도가 지니는 지정학적 전략 가치이다. 이는 한국이 미국의 전략이익을 수호하는 최전방 기지이자 최후 방어선(마지노선)이라는 의미를 동시에 지닌다. 다른 하나는 대북 도발을 억지하는 장치로서 의미를 가진다. 이는 미중 관계의 정상화 과정에서 드러났다. 미국은 한국을, 중국은 북한을 각각 통제함으로써 한반도의 평화와 안정을 유지할 수 있다는 인식을 공유한다.

중국의 부상과 북한의 핵완성도 제고로 인해 동북아 지역의 안보상황과 힘의 균형이 흔들리고 있다. 이에 따라 한미동맹과 한중 관계의 구조와 성격도 변했다. 우선 구조적 측면에서 한미동맹은 수직적이고 위계적인 관계에서 수평적이고 평등한 관계로 상당히 전환되었다. 평시작전권이 한국군에 이양되었고, 현재는 전시작전권의 전환을 위한 한미 군 당국은 긴밀한 협상을 진행하고 있다. 또한 2005년에 미국이 전략적 유연성 전략을 채택하면서 주한미군의 성격도 대북 억지력뿐 아니라 역내의 유사사태에 동원되는 것으로 바뀌었다.

한중 관계 역시 과거의 수평적이고 상호보완적이며 평등했던 관계가 중국의 힘의 팽창으로 국력의 비대칭성이 확대됨에 따라 역학관계가 크게 변화하고 있다. 중국은 이런 현실을 자신의 핵심이익을 수호하기 위한 레버리지로 이용하는 데 접목하기 시작했다. 중국이 21세기부터 독자적 제재를 구사하는 명분으로 이를 활용하기 시작한 것이다. 여기에 우리만 적용된 것은 아니다. 중국의 핵심이익에 도전하는 모든 나라가 포함된다.

한중 관계와 한미동맹의 본질적 변화 외에도 미국 동맹체제의 변화를 추동한 또 하나의 요인이 있다. 중국이 일대일로 사업의 일환으로 추진하는 디지털 실크로드의 확장이다. 이로 인해 미국 동맹체제의 안보지평 확대가 수반되어야 했다. 이는 최근 미국이 '인태 전략과 '쿼드'를 추진하는 것과도 직접 관련이 있다. 중국의 세력범위 확장을 견제해야 하는 당위적 목표로 인해 이 같은 전략들이 나온 것이다. 중국의 입장에서는 이를 자국을 견제하기 위한 포위망으로 인식할 수밖에 없다. 미국이 한미동맹의 성격을 그에 부합하는 방향으로 이끌고 나가는 양상을 보이기 때문이다. 2021년 5월 21일에 발표된 한미 정상회담 공동성명에서 드러났듯이 한미 양국은 "규범에 기반한 국제질서를 저해, 불안정 또는 위협하는 모든 행위를 반대하며, 포용적이고 자유롭고 개방적인 인도·태평양 지역을 유지할 것을 약속"했다. 그리고 대상 지역을 '남중국해 및 여타 지역'으로 규정했다.

한반도 분단 이후 북한이 대륙으로 진출하는 길목을 막아서면서 한국은 자연스럽게 해양국가가 되었다. 반면 북한은 대륙국가이면서 해양진출도 자유로운 입장이다. 이런 중국의 전략에 대응하기 위해 한미동맹의 성격 변화가 불가피해지면서 그 기능과 역할도 변화하고 있다. 문제는 이런 과도기 현상 속에서 한미동맹의 변화가 우리 국익에 직간접으로 부정적 영향을 미치고 있는 현실이다. 이런 취약점의 근원에는 미국의 국력 쇠퇴가 자리 잡고 있다. 이 때문에 미국은 동맹국의 불이익을 막아주기가 점점 어려워진다. 미국의 동맹으로서 책임과 의무를 실천한 데 대한 반대급부를 공동 지불하는 것에도 부담을 느낀다. 앞서 본 사례에서 나타나듯, 미국과의 동맹 명분으로 미국의 전략 구상을 이행한 나라가 중국으로부터 받는 경제보복 제재에 대해 미국은 소극적 자세로 일관했다. 이처럼 국력 변화로 빚어지는 미국의 취약점을 간파할 필요가 있다. 우리 스스로가 본격적으로 이러한 상황변화에 대비하는 책략 마련이 시급하다. 이를 위해 한미동맹의 한계를 알아야 한다.

첫째, 미국은 미중 충돌과정에서 우리가 입은 손해를 막아줄 여력이 없을 것이다. 물론 바이든 행정부 출범 이후 미국은 동맹국이 불이익을 받는 것을 방관하지 않겠다는 결의를 선언했다. 미국 국제전략문제연구소Center for Strategic & International Studies, CSIS의 한국 석좌인 빅터 차Victor D. Cha는 2019년 니어재단 외교 안보세미나에서 한국 등 동맹국들이 중국의 보복이나 주권침해를 당할 경우 미국은 동맹국들이 중국에 굴복하지 않도록 최대한 도와야 한다고 말했다. 그러나 이는 선언에 불과하다. 실제로 이 같은 상황이 발생했을 때 바이든 행정부가 행동으로 이를 보여줄지는 아직 미지수이다. 앞으로 이 문제가 현실로 다가올 때 한국은 미국에 한미동맹의 정신을 바탕으로 중국의 위협에 공동 대응하는 문제를 강력히 제기해야 한다.

둘째, 한미동맹은 중국으로부터 받은 우리의 국익손실이나 보복을 막아줄 입장이 못 된다. 따라서 한미동맹은 아직 중국을 지나치게 자극하고 충돌요인이 될 수 있는 방향으로 운영되어서는 안 된다. 미국이 국익에 직결되지 않은 문제에 개입하는 것을 자제해왔기 때문이다. 이를 우리 정부가 잘 관리할 필요가 있다. 이제 한미동맹의 역할과 기능에 대한 원칙이 더 확고해져야 한다. 한국이 다른 동맹국들과는 달리 지정학 · 지경학적 위치 때문에 중국의 영향을 가장 직접 받는 나라라는 현실을 인정해야 한다. 따라서 중국을 겨냥한 한미동맹의 활동 범위와 내용이 한중 관계를 충돌로 몰아가거나 악화시키지 않도록 세심한 노력이 필요하다.

셋째, 한미동맹의 구조적 한계이다. 미국의 국력 변화로 미국은 세계전략을 조정 중에 있다. 바이든 행정부도 해외주둔 미군재배치계획Global Defense Posture Review, GPR을 발표할 것이다. 중국의 반접근지역거부A2AD 전략에 대응하여 미국의 군사적 조정은 불가피한 실정이다. 우리 군도 인구감소로 군 규모에 변화가 일어날 것이다. 이로 인한 한미동맹의 구조적 변화에 따른 주한미군의 구조

조정도 압박을 받고 있다. 주한미군 분담금 문제에서부터 현대식 첨단무기의 배치에 이르기까지 우리에게 적지 않은 도전이 예상된다.

한국의 선택지

바이든 대통령은 취임사를 통해 다음과 같은 대외정책 기조를 밝혔다. "우리는 동맹을 복원할 것이고 세계에 다시 한번 관여할 것입니다. 어제의 도전에 대비하기보다는 현재와 미래를 직면할 것입니다. 그리고 우리는 단순히 힘의 모범이 아닌 모범의 힘으로 이끌 것입니다."[16]

전체 21분 취임사 중 1분 내외, 한 문단도 채 되지 않는다. 취임사의 대부분을 '포용' '화합' '통합' '민주주의'에 할애했다. 그만큼 미국 국내 상황이 심각함을 충분히 보여주었다. 역사학자인 도리스 컨스 굿윈Doris Kearns Goodwin이 바이든이 처한 상황을 빗대어 1930년대 경제 대공황을 맞이한 프랭클린 루스벨트Franklin D. Roosevelt와 1860년대 남북전쟁에 부딪힌 에이브러햄 링컨Abraham Lincoln 대통령을 합친 것과 비슷하다고 한 평가가 과장이 아닌 상황이다.[17]

이와 같은 상황을 고려할 때 바이든 행정부의 대외전략 기조는 오바마 행정부 때 이미 시작된 축소-자제를 지속할 것으로 전망된다. 중동지역에서 미군을 철수시키고 직접적 이해가 반영되지 않는 한 군사 개입을 최대한 자제하는 정책이다. 미국의 역할 축소로 발생하는 빈 곳은 동맹국과 우호국의 책임과 비용 분담을 통해 메우려 한다. 종합할 때 바이든 행정부의 대외정책 성공 여부는 국내정치에 달려 있다. 취임사에서 밝혔듯이 미국이 모범의 힘으로 이끌기 위해서는 극단적 정치 양극화 극복과 민주주의 복원이 선행되어야 한다. 하지만 코로나19와 이로 인한 경제적 어려움, 특히 구조적인 경제 불균등을 극복하려면 시간이 필요하다.

한국의 대외전략도 위와 같은 상황을 충분히 인지하고 마련되어야 한다. 우선 한국의 대전략이 필요하다. 이전과 같은 미국의 세계경찰 역할을 기대할 수 없다면 한국은 나름의 전략을 갖고 변화하는 세계질서를 맞아야 한다. 자유민주주의, 열린 세계화, 규칙에 기반한 다자주의 등이 한국의 안보와 번영을 보장해준 원칙임을 감안할 때 이에 기초한 대전략이 마련되어야 한다. 첫째, 보다 능동적으로 움직여야 한다. 미중 사이에서 전략적 모호성을 통한 이익 확보와 같은 수동적 자세는 더 이상 유효하지 않다. 변화하는 세계질서를 '같은 생각을 지닌 국가'들과 함께 설계해나간다는 적극적 자세가 요구된다. 세계 10위권의 경제력과 6위권의 군사력을 갖춘 한국의 영향력을 충분히 활용해야 한다. 둘째, 비용을 지불해야 한다. 이전과 같이 무비용으로 세계무대를 빌릴 수 있는 시대는 지났다. 전 세계 공공재의 혜택을 누리기만 하는 것이 아니라 한국도 공급자로서 역할을 수행해야 한다. 더불어 원칙과 가치를 지키는 과정에서 발생할 불이익도 감당할 준비가 되어 있어야 한다.

이와 같은 개념을 바탕으로 한국은 직면한 변화와 도전을 다루어야 한다. 우선 바이든 행정부와의 동맹은 일면 한국에게는 더 큰 부담이 될 수 있음을 인식해야 한다. 트럼프 행정부와는 달리 바이든 행정부는 동맹을 존중하여 의견을 충분히 반영할 것이다. 그러나 그만큼 동맹에 대한 기대도 크다. 미국의 국내정치적 어려움을 극복하기 위한 공간과 시간, 자원을 확보하기 위해서라도 동맹의 보다 적극적인 기여를 원한다. 따라서 바이든 행정부는 한미동맹의 중요 의제인 전시작전권 전환, 연합훈련, 방위비 분담 등도 동맹 기여 측면에서 판단할 것이다.

여전히 세계는 불확실성이 팽배하다. 이러한 세상에서 생존하고 번영하는 방법은 결국 원칙에 충실한 것이다. 한국은 원칙 없이 우왕좌왕하다 실기失期하는 우를 또다시 범해서는 안 된다. 미중 간 전략적 경쟁 시대에 우리 외교의 기본 토대는 지리적 위치에 있다. 주어진 지리 조건 속에서 해외의 물질적 이익을 어떻게 효과적으로 극대화하여 획득하느냐가 지경학의 본질이다. 지경학적 이익을 추구하는 과정에서 주변 역학 구조와 관계를 이용하고 전쟁 없이 평화적으로 이익을 극대화하고 물질적 손실을 최소화하는 것이 지정학의 핵심이다. 외교 · 안보 전략은 지경학과 지정학적 전략 환경을 조화롭게 상호보완적으로 잘 이용하여 일정한 목표를 달성하는 데 초점이 맞춰져야 한다.

우리는 반도국가이다. 따라서 반도국가로서의 강점과 약점을 먼저 파악할 필요가 있다. 즉 지리적 전략 가치를 충분히 고려해야 한다. 냉전 시대가 시작되면서 한반도가 가진 교두보로서의 전략적 가치가 상승했다. 대륙의 공산주의가 해양과 동북아로 세력을 확장하기 위한 전략적 가교로 인식되었다. 해양세력의 관점에서는 이를 억제할 수 있는 최전선이자 민주세력이 아시아 대륙으로 확장할 수 있는 창구였다. 그러나 한반도 분단선에서 두 진영이 대치하면서 이러한 전략적 구상은 교착상태에 빠졌다.

미중 간 전략적 경쟁에서 우리는 국익을 최대한 방어할 수 있는 전략적 기제를 확보해야 한다. 우리가 미국의 대중국 견제 전략에 동참할 경우 중국의 보복은 자명한 결과이다. 중국의 보복에 따른 우리의 국익손실 부담을 미국과 공유할 수 있는 제도적 협력 장치를 마련해야 할 것이다. 사드의 사례를 반면교사로 삼아야 한다. 앞으로 한미동맹의 목적과 성격이 변화하더라도 중국의 보복 행위에 대한 미국의 대응 입장을 확인하고, 공동대응 전략을 확립해야 한다. 다행히도 바이든 행정부는 출범과 함께 동맹국과 '뜻을 같이하는 나라'들을 이 같은 불이익으로부터 자유롭게 하려는 결의를 밝혔다.

바이든 행정부의 결의는 과거 트럼프 행정부의 과오를 성찰한 결과이다. 한국은 한미동맹의 전략적 이익을 위해 사드 배치를 결정하면서 중국의 보복과 제재를 감수해야 했다. 오스트레일리아 역시 코로나19 바이러스의 진원지가 중국이라고 비판하자 2020년 11월부터 제재를 당했다. 오스트레일리아에 대한 중국의 제재는 우리와 달리 공식적인 것이었다. 제재품목 또한 상당히 광범위했다. 철광석에서부터 농수산물, 와인에서 인문 교류까지 포함되었다. 미국의 대표적인 아시아 동맹국이 중국의 제재로부터 경제적 고통을 겪는 동안 미국은 계속 수수방관했다. 그러나 바이든 행정부는 인태 지역에서 '압박 때문에 행동의 제약'을 받는 일은 없을 것이라고 선언했다. 바이든 행정부의 동맹국에 대한 지지 선언은 환영할 만하다.

그러나 앞으로 전개될 미중 충돌과정에서 어떤 구체적 사안마다 미국이 실제 행동으로 옮길 수 있는 여지는 제한적일 것이다. 따라서 우리는 중국과의 충돌을 가급적 억제하면서 한중 관계를 관리해나가야 한다. 우리의 현실을 감안할 때 극단적인 반대상황도 상정해볼 필요가 있다. 우리의 대중 경제 의존도가 높은 만큼 때로는 중국에 경사될 수도 있다. 이럴 때 한국은 미중 모두에 미국 동맹체제의 가장 약한 고리로 비칠 수 있다. 이 경우 우리가 미국에 치러야 할 대가도 심각히 고민해야 한다. 결과적으로 우리가 중국의 세력범위와 영향권에 자연스럽게 예속되는 현실을 피하기는 어려울 것이다.

이를 지정학적 전략에서 보면 우리가 동아시아에서 '섬나라'로 전락한다는 뜻이다. 우리가 중국과 함께 미국 동맹체제의 포위망에 갇히게 된다는 의미이다. 따라서 중국에 경사되는 것은 우리의 국익과 정체성에 부합하지 않는다. 21세기의 한미동맹은 이러한 극단적 상황을 방지하는 방향에서 가치를 발휘해야 한다. 북한의 침략과 북한의 핵 억지력에만 그 목적과 역할이 국한되어서는 안 된다. 한미동맹이 부상하는 중국과 마주하고 있는 우리의 주권과 생존을 일정 범위 내에서 보장하는 보호막이 되어야 한다. 특히 시진핑의 중국이 가치와 이념의 차이를 들어 우리의 주권과 생존권을 위협하는 존재로 군림하는 동안만큼은 한미동맹의 전략적 가치가 확장되고 크게 존중되어야 한다. 우리의 국익을 극대화하고 국익손실을 최소화하기 위해 한미동맹을 최대한 활용해야 하는 것이다.

정리하자면, 우리나라의 기본적 주권과 국익을 수호하려면 몇 가지 전략적 관점에서 한미동맹의 요소를 고려해야 한다. 첫째, 사실상 북한의 핵 보유로 인해 남북한 간의 비대칭 전략구조가 생겼다. 우리의 생존과 안보를 위해 현실적인 핵 억지력의 확보가 필요하다. 둘째, 우리의 국익과 핵 방어 능력을 냉정하고 객관적으로 평가해야 한다. 그리고 앞으로의 상황 진전에 철저한 대비가 필요하다. 셋째, 독자적 방어능력을 최대한 강화하고 부족한 부분은 기존의 동맹체제로 메워나가면서 동맹과의 협력을 통해 우리 국익의 극대화를 위한 효율적이고 효과적인 전략을 마련해야 한다. 넷째, 동맹국과의 협력에 있어 중국의 보복 조치에 대한 공동대응 노력을 배가해야 한다.

克中之計

2부

시진핑의 중국은 한국을 어떻게 보는가[18]

1장

한국에 대한 중국의 시각 변화

중국은 개혁개방 이후 우리를 자국의 경제발전에 유익한 나라로 인식해왔다. 우리의 경제발전모델과 성과를 본보기로 삼기도 했다. 또한 GVC에서 우리의 자본재, 중간재 등의 기술경쟁력과 투자능력을 높이 평가했다. 우리가 단기간 내에 경제적 위상을 이룬 만큼 경제 추격단계에서 우리의 경험과 노하우 등으로부터 배울 점이 많으리라고 여겼다. 서구에서 느끼는 이질감보다 한국에 느낄 수 있는 동질감도 관계 발전을 추동한 직접적 원인으로 작용했다. 우리가 비록 서구화되고 해양화되면서 중국 대륙과 대륙문화로부터 단절된 느낌을 받을 수는 있지만, 유교문화권과 한자문화권이라는 전통이 동질감을 배가한 것이다.

미중 간 전략적 경쟁이 심화되면서 미국은 GVC의 조정을 통해 중국을 '탈동조화decoupling' 하려는 의도로 경제와 기술 분야에서 네트워크를 재정리하고 있다. 그럼에도 우리와 중국의 경제관계는 아직도 강한 상호보완성을 띤다. 이 때문에 크게 동요되지는 않을 것이다. 중국의 현 발전단계를 놓고 보면 더욱더 자명하다. 물론 경제와 기술 분야에서 중국의 급속한 발전으로 우리와 중국 사이의 경쟁력 차이가 빠르게 좁혀지는 것도 사실이다. 그래도 아직은 우리의 자본재, 중간재와 첨단과학기술 제품이 기술력의 우위를 점하기 때문에 중국과 우리의 경제관계는 여전히 상호보완적이다.

중국은 경제적 부상에도 불구하고 현실적으로 한국에 대한 경제의존도를 무시할 수가 없다. 중국제조 2025의 선언을 통해 2015년부터 첨단과학기술 분야에서의 자주성과 독립성을 추구하지만 당분간 우리 산업에 의존하는 구조에서 완전히 벗어나기는 어렵다. 가령 4차 산업과 5세대 통신5G 기술의 핵심산업인 반도체 분야에서 우리로부터 완전히 독립할 수 없는 실정이다. 또한 수많은 자본재와 중간재 제품도 마찬가지이다. 반면 중국은 우리를 미국과 긴밀하게 정책 공조를 하는 나라로 인식한다. 따라서 안보상 상당한 위협요소로 간주할 수밖에 없다. 지정학적으로 한국은 중국 중심부, 즉 수도인 베이징 및 연해 발전 도시와 제일 근접해 있다. 또한 중국 주변 국가 중 민주화에 가장 성공한 나라로 인정받는다. 따라서 중국의 입장에서는 한국이 중국에 민주주의의 가치와 이념을 가장 근거리에서 가장 파급력 있게 전파할 수 있는 나라로 볼 수밖에 없다. 이 같은 상황을 확대해석 하면 중국이 한국 주도의 한반도 통일을 원하지 않는다고 볼 수도 있다.

통일 한반도가 민주주의 국가로서 중국과 국경을 접하면, 민주주의 가치뿐 아니라 동양 가치와 사상이 혼합된 미국의 문화가 중국인들에게 더 편하게 수용될 수 있기 때문이다. 이것이 한류가 중국에서 자연스럽게 성행하는 이유 중 하나이다. 그렇기에 중국은 동서양 문화 결합체의 힘을 지닌 한국을, 중국공산당의 통치 존속에 영향을 미칠 만한 위협으로 생각할 수 있다. 즉 한국의 문화적인 힘의 유입이 중국의 핵심이익에 가장 도전적인 요소가 될 수 있다. 더 나아가 신시대 시진핑 특색 사회주의가 견지되는 동안 민주주의 국가인 한국은 인권을 통제하는 시진핑 정권의 대척점으로 인식될 수밖에 없다.

반면 시진핑의 머릿속에는 복속주의 전략이 자리 잡고 있다. 이 사실은 2017년 4월 트럼프 전 대통령과의 만남에서 드러났다. 그 자리에서 시진핑은 한반도를 중국의 속국과 같은 지역으로 소개했다. 여기에는 현재 중국이 한반도 분단을 지렛대 삼아 이 지역에의 영향력을 증대할 수 있다는 전략적 사고가 내포되어 있다. 즉 중국이 한반도를 모두 관리하겠다는 전통적인 복속주의 사고가 깔려 있다는 사실을 증명한 셈이다. 중국의 이런 복속주의 인식은 미중간 전략적 경쟁 속에서 중국이 한미동맹을 미국의 중국 포위 전략의 하나로 인식한다는 것을 의미한다. 따라서 중국은 한미동맹의 심화와 확대를 우려한다. 이는 곧 동북아 내에서 한미동맹과 미일동맹의 결탁을 의미하기 때문이다. 미국의 인태 전략과 쿼드가 의도하는 바와도 일치한다.

중국은 오랫동안 미국 동맹체제가 일본의 군사적 역량과 영향력 확대를 억제하는 데 충실할 것으로 기대했다. 그래서 한때 미일동맹과 한미동맹에 긍정적인 입장을 취했다. 중국은 한국이 동아시아 대륙으로 일본의 군사력이 확장하는 것을 저지하는 방파제 역할을 해주기를 내심 기대했다. 한국의 전략적 가치를 높게 평가하는 사고의 근간이 되는 이유이다. 한국이 지닌 전략적 가치는 북한에도 연계된다. 한반도가 분단되어 있기 때문이다. 오늘날까지 중국의 한반도정책이 남북한 간 '등거리 외교'와 '균형 외교'를 표방할 수밖에 없는 까닭이다. 한국에 대한 중국의 인식은 북한과 연결되고 북한을 통해 더욱 구체화된다. 북한을 통해 우리를 바라본다는 뜻이다. 중국이 북한의 생존을 위해 정치적 · 전략적 부담을 질 수밖에 없는 이유이다.

이런 안보구조 상황 때문에 중국은 북한의 외교행보에 민감하지 않을 수 없다. 표면적으로는 한반도의 평화와 안정을 위해 남북한의 대화와 관계 개선, 북미 대화와 관계 개선을 지지한다. 그러나 내심은 다르다. 북한이 한국, 미국과의 관계를 개선함으로써 중국과의 관계가 소원해지거나 단절되는 것을 우려할 수밖에 없다. 따라서 한국이 당분간 한미동맹에 결속되어 있는 것을 선호할 수밖에 없다. 이는 한반도 복속주의 의식과 맥을 같이한다. 한국이 미국에 결속된 현실과 북한의 중국에 대한 의존도를 보면 한반도의 분단은 당분간 중국의 이익에 부합한다. 그래야 북한의 전략자산 가치도 최소한 현 수준을 유지할 수 있기 때문이다. 이런 의미에서 남북한은 중국의 '관리대상 종목'인 것이다.

2장

한국을 미국 동맹체제의 가장 약한 고리로 보는 이유

중국은 세계 속의 한국, 한반도 속의 한국을 한미동맹과 지정학적 전략 관점에서 인지하려고 한다. 우선 한미동맹의 관점에서 보면 중국은 한국을 미국의 동맹체제에서 가장 약한 고리로 본다. 한국의 한반도 경사외교, 한국의 민주화, 한미동맹의 구조 및 성격 변화가 그 이유이다. 특히 한국의 민주화로 친중 성향이 강한 진보정권이 들어서면 더욱더 한국을 한미동맹의 약한 고리로 인식한다. 한미동맹의 자주성을 요구하면서 동맹에서 자유로워지려는 의도까지 간파하고 있기 때문이다.

문제의 근본 원인은 한국의 대통령 단임제에 있다고 해도 과언이 아니다. 정권 쟁취가 목표이므로 전임 정부의 외교정책을 모두 폐기하는 관행 속에서 우리 외교정책의 일관성과 연속성을 유지하지 못하고 있다. 중국은 이러한 외교적 약점을 이미 완벽하게 간파했다. 또 한국 정부가 북한을 중시하는 점을 이용하여 북중 관계와 남북 관계의 교집합을 확대해나가려는 노력을 경주해왔다. 심지어 이 교집합을 확대할 경우 한국 안보에 있어서 중국의 영향력이 커진다는 사실을 적절하게 활용해왔다. 우리 역시 한반도 문제에 경사된 외교를 고집했다. 결과적으로 중국을 스스로 두려워하는 지경에 이르렀다. 대북 관계에 모든 것을 집중하고 북한의 반응과 대응을 과도하게 의식하면서 북한에 경사된 외교전략 사고가 급기야 우리의 대중국 외교 공간과 입지를 좁히는 족쇄가 되어버린 것이다. 즉 북한 문제에서 중국의 역할을 과도하게 평가하며 형성된 대중국 환상이 우리로 하여금 중국에 순응하게 만든 것이다.

중국이 한국에 대한 영향력을 키울 때 얻게 되는 외교적 이득은 다음과 같이 정리할 수 있다. 첫째, 한국은 이제 한미동맹 이슈를 항상 중국과 결부하면서 상당히 의식한다. 중국에 대한 강박관념이 생겨나면서 심리전에서 중국이 우위를 선점하게 된 것이다. 둘째, 미중 간의 갈등 이슈에서 한국 사회는 이분법적 사고로 쉽게 분열해왔다. 이로 인해 중국의 압박에 속수무책이었고, 한국의 대중국 취약성으로 노출되었다. 셋째, 한국의 중국에 대한 강한 의식이 한미 간의 신뢰를 훼손하는 효과를 발휘한다. 넷째, 한국의 특정 산업에 대한 제재만으로도 막대한 손실을 유발할 수 있다는 사실을 증명했다. 다섯째, 경제제재가 경제 분야만을 특정하지 않고 고위인사와 인문 교류의 중단을 야기할 수 있는 레버리지로 승화시켰다. 중국이 남북한을 동시에 제재하면서 한반도에서의 중국 영향력은 상승했다. 중국이 더할 나위 없이 원해왔던 한반도 관계가 현실화된 것이다.

따라서 한국이 약한 고리라는 인식이 형성되지 않도록 선제적으로 대응해야 한다. 선제적 대응은 물론 리스크가 큰 전략이다. 그러나 전략적 대응을 지연시키기보다는 미국과 중국의 지역 전략에 적극적으로 참여함으로써 한국이 전략적 공간을 확보하고, 경우에 따라서는 지역 전략의 충돌 방지 또는 충돌 가능성 완화를 위한 역할을 적극적으로 추구할 필요가 있다. 일대일로와 인태 전략에 모두 참여할 때, 미중 사이에서 전략적 공간을 확보할 가능성이 커진다. 나아가 약한 고리라는 인식을 불식시킬 수 있다. 이 경우에 우리는 일대일로와 인태 전략이 충돌하는 지점에서 선택의 기로에 설 수 있다. 그때는 우리의 기본적 가치와 정체성을 중심으로 상황마다 고독한 선택을 할 수밖에 없다.

중국의 거세지는 샤프파워

중국의 영향력 침투 전략은 현재진행형이며 앞으로도 교묘하게 지속될 것이다. 사드, 마늘 파동 등 정치 · 경제적 이슈뿐 아니라 동북공정, 김치와 한복 등 역사와 문화에 관한 이슈를 대하는 중국의 공략은 전방위적이면서 무례하고 은밀하다. 심각성을 깨닫고 공포감을 넘어 중국의 전략을 진지하게 바라봐야 할 때이다. 《중국의 조용한 침공Silent Invasion》을 쓴 클라이브 해밀턴Clive Hamilton은 중국이 한국 정치 지도층에 침투하여 친중 인사 확보에 열을 올리고 있다고 분석했다. 나아가 '중국의 진정한 본질과 야망을 깨달아야 민주주의와 주권을 지킬 수 있다'고 경고한다.

중국은 21세기에 들어서 축적한 부와 경제력을 외교에 투영하기 시작했다. 그간 중국 특색 외교는 공공외교를 통해 자유세계에 조용히 침투해왔다. 이른바 '공공외교'로써 중국의 매력, 즉 소프트파워를 널리 알리기 위함이었다. 해외에 '공자학원'을 설립해 외국인이 쉽게 중국어를 배우고 중국 문화에 접근하게 함으로써 이들이 중국을 더 잘 이해할 수 있는 기회를 제공하려고 했다. 그러나 과정은 매우 노골적이고 강압적이었다. 중국의 소프트파워를 어필하려는 명분에서 시작된 '중국 특색의 공공외교'는 자유세계에 영향력을 확대하기 위한 불순한 의도와 목적이 깔린 것으로 드러났다. 미국과 오스트레일리아 등에서 이에 대한 많은 근거가 제시되었다. 빌 클린턴Bill Clinton 행정부의 대중 정책에 영향을 미치기 위해 1996년 대통령 재선 캠페인 당시 중국이 화교단체를 통해 30만 달러를 후원한 일, 2020년 1월 하버드, MIT 등 미국 유수 대학의 교수들이 중국으로부터 재정 지원을 받은 사실을 숨겼다가 줄줄이 체포된 일, 같은 해 8월 미국항공우주국NASA의 연구원이 정보를 중국에 넘기는 조건으로 금전적 지원을 받은 일 등이 대표적이다.

중국의 외국 정치인 후원과 매수, 지식인 연구 지원과 관리 감찰, 시민단체 지원과 종용 등은 대부분 불법적인 경로를 통해 이뤄졌다. 결국 불법행위가 만연해지면서 부정부패가 기승했고, 악영향을 입은 사회의 질서와 제도는 교란에 빠질 수밖에 없었다. 2010년대 중반 미국 언론은 중국이 자신의 경제력을 불순한 외교적 목표 달성에 투영하는 행위를 '샤프파워sharp power'로 정의했다. 미국 지식계와 여론에서는 중국이 오피니언 리더와 정치지도자에 영향을 미치려는 목적으로 진행한 일련의 불법적인 재정지원 행위를 '중국돈China money'으로 묘사했다. 이들 사건 간에는 한 가지 공통점이 있다. 공공외교와 본질적으로 대조된다는 것이다. 공공외교의 지원은 투명한 제도를 통해 공식적이고 공개적이며 합법적인 절차를 거쳐 이뤄진다. 반면 샤프파워 외교는 음성적으로 불법적인 경로와 수단으로 타깃을 매수하는 식으로 진행된다. 그리고 공공외교의 목적이 교류와 이해의 증진이라면 샤프파워는 사회 내에 친중 정서를 유발하고 타깃이 종사하는 분야에서 중국에 유리하고 우호적인 결과를 도출해내려는 의도뿐이다.

한국은 선진국과 본질적으로 다른 침공을 당하고 있다. 중국은 보다 노골적이고 강압적인 방법으로 요란하게 한국의 내정을 간섭하고 여론을 선동하며 사회를 교란하는 전략을 구사한다. 이러한 방식은 잘 먹혀들고 있기 때문에 더욱 표면적이다. 중국은 한국의 정계, 학계, 지식사회를 향한 '조용한 침공'과 정치외교에 대한 노골적인 순치, 정부 간의 압박전략을 총동원하여 한국을 미국의 동맹체제로부터 자기편으로 견인하려 모든 노력을 경주해오고 있다. 특히 그중 주한 중국대사의 역할도 주목할 만하다. 중급 관료 출신인 그들은 한국의 정계, 지식사회, 재계에 전방위적 접촉과 견인을 계속해왔고, 언론 보도에도 반론과 반박을 내놓는다. 이에 대해 국내에서는 외교관으로서 다소 오만하기도 하고 과도한 내정 간섭적 언행을 일삼는다는 비판이 일어나고 있다. 우리 학계와 정계의 중국 전문가들은 이를 수수방관하며 함구한다는 비판을 받기도 한다.

3장

중국의 핵심이익과 한중 관계

중국의 핵심이익이란 무엇인가

중국의 공세적 외교의 중심에는 중국의 '핵심이익'이 있다. 그 저변에는, 경제발전이 목숨을 걸고 사수해야 할 핵심이익이 되어버린 중국의 '정치구조'가 있다. 중국 최고지도자 시진핑은 2021년 5월 25일 "국가의 핵심이익은 절대로 희생할 수 없다. 어떠한 국가도 우리가 핵심이익 사항을 교환할 것이라고 기대하지 말라"고 천명했다. 그는 그 후 수차례 주변국에 경고했다. 중국공산당 문건에 의하면 '핵심이익'은 국가의 존망을 좌지우지하기 때문에 절대 양보할 수 없는 이익이라고 규정되어 있다. 그 핵심이익엔 '경제발전'도 포함된다. 그렇다면 같은 논리에 따라 중국은 결코 미국의 압력 때문에 '중국제조 2025'를 포기할 수 없게 된다. '일대일로' 사업도 마찬가지이다. 일대일로는 시진핑 현 지도부 입장에서 볼 때 중국몽의 상징이다. 일대일로는 '중화민족의 위대한 부흥'을 이루기 위한 시진핑의 가장 중요한 '레거시legacy' 프로젝트로 중국공산당의 당장黨章(당헌)에도 삽입되어 있다. 헌법 위에 있는 당장은 공산당의 지도 지침이다. 따라서 2013년부터 추진한 일대일로를 이제 와서 미국 압력 때문에 포기한다고 하면, 시진핑 정권의 정당성에도 상처를 입게 된다. 게다가 미국의 요구 가운데는 공산당에게 자금을 제공하는 '혈관'과도 같은 존재인 국영기업 개혁도 포함되어 있다. 그러나 중국이 핵심이익을 양보하는 것은 현실적으로 불가능하다. 트럼프 시대 미국의 압력에 다소 주춤거리던 2020년과 달리 코로나19를 극복한 현 상황에서 중국은 실제로 일대일로 프로젝트에 다시 생기를 불어넣고 있다. 국가 주도의 산업화인 국유기업의 약진은 시진핑 1기보다 2기에서 더욱 뚜렷해지고 있다.

중국공산당은 그동안 서구 가치와 이념에 대한 저항의 의미에서 새로운 안보이익의 개념, 즉 '핵심이익core interest'을 줄곧 입에 올린 바 있다. 2009년 당시 국무위원 다이빙궈戴秉國는 이를 다음의 세 가지로 정의했다. ① 기본 체제와 국가 안보에 대한 이익, ② 국가 주권과 영토 완정完整에 대한 이익, ③ 경제와 사회의 안정과 발전의 이익 등이다. 이후 중국의 핵심이익의 범위는 확대되었다.[19] 2011년《중국의 평화발전中國的和平發展》백서에서는 '중국의 핵심이익'에 '평화적 발전의 이익'과 '민족통일의 이익'이 추가됐다.[20] 기본적으로 전자는 중국공산당의 통치체제와 영도력에 대한 모든 도전 요소를 공산당 정권에 대한 위협으로 간주하겠다는 뜻이다. 지속 가능한 발전과 사회 안정에 대한 권익 역시 어떠한 대가를 치르더라도 보호될 것이라는 결의를 보여준 것이다. 후자는 2005년에 중국공산당이 입법화한 '반反분열법'의 일환으로 중국의 영토 수호 주권에 도전하는 대내외적 세력 역시 타도의 대상임을 명확히 한 것이다.[21]

핵심이익에서 기본 체제의 의미는 중국공산당의 통치 권한과 영도력을 뜻한다.[22] 공산당의 권력에 도전하는 세력은 모두 공산당에 대한 도전 세력으로 간주한다는 것이다. 이를테면 공산당의 독트린, 이념, 가치관 그리고 통치권과 영도력에 대한 도전에 대해서는 수단과 방법을 총동원해 물리친다는 결의를 담고 있다. 당의 가치가 당의 통치력과 영도력을 기반으로 하는 제도의 보호를 받아야 빛나게 된다는 것이다. 또한 이는 제도가 당이 지극히 존중하고 수호하는 가치와 이념의 토대 위에 수립되어야 한다는 것을 의미한다. 역으로 당은 모든 잠재적 도전요소를 견제하기 위해 사회를 감시하고 통제할 수 있는 모든 권한을 부여받는다는 의미도 내포한다. 일례로, 4차 산업과 5G 시대에 중국공산당이 신국가안전법(2015년)과 신사이버안보법(2016년)을 통과시킨 사실을 들 수 있다. 이들 법은 당과 정부의 사이버 통치 기반을 강화하기 위해 인터넷과 휴대전화 등 통신수단에 대한 검열과 규제 권한을 부여한 것이다.[23]

이런 상황에서 서구의 가치와 이념이 중국 사회에 침투할 수 있는 여지는 미국이 바라는 것만큼 많지 않다. 따라서 중국공산당이 정권을 유지하는 한 중국이 미국의 기대만큼 완벽한 시장경제 체제를 갖춘 민주주의 국가로 변모할 것이라고 보기는 어렵다. 중국은 2049년을 목표로 한 유토피아 세계의 성공적 실현을 위한 전제조건으로 공산주의 이념과 사회주의 가치를 계속 고수할 것이기 때문이다. 이른바 '대동화사회大同化社會'로 불리는 유토피아 세계는 중국공산당이 개혁개방 초기부터 꿈꿔온 장기적인 목표이다.[24]

미중 충돌과 핵심이익

중국의 이른바 '해외이익'이 증대되면서 중국이 외연을 확장할 수밖에 없는 상황이 연출되고 있다. 21세기 이전까지 중국은 이런 고민을 할 필요가 없었다. 미국이 유지하는 자유 국제질서에 순응하면서 미국의 포용정책의 혜택과 특혜를 한껏 누릴 수 있었기 때문이다. 그러나 중국 경제가 급성장하면서 외연 확대가 불가피해졌다. 그러면서 미국과 중국 간의 충돌 가능한 접점이 눈에 띄게 나타나기 시작했다. 이들 접점 중에는 의도했건, 의도하지 않았건 중국의 핵심이익과 부딪히는 영역이 나타났다.

중국의 해외이익 확대는 에너지 수급시장의 확장을 위해 '저우추취走出去(해외로 진출)' 전략을 채택하면서 비롯되었다. 중국은 해외 에너지자원 시장을 스스로 개척하기에 나섰고 에너지제품의 운송까지 스스로 책임져야 했다. 이 과정에서 중국 정부는 수많은 중국 기업에게 해외로 진출할 것을 독려했다. 그 결과 기업뿐 아니라 대규모의 중국인 노동자들도 해외로 함께 송출되었다. 이렇게 중국의 해외시장이 지속적으로 확대되면서 보호해야 할 운송체제와 노동자 수가 급속도로 증가하고 이들에 대한 영사 책임과 업무가 증대했다. 이들에 대한 국가적 보호 강화의 필요성을 인식한 중국 외교부는 2004년 이른바 '해외이익' 개념을 처음 대내외에 선포했다.[25] 중국 국방부는 2013년 국방백서를 통해 해외이익 수호 차원에서 이를 실현해줄 군사전략으로 중국군의 책임과 임무를 강조한 바 있다.[26] 해외이익을 국방과 외교전략의 개념으로 정식 채택하면서 국가 차원에서 이들에 대한 보호 장치와 수단 마련이 시급하다는 사실을 분명히 인식하게 된 것이다.[27] 이어 2015년 국방백서에서는 전략적 해로의 안보를 위한 특별관심지역도 발표했다.[28]

중국이 해외이익의 보호 임무를 보다 체계적이고 전략적으로 수행할 수 있는 기초가 필요하다고 느낀 것은 2011년이었다. 리비아 내전 사태를 겪으면서였다고 할 수 있다. 당시 리비아에는 중국인 노동자가 3만6천 명이 있었다. 중국은 이들을 구출하는 데 체계적인 비상탈출작전 전략이 없어 어려움을 많이 겪었다. 이를 통감한 중국공산당 지도부는 보다 체계적이고 전략적인 구출계획 방안 마련에 매진했다. 2년 뒤인 2013년에는 이른바 '일대일로'의 전략 개념이 탄생한다. 이 전략은 초기에는 경제적 측면을 강조했다. 그러나 이듬해부터 군 당국은 일대일로의 성공을 전제로 군사·안보적 측면에서 담론을 개진하기 시작했다. 그럼에도 이런 담론이 본격적으로 나타나기 전부터 해외 언론과 전문가들이 일대일로의 군사적 함의에 의구심을 품으면서 적극적으로 개진되지 못했다. 최근 들어 군 당국의 일대일로에 대한 군사적 전략사고가 더 적극적으로 드러나기 시작했다. 공개된 자료에 따르면 시진핑이 일대일로를 선언한 직후 2014년부터 군을 포함한 관련 당국은 일대일로의 군사적 의미를 검토하는 회의를 계속 개최했다.[29]

중국이 2008년 세계 금융위기 사태를 계기로 자국의 핵심이익 수호에 매우 강경하게 나서자, 미국 역시 적극 대응하기 시작했다. 미국의 외교적 노력이 기대했던 바(중국의 행위 변화)와 정반대인 결과가 속출하자, 대중국 정책의 실효성을 의심할 수밖에 없게 되었다. 이와 같은 의구심을 촉발한 것은 중국이 남중국해와 동중국해 등의 해역에서 영토주권을 주장하며, 실효적 지배를 위한 일련의 군사적 행동(도서의 요새화)을 취한 일이었다. 이후 미국은 중국의 행위 교정을 위한 전략을 가동한다. 이의 일환으로 우선 대중국 협상에서 미국이 주도권을 가지고 영향력과 압박을 발휘하는 데 적극 나서는 전략을 채택했다. 미국의 국가안보전략 이익을 위해서 중국에 강경하게 대적하기로 마음먹은 것이다.

미국은 중국의 핵심이익을 압박하는 것도 주저하지 않는 양상을 보인다. 가령 타이완과 관련해서 2017년부터 자국 군함의 타이완 정박 허용법안을 통과시켰다. 이후 2018년 3월에 '타이완여행법(2018.3)', 2020년의 '타이완관계강화법'과 타이완의 세계보건기구WHO 옵서버국 가입 승인법 등이 연쇄적으로 미국 의회에 의해 채택되었다. 타이완과의 군사관계 증강을 위해 미국 의회는

2017년과 2019년에 타이완에 대한 무기판매를 승인했다. 2018년에는 미국과 타이완의 방산업체 간 교류재개 조치를 채택했고, 그 해 8월 차이잉원蔡英文 타이완 총통의 방미도 검토되었다. 또한 홍콩의 경우 1992년 '홍콩특수지위법'의 통과 이후 2020년 '홍콩인권법'이 미국 의회에서 결의되었다.[30] 홍콩의 인권상황에 대한 미국의 연례평가에 따라 홍콩의 특수지위 여부를 결정하는 연동법안이다. 중국의 WTO 가입 이전 중국의 최혜국대우Most Favored Nation Treatment, MFN 지위 부여 문제를 매년 결정해야 하는 정치경제학의 구조가 미국의 홍콩 교역의 프레임으로 잡힌 것이다. 따라서 홍콩의 인권상황에 개선이 없을 시 미국이 홍콩의 특수한 지위를 박탈하겠다는 뜻이었다.[31]

이 밖에도 미국은 신장 위구르족에 대한 인권탄압 문제로 중국에 상당한 압박을 가하고 있다. 가령 2022년 베이징 동계올림픽의 보이콧 가능성도 시사했다. 2021년 4월 6일 미국 국무부 대변인은 "중국의 신장지역 위구르족 인권탄압으로 동맹국들과 함께 2022년 베이징 동계올림픽 보이콧을 논의할 수 있다"고 밝혔다.[32] 그러나 이튿날 중국 외교부 대변인은 이와 관련한 질문에 대해 미국 측이 이를 번복했다고 확인했다.[33] 겉으로 소통이 단절되어 보였던 미중 양국이 이를 논의한 바를 시사하는 대목이다.

미국이 중국의 변화를 끌어내려면 중국의 핵심이익을 공략할 수밖에 없다. 이는 더 이상 양국 간에 '넘지 않아야 할 선'이 아니다. 특히 미국의 가치와 인류의 보편적 가치를 위해하는 중국의 행위에 대해 수수방관하지 않겠다는 미국의 결의가 상당히 강하다. 그럼에도 물리적 충돌보다는 상기한 사례에서 보듯 미중 간에는 내밀하게든 공개적이든 소통의 채널이 가동되고 있다. 미중 양국은 한국전쟁 이후 이처럼 '보이지 않는' 소통 채널을 계속해서 가동해왔다. 그렇기에 중국의 핵심이익을 두고 양국 간에 갈등이 심화되고 격화될 수는 있으나 물리적 충돌을 피하기 위한 최선의 외교적 노력은 경주될 것이다.

한중 관계의 레드라인

중국의 핵심이익과 부딪치는 부분이 한중 간 충돌의 접점이다. 역으로 이것이 한중 관계에 있어 '레드라인red line'이라는 뜻이다. 이 접점을 건드리지 않고 넘어서지 않는 선에서 한중 관계가 유지 및 발전되어야 관계가 순탄하다. 그러나 우리의 한미동맹에 이 원칙이 어떻게 적용되어야 하는가는 새로운 관점이다. 즉 중국의 핵심이익에 도전하지 않는 범위 내에서 한미동맹이 운영되어야 한다는 주장이 대두되고, 이것이 국익에 맞는다는 것이다. 그래야만 한중 간의 충돌을 예방하고 공존의 새로운 방정식을 엮어나갈 수 있기 때문이다. 가치와 정체성 면에서 우리는 중국의 핵심이익과 자주 충돌할 수 있다. 그러나 한국의 국익과 직접 연결되지 않는 경우에도 이것이 한중 간의 충돌요인이 될 수 있기 때문에 신중한 접근이 필요하다.

한중 관계에서 중국이 자국의 핵심이익에 대해 위협을 느끼는 중심에는 한미동맹이 있다. 한미동맹의 성격과 기능이 점진적 변화를 보이면서 한미동맹의 목적에 대한 중국의 인식도 변하고 있다. 주한미군에 전략적 유연성 전략이 적용되고 한미동맹의 순기능을 대북억지력에서 지역안보 문제로 확대하려는 조짐 때문이다. 사드 배치가 중국의 한미동맹에 대한 인식을 전환하는 계기로 작동한 것이다. 또한 인태 전략과 쿼드가 구체화되면서 한미동맹의 역할에 대해서도 중국은 민감하게 예의주시하고 있다.

바이든 정부 이후 양안 관계에 대한 미국의 타이완 개입 의지가 본격적으로 표현되자 중국은 더욱 민감한 상황이다. 앞에서 보았듯 미국 국무부 대변인이 신장 위구르족에 대한 중국의 인권탄압을 이유로 2022년 베이징 동계올림픽을 보이콧해야 한다는 발언을 해 물의를 빚었다가, 논란이 일자 이튿날 발언을 철회했다. 이와 관련해서 중국의 핵심이익을 건드리는 직간접적 언급이 한미 정상간에 있었기 때문에 이 문제에 대해 앞으로 한국이 어떻게 입장 정리할 것인지가 매우 중요하다. 미중 충돌이 중국의 핵심이익과 더 깊이 연관될 경우 한미동맹이나 한미 관계, 한미일 관계 차원에서 한국의 외교 · 안보 선택은 미묘한 상황을 연출할 수 있다. 이와 관련하여 우리는 국제관계에서 신뢰 확보에 충실하면서 상황에 대한 유연성을 잃지 말아야 한다.

한반도 차원에서 보면 한반도 유사시에 한미동맹의 대응전략이 중국의 핵심이익과 밀접하게 맞닿을 수 있다. 이 경우 한미동맹의 공동 행동으로 말미암아 중국의 핵심이익이 위협받을 수 있다는 중국의 불신과 의구심을 불식해야 한다. 최선의 방법은 중국의 협력을 유발하는 것이다. 중국을 설득하기 위해서는 한반도 유사시에 대비한 한미동맹의 마스터플랜이 마련되어야 한다. 이는 통일을 포함한 한반도의 '최종 형상the end state'을 의미한다. 그러나 한미동맹의 한반도 유사시 대비책으로는 '작전계획Operation Plan, OPLAN'만이 존재한다. 작전계획 완료 이후에 관한 계획은 아무것도 없는 것이 현실이다.

중국은 한미동맹의 공동 작전계획을 반대할 수밖에 없다. 한미동맹의 작전계획이 북한의 점령을 암시하기 때문이다. 그러나 이는 우리의 주권과 생존권의 문제이고 우리의 핵심이익과 연관된 부분이기 때문에 중국 측에 확실히 해두어야 한다. 중국은 한반도의 지정학적 전략 가치를 높게 평가하고 있기 때문에 우리의 유사시 작전계획에 수수방관하지 않을 것이 자명하다. 이런 마스터플랜의 확립이야말로 한반도 문제에서 우리가 중국의 영향력과 간여 기회를 축소할 수 있는 최선의 방안이다. 따라서 우리는 이 마스터플랜에서 주도적으로 중국의 역할과 기능을 정의해줘야 한다. 이를 위해서는 한반도 유사시나 이로 인해 이뤄지는 통일에서 중국이 확보하고 싶어 하는 국익과 전략이익이 무엇인지를 우리 스스로 파악해내야 한다. 이를 중국이 친절하게 설명해줄 것이라는 기대는 버려야 한다. 결국 외교적 수 싸움이 필요한 것이다. 수 싸움에서 이기기 위해서는 한반도 통일과 유사시에 협조할 수 있는 나라와 공동 연구하는 것도 방법이다. 마스터플랜이 마련되면 평시에 이를 적극 홍보해야 한다. 이를 기정사실화하면서 중국의 이해를 증진할 수밖에 없다. 사전 홍보와 협의 노력 없이는 갑작스럽게 찾아올 통일의 기회를 중국의 반대와 간여에 부딪혀 수포로 돌려보낼 가능성이 크기 때문이다.

마스터플랜을 수립하는 과정에서 우리가 유념해야 할 사안이 있다. 우리의 핵심가치에 대한 입장 정리이다. 중국은 앞에서 강조했듯이 한국과 같이 성공적인 민주주의 '대국'과 세 번째로 가장 긴 국경을 공유하는 것을 부담스러워한다. 중국이 이런 국가와의 접경 상황이 중국의 핵심이익 중 두 번째 이익(중국공산당의 영도력과 사회안정)에 미칠 영향을 우려하지 않을 수 없음을 우리가 유념해야 한다. 결국 중국의 핵심이익에서 한중 간의 충돌을 예방하고 공존의 생존 방정식을 엮어나가야 한다. 우리는 가치와 정체성 면에서 중국의 핵심이익과 자주 충돌할 수 있다. 한국의 국익과 직접 연결되지 않을 경우에도 이것이 한중 간 충돌요인이 될 수 있기 때문에 한국의 기본가치와 정체성에 배치되는 중국의 핵심이익 문제를 어떻게 다룰 것인지 깊이 검토해나가야 한다.

바이든 정부 이후 양안 관계, 신장 위구르족 문제 등에 있어서 본격적 개입 의지가 표현됨에 따라 중국이 더욱 민감하게 반응하는 상황이다. 한국과 미국은 2021년 5월 21일 바이든 행정부 출범 이후 열린 첫 정상회담에서 타이완 문제를 공동성명서에 처음으로 담았다. 앞서 4월에 발표된 미일 정상회담의 공동성명도 중국의 핵심이익을 건드리는 직간접적인 의견을 표출했다. 우리의 영토주권과 생존권을 중국이 침해하지 않는 한 우리도 중국의 핵심이익을 최대한 존중하면서 문제가 있는 것에는 다자적으로 접근해야 한다. 또한 미중 간 소통 채널이 존재하므로 미국과의 긴밀한 협력을 통해 중국의 핵심이익 갈등에 대한 정보를 공유하는 전략적 접근이 필요하다.

4장

북중 관계와 한국의 한반도 경사외교

중국의 북한 인식: 양국은 영원한 혈맹인가

점점 공고화되는 북중 관계[34]

북중 관계는 북한과 중국이 상호 전략적 협력을 통해 밀착 행보를 강화함으로써 계속 공고화 추세를 유지하는 중이다. 이는 2018년 이후 현재까지의 북중 관계에서 잘 드러나고 있다. 북중 관계에 영향을 미치는 미중 간 전략적 경쟁과 같은 구조적 요인이 오래 지속되거나 북미 비핵화 협상이 장기적으로 교착되는 상황이 계속될수록 북중 간 전략적 협력은 더욱 공고화될 것이다. 그러나 미중 간 전략적 경쟁이 충돌 양상으로 진전되고 국제사회의 대북제재가 장기화됨에 따라 북한의 식량난이 심각해지고 내부 동요가 감지되는 등 새로운 상황이 전개되고 있다. 이에 따라 북중 관계는 더욱 공고화되고 시진핑의 대미항전과 북한 끌어안기는 불가분의 관계로 진행되고 있다.

북한은 미중 간 전략적 경쟁이 심화되는 추세 속에서 미국의 대북 적대시 정책이 지속될 가능성이 크다고 인식한다. 바이든 행정부가 북핵 협상에 나설지라도 북한이 원하는 대북제재의 (부분적) 해제는 쉽지 않을 것이며, 미국 내 북한의 열악한 인권 상황에 대한 비판이 고조되면 비핵화 협상의 동력도 상실하게 될 가능성이 있다고 보고 있다. 이러한 상황에서 북한은 안보와 경제적 측면에서 지원을 제공해줄 수 있는 중국과의 관계를 공고히 하는 것이 매우 중요할 것이다. 더 큰 맥락에서 미중 간 전략적 경쟁이 심화되고, 미국이 동맹 및 파트너 국가들과 연합을 형성하여 대중국 견제를 강화하려는 상황에서, 중국은 대응을 위해 전략적 협력국 및 전통적 우호국과 연대할 가능성이 크다. 이에 따라 북중 간 전략적 협력은 더욱 공고화될 것이다. 코로나19 상황이 변수가 되겠지만 그동안 코로나19로 인한 북한의 국경 봉쇄 조치 및 미국의 대북제재 등으로 북중 간 크게 위축된 인적·물적 교류가 점차 늘어나면서 북중 관계가 한층 더 공고해질 것으로 전망된다. 실제로 코로나19 팬데믹 상황에서도 북중은 정상 간 서신과 축전을 교환했고,[35] 홍콩사태를 포함한 미중 갈등과 관련된 주요 사안에 대해서도 상호 지지 의사를 표명하는 등 우호관계를 과시한 바 있다.[36] 또 향후 코로나19 상황이 안정화되고 교류협력이 재개될 것에 대비하여 북중 변경邊境 지역 통상구口岸의 인프라를 지속적으로 정비하는 중이다.[37]

김정은 위원장 역시 2021년 개최된 조선노동당 제8차 대회에서 경제목표 미달성을 사실상 인정하고, 코로나19와 대북 경제제재 그리고 홍수 피해 등으로 인한 경제난 극복을 위해 중국 관광객 유치와 북중 교역 재개 가능성을 시사한 바 있다.[38] 특히 북한이 이번 제8차 당대회를 통해 발신한 메시지를 감안하면 2021년 자력갱생의 기치하에 경제발전과 민생개선 등 내부 문제 해결에 집중할 것으로 보인다. 또한 북중 경협 강화는 자력갱생의 한계를 보완하는데 활용될 것으로 보인다. 바이든 행정부의 대북정책이 명확해지기 전까지 북한은 내부 문제와 북중 관계 회복에 집중하면서 북미 대화가 재개될 기회를 기다릴 가능성이 크다. 중국 역시 바이든 행정부의 동맹 회복 기조와 대중국 견제 및 압박의 지속 가능성 등을 고려할 때, 북한의 도발을 억제하고 한반도 정세를 관리하기 위해 대북제재 완화 및 북중 교류 재개 등과 같은 수단을 활용할 가능성이 있다. 시진핑 국가주석은 2020년 10월 23일 '항미원조 70주년 기념대회' 연설에서 미국을 직접 겨냥하여 일방주의와 보호주의, 극단적 이기주의가 통하지 않을 것이라는 점을 강조함으로써 미국에 대한 반감을 북한과 공유하고자 했다.[39]

최근 중국의 북한 껴안기[40]

시진핑 시대의 중국은 북한을 전략적 가치를 가진 자산으로 인식한다. 이전에는 북한과의 '혈맹' 관계를 두고 갑론을박이 있었던 것이 사실이다. 김정일 시대에 들어오면서 중국 측에서 북중 관계를 혈맹 관계로 묘사하는 것을 중단한 데서 비롯한 것이다. 또한 북한이 첫 번째 핵실험을 중국 측에 사전 통보하지 않으면서 중국 내에서 한때 북한을 더 이상 감싸지 말아야 한다는 담론이 일어났기 때문이기도 하다. 후진타오 정부가 북중 경협관계를 '정상국가'의 관계로 표현한 것도 또 하나의 이유였다.

실상 중국은 북중 관계를 아직도 동맹관계로 보고 있고, 이를 변화시킬 생각이 추호도 없다. 이 같은 사실은 2010년 6월 24일에 열린 중국 외교부 대변인 정례기자회견에서 입증됐다. 북중우호협정의 자동개입조항에 대한 중국의 수정 의사와 관련된 질문에 중국의 입장은 단호했다. 오히려 중국 외교부 대변인은 북중동맹이 지난 수십 년 동안 북중 관계 발전, 한반도 평화와 안정을 촉진하고 보호하는 데 적극적이고 중요한 작용을 했다고 역설했다.[41]

북중 관계가 정상국가의 관계라는 주장은 어불성설이다. 북중 양국이 아직 특수한 '당-정'체제의 국가체제를 유지하고 있기 때문이다.[42] 두 나라의 집권당이 절대적 권력을 가진 상황에서 아직 두 당이 양국의 관계를 정상국가의 관계로 정의한 바가 없다. 정상국가 개념은 북중 두 나라의 경협관계가 확대될 것을 감안하여, 이제는 당이 아닌 정부가 이를 견인해야 한다는 의미에서 소개된 것이었다. 즉 양국의 경제협력 사업을 당 관할에서 정부 소관으로 이전한 것이다. 이런 의미에서 중국 정부 부처는 대북 관계를 일종의 국가관계로 설명할 수 있게 됐다. 북중 양당의 지도자들은 2005년부터 두 나라의 전통적 우호관계를 양당, 양국과 양국 인민의 '귀중한 공동 자산財富'으로 규정했다. 그리고 이런 자산을 세세대대世世代代 계승해야 한다는 원칙을 기본으로 삼고 있다. 이런 의미에서 북중 양국은 아직도 특수한 관계를 유지하는 중이다.

양국의 의지는 2021년 3월 23일 김정은과 시진핑의 구두 친서에서도 재확인됐다. 김정은은 중국과의 관계를 세계가 부러워하는 관계로 발전시킬 것으로 자신했다. 중국 측도 북중 전통 우호관계가 '양국 공동의 귀중한 자산共同的財富'임을 상기시켰다. 중국은 북중 정상회담이 재개된 2018년부터 대북관계의 특수성을 공개적으로 강조했다. 시진핑은 5월 김정은과의 회담에서 이른바 북한에 대한 '3개의 불변三個不變 사항'을 천명했다. 중북 관계의 공고와 발전에 대한 확고한 입장, 중국의 대북 우호와 우정, 그리고 사회주의 북한에 대한 지지가 불변할 것임을 김정은에게 약속한 것이다. 이는 북한의 생존을 보장하는 중국의 약속이었다. 중국의 주駐북한 대사 리진쥔李進軍은 2021년 6월 21일 《로동신문》에 게재한 기고문을 통해 중국의 북한 껴안기를 다시 한번 과시했다. 북중 관계가 영구적으로 공고한 것은 물론 깨질 수 없는 관계라며 양국 공동의 귀중한 자산임을 다시 강조했다. 그러면서 북중 관계가 새로운 역사의 출발점에 서 있다고 설명했다. 그리고 이를 위해 중국이 북중 양국의 전통을 계승하면서 우호를 공고히 하는 것이 중국공산당과 정부의 불변한 입장임을 전했다. 또한 교류 증진과 협력 심화를 통해 양국의 사회주의 건설이 전진하도록, 양국 국민에게 실질적 복지를 가져다줄 수 있도록 노력할 것을 약속했다. 마지막으로 평화를 수호하고 미래를 같이 창조할 것을 선언하며 이를 위해 양국이 모두 공헌할 것을 당부했다.[43]

중국의 외교·안보 전략에서 북중 관계의 위치는?

북중 관계는 중국이 한반도에서 영향력을 유지하고 자국의 핵심이익을 수호하는 전략에서 필수 불가결한 요소이다. 한반도의 분단, 한미동맹과 주한미군이 지속되는 동안 북한의 전략적 자산 가치는 당분간 중국의 국익에 부합될 수밖에 없다. 더욱이 북핵위기 사태와 이로 인한 대북제재가 실시되면서 북한 경제가 어려움을 겪고 있어서 북한에 대한 전략적 관리가 요구되고 있다. 주변 지역의 안정과 평화를 강조하는 중국의 주변국 외교 목표 관점에서 보면 이는 북한으로 인해 발생할 수 있는 전쟁과 불안정 상황, 붕괴, 난민, 핵무기 보유 등의 억제를 의미한다. 중국은 한반도에서의 전략적 목표를 구현하기 위해 다음과 같은 전략으로 북중 관계를 관리한다.

첫째, 북중 동맹관계는 불변한다. 둘째, 중국의 한반도정책의 대명제는 한반도에서의 외세外勢 축출이며 이를 통해 국경안보가 확립될 때까지 완충지역으로서 북한의 전략적 가치는 불변한다. 셋째, 한반도에서 전쟁을 억제하고 평화안정을 도모한다. 넷째, 한반도 문제에 대해 중국은 역할을 지속하고 영향력을 강화한다. 다섯째, 대한반도 영향력은 남북한 모두를 통제할 수 있는 수준에 이르러야 한다.

동북아 및 한반도에서 미국의 세력 확장을 견제해야 하는 중국의 입장에서 보면 북한의 완충지역으로서의 전략적 가치는 아직 유효하다. 이런 맥락에서 중국은 한반도 통일에 대해 북한의 방식을 전적으로 선호하고 지지한다. 이는 '북한의 주장과 견지 입장'을 지지한다는 중국의 일관된 발언에서도 입증된다.[44] 북한 유사 사태의 발생으로 한국 주도의 흡수통일을 반대할 수밖에 없는 이유를 엿볼 수 있는 대목이다.

미중 경쟁 상황에서 중국의 북한 인식

미중 간 전략적 경쟁이 지속되는 한 중국은 북한을 완충지역으로 보존해야 하고, 장기적으로는 수용 불가능한 통일 한반도의 출현도 저지해야 한다. 이런 의미에서 북한 유사시에 중국은 수수방관할 수 없다. 이에 대한 미국 측의 확신도 2017년 8월 미국 합참의장의 중국 방문 목적에서 드러났다. 그의 방문 목적은 북한 유사시에 발생할 수 있는 중국과의 불필요한 오산miscalculation을 줄이고 상황이 전쟁으로 진전될 가능성을 방지하기 위한 연락망을 중국과 구축하는 데 있었다. 그리고 중국의 합동참모본부와 공동작전연락

기제a joint operational communications mechanism를 구축하는 합의를 이끌어냈다. 미중이 북한 유사시에 발생할 최악의 사태를 염두에 두고 있다는 것을 엿볼 수 있는 대목이다.

중국은 평시 상황에서 북한이 미국과 대화하고 관계를 개선하는 것을 원칙적으로 지지한다. 문제는 중국이 미중 경쟁상황에서 북한을 종속변수가 아닌 독립변수로 인식한다는 사실이다. 이는 중소 관계 악화 시기였던 1960년대에 북한이 진행한 '줄타기 외교'에서 얻은 교훈이다. 즉 강대국이 경쟁관계를 벌이는 동안 이들이 북한에 보내는 '러브콜'을 이용해 북한이 이익을 극대화할 수 있었던 전략점 허점을 인식한 것이다. 따라서 중국은 미국과의 경쟁에 집중해야 하지만, 북한과의 관계도 소원해서는 안 된다. 미국이 이를 틈타 전략적으로 북한에 접근할 수 있기 때문이다. 중소 관계 악화 시기에 미국이 중국뿐 아니라 소련과도 관계 개선을 한 사례가 반면교사이다. 미국은 그 결과 중국 및 소련과의 관계를 개선하는 일석이조의 효과를 누렸다. 북한 역시 이런 상황을 미중 관계에 적용할 수 있다.

역으로 중국이 북한 감싸기에 치중하면 이는 미중 경쟁관계에서 북한이 일거양득의 효과를 얻는 것을 더욱 부추기는 요인이 될 것이다. 미국이 중국의 북한 감싸기에 불만을 가지고 대북 압박정책을 가중할 수도 있다. 이 경우 북한의 생존을 돕기 위한 목직으로 중국은 미국의 압박 완화를 이끌어낼 모종의 딜을 할 수밖에 없다. 이것이 6자회담을 출범시켰고 이를 통해 북한은 미국으로부터

핵개발 시간을 벌었으며 중국으로부터 경제 원조와 지원을 획득할 수 있었다. 그렇기에 미중 경쟁관계의 시대에서 중국은 북한의 미국 경사와 중국과의 관계 소원을 방지하면서 북한 관계를 균형 있게 관리해야 하는 부담을 지고 있다.

비핵화 문제에 대한 중국의 시각 변화

원칙적으로 중국은 한반도의 완전한 비핵화를 지지한다. 그러나 행동은 소극적이다. 역발상을 해보면 북한의 비핵화 의지가 진심일 경우 이것이 중국에 반드시 환영할 만한 일인지 반문할 수 있다. 북한 비핵화는 중국에 양날의 칼과 같기 때문에 한반도에 대한 중국의 전략적 계산을 복잡하게 만든다.

중국의 고민은 북한의 핵무기 보유 여부와 이것이 중국을 얼마나 위협하는가의 문제가 아니다. 북한이 핵을 포기할 경우 한반도에서 중국의 입지가 축소되는 결과를 심각하게 고민하지 않을 수 없다. 북한이 비핵화 이행 대가로 받을 수 있는 종전 선언, 정전협정의 평화협정 전환, 정권의 안전보장, 북미·북일 수교, 그리고 경제 건설 지원 등의 변수가 중국의 한반도 입지에 어떠한 영향을 미칠지 그 전략적 함의가 불명확하기 때문이다.

북한 비핵화의 경우 북중 간의 전통적 우호 관계 지속에 타격을 가할 것임이 자명하다. 이제까지 북한을 독점해온 중국의 입지에 변화가 생길 수밖에 없다. 북한의 자의적 이탈이나 자연스러운 유실로 인해 중국이 북한을 상실할 가능성이 큰 것이다. 북한은 그 대신 이런 상황이 되면 중국으로부터 더 많은 이득을 취할 수 있는 레버리지를 확보하게 된다. 따라서 북한 비핵화에 대한 중국의 시각이 변할 수밖에 없다. 이의 속도와 진전을 스스로 전략적으로 관리해야 한다. 북미 대화와 남북 대화의 결과에 따라 한반도에서의 입지 변화에도 대비해야 한다. 중국은 현재 북한과의 관계 개선을 통해 북한 상실의 우려를 북한 끌어안기로 해소하려 한다. 그렇기에 중국은 북한의 점진적이고 단계적인 비핵화 방식을 선호하는 듯하다. 2017년 3월에 '쌍중단(한미연합훈련과 북한 핵미사일 실험 중단)'과 '쌍궤병행(비핵화와 평화체제 동시 추진)'을 한반도의 비핵화 공식으로 나름 제기한 사실에서 이를 유추할 수 있다.

비핵화 과정에서 중국의 우려가 가중되는 또 하나의 이유가 있다. 북한이 핵협상을 빌미로 주변국과 관계 개선이 되는 듯 보이면 중국과 일정 거리를 두려는 경향을 보인다는 것이다. 물론 북미회담이나 남북 관계 개선이 실패할 경우 북한은 '중국 보험'을 이용해 중국의 끌어안기 전략을 수용하면서 '중국 일변도'로 회귀할 수 있다. 북한 비핵화 이후에 한반도의 역학 구조와 질서는 반드시 변한다. 따라서 중국이 북핵 폐기 이후 형성될 한반도의 새로운 질서에 대한 타협 없이 북한 비핵화 문제에 적극 나서고 싶지 않은 이유가 여기에 있다.

한국의 한반도 경사외교와 한국의 중국 경사론

중국은 표면적으로 북미 관계와 남북 관계의 개선을 지지하지만 이의 실현이 가져다줄 군사안보의 전략적 함의를 우려해야 하는 모순에 빠질 수밖에 없다. 그렇기에 중국은 한국이 한반도에 경사하기를 바라고 있다. 이를 통해 한반도가 중국 영향권에 편입되고 간접적으로나마 한미동맹의 한 축을 약화할 수 있기 때문이다. 중국의 한반도 안보정책이 자국의 국가적 이익을 위해 북중 관계와 북한 중심으로 돌아갈 수밖에 없는 이유이기도 하다.

중국의 한반도 전략에서 북한의 생존은 또 다른 한 축을 이루고 있다. 중국의 한반도 전략도 이에 기초한다. 다시 말해 중국으로서는 한국이 한반도에 경사하는 외교를 구사하는 것이 '전쟁을 하지 않고 미국과의 싸움에서 이기는' 방법이다. 그래서 우리가 한반도 및 북한에 경사하는 외교를 구사하면 중국은 이를 더할 나위 없이 자신에게 유익한 것으로 인식한다. 북한의 위협보다 민족의 동질성 회복을 강조하고 민족주의 가치를 중시하면서 한반도 경사 외교를 표방하는 정부가 중국의 한반도 전략이라는 덫에 걸릴 가능성이 커지는 이유이기도 하다.

따라서 우리의 한반도 경사외교는 대내외적으로 중국에 경사된 것으로 인식될 수밖에 없다. 우리의 북한 비핵화와 통일 전략사고가 중국에 대한 환상과 강박관념에 빠지면 한반도와 중국에 경사하는 외교를 보일 수밖에 없다. 이에 매몰되는 외교는 주변국은 물론 미국과의 관계도 소원하게 만든다. 이들 사이에서 우리 외교가 균형을 상실하게 되는 구조를 양산할 수밖에 없기 때문이다.

우리가 이 사실을 깨우치지 못하는 이유는 간단하다. 한반도의 지정학적 전략 구도를 포착하지 못하기 때문이다. 한반도의 지정학적 전략은 삼각관계의 편대 속에서 진행될 수밖에 없다. 양자적인 접근전략이 거의 불가능하다 해도 과언이 아니다. 왜냐하면 한반도의 분단국인 남북한이 모두 동맹관계를 맺었기 때문이다. 주변국도 마찬가지이다. 한미동맹, 북중동맹, 미일동맹, 북러 준準동맹관계의 존재 구도가 이를 방증한다. 북미가 대화해도 미국과 북한은 북중동맹을 의식할 수밖에 없다. 북한도 한미동맹과 미일동맹을 의식할 수밖에 없다. 양자 간의 대화가 각 동맹관계에 미치는 영향을 무시할 수 없다. 북한이 미국과의 회담이나 협상에 나서기 전에 중국을 먼저 찾는 이유이다. 미국도 대북 접근 전략에서 한반도의 전략적 상황을 유사하게 인식하며 접근한다. 북한 문제를 두고 미국과 중국이 대화를 해도 마찬가지이다. 중국은 한미동맹을, 미국은 북중동맹을 의식하지 않을 수 없다. 이처럼 양자 대화가 진행되어도 전략사고의 바탕은 소다자주의 격인 삼각관계에 있다는 사실을 유념해야 한다.

남북한의 대화도 마찬가지이다. 양자 간의 인도주의적 현안을 제외하고 군사 · 안보적인 측면에서는 북한도 북중동맹과 한미동맹을 의식한다. 그러나 우리가 한반도 경사외교와 중국 경사외교를 추진하면 북한의 전략적 수를 읽어내기가 어렵다. 북한의 수를 먼저 읽지 못하고 우리의 전략적 포석을 구사하지 못하게 된다. 그런 이유로 남북대화를 순진하게 접근하게 되는 것이다.

이처럼 우리는 한반도 경사외교나 중국 경사외교를 해서는 문제를 해결할 수 없는 전략적 구조에 놓여 있다. 현재 이런 전략적 삼각관계 체제의 바탕에서 한반도의 안보관계가 진행되고 있다. 우리의 대북, 대중, 대한반도 전략이 이 같은 구조적 특징에 부응하지 못하면 우리 외교는 균형감을 상실할 수밖에 없고 레버리지를 갖출 수도 없다. 이런 이유로 한반도 문제에 대한 전략적 구도는 매우 복잡하다. 그만큼 우리의 대북, 대중, 대한반도 전략 또한 복잡해질 수밖에 없다. 우리가 중국에 대한 '환상'을 극복하지 못하면 한반도 경사외교와 중국 경사외교에서 탈피하기 힘들다. 따라서 이런 단순한 외교적 접근 방식은 주변국의 전략적 불신만 초래할 뿐이다.

이제는 우리 외교 · 안보의 전략사고를 확장해야 한다. 한미동맹에서 출발하여 미일동맹, 북중동맹, 북러 준동맹관계 간의 상호작용과 서로에게 미치는 파급 영향에 전면적으로 대응할 수 있는 전략사고가 필요하다. 다차원적이고 다각적이고 입체적인 전략사고가 요구되고 있다. 지금까지 우리는 일차원적이고 평면적인 사고에서 대응전략을 세웠다. 작금의 한반도 전략 구조는 본질적 변화를 겪고 있다. 비대칭 전략 구조가 가시화되고 있고 이에 따른 주변국의 대응전략 구도에도 변화가 일어나는 중이다. 그래서 동맹관계를 더 강화하려는 방향으로 각국의 전략이 변화되고 있다.

결론적으로 우리가 한반도 경사외교와 중국 경사외교에서 벗어나기 위해 유념해야 할 사항은 다음과 같다. 첫째, 북한의 비대칭 전략이 북중 관계와 북러 관계에 미치는 영향을 주목해야 한다. 둘째, 북한의 비대칭 전략이 미국의 전략에 미치는 영향을 분석해야 한다. 셋째, 중국의 국방력과 군사력 강화가 북한과 러시아에 미치는 영향을 파악해야 한다. 넷째, 이에 대한 미국의 전략 변화를 알아야 한다. 다섯째, 북한과 중국의 전략 변화가 우리의 정체성과 주권, 생존권에 미치는 영향을 예의주시해야 한다. 여섯째, 북중러 삼각 관계가 공고해지면 이것이 동북아 안보전략 구도에 크게 영향을 주게 될 것이다. 이에 대응할 한미일 연대전략의 당위성과 전략적 중요성이 더욱 부각되어야 한다.

5장

한국 정부의 3불 입장과 중국의 인류운명공동체론[45]

사드 배치 결정으로 냉각된 한중 관계를 해빙하고자 우리 정부는 중국 측과 부단히 접촉해왔다. 그 결실로 2017년 10월 31일 한중 양국은 '한중 관계 개선 관련 양국 간 협의 결과'(이하 '협의문')를 내놓았다. 협의문의 핵심은 사드와 관련한 중국 측의 입장과 우려였다. 이는 한국에 사드를 추가 배치하지 않고, 미국 미사일방어체제Missile Defence, MD에 편입하지 않으며, 한미일 군사동맹은 없을 것이라는 이른바 '3불不'로 축약된다. 우리 정부는 협의문의 제목에 맞게 앞으로 중국과의 관계가 개선될 것이라고 기대했다.

이를 추진한 이유에는 관계 개선도 있었지만 중요한 이유가 하나 더 있었다. 한반도 경사정책을 표방한 정부가 중국의 환상을 현실로 연출하려 했기 때문이다. 이의 관건은 문재인 대통령의 중국 방문이 전제되었다. 그렇다 보니 사드 문제로 발생한 한중 양국 간의 불신과 오해를 풀고 제재 문제를 해결하기 위해서라도 대통령의 방문이 필요했다고 믿은 것이다. 이를 성사시키기 위해 우리 정부 당국은 일시적으로나마 사드 문제를 봉합하는 차원에서 '3불' 입장에 협의했다. 이런 의중은 중국 관영매체를 통해 확대해석 되었다. 《인민일보人民日报》와 중 · 영문 자매지인 《환구시보环球时报》 등은 이구동성으로 "한국의 3불 약속 이행은 문 대통령의 성공적인 방중에 공헌할 것"이라고 보도했다. 문제는 '3불' 약속으로 언론에 표현됨에 따라 우리 정부는 중국에 경사되었다는 비판에서 자유롭지 못하게 되었다. 그러자 2020년 10월 22일 국정감사장에서 한국 측 대표로 이 실무협상에 참석했던 인사는 합의문이 "약속도 아니고 합의도 아니다"라며 "구애받을 필요가 없다"고 일축했다. 그의 발언은 합의문이 나온 뒤 2017년 11월 15일 외교부장관이 국회 대정부질문에서 한 발언을 번복한 것이다. 당시 강경화 외교부장관은 합의문을 두고 "합의문은 아니다"라고 하면서도 "외교부가 여전히 중국에 대해 '3불 합의' 원칙을 견지하고 있다"는 사실을 확인해준 바 있다.

미국 행정부는 한국의 3불 입장을 한국의 안보주권에 해당하는 문제로 규정했다. 특히 3불에 추가적인 '1한限'(사드 사용 제한)이 포함되었다는 일설에 민감하게 반응한 것이다. 우리 정부는 중국 관영 《환구시보》에 보도된 '1한'을 사실무근이라며 부정했다. 이에 맥매스터H. R. McMaster 전 국가안보보좌관은 "강경화 외교부장관의 발언이 확정적인 것은 아니라고 생각한다"며 불편한 심기를 우회적으로 밝혔다.

중국은 한국의 3불 입장이 '외교적 약속'이라는 입장을 견지하며 이를 계속 주장해왔다. 때론 우리 외교부의 항의를 받고 '입장 표명'이라고 수정했지만, 중국의 관영매체는 거듭 '약속' 및 '결의'로 이를 표현하고 있다. 우리 측이 '약속'이 아님을 2020년 10월 22일에 공표하자 중국 외교부 대변인은 사드 문제의 단계적 처리에 양국이 "합의를 달성"했다고 공개했다. 또한 시진핑 주석이 박근혜 전 대통령과 문재인 대통령, 그리고 오바마 전 대통령의 면전에서 사드 배치 반대와 문제의 조속한 해결을 수차례 강조한 사실로 볼 때 '3불'은 한중 양국의 외교적 현안 해결의 의사를 담았다고 볼 수 있다.

사드 관련 합의 결과가 합의문이냐 아니냐, 약속이냐 아니냐가 중요한 것은 아니다. 이 문제에 대해 우리가 중국과 인식을 같이하고 있다는 것이 더 큰 문제이다. 즉 사드에 대한 문재인 정부의 인식과 입장이 중국과 결을 같이하는 데 있다. 이는 문재인 정부가 사드 배치를 공식화하는 것을 지연하기 위해 취한 일련의 조치로도 입증되었다. 정부는 사드 배치의 최종 결정을 위해서는 환경평가의 결과가 전제되어야 한다면서 이를 두 단계로 나눠 진행 중이다. 하나는 예비 환경영향평가였다. 다른 하나는 일반적인 환경평가다. 후자의 경우 1년 이상의 시간이 소요된다. 환경영향평가 결과가 나오기 전까지 성주 사드 기지 건설이 불법이라는 성주 시민과 시민단체의 주장을 정부가 수용하는 모양새이다. 성주에 주둔하는 미군의 생활여건도 임시 주거형태라 적지 않은 불편을 겪고 있다. 2021년 3월 한미 외교 · 국방장관(2+2)회담에서 미국 측은 사드 기지 내 장병들의 생활여건 개선을 위한 한국 측 노력을 촉구하면서 불만을 극명하게 드러냈다. 로버트 에이브럼스Robert Abrams 전 주한미군사령관도 2021년 5월 13일 '미군기지에 대한 일상적 접근'과 관련한 문제가 해결되길 바란다면서 성주 기지 상황에 대한 불만을 우회적으로 드러냈다. 결국 5월 14일부터 7회에 걸쳐 성주 기지에 물자가 반입되기 시작하면서 상황이 개선되었다.

현재로서 사드 문제를 해결하기는 현실적으로 어렵다. 사드의 추가 배치는 계획대로 진행될 것이다. 사드 배치로 우리는 사실상 미국의 MD에 편입되었다는 일부 국제적 평가를 피할 수 없게 되었다. 이제 중국으로서는 한미일 군사동맹의 가능성을 방지하는 것만 남았다. 우리는 한미동맹으로 인태 전략과 쿼드에 협력할 수밖에 없기 때문에 한미일 군사관계가 발전할 수밖에 없을 것이다. 반면 우리 국민이 이를 수용하기 어려울 것이 자명하다. 특히 최소한 역사문제가 해결되기 전까지는 국민이 이를 허용하지 않을 것이다.

모순으로 가득 찬 중국의 인류운명공동체 구상

시진핑의 중국이 추구하는 중국몽에서 '인류운명공동체人類命運共同體' 구상은 한 축을 이룬다. 세계가 인류의 다양성을 존중하면서 지향하는 공통된 운명을 공동으로 노력하면, 이 같은 공동체의 구현이 가능하다는 것을 핵심내용으로 한다. 언어, 종교, 인종, 문화, 역사 등의 영역에서 인류의 다양성을 하나의 운명 의식으로 극복할 수 있다는 것이 사상의 논리이다. 그런데 중국이 간과하는 문제가 있다. 인류의 공동운명은 세계 평화의 수호와 지속 가능한 발전의 실현을 위한 협력을 전제로 한다. 어떠한 공동체든 제도의 투명성과 공통된 가치를 공유할 수 있어야 한다. 제도가 투명해야 공동체의 운명을 위협하는 문제의 근원을 공유할 수 있기 때문이다. 투명한 제도만이 '실사구시'의 해결방식을 보증한다. 실사구시 과정에서 공통된 가치를 공유해야만 인류의 이기적 사고와 행위를 평화적으로 다스릴 수 있다.

반면 오늘날 중국의 행동을 보면 인류운명공동체가 전제해야 할 상기 조건을 충족시키지 못하고 있다. 특히 중국이 지속적인 국방개혁과 국방현대화 노력을 견지하는 상황에서 중국 위협론에 대한 의구심과 우려를 불식하지 못하고 있는 것이 사실이다. 중국은 이 같은 행위에 대해 표면적으로는 "중국은 다른 나라의 국익을 훼손하면서 자신의 것을 절대 취하지 않을 것"이라는 내용의 전략 입장을 채택하면서 이를 합리화하려는 언사만 계속한다. 그러면서 어떠한 나라에도 위협이 되지 않을 것이라는 입장과는 달리 "자신의 정당한 (방어와 국사) 권익을 포기하지 않을 것"이라는 태도를 분명히 했다.[46]

중국의 인류운명공동체론은 모순이 가득하다. 중국이 인류의 보편적 가치를 실천하지 않고 우리와 다른 정체성을 견지하기 때문이다. 따라서 중국이 추구하는 인류운명공동체의 목적과 의도, 전략적 함의를 꼼꼼히 따져야 한다. 이를 제대로 파악하지 못한 채 이에 동조하는 것은 우리 정체성과 국익에 부합하지 않는다. 중국이 우리와는 정체성과 가치의 거리가 상당히 떨어져 있는 공동체임에도 불구하고 정부는 코로나19 사태 때 이에 동조하는 입장을 표명했다. 우리가 중국의 인류운명공동체론에 동조하는 것에 신중해야 하는 이유는 다음과 같다. 첫째, 인류운명공동체론은 중국 중심의 세계화를 목표로 한다. 둘째, 중국 중심의 세계화에는 보편적 가치가 존재하지 않는다. 셋째, 중국은 보편적 가치가 존재한다고 주장하겠지만 이는 우리의 핵심가치에 부합하지 않는다. 넷째, 중국 중심의 세계화에는 투명성이 결여되어 있다. 다섯째, 중국의 다자주의 원칙과 성격은 보편적인 다자주의와는 판이하게 다르다.

따라서 중국과의 가치와 이념의 간극이 좁혀지지 않는 한 우리는 중국이 주장하는 인류운명공동체 건설을 경계하고 반대해야 한다. 중국이 표방하는 공동체 사상은 중국몽에서 출발한 것이다. 이의 실체는 중국의 복속주의의 재현이다. 중국의 영향권에 편입되어 상부상조하면서 사는 것에 나쁠 것은 없다. 문제는 중국이 우리의 정체성과 주권, 생존권을 위협하는 가치와 이념을 가지고 이를 외교에 적용하고 있는 것이 현실적으로 증명되고 있다는 사실이다.

6장

중국의 복속주의와 한국의 잠재된 사대주의의 실체[47]

뿌리 깊은 복속주의 인식과 대국의식

한중 양국 사이에는 오래 잠복된 인식의 거리가 있다. 중국 시진핑 주석이 언급한 소위 '속국론'이다. 중국인의 인식 속에는 한국이 오랫동안 중국에 복속되어 있었다는 복속주의가 깊이 박혀 있다. 한국은 이를 강력히 부정하지만 깊이 잠복된 사대주의 인식이 일부 남아 있다. 중국인의 잠재된 복속주의는 양국 국민 사이를 갈라놓고 있다. 이것은 한중 간을 점점 멀어지게 하는 부정적 요인이다. 극복하지 못하면 또 하나의 충돌요인이 될 것이다.

중국의 내면에 잠복한 이러한 복속주의가 대외전략에 자주 표현되고 있다. 중국 당국자들은 대국의식을 자주 드러내며 소국은 대국끼리 설정한 국제질서에 순응해야 한다고 강조한다. 대국과 소국의 관계 설정은 현대판 복속주의가 아닐 수 없다. 여건과 역량이 아직 미치지 못하지만 중국은 대국정신으로 소국을 바라보고 있다. 궁극적으로 중국식 세계관은 중국 중심의 천하체제일 것으로 추정된다. 따라서 육지와 바다로 중국과 국경을 맞대고 있는 20개국 중 중국에 우호적인 나라가 거의 없을 정도로, 중국은 외교적으로 고립되어간다. 중국이 경제력으로 인접국가를 회유한다 해도 그들은 마음속으로 이를 복속주의의 표현이라고 인식한다.

한중 간에는 깊은 경제적 유대관계에도 불구하고 거리적 내부 갈등이 존재한다. 이는 양국 관계의 심화발전에 장애요인이 될 것이다. 양국의 사이에는 거리 확대로 이질성이 크게 자리 잡고 있다. 생존 방정식 내부의 상수와 변수 또한 계속 진화 및 변화하고 있다. 특히 시진핑 시대 이후 중국의 국가 목표와 가치가 진화 및 변화하면서 한중 간 상호를 바라보는 시선과 시야는 크게 달라지기 시작했다. 중국이 세계를 향해 질주하는 동안 최대 인접국인 한국은 그들의 시야에서 벗어나기 시작했다. 중국 또한 한국이 중국의 롤 모델이라는 인식에서 이제는 과거의 속국이었던 상대하기 쉬운 나라라는 인식으로 바뀌고 있다. 아울러 한국인의 중국 혐오도가 높아지는데도 우리 정부 당국, 기업인들은 중국 앞에만 서면 왜 스스로 작아지는가 하는 자조 섞인 한탄도 나온다. 중국 외교의 특성과 보복 관행 때문만은 아닐 것이다.

자조적 한탄의 근원에는 사대주의도 한몫을 차지한다. 이런 한탄은 '친중파'나 '지중파'에서 나오는 것이 아니다. 중국을 두려워하고 중국을 우려하면서 중국에 복속되는 것을 염려하는 세력에서 나온다. 우리의 사대주의는 주변 4강에 둘러싸인 역사적 산물이다. 주변 4강에 대한 위협인식이 다르기에, 각기 다른 위협을 견제하고 억지하기 위해 우리 식의 '이이제이以夷制夷'를 모색한 결과에서 비롯되었다. 문제는 우리의 사대주의가 주변 4강에 대한 정확한 상황 인식과 전략적 판단 없이, 당리당략에서 출발하여 대외관계를 정략적으로 사고하는 오랜 습관이 형성되었다는 점이다. 우리의 사대주의는 오늘날 한반도의 분단이 고착화되고 적대적 관계와 세력 확장을 꾀하는 나라들이 주변에 군림하면서 더욱 심화되었다고 해도 과언이 아니다.

중국에 대하여는 앞에서 언급한 바와 같이 강박관념에서 양산된 중국 '포비아'가 우리의 의사결정 과정에서 주권과 생존권을 속박하는 요인으로 작용하고 있다. 중국은 우리의 대중국 포비아를 현실에 이용하는 것을 주저하지 않는다. 공세적이고 공격적인 외교 압박을 가하면서 우리의 포비아를 증대시키고 있다. 즉 우리의 중국 사대주의의 속성과 관습을 21세기에 다시 수면 위로 끌어올리는 데 주력하고 있는 것이다. 자고로 중국의 전략사고는 현실주의에 기반한다. 다시 말해, 힘의 논리가 중국의 전략사고를 지배한다. 이런 오랜 전통이 오늘날까지 이어진다. 혹자는 중국이 반응적인 국가a reactionary state라며 중국의 현실주의적 행위 주장을 반박한다. 그러나 이는 중국보다 상대적으로 더 강한 나라와의 관계에서나 유효한 주장이다. 중국은 미중 관계에서 수세적이고 소극적이며 반응적인 국가이다. 그러나 상대적으로 약소한 국가가 자신의 국익에 도전하면 힘의 논리로 응징하는 습관을 드러낸다.

중국의 힘의 원천은 국력에서만 나오는 것이 아니다. 중화사상에 기반한 것이다. 자신이 세계의 중심이고 자신의 가치와 이념, 제도와 체제가 우월하다는 인식에서 나온다. 그 결과로 유아독존적이고 안하무인적인 행동을 자주 한다. 중국은 국가 규모(인구, 영토, 자원 등)만으로도 약소국을 압도할 수 있다. 게다가 중화사상이 이 같은 행위를 정당화하기 때문에 내부 결속력을 다지는 힘의 근원으로 작용한다. 이런 전략 사상과 행동은 유구한 역사를 지니고 있다. 개혁개방 이전에 국력이 취약했던 시기부터 이미 중화사상의 논리로 주변 약소국을 다루려 한 사실을 상기해볼 필요가 있다.

다시 부상하는 복속주의적 태도

중국의 부상으로 우리와 중국의 관계에 본질적인 변화가 일어났다. 양국 관계가 수평적이고 상호보완적인 것에서 수직적이고 위계적인 것으로 전환되는 분기점에 있다. 양국의 국력 격차가 관계의 속성 변화를 추동한다. 부강한 경제력을 기반으로 중국은 군사강국을 추진 중이다. 군사 강국의 목적은 이른바 '핵심이익'과 '해외이익' 수호에 수반되는 전제조건을 충당하기 위함이다. 이 과정에서 중국의 대외정책과 행위는 공세적이고 공격적으로 변화되고 있다. 중국이 부강할 때 취하는 전략은 대략 두 가지이다. 역사적으로 중국은 평탄할 때 유순하고benign 자비로운benevolent 이타적 외교를 구사하지만, 위협을 느낄 때는 강압적이고 공세적인 행동으로 이를 억제하려는 외교를 구사했다. 오늘날 중국이 미국의 포위망(인태 전략과 쿼드)에 대해 보여주는 외교 행태는 후자이다. 전통적으로 중국에게 있어 최선의 대항마는 복속주의였다. 즉 불확실한 영토 경계를 확실히 하고 종주국과 번국의 관계를 명확히 설정하는 것이다. 중국은 이를 통해 남중국해와 동중국해를 귀속시키고, 그 해역 범위 내에 속한 나라에 대한 영향력을 강화하여 최소한 자신의 뜻에 반하지 않게 통제하려고 한다.

오늘날 모든 나라가 주권국가인 상황에서 중국의 복속주의가 실현될 가능성은 매우 낮다. 그러나 이와 유사한 수준의 영향력을 발휘하려는 중국의 의사와 의지는 오늘날의 국제관계에서 그대로 표현된다. 최근 들어 중국의 국력이 증강하면서 주변국과 비대칭적인 권력관계를 기반으로 이와 같은 복속적인 관계 설정을 시도하려 한다. 이렇게 중국과의 비대칭 권력구조 속에서 우리의 주권과 생존권은 위협을 받고 있다. 더욱이 중국과의 국력 격차가 좁혀지면서 위협을 느낀 미국이 인태 지역에 대한 전략을 동맹국과 동맹국을 연합하는 동맹체제 전략으로 전환하는 방식으로 미중 간 전략적 경쟁을 주도하고 있다. 미국은 연합세력을 구축하는 데 제공할 수 있는 공공재가 부족한 상황에서 이념과 가치를 명분으로 제시한다. 이에 중국도 자신의 핵심이익을 수호하기 위한 전략적인 대응이 필요해지자 한반도에 대한 영향력 증강에 주력하고 있다.

한미동맹을 유지하고 중국 대륙의 반도에 위치한 우리로서는 중국 등 그 어느 나라와도 적이 되어서는 안 된다. 우리의 전략적 선택의 핵심은 어느 한 나라를 적으로 상정하지 않는 것이다. 따라서 미국 및 중국과 모두 전략적으로 공조하고 협력할 수 있는 새로운 외교 영역의 발굴과 개척이 절실히 요구된다. 이를 위해 우리는 미중 양국의 전략적 의도와 목표를 정확히 파악하는 것이 필요하다. 특히 중국의 현실과 실체에 대한 파악이 급선무이다. 또한 우리의 외교 현실과 상황을 직시해야 한다. 우리의 독자 생존 능력부터 전략적 연대의 손익계산까지 우리 스스로가 우리의 외교 능력을 냉정하게 객관적으로 판단해야 한다. 이를 토대로 미국과 중국 사이에서 국익 손실을 최소화하고 이익을 극대화하는 전략을 마련해야 한다. 이 과정에서 중국 주변국의 대중국 정책과 전략을 살펴보고, 이들과 협력하면서 손익계산에 대한 평가를 정확히 이뤄내야 할 것이다.

미중 간 전략적 경쟁 기간은 중국몽을 구현하기 위한 중국의 도전 시기와 중첩된다. 미중 양국 간의 가치와 이념 투쟁은 격화될 것이며 분쟁과 갈등 국면이 협력과 공조보다 두드러지게 나타날 것이다. 미중 간 전략적 경쟁 시대에 우리는 '고래 싸움에 새우 등이 터지는' 상황을 예방해야 하고, '독 안에 든 쥐의 신세'로 전락하는 것은 더더욱 강력 저지하기 위해 큰 호흡 속에 새로운 국제정세에 대응하는 전략 방안을 마련해야 한다.

克中之計

3부

미중 충돌의 끝은 어디인가[48]

1장

미중 간 전략적 경쟁의 예상 경로

미국과 중국의 전면승부

2020년 9월 6일, 《뉴욕타임스New York Times》는 〈조 바이든의 중국 여정Joe Biden's China Journey〉이란 장문의 글을 게재했다.[49] 바이든은 미국 상원의원 시절 "무역을 통해 중국을 변화시키자Transform China through trade"는 입장이었다. 20년이 지난 후 대통령 후보가 된 그는 중국을 '독재 정권dictatorship'이라고 비난했다. 바이든의 이러한 변화는 큰 틀에서 보면 미국 사회 전반에서 중국에 대한 인식이 '리셋'되었음을 반영하고 있다. 미국이 40여 년 전 리처드 닉슨Richard M. Nixon의 역사적 방문을 통해 중국과 관계를 정상화할 때나, 20여 년 전 중국이 WTO에 가입할 수 있도록 조력을 제공한 것은, 중국을 국제경제 체제로 편입시키면 규칙에 기반한 국제사회의 일원이 되리라는 믿음 때문이었다.

현재 미국은 그런 믿음이 잘못된 전제에 기반했다고 확신하면서 미중 관계에 대한 근본적 '리셋'을 시도하고 있다. 이는 기술적 탈동조화를 포함해 군사적 대립과 비자 제한 등 인문사회 교류를 포함한 전방위적 '반중국' 움직임으로 향하는 중이다. 이런 상황에 미중 관계는 양측이 계속 팽팽한 갈등과 긴장을 유지하면서 힘의 경쟁이 '우군 확보'라는 치열한 외교전으로 확대될 것으로 보인다. 일각에서는 종합적인 국력이 아직까지 미국에 비해 열세인 중국이 무역전쟁, 남중국해 등 미중 갈등 영역에서 미국에 양보를 할 것으로 관측하지만, 현실에선 중국이 오히려 "갈 데까지 가겠다奉陪到底"며 항전 의지를 불태우고 있다.[50]

바이든 대통령은 중국과의 전반적 경쟁구도를 유지하면서도[51] 소모적 경쟁에 천착하기보다는, 미국이 본연적으로 훨씬 경쟁력과 저력이 있는 국가로서, 중국이 아예 따라올 야심을 품지 못하도록 경쟁력을 몇 단계 향상하겠다는 이른바 미국판 '초격차 전략' 기조를 세운 것으로 판단된다.[52] 이것의 구체적 사례들이 속속 발표되고 있다. 코로나19와 민주주의의 위기로 저해된 미국 사회 내부의 역량 향상에 힘쓰겠다는 취지이다. 나아가 WHO, 파리기후협약 재가입 등 국제기구와의 협력을 강화해 국제사회에서 미국의 위상을 회복하겠다는 조치이다.

바이든 행정부는 중국에 대한 거친 레토릭에 의존하지는 않지만, 동맹과 함께 중국에 할 말을 하고 대응할 때는 대응하는, 더 원칙적이고 규범적인 모습을 보이려 하고 있다. 신장 · 티베트 인권

문제를 두고 미중 관계에 상당한 마찰이 예상된다. 그리고 타이완 해협의 안정문제, 특히 시진핑 정부가 대외정책의 마지노선으로 설정해놓은 중국의 핵심이익을, 바이든 행정부와 동맹국 연합이 얼마나 깊숙이 건드리며 충돌할 것인지가 미중 간 전략적 경쟁이 미중 충돌로까지 진전될 것인지를 결정할 것이다. 바이든 행정부는 시진핑의 중국공산당이 인류의 기본적 · 보편적 가치를 훼손하며 기존 국제질서를 크게 동요시킴으로써, 자유세계와 중국 사회주의 공산당 체제 간 문명충돌까지 일으킬 가능성이 크다며 경계한다.

앞으로 미중 간 충돌지점은 계속 확대될 우려가 크다. 중국이 성역으로 여기는 핵심이익은 서서히 무너져갈 가능성이 높고 중국의 실효적 반발은 보다 가시화될 전망이다. 제일 먼저 가시화될 미중 간의 충돌지점은 양안 관계의 핵심인 타이완에 대한 미국의 전략적 접근에서 시작될 전망이다. 그리고 중국 본토의 코앞인 타이완 해협에서 군사적 시위나 전력증강이 두드러질 것으로 보인다. 이와 함께 중국 경제 굴기의 핵심전략물자인 반도체, 배터리 등의 미국 내 공급망 확충과 대중국 봉쇄를 강행하면서, 중국이 주도해온 GVC의 와해 내지 축소를 시도할 것이다. 이때 중국은 어떤 태도로 미국과 동맹체제의 압박에 대응할 것인가? 시진핑 주석이 3연임에 성공하면 국내 정치권력을 더욱 강화하고 대미 항전의 의지를 확고히 하면서 미국 동맹국들에 강한 보복이나 압박을 시작할 것이고, 그중 가장 약한 고리로 한국을 지목할 가능성이 크다.

이처럼 바이든 정부가 단계적으로 중국 포위망을 좁혀가는 과정에서, 시진핑 주석의 태도나 행태에 어떤 변화가 생기느냐에 따라 미중 간 전략적 경쟁의 양상은 충돌 혹은 협상과 타협의 길로 향방이 결정될 것이다. 그러나 중국 국내 상황을 볼 때 시진핑 주석이 쉽게 미국과 타협의 길을 선택하기는 어려울 정도로 중국 인민들에게 결사 항전의 의지를 고취해왔으므로, 백 년 과업으로까지 격상된 대미 항전의 흐름을 완화하기는 어려울 것이다. 미국은 미국 나름대로 느슨한 동맹외교의 끈을 단단하게 동여매야 하는 숙제를 안고 있고, 미국 민주주의 위기 등 국내문제도 바이든 행정부의 강공을 크게 제약할 것이기 때문에, 대중 전면전을 펴나가는 데는 어느 정도 시간적 여유가 필요할 것이다.

미중 갈등과 충돌이 어떤 양상과 속도로 진행되든지 바이든 행정부 4년과 그 후 4년, 그리고 시진핑 재집권 기간인 향후 7년간에는 미중 간 전략적 경쟁 양상은 지속적으로 변화될 전망이다. 크게 보아 바이든 행정부의 대중국 정책의 골자는 중국을 경쟁자에서 미국의 최대 적수를 넘어 잠재적 적국으로 보는 데서 출발한다. 그리고 안보를 넘어 기술 신냉전에 이르기까지 갈등 분야와 대상이 파상적으로 전개될 전망이다. 이는 중국 외교의 성역이라고 여겨왔던 타이완해협의 문제와 신장웨이우얼의 인권문제에 이르기까지 지속적으로 확장될 것이다.

바이든 대통령이 취임한 지 벌써 반년이 넘어서고 있다. 차기 한국 정부의 외교를 담당하게 될 인사가 가장 주목해야 할 문제는,

과연 바이든 행정부 4년 기간이 전임 트럼프 4년과는 달리 미중 갈등의 '소강기'가 될 것이냐 하는 점이다. 또한 미국은 과연 '중국과 전쟁을 할 의지가 있는 국가인가'라는 질문도 되새겨보아야 한다. 이 판단은 매우 중요하다. 한국도 이에 맞춰 '속도 조절'을 할 수 있기 때문이다. 바이든 행정부 들어 현재까지 미중 양국은 서로 외교적으로 상대를 압박하고 자신의 영향력을 확대하는 형세이다. 주목할 것은 미국과 중국은 이를 지도자 연설이나 외교부, 국무부의 발언을 통해서 내놓을 뿐, 아직 구체적 행동으로까지 이어나가고 있지 않다는 사실이다. 이것이 미중 갈등의 소강상태로 이어질지 아니면 갈등의 심화로 이어질지 그 추이를 잘 관찰하고 한국이 그에 맞는 수위조절 대응을 해나가는 것이 중요하다.

미중 갈등의 성격을 어떻게 규정할 것인가

미중 갈등의 성격과 관련해 현시점에서 이를 '패권경쟁'(전 세계적 차원의 경쟁)[53]이라 지칭할지, '전략경쟁'(패권경쟁보다 정도가 낮으며 역내 차원의 경쟁)이라 정의할지에 대한 학계의 합의된 시각은 부재한다. 미중 관계의 산증인인 헨리 키신저Henry A. Kissinger가 현재의 미중 갈등을 '신냉전A New Cold War'이라 지칭했으나[54] 학계에서는 이렇게 부르는 것을 아직 주저하는 분위기이다. 미중 갈등의 성격 규정과 정의definition 문제는 학계의 지속적인 논의가 필요하다. 역사를 되돌아보면 미소 냉전 역시 그 사건이 종결된 후에야 전체적인 면에 대한 조감鳥瞰이 가능했다. 다시 말해 '현재진행형'인 미중 갈등에 대해서도 성격 규정은 담론의 공간으로 남겨두고 지속적 관찰과 업데이트를 해야 한다.

하지만 정책적 측면에서는 미중 관계에 대한 접근법이 달라야 한다. 정책은 본질적으로 '현안'을 다루기에 외교적 응대가 필요한 상황이 발생한다. 성명을 발표하고, 또 필요하면 국가 정상끼리 전화 통화도 한다. 외교 행위는 실전이다. 미중 갈등이 '신냉전'인지 아닌지에 대한 이론적 문제에 천착하며 시간을 낭비하는 것은 종종 외교적 실기失期로 이어질 수 있다. 그래서 현 미중 갈등과 관련해 아직 성격 규정에는 일치된 의견이 존재하지 않지만, 적어도 '신냉전이라 불릴 정도로 심각한 상황이다'라는 기본적 현실인식을 바탕으로, 이를 시시각각 변화하는 현실 외교생태계에 적용하는 현장 능력이 중요하다. 선비적 담론 문화 전통이 종종 과하게 소모적 당쟁 논쟁으로 전이된 경우가 많았던 과거 사례에서 교훈을 찾아야 한다. 이 책은 미중 관계에 대한 이론적 논의보다는 정책에 더 방점을 둔다.

미국은 과연 중국의 굴기를 제어할 수 있을까[55]

2021년의 국제정세 전망은 낙관적이지 않다. 코로나19 후유증에 미중 패권경쟁이 겹쳐 상당한 '혼돈의 시대'가 될 가능성이 크다. 포스트코로나19 시대를 '신냉전'으로 보는 가장 중요한 이유는 주요 특성이 과거의 냉전 시대와 유사하기 때문이다. 냉전 시대와 같은 주요 국가 간 경쟁과 대립 구도가 재연되고 이들이 국가이익을 위해 국력을 강화할 경우, 세계가 '투키디데스 함정Thucydides Trap', 즉 미국이라는 패권국과 중국으로 대표되는 도전국 간의 대립과 갈등이 증폭되는 상황에 빠질지도 모른다. 물론 세계적 상호의존의 시대에 이러한 선택은 공멸을 초래할 수 있으므로, 양국 모두 이를 자제할 것이다. 하지만 신냉전 속에서 상호 불신이 커지고 상호관계가 관리되지 않는다면 전쟁까지는 아니더라도 반목과 대립, 갈등이 확대되어 전 세계가 불안정해지고 피해가 증가할 것이다. 혼돈 시대와 신냉전의 특징은 이념보다는 국가이익이 우선되고, 국제 거버넌스를 둘러싼 전쟁이 심화되며, 주요 국가들의 세력권이 불분명해지고, 블록의 결속력이 약화되며, 새로운 군비경쟁이 가시화되는 현상 등이다. 이러한 추세는 2021년에도 더욱 뚜렷이 나타날 전망이다.[56]

좀 더 긴 맥락에서 보면 코로나19는 근간 국제질서에서 뚜렷한 추세 중 하나인 흔히 '지정학의 귀환'으로 불리는 강대국 정치의 부상을 배경으로 발생했다.[57] 냉전이 끝났을 때 대부분의 서구인들은 국제정치에서 가장 골치 아픈 지정학적 문제 중 하나가 해결됐다고 안도했다. 소련의 붕괴는 공산주의에 대한 자유민주주의와 시장경제 체제의 승리로 이해되었다. 이념 대결의 역사가 끝나자

국제정치 분야의 관심은 지정학에서 경제와 핵 비확산, 기후변화나 통상 같은 분야로 옮겨갔다. 9 · 11 테러가 터지자 미국은 글로벌 차원의 대테러전에 집중했다. 이것이 어느 정도 성과를 거두자 민주당 행정부는 전통적인 지정학에 주목하는 대신 자유주의 국제질서 유지에 최우선 중점을 두었다. 이러한 틈을 비집고 등장한 것이 바로 중국, 러시아, 이란 등 수정주의 국가들이다. 냉전 종식 후 안착된 미국 주도의 국제질서에 반기를 들고 나선 이들의 공통점은 국제질서의 현상을 개변하려고 시도한다는 점이다. 지정학의 복귀 현상은 영토와 영해의 통제를 둘러싼 갈등의 심화와 직결된다. 지정학은 영토(영해)의 관할권과 그곳에 사는 인구의 구성과 특징 및 경제적 차원을 포함하는 문제이다. 이는 결국 '누가 어디에 사는가who lives where?'의 문제와 직결된다. 국가라는 형태의 영토 경계와 구획은 민족 · 국가 정체성이 사회적으로 구성되는 기반을 제공하는 것이고, 16세기 근대국가 형성 이래 오늘날까지 '국가주권-영토-민족 · 국가 정체성'은 국제체제의 핵심 요소로 간주돼왔다. 러시아가 구소련 지역의 영토와 주민에 대한 야심을 포기하지 않는 것과 중국이 동 · 남중국해 해양안보와 영유권을 추구하는 것도 같은 이유라고 볼 수 있다. 지정학의 귀환 이면에는 강대국 간 정체성의 정치가 자리 잡고 있다. '정체성의 정치identity politics'란 상이한 집단에 속하는 구성원들 간에 존재하는 포용과 배제의 정도를 결정하는 동학을 의미한다. 타자와의 구분 및 관계 설정이라는 차원에서 포용성과 배타성은 정체성 정치의 결과를 가르는 핵심 요소가 된다. 정체성이 포용적이냐 배타적이냐에 따라, 즉 자신과 구별되는 타자가 공존할 수 없는 적인지, 상호 공존하는 경쟁자인지 또는 상호 협력하는 친구인지에 따라서 국제정치에서 행위의 선택과 그 결과가 대립과 갈등, 폭력적 분쟁 및 전쟁, 경쟁, 협력 등으로 결정되기 때문이다. 현재 진행 중인 강대국 전략경쟁은 상당 부분 이러한 정체성의 정치를 배경으로 하고 있다.

미국은 트럼프 행정부가 출범하면서 미국 우선주의 기치 아래 국익을 최우선시하는 대외정책을 추진해왔다. 중국은 시진핑 체제에서 중국몽, 중화민족의 위대한 부흥을 외치면서 2049년까지 '2개의 백 년'을 완성해 세계 최강대국으로 부상하겠다는 야심을 감추지 않는다. 국가주석 10년 연임 제한 규정조차 철폐한 시진핑은 '시황제'라는 별칭을 듣고 있다. 과거 소비에트연방 제국의 영광을 되찾겠다는 강한 의지를 보이는 블라디미르 푸틴Vladimir Putin 러시아 대통령 또한 연임 제한을 철폐함으로써 사실상 '차르'로 군림하는 중이다. 이러한 세 강대국의 배타적 국가전략 추구로 인해 강대국 전략경쟁은 당분간 국제질서의 뉴노멀로 이어질 가능성이 크다. 강대국 전략경쟁은 지구촌 모든 나라의 전략적 계산에도 영향을 미쳐 이제는 강대국, 약소국을 불문하고 모든 나라가 스스로 자국의 이익을 확보해야 하는 각자도생의 시대가 도래한 것이다. 전체주의와 자유민주주의 간 오랜 이념 투쟁에서 자유민주주의가 최종적 승리를 거두었다는 의미에서 프랜시스 후쿠야마Francis Fukuyama는 이를 '역사의 종언'이라고 불렀다. 최근 국제질서에서 지정학의 귀환은 프랜시스 후쿠야마가 말한 역사의 종언에 대한 반박이다. 자유민주주의와 시장경제가 공산주의에 이념적 승리를 거둔 것은 결코 지정학적 경쟁의 종결을 의미하는 것이 아니라는 사실이 드러나고 있다. 냉전의 종식으로 자유주의가 최종 승리를 거둔 것이라는 명제는 현실과는 전혀 맞지 않는 예측이었던 것이다. 중국의 굴기를 봉쇄하고 팽창정책을 차단하며 중국의 공급망을 해체 내지 분리하는 등 중국에 대한 고난도 과제가 바이든 정부의 어깨 위에 놓여 있다.

트럼프 대통령과 달리 지난 몇 달간 바이든 대통령은 우선 동맹의 가치를 중시하고 중국의 경제력 앞에서 주춤거리는 동맹국들을 부추겨 느슨한 동맹라인을 다잡아나가고 있다. 앞으로 전개될 바이든 정부의 파상적인 중국 포위작전이 얼마나 실효를 거둘 것인지는 아직 미지수이지만 시진핑의 중국은 최소한 깊은 내상을 입게 될 것이다. 우선 미국의 핵심산업 공급망 강화전략, 대중국 제어 봉쇄전략에 대한 백악관과 의회의 찰떡궁합, G7 정상회담의 대중국 메시지, 쿼드의 결속, 나토동맹의 복원, 한미일 공조체제 강화 등 바이든 정부의 일련의 조치들이 발표되고 실행에 옮겨지는 과정에서 중국의 국제적 위상이 급격히 기울어지는 모습이다. 더욱이 미국이 백신 개발로 코로나19 종식을 앞당기는 데 크게 기여하고 팬데믹에 대한 게임 체인저 역할을 함으로써 국제사회에서 미국의 위상은 더욱 높아지고 있는 상황이다.

코로나19 팬데믹과 미중 충돌이 바꿀 국제질서의 변화[58]

코로나19 팬데믹은 국제질서에 새로운 불확실성을 부여하고 있다. 코로나19 이후 국제질서는 어떻게 전개될 것인가? 현재 4차 대유행 상황은 그 끝을 알 수 없고, 최악의 상황은 아직 멀었다는 조심스러운 관측이 많다. 팬데믹은 국제보건의 위기일 뿐 아니라 세계경제의 붕괴를 수반한다는 점에서 전형적인 시스템 쇼크라 할 수 있다. 팬데믹은 이미 수축기에 들어선 세계화의 물결을 더욱 위축시켜 반세계화 성향을 강화하는 한편, 미중 간의 패권경쟁을 더욱 심화시킬 전망이다. 아래 그림에서 보듯이 현재의 국면은 대체로 2010년경부터 시작된 탈세계화 2.0 시대의 연장선상에 있다.

그림 **세계화와 탈세계화의 사이클**

출처: Burrows(2019, 5)

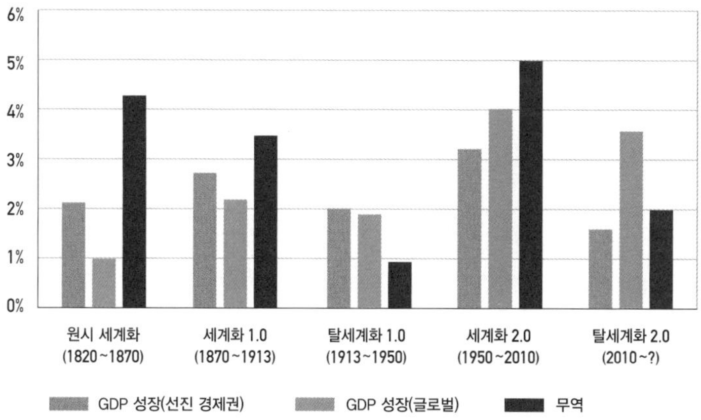

코로나19 팬데믹은 미국의 글로벌 리더십 약화와 맞물려 발생하면서 추가적인 불확실성 요인을 제공하고 있다. '미국 우선주의'를 내세우면서 집권한 트럼프 행정부 4년 동안 미국은 팬데믹 대응에 심각한 허점을 드러냈을 뿐 아니라 글로벌 거버넌스의 약화는 물론, 대중국 정책에서도 말과는 달리 뚜렷한 성과를 내지 못했다. 유럽은 근간 난민문제, 유로존 위기, 팬데믹 대응 등 적어도 세 가지 이슈에서 분열된 양상을 보였다. 미국의 아시아 동맹국들은 트럼프 행정부의 과도한 동맹비용 분담 요구에 실망했을 뿐 아니라 팬데믹 대응에서 미중 양국이 보여준 상대적 효율 차이로 인해 미국에 대한 신뢰가 약화됐다. 중동지역은 코로나19 팬데믹 이전부터 이미 혼란한 상태였다. 이상의 혼란스러운 국제정치 상황을 배경으로 코로나19 이후 국제질서를 전망해볼 때, 여러 가지 시나리오가 가능하다. '나쁘거나, 좋거나, 혹은 추한the bad, the good, and the ugly' 세 가지 시나리오를 살펴보자.

신양극체제

현재 가능성이 가장 높은 시나리오는 미중 경쟁이 특징인 신양극A New Bipolarity체제이다. 세계경제는 중국 중심과 미국·유럽 중심인 2개의 경제영향권으로 양분된다. 양 진영은 군사적으로도 서로를 적대시한다. 양 진영의 내러티브에서는 이미 이러한 조짐이 시작됐다. 미국은 '중국이 우리에게 빚진 게 있다'는 입장인 반면, 중국은 미국이 패권 유지를 위해 중국의 성장을 저지하려 한다고 믿는다. 양측 모두 대범한 리더십이 없으면 충돌의 코스를 향해 가는 시나리오이다. 미중 갈등은 어느 정도는 서로 상이한 경제체제 때문이다. 중국의 경제는 방대한 국영기업이 중심인 반면 미국 경제의 강점은 역동적인 사적 부문에 있다. 양 진영의 점증하는 갈등은 불신과 적대감을 가중한다. 서로 강력한 보호주의 장벽을 세운 양극체제에서는 경제성장이 저조하고 신흥시장의 성장도 둔화된다.

이 시나리오의 핵심은 미중 간 전략적 경쟁이다. 미국은 중국을 손봐줘야 할 적으로 간주하는 반면, 중국은 미국을 쇠락하는 패권국으로 본다. 미국과 중국으로 대표되는 동서 양 진영의 격돌로 인해 세계화는 사실상 끝난다. 이에 따라 세계화의 물결을 타고 각국이 누렸던 경제 호황의 혜택도 앞으로는 사라진다. 미국, 중국, EU 등 주요 경제주체들이 보호주의를 강화함으로써 세계 무역과 통상도 크게 위축될 수 있다. 글로벌 거버넌스의 구조도 흔들리게 되어 규칙기반의 국제질서는 붕괴할지 모른다.

회복된 세계

두 번째 시나리오에서는 미국, 중국, 기타 주요 국가들이 양극체제로부터 한발 물러선다. 미국은 중국을 봉쇄하려는 정책의 대가가 너무 크다는 것을 깨닫고, 중국은 국내에서의 기술혁신을 통해 성장동력을 찾으려는 시도가 벽에 부딪힌다. 이러한 상황에서 양국의 중산층이 중요한 역할을 하는데, 팃포탯tit-for-tat(맞대응) 방식의 경쟁은 경제성장이 둔화되면서 이들의 지지를 받지 못한다. 미중 모두 국수주의적 지도자들이 물러나고 G20 국가들은 세계 무역과 경제성장을 추동할 새로운 무역협상 라운드에 합의한다. 주요국들은 기후변화나 실패한 국가들 문제에 대한 협력에도 합의한다.

회복된 세계A World Restored는 미중 경쟁과 갈등으로 인한 세계적 경기 침체를 겪은 후에야 가능한 시나리오이다. 미국과 중국 모두 무역전쟁과 경제보복으로 심각한 무역침체를 겪는다. 중국은 물론 서구 국가들의 중산층은 동서양의 새로운 관계 리셋을 요구한다. 세계의 주요국들은 민족주의에서 글로벌 협력으로 서서히 전환한다. 미국은 중국을 봉쇄하려는 노력이 실패로 끝났음을 깨닫고 전략적 다자주의로 선회한다. 미중러 등 군사 강국들은 군비지출 동결에 합의하고 군비경쟁을 제한할 새로운 국제협약에 동의한다. 국가 간 분쟁과 테러는 지속되겠지만 적어도 슈퍼파워들 간 대규모 전쟁과 군비경쟁은 피할 수 있게 된다.

대혼란 시대

세 번째 시나리오는 최악의 경우로 대혼란 시대A Descent to Chaos에 빠지는 것이다. 미중 관계를 둘러싼 요인들보다는 중국의 심각한 경제 침체로 유발된 광범위한 세계경제 붕괴가 핵심 요인이다. 첫 단계로 중국의 무역·투자 상대인 남반구 국가들에 경제적 혼란이 발생한다. 그 여파로 보호주의 조치가 강화되고 위기가 지나도 모든 국가가 자본통제를 유지한다. 미국은 중국의 침체 이전부터 첨단기술 분야의 투자를 더욱 제한하고 과학기술Science Technology Engineering and Math, STEM 분야 중국 유학생들의 숫자를 제한한다. 경제적 붕괴가 핵심 동인이긴 하지만 광범위한 정치적 불안과 분쟁, 폭력이 증가한다. 미국은 국내정치적 고려 때문에 중동에서 철군한다. 그러자 이란과 사우디·이스라엘 동맹 간에 전쟁이 발발한다. 대부분의 주요국들에서 포퓰리즘이 확산되고 국수주의와 편협한 애국주의인 징고이즘jingoism이 만연하여 세계질서를 회복하려는 모든 노력이 저항에 부딪힌다.[59]

주요국들 간 긴장의 고조는 기존에 이미 진행 중이던 무역과 투자의 지역블록 형성을 가속화한다. 세계경제는 점점 더 파편화되고 몇 개의 경제블록으로 쪼개진다. 미중은 물론 유럽, 인도, 일본 및 기타 국가들 간 자본과 지식, 데이터의 교류는 심각하게 쇠퇴한다. 국내에서의 기술혁신과 개발이 점점 중요해지고 실업이 증가하면서 각 경제블록은 숙련노동력과 투자, 자본을 유치하기 위한 경쟁을 강화한다. 자유주의적 국제질서 개념은 선진국, 개도국 할 것 없이 '우리 먼저us-first' 태도로 바뀐다.

이상의 세 가지 시나리오에서 가장 이상적인 것은 세계가 협력하여 코로나19 팬데믹을 극복하고 글로벌 거버넌스를 회복하는 두 번째 시나리오이다. 현실에서 좋은 시나리오는 항상 실현 가능성이 적다. 이 시나리오의 성공 여부는 역시 미중 관계의 향배에 달려 있다. 미국과 중국이 서로를 상호 배타적인 국익의 걸림돌로 간주하고 적대적 정책을 지속할 경우, 포스트코로나19 국제질서를 규정하는 가장 핵심적인 내러티브는 미중 패권경쟁이 될 전망이다. 미국과 중국의 갈등이 점점 커지는 한편 러시아와 EU 국가들 간의 접경 분쟁이 빈발한다. 유럽, 일본, 미국은 중국과 러시아를 고립시키기 위해 안보 협력을 더욱 강화한다. 이에 대해 중국과 러시아는 거의 동맹에 가까울 정도로 군사협력을 확대한다. 이렇게 되면 두 진영 간에 대규모 군사충돌이 발생하는 것은 시간문제이다.

또 다른 시나리오 전망에 의하면 미국, 중국, EU 등 주요 행위자들이 코로나19로부터의 회복을 위해 사투를 벌이지만 기대와 달리 회복은 상당히 더디게 진행된다. 주요국들은 2008년 글로벌 금융위기 때처럼 G7 및 G20 국가들을 중심으로 다자적 협력을 시도한다. 하지만 미국과 중국이 상호 비난을 이어가면서 협력 시도는 곧 붕괴한다. 미국은 중국에 국영기업체 보조금 지급 중단을 요구하며 공평한 시장접근을 요구하는 한편, 지식재산권 보호를 강력히 요구한다. 중국이 이러한 요구를 거부하자 미국은 강력한 보복관세를 부과한다. 유럽은 다시 유로존 위기의 상황이 재연된다. 이뿐만 아니라 유럽 국가들은 미국이 강력히 요구하는 미중 탈동조화 참여 문제를 놓고 분열된다. 개발도상국들은 더욱 극심한 경제

난에 시달린다. 결과는 대공황Great Depression 같은 혼란과 정책의 실패, 중러 관련 가짜뉴스 난무, 탈세계화 추세가 가속되면서 미국 대 중러동맹 간에 충돌의 위험성이 커진다.[60]

중요한 국면은 바로 그다음이다. 신양극체제의 위험성을 피하기 위해 국제사회가 새로운 협력 동력을 발견하든지, 혹은 세계가 점점 더 통제하기 어려운 혼란 속으로 빠져들든지 기로에 처하게 될 것이다. 글로벌 리더십이 필요한 것은 바로 이 국면이다. 바이든은 미국의 글로벌 리더십 회복을 당선 일성으로 내세웠다. 바이든은 시진핑과 새로운 미중 관계를 설정하고 코로나19 이후 무너져가는 세계질서와 글로벌 거버넌스를 바로잡을 수 있을까? 지금이야말로 혼돈의 시대를 넘어서는 글로벌 리더십과 전례 없는 국제적 협력이 필요한 시점이다.

글로벌 거버넌스의 향배

2020년 코로나19로 호된 시련을 겪은 국제사회는 붕괴된 글로벌 거버넌스 회복이라는 중요한 숙제를 안고 있다. 2021년은 코로나19 팬데믹을 극복하고 정상을 회복하는 데 중요한 분수령이 될 전망이다. 국제사회가 안고 있는 가장 시급한 글로벌 거버넌스의 문제 두 가지는 단연 코로나19 퇴치와 기후변화 대응이다. 2020년에 UN은 탄생 75주년을 맞았다. 9월에 개최된 UN총회는 안토니우

구테흐스Antonio Guterres 사무총장에게 2021년 9월까지 현재와 미래의 도전에 대응하여 인류 '공통의 어젠다'를 설정할 수 있는 제안을 하도록 전적으로 위임했다. 총회에서 논의된 '공통의 어젠다'는 12개의 포괄적 주제를 포함했는데, 기본적으로 팬데믹으로부터의 회복, 기후 위기에 대한 대응, 그리고 2030년 지속 가능한 개발목표Sustainable Development Goals, SDGs를 중심으로 하고 있다.[61] 코로나19 이후 세계가 더욱 네트워크화되고 효율적 다자주의를 필요로 한다는 것은 분명해 보인다. 새로운 다자주의는 포괄적이며 정당할 뿐 아니라 지속 가능해야 한다. 문제는 글로벌 거버넌스와 다자주의 회복을 위한 여건이 그다지 낙관적이지 않다는 점이다. 우선 코로나19가 아직 끝나지 않았다. 팬데믹이 종식되려면 백신 개발뿐 아니라 생산과 보급이 전 세계로 확대돼야 한다. 대공황 이래 가장 심각한 것으로 평가되는 현재의 글로벌 경제위기는 또 다른 장애요인이다. 국제통화기금IMF 추계에 의하면 세계 GDP가 2019년 이전으로 회복되는 데에만 수년이 더 걸릴 전망이다. 글로벌 다자주의 회복을 외치며 등장한 미국 바이든 행정부가 필요한 외교 태세를 정비해 리더십을 발휘하는 데에도 2021년의 상당 기간이 소요될 것이다.

지난 1년여간 진행된 코로나19 확산과 통제를 막기 위한 전쟁은 이제 백신 개발과 확보를 위한 전쟁으로 바뀌고 있다. 그에 따라 세계가 백신을 확보한 국가와 그러지 못한 국가로 나뉘는 백신 격차가 현실화되고 있다. 이러한 백신 민족주의는 팬데믹 퇴치에 중요한 장애가 될 전망이다. 최근 추산에 의하면 세계 인구 7분의 1이 전 세계 백신의 절반 이상을 이미 선점한 것으로 나타났다.[62] 미국·영국·캐나다·EU 등 주요국들이 속속 연내 백신 접종을 개시할 수 있게 된 것은 지난봄부터 일찌감치 백신 확보 경쟁을 벌여 입도선매에 성공했기 때문이다. 미국 백악관은 2020년 3월 중순에 이미 '초고속 작전Operation Warp Speed'이라는 팀을 출범시켜 코로나19 백신 개발과 확보를 책임지는 컨트롤 타워를 만들었다. 백신 확보 경쟁은 이미 판세가 거의 결정됐다. EU가 화이자와 3억 회분의 계약을 체결한 2020년 11월경에, 화이자가 2021년까지 생산 가능한 13억 회분 중 11억 회분을 미국·EU·일본·영국·캐나다·뉴질랜드가 차지하는 것으로 이미 계약이 완료됐다.[63] 2021년 들어 이러한 현상은 더욱 두드러지고 있다. 미국은 우량 백신으로 평가받는 미국산 화이자, 모더나의 대량생산체제를 갖추고 해외수출을 통제하면서 코로나19 팬데믹에서 조속히 벗어나기 위해 안간힘을 쓰고 있다. 하지만 선진국들이 백신 민족주의를 앞세워 자국민에게만 백신을 제공한다고 해서 팬데믹이 끝나는 것은 아니다. 선진국들과 달리 주도적으로 코로나19 백신을 확보하기 힘든 개발도상국 등을 포함해 전 세계 각국에 백신을 공정하게 배분하려는 목적으로 설립된 기구가 코백스COVID-19 Vaccines Global Access, COVAX이다. WHO, 전염병대비혁신연합Coalition for Epidemic Preparedness Innovations, CEPI, 세계백신면역연합Global Alliance for Vaccines and Immunization, GAVI이 중심이 돼 운영하는 국제 백신 공동 구매·배분을 위한 국제 프로젝트이다. 이 기구는 2021년 말까지 전 세계 인구의 20%에 코로나19 백신을 균등하게 공급하는 것을 목표로 한다. 선진국들이 백신 민족주의를 앞세워 다자적 협력에 소극적으로 나오면 코백스가 실패할 가능성은 커진다. 부유한 국가들이 백신을 선점할 수는 있겠지만 결국 빈곤국에까지 백신이 보급돼야 팬데믹이 종식될 수 있다.

따라서 백신 전쟁은 결국 다자주의적 협력만이 궁극적인 해결책이라 할 수 있다. 백신 민족주의 덕에 선진국들을 중심으로 막대한 자금이 투입되어 백신 개발이 앞당겨진 측면이 있지만, 백신의 공평한 배분이 없다면 팬데믹은 지구상 어느 곳에선가 계속 이어질 것이다. 만일 코로나19 바이러스가 완전히 퇴치되지 못하고 특정 지역의 풍토병으로 정착되면 향후에도 지속적인 위협을 야기할 것이다. 지금까지 선진국들의 백신 확보는 개별 국가의 정부가 백신 생산자들과 맺은 '선시장공약advance market commitment'이라는 방식의 양자계약을 통해 이뤄졌다. 예를 들면 미국은 적어도 6건의 양자계약을 통해 전 국민이 맞고도 남을 10억 회 분량의 백신을 확보했다. 문제는 백신 공급 물량이 제한적이어서 전 세계 수요를 맞추기에는 수년이 걸린다는 점이다. 최근의 여러 시뮬레이션에 의하면 선진국들에게만 제한적으로 백신을 공급하는 것은 세계에 공평하게 배분하는 것보다 거의 두 배의 피해가 발생하는 것으로 나타났다. 또한 랜드연구소RAND Corporation의 모델링에 따르면 중·저소득 국가들에게도 백신이 공평하게 분배됐을 때 글로벌 경제 손

실이 더 적은 것으로 나타났다.[64]

포스트코로나19 시대 국제질서의 상당 부분은 결국 미중 관계의 향배와도 밀접히 연관된다. 미국과 중국이 국제질서의 근간을 형성하는 안보, 경제, 거버넌스 등 핵심 이슈에서 얼마나 협력할지, 혹은 강대국 이기주의를 앞세울지가 관건이다. 2021년에 바이든 행정부가 출범하면서 미중 관계의 거친 레토릭이나 적나라한 충돌 양상은 어느 정도 완화됐지만, 전략적 경쟁관계라는 본질까지 변하는 것은 아니다. 미중 경쟁의 본질은 향후 국제질서에서 누구의 룰이 우선할 것인가를 놓고 전개되는 큰 틀에서의 주도권 싸움이기 때문이다. 앞에서 분석한 시나리오 중 신양극체제의 속성은 '신냉전'이라고 봐도 무방할 것이다. 미중이 공멸할 정도의 직접적인 군사충돌은 피하겠지만 주요 국면마다 갈등과 협력이 혼재하는 양상이 되풀이될 것이다.

코로나19 이후 국제안보는 미국과 중국이 파편화된 글로벌 거버넌스 회복을 위해 얼마나 리더십을 발휘하는지가 중요한 관건이다. 그런데 아직 국제체제의 미래를 어떤 원칙으로 조정할지는 불분명하다. 코로나의 영향으로 국가보건이 안보의 핵심 영역으로 진입하면서 국방비 삭감을 향한 압박도 더 커질 것이다. 이에 따라 분쟁국들은 대규모 국가 간 전쟁보다는 비대칭 분야의 이점을 활용하는 회색지대gray zone 활동을 강화할 전망이다. 코로나로 인해 허약해진 국가 경제와 치안을 비집고 극단적 폭력조직violence extremist organization, VEO의 테러가 더욱 준동할 가능성이 크다.[65]

2장

미중 신냉전은 어디까지 갈 것인가[66]

미중 패권경쟁의 두 축, 힘과 인식

현재의 미중 관계를 패권경쟁이라고 규정지을 수 있을지에 관해서는 다양한 시각이 존재한다. 대부분의 전문가들은 대체로 전략경쟁 혹은 패권경쟁이라는 표현을 많이 사용한다. 국제관계의 기존 문헌 연구를 통해 패권경쟁과 세력 전이 등 현 미중 관계 설명에 도움이 되는 이론들을 쉽게 찾을 수 있다.

세력전이론과 패권경쟁

가장 고전적인 이론은 세력전이론power transition theory이다. 국제체제 내 국가들 간의 국력 성장속도의 차이로 발생하는 국제관계의 역동적 변화를 설명하는 이론이다. 세력전이론의 대가인 케네스 오간스키Kenneth Organski는 패권국가에 의해 위계질서가 형성된 국제체제 속에서 국가들은 지배국가dominant power, 강대국major powers, 약소국minor powers, 식민지 순으로 위계질서가 부여된다고 보았다.[67] 그리고 만족국가군(현상유지 세력)과 불만족국가군(현상변경 세력)으로 분류했다. 국제체제에서 패권국가는 국제질서 정립에 필요한 기본 공공재를 제공하는 한편 만족국가군에 유리한 형태로 국제질서를 유지한다. 체제적 위기가 발생하는 것은 불만족국가군에 포함된 강대국 중 하나가 산업화를 통하여 국력을 급신장하면서 패권국에 대한 '도전세력'으로 등장할 때이다. 특히 현 체제 질서에 불만을 가진 도전국가의 국력이 패권국을 따라잡는 세력 전이 현상이 일어날 때 전쟁 가능성이 증가하며, 세력 전이 속도가 빠를수록 무력 충돌 가능성도 커진다는 것이다.

현재 미중 간의 세력 전이 가능성이 갈수록 더 빨라지는 추세라는 점을 감안한다면 미중 패권전쟁의 가능성은 매우 크다고 할 수 있다. 미중 간 국력 비교에 관한 다양한 지표들은 미중 간 국력격차가 빠르게 좁혀지고 있음을 보여준다. 문제는 미국 쇠퇴론을 주장하는 대부분의 연구들이 다양한 지표를 종합적으로 고려하지 않고, 국력의 대표적 지표인 GDP에 주목하는 경향이 있다는 점이다. GDP는 단순히 규모와 힘을 혼동하며 규모가 큰 저개발국의 힘을 과대평가하는 경향이 있다. 또한 대부분의 연구들은 한 시점에서 미국과 중국의 힘을 고찰하는 정태적 분석에 머물고 있는데, 관건은 미국이 지금 현재 중국보다 강하다는 것이 아니라 미래에도 그러할 것인가 하는 점이다. 10년 전만 해도 중국을 보는 미국의 시각은 다소 낙관적이었다. 지난 20여 년간의 증거는 세계화 심화에 따라 미국의 부담이 크게 늘어난 건 사실이지만 미국이 쇠퇴한 게 아니라 1991년에 비해 더 부강하고 혁신적 국가가 됐다는 점을 입증한다. 중국의 GDP도 크게 성장한 것은 사실이지만 중국의 하이테크 수출품 중 상당 부분은 외국회사의 기술에다 중국산 저급 부품을 결합한 형태에 불과하다. 요컨대 "중국은 부상하고 있지만 미국을 따라잡지는 못한다China is rising, but it is not catching up"고 보는 것이 정확한 실상일 것이다.[68] 그렇기 때문에 지금 당장 미국의 상황이 어렵다고 국제정치의 무대에서 발을 빼고 다시 고립주의로 후퇴하는 것은 옳은 전략이 아니라는 비판도 제기된다.[69] 물론 지금은 이러한 전망이 나온 10년 전에 비해 중국의 경제력이나 기술력이 크게 발전했다.

현재의 미중 관계가 패권경쟁인지 아닌지를 판별하려면 두 가지 논의가 필요하다. 첫째는 미중 간 객관적 힘의 관계 변화이고, 둘째는 서로에 대한 전략적 의도의 문제이다. 세력전이론이 말하는 근본적 논지는 도전국의 힘이 지배국의 힘에 근접하거나 추월할 당시에 도전국이 지배국이 주도하는 현 국제질서에 불만을 갖고 있을 때 패권전쟁의 위험성이 커진다는 것이기 때문이다.

힘은 세계정치에서 가장 중요한 변수이지만 이를 체계적으로 어떻게 측정할지에 관한 학자와 정책 분석가들의 의견은 분분하다. 대부분의 연구는 국내총생산, 군사비 지출과 같은 경제적 · 군사적 자원의 총량지표gross indicator를 이용하여 국가의 권력을 평가한다. 그런데 이러한 방식은 국내정치의 비용, 예를 들면 경찰력을 유지하거나 국민을 보호하고 봉사하는 데 드는 비용을 고려하지 않는다. 대표적인 비용으로는 경제활동 유지에 드는 비용, 사회복지와 안보에 드는 비용이 있다. 결과적으로, 총량지표들은 중국이나 인도와 같이 가난하고 인구가 많은 국가들의 부와 군사력을 과장하는 경향이 있다. 보다 건전한 접근법은 총량이 아닌 자원의 순액net resources으로 전력을 측정함으로써 힘 측정의 정확도를 높인다. 국가의 힘을 측정하는 데는 두 가지 방법이 있다. 하나는 군사력이나 경제적 자원처럼 '자원으로서의 힘'을 측정하는 방식이다. 다른 한 가지 방식은 '결과로서의 힘', 즉 원하는 성과를 달성하는 능력으로서의 힘을 측정하는 방법이다. 결과로서의 힘은 특정 이슈에서 누가 언제 어떻게 원하는 것을 얻는가에 주목하는 방식이다. 하지만 결과에 주목해서 힘을 측정하는 방식도 항상 정확한 것은 아니다. 예를 들면 베트남전쟁에서 월맹은 미국을 패퇴시켰지만 당시의 어떤 기준으로 보더라도 월맹이 미국보다 더 강하다고 말할 수는 없다. 따라서 가장 이상적인 힘의 측정 방법은 총량지표와 순량지표net indicator를 동시에 고려하는 것이다. 국가의 힘이란 자원의 총량이 아니라 비용을 제외한 자원의 순량에 의해 결정되기 때문이다. 일반적으로 흔히 사용되는 총량지표로는 GDP와 CINC Composite Index of National Capability(종합국력지수)를 들 수 있다. 이러한 총량지표에 비해 GDP와 더불어 1인당 GDP를 함께 고려하는 하이브리드 지수GDP×GDP per capita가 국제분쟁이나 전쟁의 결과를 8~10% 더 정확하게 예측할 수 있다. GDP나 CINC만으로 측정할 경우 중국은 이미 세계에서 가장 강력한 국가이다. 하지만 순량지표를 사용할 경우 중국은 미국에 훨씬 뒤처진다. 더불어 이런 추세는 앞으로도 지속될 가능성이 크다.[70]

중국의 국력이 급격하게 부상하고 있는 것은 사실이지만 문제점 또한 적지 않다. 우선 코로나19 팬데믹의 영향도 있겠지만 최근 들어 중국 경제의 성장세가 둔화되고 있다. 미국과의 무역전쟁이 시작되면서 중국도 타격을 면하지 못하고 있다. 트럼프 대통령의 관세부과로 경제 침체 가속화가 현실로 다가와 최근 경제 성장률은 1990년대 초반 이후 30년 만에 가장 낮은 상황이다. 대미 수출뿐만 아니라 전 세계로의 수출도 감소 추세이다. 게다가 수십 개의 글로벌 주요 기업들이 중국에서의 생산량을 줄이거나 공급망을 재편하고 있다. 그보다 더 심각한 것은 기업, 가계, 정부의 총부채가 현재 GDP의 300%를 능가하고 있다는 사실이다. 이 또한 불투명하고 거래가 복잡하여 시한폭탄이나 다름없다.[71] 중국의 경제성장이 둔화되고 북한 핵문제가 더욱 심각해지고, 인구구조의 변화, 개혁의 지체 등으로 인해 전체적으로 '아시아의 세기'가 끝나가고 있다는 지적이 나온다. 글로벌 금융위기 이후 아시아에는 전반적인 경제 불황이 이어지고 있다. 홍콩 사태가 잘 보여주듯이 민주주의를 압박하려는 중국의 시도는 이 지역의 정치적 안정이 얼마나 미약한

지를 보여준다. 한일 관계는 거의 단절 위기에 처해 있다. 베트남은 남중국해 석유 탐사를 놓고 중국과 대치 중이다. 북한은 여러 차례의 정상회담에도 불구하고 핵보유국으로 남아 있다. 화웨이 같은 기업들의 첨단기술 수출은 미국을 비롯해 서구 여러 나라들의 국가보안에 위험요소가 되고 있다고 여겨진다. 그간의 추세를 종합해보면, 많은 사람의 생각과 달리 아시아가 세계의 미래가 아닐 수 있다.[72]

미중 간 전략적 경쟁의 본질

미중 간 전략적 경쟁의 원인은 힘의 균형 변화라는 물리적 요인 못지않게 서로가 상대에 대해 지니는 인식적 요인이 큰 부분을 차지한다. 1979년 미중 국교정상화 이후 미국의 대중 정책은 대체로 포용 위주의 정책이었다. 국교정상화 당시 기본적 전제는 중국을 국제경제체제 속으로 견인하고 포용하면 규칙에 기반한 국제질서에 순응해서 미국의 국익에 도움이 되리라는 것이었다. 하지만 이런 전제는 잘못된 것이었음이 드러났다. 미국 내 중국을 바라보는 공감대는 중국을 개방된 체제, 기존 국제질서 순응, 법치, 민주주의 가치 수용 같은 긍정적 방향으로 변화시키지 못하고 오히려 힘을 키울 시간만 줘서 결국 오늘날 미국의 전략적 경쟁자로 만들었다는 실패론이다. 중국은 미국의 관여정책에서 최대 혜택을 받은 국가이지만 갈수록 기존 국제체제와 룰에 순응하는 것이 아니라 미국을 밀어내고 자신이 주도하는 새로운 질서를 구축하려고 한다.

중국이 미국을 추월해 세계 최강대국이 되려는 야심이 있다고 보는 시각은 마이클 필스버리Michael Pillsbury의 《백년의 마라톤》이 대표적이다.[73] 중국은 아편전쟁(1842년)에 참패해 '아시아의 종이호랑이'로 전락하는 굴욕과 수모를 겪었던 역사적 사실을 잘 알고 있다. 중국인들은 소위 굴욕의 세기를 벗어나 이제 강대국으로 부상하고 있다는 사실에 강한 자부심을 느낀다. 개혁개방 정책을 통해 경제적 성장을 달성하고 이제 강대국으로 부상하고 있는 중국의 지도부는 중화인민공화국 출범 100주년인 2049년에는 미국을 무너뜨려 세계 패권을 거머쥐겠다는 원대한 야심을 품고 와신상담臥薪嘗膽의 대장정을 펼쳐왔다. 이러한 야심은 마오쩌둥, 덩샤오핑, 시진핑으로 이어지면서 추호의 흔들림도 없이 나아가고 있다는 것이 중국 내 강경 엘리트들 사이에서 공공연한 비밀이다. 마오쩌둥에서 시작해 현재의 중국 지도부에 이르기까지, 중국 강경파들은 줄곧 2049년까지 치욕의 세기를 설욕하고 경제, 군사 그리고 정치적으로 미국을 추월해 글로벌 리더가 되고자 열망해왔다는 것이다. 이 계획이 바로 '백년의 마라톤'이다. 필스버리는 이러한 중국의 의도를 간파하지 못한 것이 미국 역사상 가장 체계적으로 초래된, 제일 명백하고 위험한 정보 확보 실패였다고 진단한다. 그뿐만 아니라 미국은 지금도 이 마라톤이 현재 진행형이라는 사실조차 모르고 있다고 비판한다.[74]

미중 간 충돌이 불가피하다고 보는 강경한 시각의 또 다른 예는 그레이엄 앨리슨Graham Allison이다. 앨리슨은 그의 유명한 저서《예정된 전쟁Destined for War》에서 주요 국가의 부상이 지배 국가의 입지를 무너뜨린 16개 사례를 분석하고, 그중 12개 사례가 전쟁으로 끝났고 4개 사례는 전쟁을 피했다고 분석했다. 앨리슨은 '투키디데스 함정'이란 말을 만들어낸 세계적 국제정치학자이다. 새로 부상하는 세력이 지배 세력의 자리를 빼앗으려고 위협해올 때 극심한 구조적 긴장이 발생하는 현상이 바로 투키디데스 함정이다. 이런 상황에서는 예기치 못했던 보기 드문 사건들뿐만 아니라 외교관계에서 흔히 발생하는 사소한 불씨조차 대규모 충돌을 촉발할 수 있다.[75]

세계는 왜 시진핑 중국의 급부상을 두려워하는가

미중 간 세력 다툼은 민주주의에 대한 시진핑식 중국 특색 사회주의의 도전은 말할 것도 없고 과학기술 중국몽의 비윤리성 등으로 인해 문명사적 도전과 가치의 충돌을 야기하고 있다. 글로벌 금융위기 이후 중국은 경제력이 급부상하면서 미국을 추격하다가 향후 10년 내 추월 단계에 진입할 것으로 예상된다. 중국은 이 같은 하드파워 면에서 이젠 미국에게도 전략경쟁의 대상을 넘어 세계에까지 두려운 존재로 떠오르기 시작했다.

중국 위협의 핵심

2021년의 시점에서 미국과 한국뿐 아니라 세계가 중국의 굴기에 대해 증폭된 두려움을 느끼는 것은, 욱일승천하고 있는 중화제국주의가 추구하는 가치가 시진핑 시대 중국 특색 사회주의 사상이라는 엄연한 현실 때문이다. 이로써 대국굴기를 넘어서 공격적이고 파괴적인 도전이 문명충돌로 이행되지 않을까 하는 두려움이다. 무엇보다도 지금 진행되는 미중 충돌이 과학기술 냉전 시대를 예고하고 있다는 점이다. 중국은 분명하고 확고하게 과학기술을 국가운영의 중심에 두고 있다. 더욱이 우려되는 것은 시진핑이 지닌 과학기술관이다. 칭화대 화학과 출신인 시진핑은 과학기술적 사고에 기반을 두고 군사 · 산업 분야뿐 아니라 국가관리, 국내정치 통제수단으로서 소프트웨어 기술을 최대한 활용하고 있다. 21세기 첨단과학기술인 4차 산업 기술을 정치, 경제, 금융, 사회, 문화, 통치, 통제, 사상관리의 영역에까지 활용하고 발전시킨다. 또한 디지털 빅데이터 정치가 정보커뮤니케이션의 동원 및 분배에 있어서 대의민주주의보다 더 효율적이고 우월하다는 확신을 키우고 있다. 따라서 과학기술을 통치의 수단으로 삼아 국가의 모든 자원과 역량을 총집중한다.

앞으로 이러한 중국의 기술발전 모형이 세계정치 경제의 흐름을 어떻게 바꿀 것인지, 그리고 이것으로 중국이 세계경제 패권을 장악할 수 있을 것인지가 최대의 관심이 아닐 수 없다. 중국이 과학기술 강국으로 세계에 우뚝 서게 된다면 그 원천은 오랜 역사 속에서 종이, 화약, 나침반, 석유채굴 등 인류생활의 필수품을 최초로 발명하고 인류 모두가 이를 사용했다는 점일 것이다. 이러한 잠재역량이 한때 깊은 잠에 빠졌다가 깨어나 지난 21년간의 짧은 시간 내에 중국을 과학기술 대국으로 만드는 기초조건이 되었다. 그동안 중국은 군사기술 분야에서는 경쟁력이 있었으나 민생기술 분야는 1990년대까지도 낙후되어 있었다. 병마개는 못 만들면서 최첨단 가속기 제작기술은 뛰어났다. 그러나 2001년 이후 세계무역체제 참여를 계기로 군사기술을 넘어서 제조기술, 서비스기술, 기초과학기술 분야를 총망라한 과학기술 대국을 지향해왔다. 그리고 그 후 20년 만에 그 목표를 거의 달성했다. 더욱이 시진핑의 과학기술 중국몽의 뒷받침으로 기술연구와 특허 분야에서 세계 1위 기술이 등장하고 짧은 시간 내에 G2 기술 강국으로 올라서게 됐다. 이제 시진핑은 중국의 중화민족주의 과학기술 정책의 핵심이고 중심이다.

중국이 넘어서야 할 함정들

미중 간 힘의 균형에서 패권적 위상을 바꿀 정도로 변화가 있을지 여부는 미국 자체의 흥망에만 달린 것은 아니다. 중국의 대응도 중요한 고려 요소이다. 미중 패권경쟁에서 중국이 미국을 제치고 최강대국이 되기 위해서는 네 가지 함정을 피해야 한다.

첫째는 중진국 함정Middle Income Trap이다. 이는 중진국 단계에서 선진국으로 발전하지 못하고 경제성장이 둔화되는 현상이다. 중국이 사회주의 현대화를 실현하기 위해서는 2020~2035년간 중국의 1인당 GDP가 2만 달러(2021년 기준) 이상, 연간 5% 이상 성장세를 유지해야 한다.

둘째는 타키투스 함정Tacitus Trap이다. 정부가 좋은 일을 하든 나쁜 일을 하든 모두 나쁘게 인식하고, 진실을 말하든 거짓을 말하든 모두 거짓으로 여기게 되는 것으로 시진핑이 가장 경계하는 것이기도 하다. 신뢰를 잃은 정부는 무슨 말과 행동을 하더라도 국민들에게 나쁘게 받아들여진다고 말한, 로마의 최고지도자이자 집정관이었던 코르넬리우스 타키투스Cornelius Tacitus의 경고이다. 이를 극복하기 위해서는 투명성을 높이고 국가-사회 관계를 재정비하며 합법의 기반을 새로이 해야 하는데, 중국 정치지도자들은 개혁을 추진하기보다는 국민에게 확신을 가지라고 촉구한다. 또 중국 정치체제가 위기에 처한 서방 민주주의 국가들에 비해 더 신뢰할 만한 대안이라고 주장하고 있다.

셋째는 투키디데스 함정이다. 힘이 커지면 필연적으로 기존의 패권에 도전할 것이며, 부상하는 신흥국에 대한 두려움은 결국 대립을 불러와 전쟁에까지 이르게 할 수 있다는 이론이다. 중국은 패권을 추구하지 않을 것이라고 하지만 그레이엄 앨리슨은 중국이 야심을 축소하지 않거나, 미국이 태평양에서 2인자가 되는 것을 받아들일 수 없다면 무역분쟁, 사이버 전쟁, 해상 충돌 같은 요인에 의해 곧 전면전으로 확대될 수 있다고 주장한다.

넷째는 킨들버거 함정Kindleberger Trap이다. 신흥 강국이 기존 패권국만큼의 리더십을 발휘하지 못할 때 파생되는 재앙을 의미한다. 찰스 킨들버거Charles P. Kindleberger 전 MIT 교수는 1930년대의 혼란이 미국이 강대국의 역할을 제대로 떠맡지 못한 데서 비롯되었다고 주장하는데, 현재 미국이 국제사회와의 약속에서 후퇴함에 따라 국제사회는 그 공백을 채우려는 중국에게 돌아서고 있다. 그러나 중국은 글로벌 리더의 역할을 하기에 아직 역량이 부족하다. 투키디데스 함정과 킨들버거 함정 모두 세력균형에 내재된 위험을 나타낸다. 다만 킨들버거 함정은 글로벌 공공재의 불충분한 공급을 문제로 삼는다.

이상 4개의 함정 중에서, 처음 2개는 중국의 내부적 변화를 결정지을 것이고, 나머지 2개는 미중 관계와 글로벌 거버넌스에 직접적 영향을 미칠 것이다.[76]

미국의 시진핑 다시 보기

미국의 실질적인 위협의 실체로 떠오르고 있는 중국에 대해, 트럼프 행정부는 2020년 5월 20일 〈대중국 전략적 접근 보고서〉[77]를 공표했다. 이 보고서는 중국에 대한 '경쟁적 접근competitive approach'

이 미국의 대중국 정책이 되리라는 점을 명시하고 있다. 사실상 미중 신냉전의 '공식 선포'로 보는 시각도 있다. 가장 주목할 부분은 '우리의 가치에 대한 도전Challenges to Our Values'이라는 대목이다. 이는 미중 갈등의 성격이 '가치 갈등'임을 적시한 것이다. 시진핑 주석을 평소처럼 'President Xi'라고 하지 않고 'General Secretary Xi,' 즉 '공산당 총서기' 호칭으로 부른 것도 미국 내 중국 전문가그룹이 제기한 호칭 관련 문제를 받아들인 것이다. 중국이 공산국가임을 표시한 것이다. 심지어 '중국'이란 주어가 들어갈 자리에 'regime'(정권)이 사용되기도 했다. 미국이 북한과 같은 나라를 지칭할 때 쓰는 표현이다.

미국은 시진핑의 2013년 내부 발언인 "자본주의는 소멸할 것이며 사회주의가 궁극적으로 승리할 것이다资本主义最终消亡, 社会主义最终胜利"[78]라는 내용도 인용했다. 이 발언은 2019년 4월에서야 공개되었다. 중국이 겉으로는 개방된 글로벌 무역체제를 주창하면서도 물밑에서는 오랫동안 서방과 '이데올로기 경쟁'을 진행하고 있었다고 본 것이다. 또한 중국이 민주주의의 대안으로 공산주의를 세계에 조장하고 있으며, 심지어 서방의 민주주의보다 '더 잘 작동functioning better'하는 정치제도로서 장려하고 있다는, 미국의 대중국 평가를 제시했다고 볼 수 있다. 더불어 시진핑이 주창하는 '인류운명공동체' 슬로건이 실제적으로는 공산당 주도의 '이념적 순응'을 고취하는 데 이용되고, 이는 중국 국내뿐만 아니라 해외에도 중국의 영향력을 심는 데 이용되고 있다고 했다. 트럼프는 2017년

11월 중국 방문 시 인권문제를 한 번도 언급하지 않았다. 이로 인해 "중국에 가서 인권문제를 거론하지 않은 첫 미국 대통령"이라는 비판을 받았는데, 본 문건은 신장, 홍콩 등을 언급하며 중국의 인권문제, 소수민족 탄압, 종교 박해를 조목조목 지적했다.

경제 전선에서 미중 간 탈동조화가 이미 와 있는지는 논란의 부분이지만, 이에 대해 트럼프 행정부 시기 매슈 포틴저Matthew Pottinger 백악관 국가안보회의National Safety Council, NSC 부보좌관은 탈동조화가 "이미 꽤 오랫동안 진행돼온 것"이라고 했다. 그는 '만리장성 방화벽'을 예로 들며 중국에서 서방 인터넷 사이트를 제한하는 등 기술적 비동조화뿐만 아니라 종교억압, 소수민족 탄압 등 인류 보편적 가치가 존중받지 못하는 것도 포함한다며, 사실상 탈동조화는 중국이 먼저 시작한 것이라고 주장했다.

보고서는 미국 정부 내 여러 파벌의 중국에 대한 이견이 하나로 수렴된 결과이기도 하다. △ 정부 내 온건파가 강경파로 수렴됐고, △ 백악관 내 '선거용 강경파'(차이나 배싱을 선거에 이용)가 '이념적 강경파'(중국공산당을 본질적으로 미국의 가치에 부합하지 않다고 보고, 중국의 부상을 좌절시키려고 함)로 수렴되었다. 코로나19 사태에서 중국이 보여준 행태는 여러 파벌의 통합에 결정적 계기를 제공했다. 보고서는 결론에서 본 문건이 미국의 중국에 대한 '근본적인 재평가'라 명시했다.

일부에서는 당시 이 보고서의 목적이 미국 국민 사이에 유행하는 반중 정서를 활용해 대선을 앞두고 트럼프 대통령의 지지율을 끌어올리려는 것이라는 시각도 있었다. 당시 민주당 바이든 후보가 당선되면 미중 관계가 다시 정상궤도로 돌아갈 것이라는 기대도 나왔다. 하지만 바이든 정부가 들어선 이후에도 미중 갈등은 지속되고 있으며 오히려 인권문제 등으로 전선이 확대될 가능성도 있다. 대통령 후보 시절 바이든은 인권문제와 관련, 시진핑을 '불량배thug'라고 불렀다. 시진핑 주석은 또 2019년 말 베이징을 방문한 헨리 키신저에게 "핵심무역 문제는 얘기하지 않고 인권문제는 계속하겠다는 민주당보다 트럼프를 상대하겠다"고 말한 것으로 알려졌다.[79] 시진핑이 트럼프와 바이든 중 누구를 더 선호하는가를 드러낸 대목이다.

미소 간 냉전은 무기를 들고 싸우는 열전hot war과 달리 양군이 직접 무력 충돌하지는 않았으나, 두 세력이 군사 동맹, 핵무기, 요인 암살, 군비 경쟁, 첩보전, 대리전, 언론전 그리고 스푸트니크처럼 우주 진출 및 첨단기술 개발 경쟁의 양상을 보이며 서로 대립했다. 한국에서 기존 미중 관계를 바라보는 보편적 패러다임은 미중이 경제적으로 상호의존적이고 이데올로기적 가치대립이 없다는 점에서, 과거 미소가 대립했던 냉전 시대와 다르다는 것이었다. 이 보고서로 이제 그 패러다임은 더 이상 유효하지 않게 되었다. 종합하면 역사는 이 보고서를 미중 냉전의 시작을 알리는 또 하나의 'X 파일'로 평가할 수도 있다.

트럼프 시대 미중 패권경쟁의 전개

원칙 있는 현실주의 채택

트럼프 이전까지 미국의 대중국 정책은 대체로 포용 위주, 혹은 포용적 견제라고 보는 것이 타당할 것이다. 하지만 중국의 공세적 부상은 워싱턴 당국자들로 하여금 그동안 미국이 중국을 보면서 했던 몇 가지 가정이 옳지 않다는 인식을 증대시켰다. 즉 미국의 경쟁자들을 국제체제 속으로 끌어들여 통상 교류를 하면 이들을 협력자와 신뢰할 수 있는 파트너로 변화시킬 수 있다는 전제가 대부분 잘못된 것으로 판명났다는 것이다. 그뿐만 아니라 미국의 경쟁자들은 정치적 선동과 기타 수단을 통해 민주주의를 훼손하면서 반서구적 시각을 확산시켜왔다.

오늘날 미국은 세계 최강의 군사력을 보유하고 있다. 하지만 미국의 경쟁자들이 재래식 군사력 및 핵전력을 현대화하면서 미국의 우위는 점차 사라지고 있다. 정보전 분야의 각축 역시 정치, 경제, 군사적 경쟁을 심화하는 요인이다. 과거의 역사에서 미국이 얻은 교훈은 미국이 리더십을 발휘하지 않으면 조만간 적대세력이 그 공백을 차지해서 결국 미국의 불이익을 초래하게 된다는 사실이었다. 현재 진행 중인 미중 간 무역전쟁도 일시적인 현상이 아니라 중장기적인 패권경쟁의 일부라는 진단이 우세한 상황이다. 중국 시진핑 지도부가 2049년까지 세계적인 초강대국이 된다는 중국몽을 국가목표로 추진하면서 미중 모두 '자국 우선주의'를 적극 추진하게 된 것이다. 따라서 당분간은 미중이 직접 군사적으로 충돌하는 대규모 전쟁보다는 규범 및 표준 경쟁, 산업 및 기술 경쟁, 규범과 제도 갈등, 체제의 내구력 등에서 승패가 판가름날 전망이다.

국내외의 다양한 비판에도 불구하고 일부 분석가들은 트럼프 행정부의 대중 정책이 과거 정부들에 비해 더 현실주의적이라는 평가를 하기도 했다. 트럼프 행정부는 2017년 12월에 발간한 〈국가안보전략National Security Strategy, NSS 보고서〉에서 중국에 대해 '원칙 있는 현실주의principled realism'를 내세우며 현실주의적 정책을 추진하기 시작했다. 그 핵심은 시진핑 시대 중국의 실상과 서구 정책 결정자들이 기대했던 세계체제와의 통합 사이에 존재하는 간극을 시정하기 위한 것이었다. 미국이 보는 간극이란, 예를 들면 미국의 기업이나 개인에 대한 중국발 사이버 공격이나 지식재산권 침탈로 인한 피해, 남중국해를 군사화하지 않겠다는 약속 위반, 아시아 국가들에 대한 위협적 외교 등이다. 2020년 초에 미중이 1단계 무역협정에 합의하면서 미중 관계는 트럼프 이전의 안정적 관계로 복귀하는 것 아닌가 하는 추측이 있었다. 하지만 코로나19 팬데믹으로 인해 그럴 가능성은 원천적으로 봉쇄됐다. 트럼프 행정부는 관여 대신 〈대중국 전략적 접근 보고서〉에서 밝힌 '상호성 전략reciprocity strategy'으로 방향을 전환했다.[80]

트럼프가 선택한 상호성 전략의 첫 조치는 미중 관계의 구조적 비대칭성, 즉 불균형적인 경제관계를 바로잡는 것이다. 트럼프 행정부는 중국의 중상주의 정책에 대응하여 오랜 자유무역 원칙 대신 공정무역을 요구하기 시작했다. 또한 중국 기업의 미국 시장이나 기술 접근을 제한하는 조치를 취했다. 상호성 전략의 두 번째 조치는 5G 갈등 같은 구체적인 이슈별 대응이다. 미국은 이미 국내에서 활동하는 중국 언론 특파원 수를 제한하기 시작했고 이들에 대한 비자 기간도 단축했다. 중국 인민해방군과 연관된 기관을 통해 오는 유학생들에게는 비자를 취소하는 조치도 취했다. 트럼프 행정부는 상호성 전략이 미중 관계의 불균형을 바로잡고 안정적 관계를 유지하는 데 가장 현실적인 접근이라고 판단했다.[81]

미중 간 전략적 경쟁의 심화가 두드러지는 상황에서 향후 양국 간 전략경쟁은 미국의 인태 전략 대 중국의 일대일로 간 대결 양상으로 전개될 가능성이 크다. 트럼프 대통령은 2017년 11월 아시아 순방에서 새로운 지정학 · 지경학적 개념으로서 '인도-태평양'이라는 용어를 제시했다. 당시 트럼프 대통령은 아시아태평양경제협력체Asia Pacific Economic Cooperation, APEC 최고경영자 회의CEO Summit 베트남 연설에서 이를 처음으로 언급했다. 이후 '자유롭고 개방된free and open'이라는 표현은 이제 세간에 널리 알려진 문구가 되었다. 미국의 인태 전략의 현재 위상은 3개의 축(경제, 안보, 거버넌스)을 아우르는 전략적 접근, 혹은 전략의 준거틀로 이해된다.

여기에서 '자유롭다free'는 역내 모든 국가가 타국의 강압으로부터 주권을 방어할 수 있어야 한다는 의미이며, 국가 내부적으로는 국민이 기본적 권리와 자유를 누릴 수 있는 굿 거버넌스good governance를 뜻한다. '개방된open' 인도-태평양은 역내 모든 국가가 해상과 공중을 통한 자유로운 접근을 보장받는 것을 의미한다. 안보 차원에서는 영토 및 해양 분쟁의 평화로운 해결을 포함하고, 경제 차원에서는 공정하고 호혜적인 무역, 개방된 투자환경, 투명한 협력, 지역 간 연결성 확대 등을 포함한다.[82] 트럼프 행정부의 '인도-태평양' 구상은 2017년 〈국가안보전략 보고서〉에서도 공식적으로 명시되었다. 트럼프 행정부의 NSS와 기존 NSS 사이에 가장 중요한 차이 중 하나는 지역전략 중 유럽이나 중동에 앞서 인도 및 인도-태평양을 언급한 것이다.

중국과의 신냉전 선언

코로나19와의 전쟁 중에 트럼프 행정부는 중국을 상대로 한 미국의 향후 전략 및 정책 방향을 담은 보고서를 공개했다. 여기에서 미국은 중국에 대해 협력보다는 공개 압박과 봉쇄 전략 등의 '경쟁적 접근'을 하겠다는 점을 분명히 함으로써 사실상 양국 간 '신냉전'을 선언했다는 평가가 나온다.[83] 그뿐만 아니라 미국은 코로나19에 대한 중국 책임론과 안보 위협 등을 거론하며, 경제번영네트워크Economic Prosperity Network, EPN를 비롯해 글로벌 공급망에서 중국을 고립시키기 위한 구상을 가속화하며 동맹의 참여를 촉구하고 나섰다. 이에 따라 코로나19를 계기로 미중 간 탈동조화 가능성과 세계가 반중국과 친중국 진영으로 양분될 가능성이 점차 커지는 상황이다.

보고서는 이러한 현실을 감안한 미국의 대중국 전략은 우선 미중 관계의 본질이 전략적 경쟁strategic competition이라는 점을 인정하고 적절한 방법으로 미국의 국익을 방어하는 것이라고 지적한다. 더 나아가 미국은 자유롭고 개방적인 규칙기반 국제질서를 더 약화하려는 중국의 추가적인 행동을 용납하지 않을 것이라고 했다.

중국의 경제적 도전에 대한 미국의 해법은 미중 경제권의 탈동조화와 EPN 구상이다. 트럼프 대통령은 코로나19로 인한 중국 중심의 글로벌 공급망 교란을 겪게 되자 중국과의 경제관계 단절이라는 충격요법을 제안했다. 현재까지 행정부 차원에서 EPN의 구체적 내용이나 추진 전략은 발표된 것이 없으나, 코로나19 원인론을 둘러싼 중국과의 갈등이 심해지면서 중국에 의존한 가치사슬을 벗어나 미국 중심으로 글로벌 공급망supply chain을 재편하겠다는 의지를 반영한 개념으로 볼 수 있다. 키스 크라크Keith Krach 미국 국무부 경제성장 · 에너지 · 환경 담당 차관의 언론 브리핑에 따르면, EPN은 미국 정부가 초안을 준비 중인 경제안보전략의 핵심으로서 3개의 축으로 구성된다. 첫째 미국의 경제 경쟁력 강화 혹은 미국 경제의 터보차지turbocharge, 둘째 미국 자산의 보호, 셋째 EPN이다. 에너지, 인프라, 무역, 교육, 통상 등 모든 분야에서 미국과 신뢰의 표준trust standards을 공유하는 기업과 시민사회 그룹들 간의 연대로, 영국, 오스트레일리아, 인도, 캐나다, 일본, 뉴질랜드,

이스라엘, 타이완, 한국, 베트남 등이 일차적인 대상으로 거론된다. 기본적으로 대중 공급망 의존에서 탈피하기 위해 미국 기업들에게 탈중국을 촉구하는 한편, 미국으로의 회귀가 현실적으로 어려운 경우 그들의 인력과 생산시설을 좀 더 미국에 우호적인 EPN 참여 국가들로 이전하도록 유도한다는 발상이다.[84] 미국은 이들 국가가 원칙적으로 미국과 서구에 적대적인 국가들(특히 중국과 러시아, 이란, 북한)과 경제적으로 과도하게 얽히지 않도록 한다는 데 동의해주기를 기대하고 있다. 일대일로에 맞선 미국의 안보전략이 인태 전략이라면, EPN은 경제 차원의 중국 견제전략에 해당한다고 할 수 있다.[85]

미중 경제권의 탈동조화

EPN은 미중 경제권의 탈동조화를 전제하면서도, 현 글로벌 공급망 등 전 세계 경제상황을 감안할 때 실제로 중국을 배제한 경제 네트워크 구축이 가능한지 여부에 대해 대체로 부정적이다. 또 실현 가능성 여부를 떠나 미중 양국에게는 물론 글로벌 경제 전체에도 부정적 영향이 클 것으로 전망된다. 미국 내에서 탈동조화에 대한 논의는 많으나 정확히 무엇을 어떻게 탈동조할지에 대해서는 정리된 바가 없고, 그 결과에 대해서도 예측하기 어려운 상황이다. 다만 코로나19 이후 미국 유권자들의 압도적 다수가 탈동조화를 지지했다는 점에서 트럼프 대통령에게 유리한 국면이 되었다.[86] 미국 내 여론조사에 의하면 미국인의 75%는 의약품(예를 들면 중국이 거의 독점하고 있는 N95 마스크와 해열진통제 이부프로펜 등)의 대중국 의존을 끝내야 한다고 생각하며, 중국에서 생산시설을 철수해야 한다고 생각하는 비율은 59%에 달했다. 주요 생산 및 기술 기업들이 중국에서 철수하고 미국 경제 재건에 동참해야 하며, 미국으로 회귀하는 기업들에게는 감세 혜택을 줘야 한다는 데는 72%가 동의, 15%만이 반대했다.

해양 충돌의 위험성 증가

코로나19의 혼란을 틈탄 중국의 해양 활동 증가로 미중 간 해양 충돌의 위험성도 커지고 있다. 미중 패권경쟁에서 해양안보는 현재 주로 남중국해, 동중국해에서 항행의 자유와 해양영유권 분쟁 문제에 집중돼 있다. 중국의 남중국해 공세에 대해 당시 미국 국무부 마이크 폼페이오Mike Pompeo 장관은 다시 한번 남중국해 문제에 대한 미국의 입장을 발표하고 공식 대응을 시작했다. 폼페이오는 중국의 남중국해와 해양자원들에 대한 주장은 완전히 불법이란 점을 분명히 하면서, 남중국해의 평화와 안정을 지키고 국제법에 부합하는 방식으로 바다의 자유를 수호하려는 국제사회의 공동이익이, 중국으로부터 전례 없는 위협을 받고 있다고 지적했다. 또 중국이 베트남 · 말레이시아 · 브루나이 · 인도네시아 등과 남중국해에서 벌이고 있는 분쟁을 거론하며 이와 관련한 모든 중국의 조치는 불법이라고 주장했다.[87] 중국은 남중국해 해변을 따라 U자 형태의 9개 선(구단선)을 그어 남중국해의 90%를 중국 영해라고 주장하고 인공섬을 건설한 뒤 군사기지화해 필리핀·베트남 등 인접국과 갈등을 빚고 있다. 2016년 헤이그의 상설중재재판소Permanent Court of Arbitration, PCA에 필리핀이 제소한 건은, 중국이 남중국해 영유권에 대해 역사적 연원이나 기타 하등의 권한이 없으며 따라서 구단선은 무효라고 판결났다. 당시 법정은 난사군도南沙群島나 스카버러 섬Scarborough Shoal(황옌다오黃巖島)이 배타적경제수역EEZ이나 대륙붕에 해당되지 않는다고 판결했고, 미국의 입장은 이러한 판결에 따른 논리적 결론이었다. UN해양법협약United Nations Convention on the Law of the Sea, UNCLOS에 가입한 국가들은 그들이 참여한 중재재판 결과를 수용할 것에 동의해야 하지만, 그렇다고 해서 중재 결과가 자동적으로 국제관습법 같은 지위를 부여받는 것은 아니다. 그뿐만 아니라 국무부의 새로운 선언적 입장이 당장 그 자체로 효력을 갖는 것도 아니다. 그보다는 외교적 효과, 즉 글로벌 리더를 꿈꾸는 중국이 국제법을 심각하게 위반하고 있다는 점을 부각시킴으로써 중국의 위신에 손상을 주게 된다.[88]

가치경쟁, 체제경쟁으로의 확전

이상의 추이를 종합해보면, 미중 관계는 이제 본격적인 패권경쟁으로서 가치경쟁, 체제경쟁으로까지 확전되는 듯한 양상이다. 그러한 태세를 드러내는 백미는 폼페이오 전 장관이 캘리포니아 요바린다 닉슨도서관에서 한 연설이다. 폼페이오는 '중국이라는 프랑켄슈타인을 만들지 않을까 우려된다'는 40년 전 닉슨의 회고까지 인용하면서 중국이 변해야 세상이 안전해진다는 사실상의 결별을 선언했다.[89] 연설의 주요 내용은 다음과 같았다.

"대중국 관여정책은 중국을 더 협조적인 국가로 변화시킬 것으로 기대됐지만, 실상 중국은 성장하면서 더 위협적인 국가가 됐다. 이제 맹목적인 대중국 관여라는 낡은 패러다임은 더 이상 유지될 수 없다. 미국의 목표는 중국을 변화시키는 것이다. 닉슨 대통령이 역사적인 베이징 방문을 통해 관여전략을 시작했을 때, 미국의 정책결정자들은 중국이 점차 더 번영하고 개방되며 국내에서는 더 자유롭고 세계에는 덜 위협적인 국가가 될 것으로 기대했었다. 하지만 중국은 오늘날 국내적으로는 더욱 권위주의 체제로 변했고, 세계 도처에서 자유를 위협하는 공격적인 국가가 됐다. 중국공산당은 마르크스-레닌주의 정권이며 시진핑 주석은 파산한 전체주의 이념의 진정한 신봉자이다."

폼페이오는 연설 내내 '중국 정부' 대신 '중국공산당'이라는 표현을 썼고, 시진핑은 '파산한 전체주의 이념의 신봉자'이며 중국에 대해서는 '세계 패권 장악에 나선 새로운 전체주의 독재국가'라고 단언했다. 중국공산당이 원하는 것은 글로벌 패권을 장악하는 것으로서, 이러한 중국을 변화시키는 유일한 길은 중국 지도자들의 말이 아니라 행동에 초점을 맞추어야 한다고 공언했다. 로널드 레이건 대통령은 소련에 대해 '신뢰하고 검증하라'고 했지만 중국공산당에 대해서는 '불신하고 검증하라'는 입장으로 접근해야 한다는 것이다. 중국을 결코 정상적인 국가로 대해서는 안 된다는 결론이다.

향후 미국이 중국에 대해 경쟁적 접근을 구체화할 경우 아시아에 직접 영향을 줄 수 있는 사안은 크게 두 가지이다. 첫째는 군사안보적 충돌의 위험이다. 현재 미중 간이 가장 첨예하게 충돌할 가능성이 큰 지역으로는 남중국해, 타이완, 홍콩, 북한 등이 꼽힌다. 중국은 트럼프 행정부가 코로나19와 인종차별 시위로 국내정치의 홍역을 치르는 동안 남중국해에서의 군사활동을 조용히 강화했다. 그뿐만 아니라 코로나19 국면에서 베이징의 홍콩 국가보안법(홍콩보안법) 제정을 계기로 홍콩이 아시아의 핵심 안보문제로 급격히 떠오르고 있다. 2020년 5월 28일 중국 최대 정치행사인 양회兩會(전국인민대표대회와 전국인민정치협상회의)에서는 홍콩 국가보안법 초안이 표결 처리되었다. 이로써 중국은 1997년 홍콩 회귀 당시에 천명했던 일국양제一國兩制, 홍콩인이 홍콩을 통치한다는 항인치항港人治港, 수준 높은 자치를 누린다는 고도자치高度自治라는 약속을 사실상 폐기했다.

둘째는 경제 분야에서 미중 경제권의 탈동조화와 EPN 구상이 초래할 경제적 파장을 주목해야 한다. EPN의 내용과 원리는 사실상 미중 탈동조화를 통한 '신뢰하는 파트너'들과의 반중 경제동맹으로 이해할 수 있다. 한국도 EPN의 대상 국가 중 하나이다. 미중 경제권의 탈동조화와 EPN은 이론적으로는 가능할지 몰라도 현실적으로는 매우 복잡하고 어려울 것으로 전망하는 시각이 다수이다. 오늘날 대부분의 서구 기업들은 중국의 공급망에 크게 의존하고 있다. 한국도 중국발 가치사슬에 의존하기는 마찬가지이다. 세계의 대기업들은 중국 이외의 대안이 신뢰할 수 없거나 더 많은 비용을 요구할 경우 중국의 공장을 단번에 폐쇄하지는 않을 것이다. 그뿐만 아니라 중국 공장에서 생산되는 제품들의 최대 소비처는 바로 중국이므로 탈중국할 유인이 별로 없다. 따라서 현실은 실제 탈동조화, 즉 중국의 공급망에서 완전히 빠져나오기보다는 공급망을 다변화하는 'China+1' 전략을 택할 가능성이 클 것으로 보인다(Crabtree, 2020a). 한국도 이제는 중국에 대한 과도한 경제 의존을 줄일 방법을 더욱 적극적으로 모색해야 할 때가 되었다.

3장

바이든 행정부의 대중국 포위압박 전략과 동맹외교[90]

바이든과 트럼프의 대중 공세전략의 연속성

세계의 예상과는 달리 바이든 행정부의 대중국 외교정책은 트럼프 행정부와 크게 차이가 없다. 바이든 행정부는 트럼프 행정부와 오히려 연속성과 일관성을 가지고 더 강력한 조치로 중국 압박정책을 구체화하고 있다. 이런 외교 행보는 바이든의 대통령 취임 이후 즉각 행동으로 옮겨졌다.

바이든 대통령의 철학과 민주당의 외교·안보 성향을 종합해볼 때, 바이든 시대 대외정책의 두 축은 '다자주의·동맹 네트워크'와 '가치 · 규범 외교'로 요약 가능하다. 다자주의 및 동맹 네트워크는 국제제도 및 기구, 레짐에 대한 존중과 복귀, 동맹 및 우방국들과의 협력 강화를 포함하며, 미국의 상대적 약화와 중국의 부상이라는 현실 속에서 미국 혼자 힘으로 중국을 상대하기에는 상당한 부담이 된다는 인식을 반영한 결과이다. 가치 · 규범 외교는 민주주의, 인권 등 가치와 규범 중시, 규칙기반의 무역질서 강화 등을 포함하며, 중국과는 타협하기 어려운 가치와 규범을 둘러싼 갈등을 예고한다. 결국 바이든 행정부의 대중국 정책은 미국 주도의 가치와 규범을 동맹 및 우방국들과 함께 구현함으로써 미국의 안보와 번영을 추구한다는 것으로 귀착된다. 이러한 정책이 한국이나 일본 등 미국의 동맹국들에게 시사하는 바는 미국이 추구하는 가치 · 규범에 동맹이 협조하는 수준에 따라 동맹의 서열화 및 정책 차별화 가능성이 대두될 수도 있다는 점이다.

바이든 행정부의 대중국 외교는 자유 국제질서의 수호를 위해 미국이 극복해야 하는 한계와 중국의 도전에 대응하는 전략에 기초한다. 이를 위해 기존의 미국 동맹체제와 다자외교전략의 혁신을 강조한다. 또한 중국의 불공정하고 불공평한 거래 행위, 인류의 보편적 가치와 법치를 무시하는 태도를 좌시하지 않고 강력하게 대응할 수 있는 기초를 마련했다. 이에 따라 바이든과 그의 외교 참모들은 이의 정교화를 위해 발 빠르게 움직였다. 그 결과 한 달 동안 바이든 행정부의 외교 관련 자료가 봇물 터지듯 쏟아져 나왔다. 토니 블링컨Tony Blinken 국무장관은 취임 직후인 2021년 2월 18일 '쿼드' 외교장관회의를 주관했다. 백악관은 3월 3일에 유례없는 외교 문건을 하나 발표했다. 〈잠정 국가안보지침Interim NSS Guidance〉이 그것이다. 이 보고서는 중국을 견제하는 데 초점을 맞추고 있다는 점에서는 트럼프 행정부의 기조를 이어가고 있으나 동맹체제를 그 중심에 두고 전방위적으로 추진한다는 점에서 차이가 있다. 현재 미국의 대중국 정책은 '전략경쟁'으로 흔히 표현되며, 이는 체제경쟁, 이념경쟁, 가치경쟁, 경제경쟁, 기술패권경쟁 등 다양한 차원을 망라하는 것으로 평가된다.

3월 10일에는 미국 하원 외교위원회에서 청문회가 열렸다. 12일에는 사상 첫 쿼드 정상회의 이후 공동성명문이 채택되었다. 15일자 《워싱턴 포스트The Washington Post》에 미국 국무장관과 국방장관의 공동기고문이 실렸다. 이어 블링컨은 한국과 일본에서 외교·국방 장관회담을 가졌고 중국 측과 18일 알래스카에서 만났다. EU에서는 EU 정부와 NATO 회담 후 공동성명을 24일에 발표했다. 또한 6월 14일 G7 정상회의와 북대서양 카운슬 회의 이후 채택된 코뮤니케(공식 성명서)들은 중국을 견제하고 압박하려는 입장과 전략으로 가득 찼다. 이들만으로도 바이든 행정부의 외교정책의 핵심기조를 해독하기에 충분했다.

첫째, 정책의 지향점이 밝혀졌다. 자유 국제질서를 수호하고 이의 위협을 억제하는 것이다. 자유 국제질서의 근본은 보편적 인류가치(인권, 민주, 자유) 수호, 법치와 시장경제에 있다. 따라서 이에 대한 위협을 제압하는 과정에서 이념과 가치의 차이로 빚어지는 갈등은 극렬해질 수밖에 없다. 둘째, 이런 위협의 근원을 권위주의 정권으로 정의했다. 이는 공산/독재 정권을 포괄한다. 나라별로는 중국, 북한, 시리아, 이란, 러시아 등이 여기에 분류된다. 기본적으로 이들은 21세기 초에 미국이 한때 묘사한 '악의 축' 나라들의 범주에 속한다. 셋째, 자유 국제질서의 위협을 억제하는 수단으로서 다자주의가 확정됐다. 그러나 오늘날 미국이 표방하는 다자주의는 통상적인 개념의 것이 아니다. 미국과 뜻을 같이하고 가치를 공유하는 나라들의 참여로 제한한 것이다. 즉 배타적인 '그들만의 리그'의 성격을 띌 수밖에 없는 이유이다. 따라서 중국이 강조하는 개방적이고 포용적이고 법의 구속을 받지 않는 느슨한 다자주의 개념과는 본질적으로 결이 다르다. 넷째, 미국의 다자주의에 동참하는 나라들의 이익을 보호하겠다는 의지가 확고하다. 〈잠정 국가안보지침〉에서 쿼드 정상회의 공동성명에 이르기까지, 미국은 이들이 받을 불이익을 공동 대응할 의지를 밝혔다. 2021년 3월 12일 바이든 대통령은 쿼드 정상회의에서 앞으로 이들의 '[행동이] 강압에 의해 구속받지 않을 것unconstrained by coercion'이라고 주장했다. 중국의 보복에 대한 두려움에서 자유롭게 해주겠다는 뜻이다. 미국이 과거에 그러지 못했던 사실을 성찰하면서 반면교사로 삼은 것을 보여주는 대목이다.[91]

바이든 행정부가 중국과의 전략적 경쟁에 대비하여 취한 입장과 전략을 종합해보면 우선적으로 정체성에 기반한다. 그 목적은 중국공산당의 행위 변화에 있다. 따라서 미중 간 전략적 경쟁은 장기화가 불가피하다. 이에 대비태세를 갖추는 것이 바이든 행정부의 대중국 전략의 핵심이다. 바이든과 트럼프 행정부의 대중국 정책 전략에서 우리는 앞으로 미국이 보는 대중 전략경쟁 관계의 함의를 다음과 같이 유추할 수 있다.

첫째, 중국의 행위 변화는 중국의 가치와 이념 변화를 전제한다. 중국공산당의 정치개혁과 정치적 변혁을 의미한다. 그러나 시진핑은 집권하는 동안 이를 거부할 것이다. 둘째, 미국은 이를 위한 압박수단으로 동맹국의 연대와 결집에 의존할 것이다. 이의 지구력이 관건 요인이다. 즉 인태 전략과 쿼드의 집단화 성사 여부가 관건이다. 시진핑의 집권이 향후 10년 동안 지속될 것으로 가정하면, 미국이 동맹체제의 집단화를 위한 능력을 이에 상응하게 유지할 수 있는지가 중요하다. 미국의 공공재 제공과 리더십 발휘 능력을 감안하면 표면적으로 시간은 중국 편이다. 셋째, 미국의 동맹체계 집단화가 성공하면 중국은 시진핑 이후 이미 구성된 미국의 포위망에 당면할 것이다. 이 경우 차기 지도자가 이와 같은 중국의 주변정세의 압박 구조에 어떻게 대응하느냐에 따라 중국의 변화 여부가 결정될 것이다. 넷째, 미중 간 전략적 경쟁 과정에서 양산되는 양국의 대척점이 한중 관계와 한미 관계에 도전과제가 될 것이다. 한국이 어떠한 정체성과 입장을 지니느냐에 따라 중국 변수의 성질도 결정된다. 미중 간 전략적 경쟁 관계에서 미국은 상수이다. 따라서 한국이 미국과 일치된 정체성을 유지하면 중국은 우리와 한미동맹에 종속변수가 된다. 한국이 불일치를 보이고 중국에 경사하면 중국은 우리와 한미동맹에 독립변수가 된다. 다섯째, 미국이 동맹국에 대한 중국의 보복 조치를 공동 대응한다는 입장과 의지가 불변하면 한국은 미국 동맹집단화에 참여해야 한다. 이 경우 한중 양국의 대립은 지속될 것이다.

바이든 행정부의 대중국 정책의 특성

현재 바이든은 트럼프가 닦은 외교 토대를 수용하고 있다. 미국의 대중국 시각 변화는 지난 40여 년간의 포용정책이 실패로 끝났다는 인식에 근거한다. 즉 국교정상화 당시 미국의 기대와 달리 중국은 더 개방적인 체제가 되지 않았고, 법치나 민주주의 같은 긍정적 가치를 수용하지도 않았다. 미국이 건설한 자유주의 국제질서 속에서 가장 큰 혜택을 입었으면서도 기존 국제체제와 룰에 순응하지 않고, 오히려 미국을 밀어내고 자신이 중심이 되는 새로운 질서를 구축하려는 전략적 경쟁자가 됐다는 것이다.

여기에서 확인되었듯이 바이든 행정부의 대중 인식은 매우 부정적이다. 중국이 경제, 안보, 인권 등 거의 전 영역에서 미국에 도전하고 있다고 평가한다. 구체적으로 중국이 경제질서를 파괴하고, 남중국해를 비롯한 지역에서 안보 불안을 증대시키며, 홍콩보안법 등의 인권유린을 행한다고 진단한다.[92] 로이드 오스틴Lloyd Austin 국방장관은 청문회에서 "중국의 목표는 세계의 패권적 지배자가 되는 것"이고 바이든 행정부는 "중국을 미국의 가장 심각한 경쟁자이자 군사적 위협"으로 보고 있다는, 사실상 주적 인식을 표출했다.[93]

이에 따라 강경한 대중 정책을 예고한다. 블링컨 국무장관은 1월 인준 청문회에서 "미국에 가장 중대한 도전 과제는 중국이란 점에 의심의 여지가 없다"면서 "트럼프 대통령의 방식엔 동의하지 않지만, 대중 강경책의 기본 원칙은 올바른 것이었고 우리 외교에 도움이 됐다고 믿는다"고 밝혔다.[94] 민주당이 지난 4년 내내 트럼프 행정부의 대외정책을 신랄히 비판한 것에 비추어볼 때 매우 예외적인 언급이다. 애브릴 헤인스Avril D. Haines 국가정보국 국장도 청문회에서 바이든 행정부의 대중 정책이 "오바마 행정부보다 훨씬 단호하다는 것을 6개월 안에 보여주겠다"고 사실상 대중 선전포고를 했다.[95] 대중 정책은 전술한 바이든 행정부의 대외정책 핵심 기조인 다자주의, 자유민주주의, 동맹이 고스란히 반영되고 있다.

첫째, 우선 바이든 행정부는 세 가지 핵심 기조가 다 담긴 '민주주의 정상회의'를 추진한다.[96] 자유민주주의 가치를 내세우면 무역, 기술, 안보, 정치체제, 인권 등 거의 전 영역에서 권위주의 국가인 중국을 상대로 배타적 전선 구축이 가능하다. 정상회의 모임 자체가 다자주의의 실현이고 자유민주주의 국가 대부분은 미국의 동맹국이다.

둘째, 규범 경쟁을 본격화한다. 오바마 행정부 때 시도된 '규칙에 기반한 국제질서'를 다시 소환하여 동맹국과 협력해 중국을 견제하려 한다. 바이든은 2차 대선 토론 때 "우리는 동맹국들과 힘을 합쳐 중국이 규칙을 준수해야 하고 그러지 않으면 대가를 치르게 된다는 걸 알려줘야 한다"며 "이것이 나의 방식"이라고 천명한 바 있다.[97] 특히 경제 분야에서 경쟁이 치열하다. 바이든은 2019년 7월 연설에서 미국의 동맹 · 우호국과 통일 전선을 구축해 중국의 경제적 침략 행위를 막을 것임을 밝혔다.[98] 같은 해 8월 미국 외교협회CFR의 대중 정책 질의에 대해 "아시아 · 유럽 국가들과 함께 21세기 무역 규칙을 정하고 중국의 무역과 기술 분야의 남용에 강력 대응하도록 결집하는 것"이라고 답했다.[99] 바이든은 수시로 미국과 동맹 · 우호국이 연합하면 세계경제의 반을 차지하므로 환경, 노동, 무역, 기술, 투명성 등 모든 면에서 규칙을 만들고 이끌어갈 수 있음을 강조한다.[100]

셋째, 보다 정교한 대중 압박이 표출된다. 트럼프 행정부 때와 같이 대외정책 전반에 일방주의를 펼치고 중국에 대해서만 다자적 압박을 가하는 명분 없는 싸움보다는, 민주주의 가치를 앞세우고 동맹을 존중하며 자발적 참여를 통한 반중 네트워크를 구성해나간다. 커트 캠벨Kurt M. Campbell도 인태 전략의 3대 기조로 세력균형, 동맹협력, 정통성 있는 지역질서를 강조한 바 있다. 캠벨은 트럼프 행정부가 한국과 일본을 비롯한 역내 동맹국을 비용 분담과 주둔 미군 철수 등으로 흔들었다고 비판한다.[101]

넷째, 대중 군사정책에서는 일부 변화가 예상된다. 인태 전략을 총괄하는 캠벨은 두 가지 측면에서 이전과는 다른 차별화를 모색한다. 먼저 전진 배치된 대규모 전력의 필요성 문제이다. 항공모함 전단과 같이 비용이 많이 들고 공격에 취약한 전력보다는 장거리 순항 · 탄도미사일, 무인공격기, 초음속 타격수단, 정밀타격용 잠수함 등의 활용이 효과적이라는 것이다. 그다음, 역내 동맹국의 자체 역량 강화와 기존 역내 배치된 미군의 조정도 다음과 같이 제시한다. "미국은 인도 · 태평양 역내 국가들이 중국을 억제할 수 있는 비대칭적 능력을 발전시키도록 도와야 한다. 워싱턴이 전진 배치를 지속해야 하지만, [역내] 국가들과 협의하여 미군을 동남아시아와 인도양으로 분산해야 한다. 이렇게 함으로써 미국은 동아시아의 소규모 미군 주둔 시설의 취약성을 감소시킬 수 있다."[102] 간단한 문장이지만, 바이든 행정부의 축소와 절제, 선택적 개입의 군사정책과 역외균형적 요소도 반영되어 있다. 역내 국가의 책임 증대를 요구하고, 전진 배치된 미군 전력을 조정하여 유동성을 확보하겠다는 의도이다. 동아시아를 언급한 것이 주한미군과 주일미군의 즉각적 조정을 의미하지는 않지만, 대규모 냉전형 주둔 형태에 대한 문제제기로 읽힌다. 유동성을 확보하는 소규모 투사 형태를 지향하는 것으로 미군의 '전 세계 대비태세' 검토에 방향성이 제시될 수 있다.

강경정책을 예고했음에도 바이든 행정부의 대중 정책은 한계가 존재한다. 캠벨도 미국과 중국 사이에서 갈등하는 국가의 상황을 충분히 인지함을 밝힌 바 있다. "중국의 부상에 대응하여 미국이 역내 동맹국의 자율성 유지를 돕겠지만, [역내] 국가들은 중국을 아시아의 미래에서 제외하는 것이 비현실적이고 [자신들에게] 불리한 것으로 판단한다"라면서 미중 사이의 한쪽을 선택하기를 원치 않는다고 설명했다.[103] 따라서 바이든 행정부의 대중 정책이 중국을 국제사회에서 완전히 배제하는 형태로 추진되지는 않을 가능성이 있다. 캠벨은 미국과 동맹국이 중국을 "설득"하여 중국이 미국 주도의 역내 질서에 참여하고, 중요한 국제제도에 중국을 포함하며, 중국이 규칙에 기반한 경제활동을 통해 예측할 수 있게 하고, 기후변화 · 인프라 · 코로나19 등의 분야에서 협력하는 방안을 제

시했다.[104]

젠 사키Jen Psaki 백악관 대변인은 이러한 정책을 '전략적 인내'라 표현했다.[105] 당장 중국과의 전면전 갈등을 본격화하기보다는 동맹국과 협력하여 중국을 압박하면서 미국 주도의 질서에 '순응'토록 만들겠다는 의지의 표현으로 해석할 수 있다. 2020년 7월에 발표된 〈민주당 정강정책 2020〉에도 중국과의 전면적인 '신냉전'을 추구하지는 않을 것임을 밝힌 바 있다. 국제사회와 협력하여 중국의 잘못된 행동을 바로잡되, 기후변화와 핵비확산 영역에서는 협력하겠다는 의지를 표명한 것이다.[106]

바이든이 제시한 '민주주의 정상회의'는 이미 논란이 되고 있다. 참여국을 민주주의 국가로만 한정하면 지정학적 차원에서 미국의 핵심 동맹국인 터키, 사우디아라비아. 필리핀 등이 제외될 수 있다.[107] 따라서 캠벨이 제시한 기존 G7 국가에 오스트레일리아, 인도, 한국을 포함한 민주주의 10개국(D-10)이 대안으로 제시되기도 한다.[108] 결국 바이든 행정부의 대중 정책도 견제와 관여를 동시에 천명한 오바마 행정부 정책에서 전자로 완전히 이동하지는 못하지만, 이전보다는 비중을 많이 두는 형태로 이행될 가능성이 있다.[109] 트럼프가 중국과의 완전한 결별을 시도했다면 바이든 행정부는 중국과의 전략적 공존을 모색하되, 기술패권을 비롯한 세계질서는 미국이 설계해나가고 중국이 수용토록 한다는 전략으로 볼 수 있다.[110] 소수이지만, 여전히 중국에 관여하여 국제사회의 책임 있는 일원으로 만들어야 한다는 주장도 꾸준히 제기되고 있다.[111]

종합할 때 앞으로의 전개 과정은 미국 국내 정치 상황, 특히 중국에 대해 극도의 반감을 보이는 다수의 미국민과 트럼프 지지자의 향방, 2년 후 중간선거 등의 영향을 받을 것으로 전망된다. 코로나19 극복 과정과 경제 회복의 시기 등도 대중 관계 영향 요인으로 작용할 것이다.

시진핑에 대한 미국의 실망[112]

오늘날 시진핑의 중국은 미국의 기대에 역행하고 있다. 미국의 실망은 2020년 6~7월 사이에 전해진 미국의 중국 관련 부처의 수장 연설문을 통해 알려졌다. 인내의 한계에 도달한 트럼프 행정부는 무역관세 인상을 시작으로, 과학기술 탈취와 편취 등을 이유로 중국 IT 관련 기업에 대한 제재를 이어나갔다. 코로나19 사태의 중국 책임론을 공표한 트럼프 행정부의 대중국 압박정책을 바이든 신정부도 수용할 태세이다.

미국의 대중국 압박정책의 핵심목표는 중국공산당의 행위 변화를 실현하는 데 있다. 특히 시진핑이 2013년 중국공산당의 권좌에 등극한 후 미중 관계를 가치와 이념의 투쟁으로 몰아가기 시작한 것이 결정적이었다. 시진핑은 당시 당간부회의 석상에서 "자본주의는 소멸할 것이며 사회주의가 궁극적으로 승리할 것이다"라고 호언했다.[113] 이를 위해 그는 제19차 당대회 보고서에서 중국이 종합 국력과 국제적 영향력 면에서 글로벌 리더가 되어야 하는 사명을 위해 사회주의 시스템을 강화할 것을 촉구했다.[114] 이렇게 한 배경적 원인은 다음과 같다.

첫째는 코로나19 사태이다. 코로나19 사태가 세계적인 팬데믹으로 정의되면서 전 인류의 재난을 의미하기 때문이다. 세계 차원에서 인류의 보건과 건강 문제에 대한 책임과 의무를 진 WHO는 속수무책으로 보였다. 또 미중 강대국의 주장과 요구에 동요하면서 팬데믹 사태를 진정시키기 위한 효과적인 처방을 제시하지 못했다. 그러면서 특정 강대국의 주장과 입장에 동조하는 모습을 보임으로써 국제기구로서의 중립성을 유지하지 못한다는 국제사회의 비판에서 자유롭지 않았다.

둘째는 미중 양국의 지식재산권을 포함한 무역분쟁이다. 중국이 미국의 첨단과학기술을 불법 탈취하고 이의 수단으로 컴퓨터 및 서버의 해킹뿐 아니라 '스마트 파워'에까지 의존한다는 미국의 주장으로 양국의 무역분쟁 및 갈등의 영역이 확산되었다. 이를 중재해야 하는 WTO는 존재감이 없어 보였다. 물론 WTO의 운용체계가 제소가 있어야 작동되는 것은 사실이다. 중견국들은 이 과정에서 고유의 제재 조치 등과 같은 수단을 선호하는 강대국에게, 이를 철회하고 중재기관에 정식 상정하는 것을 설득할 수 없는 무력함을 보였다.

셋째, 미중 기술패권 경쟁심화에 대한 대비책 마련의 노력이 가시화되고 있지 않다. 미중 양국은 아직 기술표준화 마련과 사이버 질서 구축 관련 대화를 할 의지가 없어 보인다. 코로나19 사태로 인해 기존의 서구세계도 사이버 질서에 대한 논의를 진척시키지 못하고 있다. 이런 가운데 미국이 현재 4차 산업과 5G 영역에서 '뜻을 같이하는 국가'와 함께 질서를 새롭게 설계하려고 시도하고 있다. 이 과정에서 역시 중견국들은 입장을 정리하지 못하고 중국을 의식하는 소극적인 자세로 임하고 있다.

동맹외교 다잡기[115]

바이든 행정부는 문제 해결을 위해 동맹외교를 강조하고 나섰다. 코로나19 사태의 해결과 자유주의 국제질서의 수호를 위한 자유민주 진영의 연대와 함께, 인태 전략과 쿼드의 근간인 중국 문제가 대두되었기 때문이다. 이 모든 문제를 해결하는 데 바이든 행정부는 가치 공유를 기본으로 삼고 있다. 이는 인권과 자유, 법치주의에 대한 존중을 전제하기 때문이다.

결국 바이든 행정부의 접근 전략은 한 가지로 귀결된다. 구체적인 이슈를 공략하기 전에 동맹국과 가치를 공유하는 유사 입장 국가의 자유주의 국제질서 수호 참여 의지를 확인하는 것이다. 그리고 일련의 외교장관 회의와 정상회담을 통해 이들 국가의 결의와 다짐을 받아내는 것이다. 지금까지 미국은 쿼드 4개국(미국, 일본, 오스트레일리아, 인도), 필리핀, 타이 등 동아시아 국가는 물론 유럽 동맹국의 의지를 확인할 수 있었다. 이 중 특히 영국, 프랑스와 독일이 인태 전략은 물론 쿼드에도 참여 의사를 밝혔다.

주지하다시피 미국이 중국을 견제하기 위한 구상이 인태 전략이다. 아직 구체적 내용이 확립되지 않은 상황에서 인태 전략의 실행 기제 중 하나가 바로 쿼드 4개국을 연결하는 협력체이다. 바이든 행정부는 중국 견제를 위해 미국, 일본, 오스트레일리아, 인도로 구성된 전략협의체의 역할을 강조하면서, 한국이 지역 안보에 더 많은 역할을 해야 한다는 내용도 포함시켰다. 특히 한반도를 넘어 아시아 · 태평양 지역 안보 문제에서 더 큰 역할을 하도록 독려해야 한다고 지적했다. 쿼드에 합류하길 희망한다고 표현하진 않았지만, 한국의 역할 확대를 언급한 점은 주목할 필요가 있다.

최근 첫 쿼드 정상회의(2021년 3월 12일) 공동성명은 중국을 겨냥해 강압에 구속되지 않는 자유롭고 개방적인 인태 지역을 위한 협력을 강조했다.[116] 쿼드 정상들은 자유롭고 개방적이며 규범에 기초하고 국제법에 기반한 질서 확립에 전념하기 위해 법치, 항행 및 영공비행의 자유, 분쟁의 평화적 해결, 민주적 가치, 영토적 온전성을 지지한다고 밝혔다. 중국을 명시적으로 거론하지 않았지만 내용상 중국의 최근 행태를 겨냥한 것으로 해석된다.

이들 국가의 연대 의지를 확인한 미국은 이들의 국익을 위해 기여할 결의를 밝혔다. 쿼드 정상회의 공동성명문은 역내 국가들이 '강압에 의해 구속받지 않는' 지역을 구현하는 것을 하나의 지향점으로 선언했다. 즉 이에 동참함으로써 미국의 동맹국과 유사 입장

국가가 받을 수 있는 불이익에 대한 우려를 불식하는 대목이다. 이런 미국의 결의는 연대를 통해 방어가 가능하다는 발언 곳곳에서 발견할 수 있다. 가령 중국의 제재 때문에 참여를 두려워할 필요가 없다는 의사를 밝힌 것이다.

우리나라는 인태 전략과 쿼드 참여 문제가 제기된 2020년 9월부터 유보적인 입장을 견지했다. 중국의 반발과 제재 가능성을 염두에 둔 처사로 즉답을 피하며 우리의 '신남방정책'과 연계하여 그 범주 내에서 협력의 접점을 찾겠다는 입장만 강조했다. 그러나 현실적으로 이런 식의 협력에는 문제가 있다. 남중국해에서 미국이 주장하는 '항행의 자유' 보장 문제가 무역의존국인 우리의 국익에 부합할 수 있기 때문이다. 지경학적 이익을 추구하는 데 지정학적 전략이 수반되어야 한다는 논리를 인지하지 못한 것이다.

바이든 행정부가 외교 · 안보 분야 못지않게 우방국 네트워킹을 중시하는 분야는 바로 경제이다. 바이든 행정부의 무역정책을 한마디로 표현하자면 '근로자 중심worker centric' 무역정책이라 할 수 있다.[117] 그리고 향후 미국의 대중국 전략경쟁은 외교 · 안보와 경제 · 통상을 포괄하는 국가총체적whole-of-the-state, 전정부적whole-of-the government 접근이 될 것으로 전망된다. 이는 사실상 트럼프의 미국 우선주의를 좀 더 점잖고 덜 공격적인 색채로 포장한 것일 뿐 미국 우선주의의 연속이라고 보는 것이 타당하다. 바이든 행정부의 외교 · 안보와 경제의 연계는 '중산층을 위한 외교' 강화 구상에 반영돼 있다. 트럼프 같은 포퓰리스트가 등장한 가장 중요한 배경은 미국 중서부 러스트벨트의 몰락한 백인 중산층의 지지가 있었기 때문이다. 교육 수준이 낮은 백인 중산층은 트럼피즘의 핵심 지지세력일 뿐 아니라 백인 우월주의의 주된 지지층을 형성하고 있다. 따라서 바이든은 미국 중산층을 재건하지 않으면 미국의 민주주의가 흔들리고, 이는 미국 외교의 추동력을 현저하게 깎아내린다는 인식을 갖고 있다. 제2차 세계대전 이후 미국의 대외경제 통상정책은 중산층의 이익보다는 다국적기업과 투자자들 위주로 변화해왔다. 그 결과는 사회적 불평등 심화, 가계 중위소득의 정체, 그리고 중국과의 기술경쟁 여파로 초래된 실업률의 증가 등으로 나타났다.

전술한 대로 지경학적 이익의 수호는 이에 상응하는 지정학적 전략이 뒷받침되어야 한다. 우리는 독자적으로 이를 수행할 능력이 없다. 우리에게 최선의 선택은 다자협력이다. 쿼드와 인태 전략에 유보적이어서는 안 된다.

바이든 행정부의 동맹외교는 다자주의와 다자협력, 다자외교에 기반한다. 우리가 이에 적극 동참해야 하는 이유는 우리의 정체성에 우선 부합하고, 동맹 가치를 기반으로 결성되었기 때문이다. 또한 우리의 주권과 생존권을 현재로서는 제일 잘 보존해줄 것이다.

우리의 주권과 국익 관점에서 최선의 포석은 이런 협의체 결성 초기부터 참여하는 것이다. 그래야만 더 많은 지분을 챙길 수 있다. 제도와 규범 설정에 참여함으로써 '룰 메이커rule-maker'로 자리매김할 수 있어야 한다. 이것이야말로 다자외교에서 우리의 발언권은 물론 영향력과 국익을 극대화할 수 있는 기반이다.

이번 쿼드 정상회의에서 정상들은 백신 파트너십 외교, 핵심적인 신흥기술 협력 실무그룹과 기후변화와 관련된 실무그룹을 설립했다. 쿼드 참여에 우왕좌왕하는 사이 우리의 비군사적 협력에 방점을 둔 신남방정책과 쿼드를 접목할 수 있는 기회가 멀어져갔다. 두 번 다시 기회가 있을지 모르지만, 있다면 우리 국익 차원에서 심각히 재고해야만 할 것이다.

앞으로 바이든 행정부는 트럼프 시대의 유산을 극복하고 성공할 수 있을까? 바이든 행정부는 두 가지 유혹을 경계해야 한다. 첫째는 이념적 정향의 쏠림 현상이다. 바이든 행정부의 외교 · 안보 인선으로 볼 때, 바이든 외교가 '진보적 현실주의progressive realist'가 아니라 '진보적 이상주의progressive idealist'로 흐를 가능성에 대한 우려도 제기된다.[118] 외교 · 안보 라인의 핵심인 토니 블링컨 국무장관과 제이크 설리번Jake Sullivan 국가안보보좌관은 대표적인 진보적 이상주의자라는 평가가 있다. 진보적 이상주의자들이 특히 경계해야 할 것은 세상을 선과 악 이분법으로 보려는 네오콘neocon식 경향이다. 예를 들면 토니 블링컨은 세계를 기술민주주의techno democracy 대 기술독재주의techno autocracy 사이의 투쟁으로 간주하고, 민주주의 연맹이 공통의 안보, 경제, 정치적 비전을 진전시킨다고 주장한다. 하지만 민주주의 연맹은 필연적으로 그에 대항하는 권위주의 연맹을 낳을 수 있다는 점을 유의해야 한다. 둘째, 코로나19 이후 달라진 새로운 글로벌 환경도 국제질서에서 미국이 가능한 것과 불가능한 것을 구별하는 요인이다. 무엇보다도 바이든 행정부가 경계해야 할 유혹은 트럼프 이후 미국이 세계 유일의 슈퍼파워 지위로 되돌아갈 수 있다는 낙관론이다. 미국이 더 이상 자유세계의 수장이 아니고 '예외적 국가'도 아니라는 점을 인식할 필요가 있다. 예를 들면 우크라이나의 독립을 지켜주는 것은 고상한 목표임에는 틀림없으나 러시아와 전쟁을 각오하지 않는 한 성취하기 어렵다. 셋째, 트럼프가 했듯이 전임자의 흔적 지우기와 정책 뒤집기 유혹에 빠지지 말고 미국이 당면한 여러 사안들에 대해 현실적인 정책 재검토가 필요하다.[119] 트럼프의 정책에 무조건 반대anything but Trump하는 노선을 따르다가는 바이든도 실패한 전임자들의 전철을 피하기 어렵다. 합리적인 정책이라면 트럼프의 정책일지라도 과감히 수용하는 열린 자세가 필요하다.

미중 과학기술 신냉전의 격화[120]

미중 간 과학기술 신냉전 시대의 개막

김진현 전 과학기술처 장관은 〈21세기 중화주의 과학기술정책과 한국의 자강〉이라는 글에서 시진핑 시대가 가져온 과학기술 신냉전 시대의 개막을 알리고 있다. 그는 2020년 중국공산당 당장과 헌법에 공식적으로 명기한 마르크스-레닌주의의 21세기 버전이 '시진핑 시대 중국 특색 사회주의 사상'의 등장이라고 해석하고 있다. 그리고 우리가 중국몽 중화제국주의에 주목해야 하는 이유는 중국이 대국 굴기 하고 있기 때문이 아니라 과거와는 다른 요소를 갖고 있기 때문이라고 말한다. 그 요소는 세 가지이다.

첫째, 미중 신냉전의 실체가 과학기술 냉전이라는 사실이다. 중국은 냉전 시대의 소련보다도 더 분명하고 확고하게 국가운영, 기축, 요체, 실체로서 과학기술을 중심에 놓고 있다. 이 점은 중국공산당 정치국 회의에서의 과학기술에 대한 논의와 연구모임 등에서 두드러진다. 2021년 3월 외교전문지인 《포린 어페어스Foreign Affairs》에 발표된 〈혁신전쟁The Innovation Wars〉도 미국이 냉전 시대에 소련과 벌였던 과학기술전쟁과는 양상이 달라졌으며, 미국이 중국과의 혁신전쟁에서 승자가 되려면 중국을 제재하는 데 그치는 것이 아니라 기초과학과 응용분야에 더 많은 R&D 투자와 지원을 해야 한다고 강조하고 있다. 사실 미국 정부는 과거와는 다르게 민간 부문이 혁신을 주도하도록 하고 있다. 따라서 미국 정부의 R&D 투자 규모는 지속해서 감소해왔다. 바이든 행정부가 진정으로 미국을 혁신의 리더로 복원하려면 연방정부의 R&D 지출을 획기적으로 늘려야 한다.

둘째, 칭화대 화학과 출신인 시진핑 주석은 과학기술적 사고에 기반을 두고 군사 · 산업 분야뿐 아니라 국가관리, 국내정치 통제 수단으로서 소프트웨어 기술을 최대한 활용하고 있다. 21세기 첨단과학기술과 4차 산업기술을 정치, 경제, 금융, 사회, 문화, 통치,

통제, 사상관리의 영역에까지 활용하고 발전시키고 있다. 중국공산당 최고지도부의 과학기술 중시 사상은 마오의 군사력 중시에서 벗어나 덩샤오핑 이후 줄곧 진화되어왔다. 덩샤오핑은 과학기술을 경제발전과 연계했고, 장쩌민은 과학혁신 체제를 정립했으며, 후진타오는 자주혁신 능력의 향상에 초점을 맞추었다. 이제 시진핑은 혁신주도형 발전을 도모하면서 국가경쟁력이 곧 과학기술 역량에서 나온다고 보고 있다. 2020년을 혁신형 국가로의 진입 시점으로 설정하고, 2030년 혁신형 국가의 선두그룹에 진입한 후, 2050년 과학기술 강국으로 도약한다는 것이 과학기술 강국몽이다.

셋째, 디지털 빅데이터 정치가 정보 커뮤니케이션의 동원, 분배에 있어서 대의민주주의보다 더 효율적이고 우월하다는 확신을 키우고 있다. 따라서 과학기술을 통치의 수단으로 삼아 국가의 모든 자원과 역량을 총집중한다. 디지털사회주의 시대의 개막을 알리겠다는 것이다. 실제로 막강한 디지털 인프라는 인민의 생활에 침투하여 감시체제로 작동한다. 인민은행이 2022년 베이징 동계올림픽 즈음에 출범시키려는 디지털 위안화도 개인의 모든 거래행위까지 감시하려는 시도로 볼 수 있다. 이는 과학기술의 윤리성이 결여된 또 다른 프랑켄슈타인을 만들겠다는 시도로 봐도 무방하다.

앞으로 이러한 중국의 기술발전 모형이 세계 정치 · 경제의 흐름을 어떻게 바꿀 것인지 그리고 이것으로 중국이 세계경제 패권을 장악할 수 있을 것인지가 최대의 관심이 아닐 수 없다. 김진현(2021)은 미중 과학기술 신냉전에서 승패를 가름하는 변수는 너무도 많아서 단정적으로 결론짓기가 힘들다고 말한다. 그러나 중국이 네 가지 측면에서 유리하다는 점을 지적하고 있다. 중국의 ① 규모(인구, 빅데이터, 플랫폼 등), ② 디지털의 선진화, ③ 중앙집권적 핵심기술 지원과 정책, ④ 민족주의적 애국심과 인내심 등이다. 그중 흥미로운 변수가 선진국을 따라잡자는 애국심이다. 이는 중국 인민들에게 물망국치勿忘國恥, 백년국치百年國恥라는 구호로 아직도 각인되어 있다. 종이, 화약, 나침반, 석유채굴, 지폐 등 인류 생활의 필수품을 최초로 발명했다는 자부심을 지닌 중국 인민들은 언젠가 미국을 충분히 따라잡을 수 있다는 정신승리법으로 끝없이 자신을 단련하고 있다.

과학기술 중국몽의 문명사적 함의

시진핑 체제에서 발전된 디지털공산주의, 중화민족주의, 과학기술 중국몽이 앞으로 문명사적으로 어떤 파장을 일으킬 것인지의 문제는 대단히 중요하다. 이는 미중 경제패권이라는 개념을 뛰어넘는 담론이다. 김진현(2021)의 지적대로 중국이 여러 측면에서 유리한 점이 있지만, 과연 미국 등 선진국의 도움 없이 과학기술 분야의 자력갱생이 가능할 것인가? 은종학(2019)은 미국의 중국 견제와 양국 간 갈등을 고려하여, 양국의 과학연구 협력이 중단되는 가상의 상황을 상정하고 그것이 양국에 미칠 충격을 가늠하는 스트레스 테스트를 수행했다. 그 결과 과학 전반에서 중국은 미중 과학협력 중단이 가져올 충격을 감내할 독자적 역량이 있음을 확인할 수 있었다. 《네이처Nature》와 《사이언스Science》 같은 세계적 과학 저널에서 중국의 연구역량이 미국에 뒤처지고 그 위상이 하락할 가능성이 있다고 분석하고 있음에도 불구하고, 전반적인 역량에 있어 중국의 과학기술 자강론이 허세만은 아니라고 볼 수 있다.

시진핑 주석은 미국의 압박이 중국을 자력갱생의 길로 내몰고 있다고 천명하고 이것을 천재일우의 기회로 삼아 과학기술 주도권 확보를 위해 모든 것을 걸고 항전하자고 독려하고 있다. 이것이 미중 간 전략적 경쟁의 핵심이 아닐까 생각한다. 실로 AI, 인터넷, 빅데이터, 기술융합 혁신체제와 이론 연구 분야에서 2050년 선두의 위상을 반드시 달성하겠다는 꿈이 과학기술 중국몽의 핵심이다. 한편 바이든은 미중 간의 기술대결을 자유세계의 기술민주주의 대 중국의 기술독재주의 간의 싸움이라고 규정했다. 이어서 2021년 3월 쿼드 정상회의에서 미국, 일본, 오스트레일리아, 인도 네 나라 정상들은 첨단기술 분야에서 중국을 견제하기 위하여 QTN을 출범시키고 관련 정보를 공유하기 시작했다. 미중 과학기술 신냉전의 결말은 어떻게 날 것인가? 시진핑의 과학기술 중국몽이 성공하든 실패하든, 그의 시도는 문명사적으로 인류생존의 실존적 문제를 제기하고 있다.

유발 하라리Yuval N. Harari는 "21세기 디지털 시대에는 독재국가가 DNA를 포함한 모든 생명과 사회적 정보를 독점하고 디지털 가

공의 효율에서 압도하여, 민주 선거와 자유시장을 넘어 종교와 예술까지도 의미 없게 만들 것"이라며 과학기술이 폭정을 선호하는 시대가 올 것으로 전망했다. 이는 AI 혁명이 민주주의와 독재 간의 상대적 효율 관계를 변화시켜, 20세기 민주주의의 우월성에 반문을 제기하고 과학기술의 윤리성 약화로 이어질 것이라는 우려가 제기되는 이유이기도 하다. 시진핑식 과학기술 중국몽의 성공이 휴머니즘, 인본주의를 파괴하고, 반휴머니즘, 반인도주의, 탈인간주의로 이행되지 않을까를 심각히 경계하지 않을 수 없다.

4장

미국과 중국의 국내 상황 인식

중국의 기회의식, 미국의 위기의식 속 한국의 무의식?[121]

바이든 대통령 취임 이후 미중 갈등은 다소 소강상태로 진행되고 있다. 그러나 언제 어디서 뇌관이 터질지 모르는 가운데 양국은 이것이 터지지 않는 선에서 경쟁, 분쟁, 압박, 견제, 포위, 대항을 계속 이어갈 것이다. 무엇보다 시진핑의 장기집권이 거의 기정사실인 상황에서 미국 등 동맹국들도 중국과의 가치전쟁을 단기전으로 끌고 가기는 어려울 듯하다. 결국 미국과 중국의 충돌 양상은 장기전으로 진행될 것으로 보인다. 문제는 중국이 장기전에 강하다고 스스로 자부한다는 점이다. 시진핑 주석은 미국의 중국 분절 정책이 중국을 자력갱생의 길로 내몰고 있다고 주장한다. 자국민의 대미 항전의지를 독려하는 것이다. 최근 들어 중국 내부에서 감돌던 시진핑에 대한 반감과 불안감은 공산당 체제에 대한 자신감과 우월감으로 바뀌고 있다. 시진핑만이 미국 등 동맹국들과의 충돌을 이겨낼 수 있다는 믿음이 굳어가고 있는 것도 분명한 현실이다.

중국은 전 국민이 100년 만에 한 번 오는 대굴기의 기회가 지금이라는 기회의식으로 확실하게 무장돼 있다. 이에 따라 미국의 위기의식은 더 넓고 깊으면서도 강하게 자리 잡을 수밖에 없다. 코로나19와 민주주의의 위기감에 휩싸여 있는 상황인 만큼 자존감의 손상도 경험했다. 최근 미국의 대중국 전략보고서에 나와 있는 상황 인식도 크게 다르지 않다. 중국의 팽창보다 미국의 쇠락이 더 우려스럽다는 것이다. 반면 중국은 코로나19를 퍼뜨린 주범국가라는 오명을 극복하며 방역과 경제 회복에 성공했다. 두 마리 토끼를 잡았다는 평가도 받고 있다. 중국 정부는 이를 시진핑의 리더십 덕분이라고 선전하면서 60만 명 이상의 사망자를 낸 미국의 방역 무능력과 의회 점거, 폭동 사건 등 민주주의 취약점도 계속 들춰냈다. 결과적으로 미중 간 체제경쟁에서 사회주의가 민주주의를 이겼다는 자신감까지 도출해내는 데 성공했다. 게다가 미중 갈등으로 인한 중국 내 반미 감정의 폭증은 시진핑이란 강한 지도자의 필요성을 정당화해주고 있는 것이 현실이다. 현재 미국의 자유세계 내에서의 리더십은 옛날만 못하다. 국내 문제해결을 위한 바이든 행정부의 국정 우선순위를 고려하면 미국은 지금 중국과의 대결에 온 힘을 쏟아부을 여력이 부족하다. 다소의 속도 조절이 필요한 것이다. 이러한 미중 간 세력 전이와 충돌 속에서 우리는 주권과 생존권을 어떻게 지켜나갈 것인지에 대한 답안을 갖고 있지 못하다. 국내의 국민의식과 생각 또한 종합, 정리되고 있지 못하는 상황이다.

미국을 다시 위대하게 vs. 중국을 다시 위대하게

미중 관계 측면에서 볼 때, 시진핑의 국정 슬로건은 트럼프의 것과 비슷하다. '미국을 다시 위대하게Make America Great Again'라는 슬로건을 걸고 대통령으로 당선된 트럼프와 '중화민족의 위대한 부흥中華民族偉大復興' 기치를 든 시진핑의 조합은 '강대강' 국면이었다. 시진핑은 당대회 업무보고에서 "타국의 이익을 희생해 발전하지는 않겠지만, 동시에 우리의 정당한 권리도 포기하지 않을 것"이라고 했다. 시진핑 주석이 1기 집권 때 '신형대국관계'의 근간으로 제시했던 '핵심이익'을 재차 강조한 것이다. 중국공산당 문건에 의하면 핵심이익이란 중국이 지정한 세 가지 이익(핵심이익, 중요이익, 일반이익) 중에서 가장 상층에 있는 이익이며, '국가의 생존'이 달려 있기에 '타협의 여지가 없다'고 설명하고 있다. 미중 간의 패권 다툼이 더욱 첨예해질 것임을 예고하는 대목이다.

시진핑 집권 2기의 외교 분야 키워드인 '신형국제관계' 선언은 주목할 부분이다. 왕이는 신형국제관계를 '상호 존중', '공평 정의', '합작 공영'으로 규정하면서, "이 세 가지 키워드는 약육강식의 법칙을 버리고 모든 국가를 평등하게 대하는 중국 외교의 전통에서 만들어졌다"고 설명했다. 분석가들이 주목하는 것은 이러한 '외교적 수사修辭'가 아니라 실제 이것이 어떻게 실행되느냐일 것이다. 사드 보복만 봐도 중국이 한국에 약육강식의 법칙을 버리고, 평등하게 대했다고 생각할 사람은 많지 않을 것이다. 오히려 반대로 '강한 국가強國' '강한 군대強軍'를 공개적으로 표방하고, 핵심이익에 대해서는 절대 양보하지 않겠다고 자신감 있게 선포한 만큼 앞으로 더욱 힘에 기반한 '공세적 외교'를 펼칠 가능성이 크다.

시진핑 2기 체제에서 중국 외교의 사령탑 양제츠楊潔篪 국무위원이 정치국원으로 발탁된 점도 눈여겨볼 대목이다. 중국에서 가장 강력한 권력을 가진 25명으로 구성되는 권력 상층부인 '정치국'에 직업 외교관이 진입한 것은 첸치천錢其琛 이후 14년 만이다. 이는 중국이 앞으로 국제관계에서 '외교적 해결'에 더욱 노력하겠다는 의미만은 아닐 것이다. 시진핑이 추구하는 강하고 공세적인 대외관계에 외교가 '도구'로 들어간다는 의미이다.

시진핑이 추구하는 꿈은 공산당이 설정한 중국 인민 '모두가 풍요로운(공동 부유) 선진국'을 2049년까지 실현한다는 것인데, 이는 그때까지 미국을 군사 · 경제적으로 능가하는 사회주의 대국을 건설하겠다는 뜻이다. 시진핑 중국의 '강국 DNA'가 본격적으로 표출되면서 중국은 기존처럼 미국과의 경쟁을 피하기보다 일종의 '성장통'으로 보고 향후에도 적극적으로 자국의 이익을 확보해나가는 공세적 외교를 펼칠 것이라 예상된다. 한국 등 아시아 역내 국가들은 이러한 상황에서 자기 국가의 이익을 어떻게 지켜야 하는가를 심각하게 고민하게 된다.

한편 다수 사망자까지 나온 사상 초유의 미국 의회 점거 폭동은 미국 민주주의 이미지에 위중한 손상을 입혔다. 세계 1등 국가인 '미국도 저렇게 흔들릴 수 있구나' 하는 생각이 이제는 가능해졌다. 이는 상대적으로 미국과 경쟁 대척점에 있는 중국공산당에게 1당 독재체제에 대한 자신감을 더욱 키우게 했다. 중국공산당이 사회주의 정치 '제도에 대한 자신감制度自信'을 가지라고 마지막으로 강조한 날짜는 2020년 8월로 검색이 된다. 중국공산당 이론지《추스求是》가 시진핑의 연설집인《시진핑 국가통치를 논하다习近平谈治国理政》를 언급[122]하며 획일적 사회주의 제도가 '큰일을 하는 데 힘을 집중하는 좋은 제도集中力量办大事的好制度'라고 효율성을 내세웠다. 그러면서 "중국 특색 사회주의 제도의 가장 큰 강점은 중국공산당이 영도하는 것이다中国特色社会主义制度的最大优势是中国共产党领导"라고 했다. 공산당 정치체제에 대한 합리화이다.

중국의 정치체제에 자신감을 가지라는 것은 중국 지도부 연설에서 꼭꼭 등장하던 주문이었다. 중국 당국이 하루가 멀다 하고 국민들에게 정치체제에 대해 자신감을 가지라고 강조하는 것은 역설적으로 국민들이 공산당 정치체제에 대한 믿음에서 이탈하는 것을 염려하기 때문이었다. 중국의 경제발전 정도로 보아 아직도 낙후한 곳이 많으므로 민주화 같은 서방식 정치 개혁을 할 때가 아니라는 뜻이다.

중국공산당이 인민들에게 중국 정치체제에 자신감을 가지라고 강조하는 주문은 2020년 여름 이후 언급되지 않고 있다. 이제 강조하지 않아도 된다는 자신감의 반영이라 할 수 있다. 반대로 민주주의 전당인 미국에서는 '민주주의를 수호하자protect democracy'라는 구호가 부쩍 늘었다. 민주주의가 위기에 직면했다는 것이다. 중국이 사회주의 정치체제에 대한 호기를 부리고 있는 반면, 민주주의의 본산인 미국은 오히려 민주주의의 위기감을 느끼고 있다. 역사의 아이러니이다.

중국공산당은 오랫동안 중국이 처한 현실이 '사회주의 초급단계'라고 했다.[123] 중국공산당 당헌에 의하면 초급단계는 장기적이고 100년 이상이나 지속된다. 한국 민주화 역사의 태동을 평화적 시위로 군부정권을 쫓아내고 대통령 직선제로 복귀한 1987년의 '6·10 민주항쟁'을 기준으로 삼는다면 현재 한국의 민주주의 역시 '초급단계'에 있다고 할 수 있다. 모양은 민주주의이지만 내실은 많이 부족하다. 한국의 민주주의는 미국을 모델로 삼아 조금씩 발전해왔다. 그런 미국의 민주주의의 근간이 흔들리는 현 상황은 아직 한참 더 민주주의를 발전시켜야 할 한국 사회에 가치관과 정체성 표류를 유발할 수 있다. 나침반이 고장난 배처럼 말이다.

이러한 '민주주의 초기단계'의 위기는 일각에서 이미 가시화되고 있다. 미중 갈등을 논하는 최근의 한 세미나에서는 "작동하는 사회주의가 작동하지 않는 민주주의보다 더 낫다"라는 발언도 나왔다. 코로나19 방역에 일찍 성공하고 경제성장 반등을 이룩한 중국 사회주의 제도에 대한 지지 표시이다. 민주주의 초급단계 사회니까 벌어지는 일이다. 이런 한국 사회 내부의 취약성에 유념해야 한다.

미중 사이의 선택의 문제는 경제, 안보뿐만 아니라 이렇게 가치관과 정체성의 문제를 내포하고 있기 때문이다.

민주주의 위기를 경험한 미국 사회의 미래 전망

코로나19 정국 속 승승장구하고 있는 중국과 대조적으로 민주주의의 위기를 자초한 미국이, 빌미를 제공한 책임을 회피할 수는 없다. 중국 관방 언론과 소셜 미디어는 미국 대선 과정에서의 미국 사회의 혼란, 불거진 인종 갈등, 지지자들 사이에서의 칼부림, 트럼프 대통령의 불복, 그런 트럼프를 설득하기보다는 오히려 거드는 공화당 정치인들을 자세히 조명하며 미국의 민주주의를 조롱했다.

2021년 1월 6일 미국 의회 점거 사건이 그 절정이었다. 보수적인 《월 스트리트 저널Wall Street Journal》조차 '반란insurrection'[124]이라고 할 정도의 전무후무한 민주주의 혼란의 모습이 전 세계 매스컴을 타고 그대로 보도되었다. 시위를 조장한 트럼프 대통령은 그 반란의 주모자이다. 반대파가 아닌 현 국가 최고지도자가 국가 반란을 주도한 셈이다. CNN이 역사상 이런 일이 있었는지 전문가들에게 물을 정도였다. 미 국무장관을 지낸 매들린 올브라이트Madeleine Albright는 CNN에 출연해 "미국 민주주의는 결코 끝난 것이 아니다"라고 역설하며 현 상황에 대한 안타까움을 드러냈다.

결국 미국 사회가 보인 민주주의의 취약함은 경쟁관계에 있는 중국공산당 정권에게는 상당한 어부지리 반사이익이다. 코로나19 사태 초기에 '실각설'까지 나왔던 시진핑의 권력은 코로나19 통제에 성공하자 오히려 강화되었고, 중국 경제는 빠른 V자 회복세를 보이며 공산당에 대한 지지도가 높아가고 있다. 그런 와중에 경쟁 대상인 미국 민주주의가 드러낸 극심한 혼란 양상은 중국이 사회주의 체제의 정당성을 더 이상 설파하지 않아도 되게 만들었다. 아예 중국은 이참에 한발 더 나아가 사회주의가 민주주의 체제보다 더 효율적이라며 우월성을 선전하고 있다.[125]

전략적 관점에서 보면 '트럼프 4년'은 중국에게 기회였다. 중국 정부는 말을 아끼고 있지만, '바이든 4년'도 중국이 더 강하게 부상할 기회의 시간이 될 수 있다고 믿는 듯하다. 미국 사회는 힘든 치유의 과정을 겪을 것이다. 그만큼 미국의 민주주의는 많이 고장나 있다. 트럼프가 미국 민주주의에 끼친 피해의 심각성을 감안할 때, 바이든이 미국의 민주주의를 회복하는 것은 단시일 안에 쉽지 않을 것이라는 관측도 있다. 심지어 의회 점거 폭동 이후 실시한 설문조사에서 공화당원의 거의 절반이 여전히 미국 국회의사당 점거 폭동을 지지한다는 의견을 피력[126]한 것은 이러한 해석에 무게를 실어준다. 트럼피즘이 낳은 미국인의 민주주의에 대한 불신 가운데 대표적인 것이 선거 자체가 부정 선거이므로 원천 무효라고 반대하며 선거 패배를 인정하지 않는 태도이다. 미국 사회가 선거 결과에 승복하지 않고 계속 정체성 정치로 가면 미국 민주주의의 밝은 전망을 기대하기가 어려울 수 있다.

5장

미중 간 전략적 경쟁의 확장과 한국의 전략 리스크

중국의 위상과 국력이 커감에 따라 중국에 대한 국제사회의 기대는 물론 의무와 책임 또한 증대되어왔다. 그런데 그 과정에서 중국의 공세적 외교 행위와 방식에 대한 우려, 리더십에 대한 의구심도 함께 커지고 있다. 특히 2021년 7월 26일 베이징에서 열린 웬디 셔먼Wendy Sherman 국무부 부장관과의 회담에서 왕이는 "미국이 만든 규범을 왜 지켜야 하나"라며 강렬하게 저항하는 모습을 보였다. '미국의 국제규범과 질서를 중국이 존중하라'는 요구로 인식한 것이다.

이런 중국의 전랑 외교 행태는 중국이 장기적인 외교적 지향점과 목표를 향해 나아감에 있어서 국제사회와 질서에 중대한 도전 요인이 될 것이다. 대외적으로 미중 간 전략적 경쟁이 지속되는 가운데, 중국은 미국의 전면적인 전략적 압박에서도 미국의 요구를 수용하지 않으면서 갈등과 대립을 장기간 이어나가려 할 것이다. 내부적으로는 애국·민족주의와 사상 교육을 강조하면서 중국공산당의 정통성과 리더십을 공고히 하려 할 것이다. 또한 공산당 지도부의 정치적 특권과 최고지도자의 권력이 자연스럽게 강화될 가능성이 높은 만큼, 중국은 힘의 논리에 의한 전랑 외교를 지속할 것이다.

중국의 전랑 외교는 한국도 압박할 것이다. 시진핑이 집권하는 한 이 시나리오는 더욱 가시화될 것이다. 중국은 미국이 주도하는 첨단과학기술과 GVC 재편 과정에서 독자 생존이 어렵다고 느낄 때까지 이러한 행태를 지속할 것이다. 이 과정에서 한국은 지속적으로 미중 선택의 압박을 받을 것이다. 한국에게는 공존과 충돌이 병존하는 상황이므로 이를 현안별로 예상하면서 국익을 최대화하고 손실을 최소화할 수 있는 대응전략을 마련해야 한다. 미중 사이에서 전략적 균형을 유지해가는 토대가 필요한 것이다.

한편 미국도 세계 패권국의 지위를 빼앗기지 않기 위해 동맹외교를 강화하고 있다. 한국이 중국에 경사되거나 양다리 걸치기 외교를 계속할 경우 이에 상응하여 대한국 조치를 강화할 것이다. 미국이 한국과 피를 나눈 동맹국이기는 하나 이제는 절대적 동맹에서 상대적 동맹으로, 수직적 동맹에서 수평적 동맹으로 변화하고 있다. 따라서 한국이 중국과 과도하게 밀착되어 있을 경우 미국은 제재나 대응조치로 한국을 동맹체제에 묶어놓으려 할 것이다.

미국과 중국의 압박카드와 한국의 전략적 고민

현재 미국과 중국은 자국의 막강한 경제력과 국방력에 기반하여 한국에 대한 외교적 지렛대를 확보하고 있다. 이들 양국은 외교 네트워크, 국제기구에서의 영향력 그리고 언론 및 전문가층을 통한 심리전 수행 능력에서 한국을 압도한다. 그 결과 한국은 이들 국가의 정책과 다른 방향의 외교적 결정을 하는 데 상당한 어려움이 따른다. 이는 한국의 전략적 · 자율적 선택을 제한하는 요인이 되고 있다. 그렇다면 한국은 미국과 중국이 행사할 수 있는 영향력과 그 한계를 일차적으로 고민해야 한다. 그래야 한국의 선택과 독자적인 정책의 폭을 가늠할 수 있기 때문이다.

중국의 한국 압박카드

중국의 대한국 압박카드는 매우 다양하다. 시진핑 주석은 2022년 중국공산당 제20차 당대회를 앞두고 있다. 중국 내부적으로 당대회는 중국의 미래 권력의 향배를 결정하는 중요한 정치행사이다. 중국은 당대회에서 시진핑의 연임이 순조롭게 진행되도록 이미 각 영역에 대한 단속을 대대적으로 진행 중이다. 대외적으로 중국은 미국과의 전략적 경쟁 국면에 돌입한 이후 장기전에 승리하기 위해 국내 단속이 필요한 상황이고, 특히 바이든 대통령 취임 이후 미국이 주도하고 동맹국들이 참여하는 대중 포위망 형성에 강력하게 대응할 필요성이 크다.

이런 국내외적 도전에 대해 중국은 민족주의에 기초한, 감정적이고 위험을 감수하는 대응을 할 가능성이 높다. 게다가 중국은 이미 미국과 대결을 불사하겠다는 입장이기에 안보상 중국을 포위하는 반중국 동맹에 대해 과거 사드 분쟁보다 훨씬 더 격렬한 반응을 보일 수 있다. 이러한 시기에 한국이 미국의 편에 서는 선택을 확고히 할 때, 중국의 반응은 격렬할 것으로 전망된다.

경제적 압박카드

중국은 1차적으로 경제보복을 우선할 가능성이 크다. 한국을 가장 아프게 하고, 한국 국민의 여론을 변화시키는 데 경제만큼 좋은 카드가 없기 때문이다. 중국은 자국 경제에 피해를 주지 않는 산업과 품목을 선택해 보복할 것으로 예상된다. 외교적 마찰을 피하면서도 한국을 압박할 수 있기 때문이다. 과거 한국의 사드 경험뿐 아니라 최근 타이완의 파인애플 수입 제한과 오스트레일리아의 철광석, 석탄, 와인, 소고기 등에 대한 중국의 경제보복 조치를 보아도 한국의 친미 행보 시 중국이 다시 경제보복 카드를 꺼낼 가능성이 높다.

물론 중국 역시 경제제재를 조치할 때 부메랑 효과를 주의해야 함을 잘 알고 있을 것이다. 중국의 오스트레일리아에 대한 경제보복 조치 중 중국이 필요로 하는 철광석이나 석탄에 대한 수입규제는 중국 경제에도 타격을 주고 있다. 또한 미중 무역전쟁 악화 과정에서 중국의 미국산 대두와 돼지고기 수입 제한은 중국 내 물가상승이라는 부메랑 효과를 가져왔다. 실제로 사드 분쟁 당시에도 중국의 경제보복 대상이었던 분야는 여행업, 면세점, 소비재, 한류 엔터테인먼트 산업 등 중국 경제에 대한 영향이 제한된 영역이었다. 게다가 사드 당시의 중국 보복 조치가 완전히 해소되지 않고 있는 상태에서 중국이 또 다른 제재 조치를 실행하려 할 때, 경제제재의 선택지가 많지 않을 수도 있다. 이는 한국에 기회요인이 될 수 있다.

현재 한국의 대중국 10대 품목은 반도체 3개 품목, LCD, 파라자일렌, 컴퓨터 부품, 콜타르 추출물, 휴대폰 부품, 기타 미용 및 피부보호 용품, 컴퓨터 기억장치 등이며, 이들 품목이 대중국 수출 전체에서 차지하는 비중은 48%에 달한다. 현재 중국에 대한 미국의 기술봉쇄로 중국이 추진하는 반도체 굴기에 커다란 장애가 나타나고 있으며 따라서 반도체 및 기술 관련 제품에 대한 수입제한 등의 조치는 자제할 것이다.

한국에서 중국으로의 수출제한과 함께 중국이 고려할 수 있는 가능성 큰 제재는 희토류 자원의 무기화일 것이다. 만일 한국이 중국의 의도와 다른 접근을 한다면, 중국이 한국을 상대로 희토류 수출금지 카드를 사용할 가능성이 있다. 현재 우리는 희토류 수입량의 50%를 중국에서 들여오고 있기 때문이다. 다행히도 2021년 3월부터 우리 정부는 희토류 수입 다변화 대책을 실행하고 있지만, 시간상 충분한 희토류를 확보하기 어렵다는 점에서 중국의 경제압박에 취약한 부분이 될 수 있다.

외교적 압박카드

중국은 외교적으로도 한국을 압박할 수 있다. 한국 정부를 국내정치적으로 흔들 수 있는 문제들을 우선적으로 제기할 것으로 전망된다. 외교는 상호주의가 적용되며, 한국에 대해 불이익을 가할 때 중국 역시 타격을 입게 된다. 따라서 중국은 자국의 손실을 최소화하며 한국 정부의 위상을 약하게 하는 사안들을 우선 활용할 것이다.

첫째, 한국 정부에 대한 외교적 비토veto로 일종의 망신 주기를 전개할 가능성이 크다. 문재인 정부가 원하는 시진핑 방한을 무기한 연기하며 한국을 압박할 수 있고, 정상회담뿐만 아니라 장차관급 회담을 순연하고, 국장급 이상의 고위급 대화를 중단하면서 한국을 압박할 수 있다. 심지어는 고위급 통화마저도 거부하며, 의도적으로 국내 언론에 흘려 한국 정부를 난처하게 만들 가능성도 존재한다. 국제기구에서 한국의 위상을 저하시키는 행동은 한미 간 협력을 더욱 공고하게 만드는 요인이 될 것이므로 적극적으로 활용하지는 않겠지만, 가능성을 배제할 수는 없다.

둘째, 주중 한국인에 대한 불이익 조치를 감행할 가능성이 크다. 2018년 멍완저우孟晚舟 사건 이후 중국 내에서 활동하던 캐나다인을 체포한 사건에서 볼 수 있듯이, 중국 내 한국 교민과 유학생의 활동에 대해 법 집행을 명분으로 인신 구속이나 벌금 부과 등 각종 제약을 가할 가능성이 제기된다. 이러한 문제는 외교적 사안이라기보다는 자국에 거주하는 외국인에 대한 중국의 주권에 관련한 사안이나, 궁극적으로는 외교적 마찰로 연계될 성격을 지닌다. 중국이 주중 한국인을 탄압할 경우 외교적 마찰로 비화되면서 한국 정부의 입장을 난처하게 만들 수 있다.

셋째, 중국 유학생의 한국행 금지이다. 현재 한국 내 외국 유학생 중 중국인 유학생이 거의 절반 정도를 차지하고 있다. 또한 인구절벽으로 인해 국내의 많은 대학이 재정의 상당 부분을 중국인 유학생의 학비로 충당하고 있는 것이 현실이다. 만일 중국이 한국에 유학생이 오는 것을 비공식적으로 제한할 경우 재정 상황이 열악한 다수의 사립대학이 상당한 타격을 입을 전망이다. 그 피해는 고스란히 한국 정부의 잘못된 외교 때문이라는 비난으로 이어질 것이다.

넷째, 한국 정부에 대한 외교적 심리전이다. 이는 중국이 매우 치밀하게 전개하는 영역이며 그 효과가 상당히 큰 상황이다. 중국은 자국의 고위급 인사, 언론, 기업인, 학계 인사 등을 활용한 심리전을 전개하고, 나아가 한국 내 친중 학자 및 기업인 등도 활용할 수 있다. 이들이 언론 등을 통해 문재인 대통령의 외교가 잘못된 길로 가고 있음을 지속적으로 문제 제기하며, 한국의 국내정치에 개입하는 부당한 외교행위를 전개할 것으로 보인다.

끝으로 중국은 마지막 단계에서 각 외교 사안과 관련하여 한국 정부를 괴롭힐 것이다. 한중 간의 주요 외교협력 사안에 비협조로 일관하며 한국 정부를 괴롭힐 수 있다. 다만 중국 역시 자국 외교를 수행하기가 곤란해지는 상황을 맞이할 수 있어 철저히 계산한 후 압박을 전개할 것이다. 먼저 북한 및 북핵 문제에 대한 비협조를 예상할 수 있다. 문재인 정부는 북한과의 대화를 추진하고 있으며, 고위급 이상의 대화를 재개함으로써 남북관계 개선을 성공적 과업으로 남기려 한다. 그런데 대화에 복귀하지 않는 북한을 움직일 수 있는 국가는 중국이다. 한국 정부가 마음에 들지 않을 경우 북한 문제에 협력하지 않고, 한국 정부를 고립시키려 들 수 있다. 특히 2022년 2월 베이징 동계올림픽을 계기로 고위급 회담을 희망하는 문재인 정부에게 타격을 줄 수 있는 전략적 우위에 있다.

해상 경계를 둘러싼 의도적 마찰도 중국이 활용할 수 있는 카드이다. 현재 한중 간에는 서해 해상 경계선, 중국 불법조업의 문제가 제기되고 있다. 중국은 의도적으로 불법조업 등 외교적 마찰 사안을 확대하며 한국 정부를 괴롭힐 수 있다. 최근 들어 활발해지고 있는 KADIZ 침범 역시 중국이 언제든지 활용 가능한 카드가 될 수 있다.

그 밖에도 역사 및 문화와 관련한 의도적 도발을 예상할 수 있다. 과거 동북공정과 같은 역사문제, 김치 등과 같은 문화문제 등을 의도적으로 야기하며 한국을 괴롭힐 가능성이 크다. 문제가 생기더라도 중국을 어찌하지 못하는 한국 정부에 대한 국민적 지지율을 낮춤으로써 간접적인 압박 효과를 거두려 할 것이다.

미국의 한국 압박카드

경제적 압박카드

미국 행정부의 외교 과제 중 중요한 하나는 동맹국을 잘 관리하는 것이다. 그 결과 미국은 동맹국인 한국이 쿼드 가입 등을 미루며 미국의 동맹 네트워크 강화 정책에 호응하지 않아도, 중국과 같은 수준의 노골적인 압박을 가하지는 않을 것이다. 세계 10위권의 경제력을 가진 한국과의 관계가 악화되는 것은 미국 행정부의 외교 실패로 평가될 것이기에, 신중한 행보를 보이며 겉으로 드러나지 않게 한국을 압박할 것으로 전망된다.

경제적 차원에서 미국은 다양한 대한국 압박수단을 가지고 있다. 여전히 한국은 미국에서 무역 흑자를 유지하고 있기 때문이다. 미국은 한국이 미국 주도의 네트워크에 참여를 거부할 경우, 한국을 압박할 수 있다.

먼저 미국은 '바이 아메리카Buy America' 정책과 기체결한 국제협정과 충돌이 발생할 경우 재협상까지 고려하고 있기 때문에, 한국에도 한미 FTA 및 WTO 정부조달협정GPA 재협상을 경제적 압박의 수단으로서 활용 할 수 있다. 바이든 대통령은 대선 당시 연방정부 조달을 통한 미국 제조업의 재건, 환경보호 등에 관한 내용을 포함하는 '바이 아메리칸 플랜Buy American'을 공약한 바 있으며, 대통령 취임 직후인 2021년 1월 미국산 물품 구매 의무를 강화하는 내용의 행정명령에 서명했다. 그 내용을 트럼프 행정부와 비교하면 바이든 행정부의 '바이 아메리카' 정책은 완곡한 표현들이 사용되고 점진적으로 추진되고 있어서 표면적으로는 잘 드러나지 않지만, 역대 '바이 아메리카' 관련 조치 중 가장 강력한 것으로 평가된다. 이러한 자국 중심의 경제정책 전개는 필연적으로 다른 나라와 충돌하게 되는데, WTO GPA 재협상 및 탄소국경세 도입이 가장 우려된다.

미국은 2020년 11월, 2021년 2월 두 차례에 걸쳐 300개의 필수 의약품을 미국의 GPA 양허 리스트에서 제외해줄 것을 요청하는 신청서를 제출했고, 한국을 포함한 다수의 WTO GPA 회원국들이 이에 대한 반대의견을 표명함에 따라 중재 절차가 가동될 예정이다. 만일 한국이 이에 반대할 경우 한국에 대한 경제제재를 압박해 올 가능성이 크다.

한편 바이든 행정부는 2021년 1월 기후변화 대응책의 일환으로 탄소국경세 도입을 고려할 것이라고 밝혔고, 미국이 2023년 탄소국경세를 도입할 경우 한국은 철강, 석유, 전지, 자동차 등 주요 업종에서 1,100억 원의 추가부담 발생이 예상된다. 트럼프 행정부 당시 도입된 철강 수출 쿼터제로 한국 철강업계 수익성이 크게 악화되었으나, 바이든 행정부는 철강 · 알루미늄에 대한 고율 관세 및 수출 쿼터제 폐지 예정에 있다. 하지만 탄소국경세 도입과 철강 · 알루미늄에 대한 고율 관세를 조정하는 과정에서 한국을 배려할 수도 있고 반대로 압박할 수도 있다. 그간 한국은 미국의 동맹국으로서 적지 않은 경제적 혜택을 누려왔다. 하지만 미국의 동맹 네트워크 강화에 불참할 경우 그러한 혜택이 하나둘씩 줄어들 것이며, 궁극적으로는 한국에 대한 강한 경제적 불이익 조치가 취해질 가능성도 존재한다.

외교적 압박카드

미국은 대외전략 변화에 따라 동맹 네트워크를 확대하는 과정에서 나름의 동맹 재편을 추진할 가능성이 있는데, 한미 관계가 상대적으로 덜 중요하다고 판단되면 적지 않은 압박카드가 준비될 수 있다. 양자동맹 차원에서 한미동맹은 매우 의미가 크지만, 다자 네트워크를 강화하며 이에 참여하지 않는 국가를 2류 동맹국으로 분류할 경우 한미동맹의 위상이 약화될 수 있다. 특히 미국의 첨단기술이나 외교적 특혜를 다자 네트워크에 참여하는 국가에게 우선 배분할 경우 한국으로서는 타격을 입게 되므로 신중한 선택이 필요하다.

미국이 한국을 압박하려 한다면 1차적으로 동맹국들에게 제공하는 혜택을 줄이는 방식을 선택할 것이다. 예를 들면, 최근 현안인 코로나19 백신 지원의 우선순위가 뒤로 밀린다거나, 한미 간의 정상회담 개최 시간, 의전 등에서 순위가 낮아질 가능성이 크다. 또한 중국의 KADIZ 침범과 같은 행위에 대해서도 별다른 조치를 취하지 않는 소극적 대응을 할 가능성도 존재한다. 물론 중국과 같이 한국에 대한 공세적인 외교적 심리전을 전개하지는 않겠지만 미국 언론, 의회, 전문가 집단 등이 자연스럽게 한국의 외교적 행보에 우려를 표함으로써 워싱턴에 일고 있는 '한국의 대중경사론'을 한국으로 확산시킬 가능성이 존재한다. 더 나아가 한국의 대중경사가 심각한 상황이라고 판단할 경우, 미국은 각각의 외교 사안과 관련하여 한국 정부와의 협조를 제한함으로써 불만을 표현할 수 있을 것이다.

첫째, 북한·북핵 문제에 대한 비협조이다. 현재 대화에 복귀하지 않는 북한이 대화를 희망하는 주체는 미국이다. 바이든 행정부가 움직여야 북한과 마주 앉을 수 있다. 만일 미국이 협조하지 않고 시간을 끌면, 북한은 대륙간탄도미사일ICBM이나 잠수함발사탄도미사일SLBM 등을 발사하는 전략도발에 나설 수 있다. 이 경우 한반도 정세가 더욱 악화되고 북한은 대화의 장에 나오지 않으며 궁극적으로 문재인 정부의 외교는 실패로 종결될 것이다. 시간이 1년밖에 남지 않은 문재인 정부와 달리 바이든 행정부는 아직 4년 이나 남아 있다. 바이든 행정부가 한국의 다음 행정부와 협력하겠다고 마음을 먹는 순간, 문재인 정부의 외교는 원하는 성과를 도출할 수 없게 된다.

둘째, 인권 및 대북전단금지법 문제를 지속적으로 제기하는 것이다. 한국의 대북전단금지법에 대해 미국은 인권 침해 요소가 있다고 보고 있다. 이미 미국 의회에서 청문회를 개최한 바 있으나, 추가적으로 문제를 제기할 수 있다. 이 경우 한국 국내정치적으로 작지 않은 파장을 가져올 수 있다. 따라서 한국 정부가 미중 문제 관련 미국의 입장에 호응하지 않을 경우, 겉으로는 드러나지 않게 인권 및 대북전단금지법 문제를 지속적으로 제기할 가능성이 크다. 동시에 바이든 행정부가 더욱 적극적으로 북한에 정보 유입을 시도함으로써, 문재인 정부의 입장을 난처하게 만들 수도 있다.

셋째, 한일 문제에서 일본 편을 들어줄 가능성이다. 그간 미국은 한일 양자문제에 있어 관계 개선을 촉구하는 선에서 개입을 나름 자제해왔다. 위안부 문제, 한일 지소미아 문제와 같이 미국이 개입하는 경우에도 겉으로 드러나지 않게 조심스럽게 접근해왔다. 하지만 미국의 인태 전략에 적극 호응하는 일본과 다르게, 한국 정부가 소극적 행보를 넘어 친중 행보를 취할 경우 미국이 일본 편에 설 가능성도 배제할 수 없다. 후쿠시마 오염수 방류 문제는 그 나름의 이유가 있으나, 미국이 일본을 명시적으로 지지한 것은 향후 한국과 관련해서도 유사한 상황이 재발할 수 있음을 의미하기 때문이다.

넷째, 미국은 국제기구에서 한국의 위상 제고를 돕지 않을 가능성이 크다. 국제적 영향력이 제한된 중국과 달리, 미국은 여러 국제기구에서 적지 않은 영향력을 행사하고 있다. 실제로 중국은 국제무대에서 한국보다는 아프리카 등의 제3세계를 더욱 지원하며 영향력을 확대 중인 상황인 반면, 미국은 한국의 위상 제고에 실질적으로 기여해왔다. 현재도 미국은 IMF, 세계은행 등 주요 금융기구에서 한국의 위상을 좌우할 수 있고, G7에 한국을 초청하는 것과 같이 한국 외교에 특별한 위상을 부여하는 행위를 중단할 수도 있다. 따라서 미국으로부터 들어올 수 있는 외교적 압박의 규모가 중국의 그것에 비해 더 클 수도 있다. 다만 미국은 동맹국인 한국의 입장을 고려하여 이러한 압박을 행사하지 않고 있을 뿐이다.

한국의 전략에 따른 리스크와 헤징[127]

시진핑은 종종 "지금 세계는 100년에 한 번 올까 말까 한 큰 변화의 시기百年未有之大變局"라고 한다. 오기 힘든 전략적 기회의 시기라는 판단이다. 2020년 11월 선전 경제특구와 12월 상하이 푸둥에서도 이와 같은 말을 했다. 미국 대선을 유심히 봤을 그의 정세 인식이 바뀌지 않았다는 증거이다. 미중 갈등이 깊어가면서 가치와 이념의 중요성이 더욱 부각되고 있다.[128] 각국이 미중 갈등에 어떻게 대응하느냐의 문제는 국가이익의 문제일 뿐만 아니라 갈수록 그 국가의 정체성과 추구하는 가치를 대외적으로 드러내는 계기가 되고 있다. 미중 모두와 우호적 관계를 유지하고자 하는 한국에는 난처한 일이다. 예컨대 중국이 홍콩보안법 통과를 강행하자 미국은 이를 기존 '일국양제' 체제하의 '민주', '인권', '언론 자유'의 기준에서 크게 퇴보한 것으로 보았고, 캐나다, 오스트레일리아 등 27개국이 이에 대한 공개적 지지 입장을 표명했다. 그런데 한국이 UN 인권이사회에서 홍콩보안법 찬반 투표에 기권표를 던져 논쟁을 불러일으켰다.

한국이 홍콩 문제에 침묵한 것[129]은 국익적 관점에서였겠지만, 대한민국 헌법에 규정한 기본적 가치에 침묵한 '처세'에 대해서는 논란의 공간이 존재한다. 이 같은 현안은 자칫 추상적 개념으로 치부할 수도 있는 '가치'를, 치열한 국제정치 현실에서 어떻게 얼마만큼, 어떤 식으로 드러내야 하는지 고민을 안긴다.

이상적으로 가정하면 한국이 미중 사이에서 어느 한쪽 편을 드는 입장 표명 혹은 선택을 하게 되는 상황이 발생하지 않아야 하겠으나, 현실에서는 화웨이, 청정 네크워크, 인태 전략, 확대 G7 참가, 반중 성격의 쿼드 플러스 참여 등의 문제가 미중 사이에서 한국의 선택을 종용하고 있다.[130] 미중 갈등 속에 잇따라 선택의 기로에 놓이는 한국에게 이는 한국의 정체성에 대한 시험이 된다.

한미동맹 관리에 따른 리스크

한국은 미중 패권경쟁의 본격적인 도래에 대비하여 전략적 대응방안을 마련해야 한다. 미중 관계 속에서 현 상황을 점검할 때 일차적으로 고려할 수 있는 방어막은 한미동맹이다. 지난 오랜 기간에 걸쳐 한미 관계는 성숙하고 제도화된 관계로 발전해왔다. 현재 한미동맹은 안정적이고, 미국 행정부와 의회 등 정책결정 시스템은 여전히 동맹을 중시하고 존중한다. 그럼에도 한미 관계에서 도전요인은 존재한다. 가령 북한 비핵화 개념을 둘러싼 이해 차이이다. 미국은 비핵화, 한국은 평화/경제를 앞세우는 우선순위의 문제가 있다. 북미 간 싱가포르 정상회담 이후 하노이 정상회담 전까지 미국의 입장은 점차 현실주의적으로 진화해왔다. 예를 들면 북핵의 완전한 신고에서 일부 신고로 입장이 완화되거나, 스티븐 비건Stephen Biegun 대표의 스탠퍼드 연설 등에서 CVID Complete, Verifiable, Irreversible Dismantlement(완전하고 검증 가능하며 돌이킬 수 없는 비핵화)보다 일부 면에서 약간 완화된 입장이 감지된 것이 그러한 증거이다. 그런 이유로 워싱턴 전문가 및 한국 정부도 하노이 회담에 대해 낙관적이었다.

하지만 하노이 회담 결렬 이후 북미 양측 모두 '내부적 소통 결여' 현상이 심각했다는 점이 드러났다. 또한 문재인 정부가 자임한 중재자 역할에 대해서도 부정적 평가가 잇따랐다. 한국이 북미 중간에서 긍정적 측면을 과장하는 경향이 있다고 보고, '중재자mediator'라는 표현도 한국이 북한이 아니라 미국을 설득하려 한다는 인상을 주기 때문에 안 좋은 용어라고 인식하는 경향이 있다. 한미는 동맹으로서 비핵화와 관련한 단합된 입장을 지녀야 하는데, 마치 중간의 제3자 같은 입장으로 비친다는 것이다. 더 나아가 최근 한국은 미중 패권경쟁 심화를 틈타 북미 관계와 남북 관계를 분리해 남북 관계 개선에만 집중하는 듯한 양상을 보였다.

종합적으로 한미 관계에서 우리가 주의해야 할 점은 미국 국내정치의 양극화, 매사가 지나치게 정쟁화되는 현상이다. 이로 인해 동맹정책 자체에는 별문제가 없으나 트럼프가 어떤 결정을 내리면 민주당은 당론 차원에서 반대하는 경향이 존재했다. 또한 북한문제에 올인하는 한국 정부의 정책으로 인해, 북한 이외의 정책 분야는 거의 방치함으로써 한국의 리더십 역할의 상실이 초래된다는 점이다.

남북 관계와 북핵 문제 리스크

바이든 시대의 대북정책이 '전략적 인내 2.0'이 될지 여부에 관심이 쏠린다. 오바마 시대와 달라진 점은 북한의 핵능력, 전략적 운반수단의 비약적 발전으로 인해 과거보다 협상의 문턱이 높아졌고,

미국이 납득할 수 있는 북한 비핵화 수준의 기준도 더 높아질 것으로 예상되어, 결과적으로 쉽지 않은 협상이 될 전망이다. 그런 의미에서 바이든 행정부는 오바마 시대의 외교로의 단순한 복귀보다는 'Reset 2.0'으로 평가될 정도의 차별화를 시도할 것이다. 또한 북한에 대해서도 북한의 핵능력과 미중 패권경쟁 심화라는 환경변화를 감안, '전략적 인내 2.0'이 시행될 가능성이 크다. 한 가지 분명한 사실은 바이든 행정부의 핵 비확산 노선이 강화될 것이라는 점이다. 민주당 정강은 핵무기의 유일한 용도는 핵전쟁을 억지하고, 만일 공격이 발생하면 보복을 하는 것이라고 규정하고 있다. 이런 입장에 따라 핵확산금지조약Nuclear Non-Proliferation Treaty, NPT 체제 강화, UN 무기거래조약Arms Trade Treaty, ATT과 포괄적핵실험금지조약Comprehensive Nuclear Test Ban Treaty, CTBT 비준 추진, 러시아와의 신전략무기감축협정Strategic Arms Reduction Treaty, New START 연장 등을 추진하겠다고 공약했다. 핵 비확산 분야에서 미국이 당면한 최대 도전은 북한과 이란의 핵 문제이다. 북핵 문제를 외교보다는 핵 비확산 문제로 접근할 가능성이 큰 것으로 판단된다.

바이든 시대가 한국 입장에서 대북정책 이행에 더 유리할 것인가? 한국의 비핵화 외교 입장에서 보면 장점과 단점이 모두 있다. 우선 트럼프에 비해 바이든은 외교 · 안보에 있어 공식적인 절차와 과정을 중시하고, 성급하고 보여주기 위한 정상회담은 하지 않을 것이라는 관측이 많다. 압박과 협상 병행 기조하에 북한에 대해 단계별 접근을 택할 가능성이 크다. 북핵 문제를 핵 비확산 문제로 접근하게 되면 국무부 내 비확산 담당 부서의 입김이 커질 전망이다. 그렇게 되면 북핵 문제의 포괄적 신고와 철저한 검증을 더욱 중요시할 것으로 예상된다. 바이든 행정부의 대북정책에서 기본적인 장점은 트럼프식의 즉흥적 · 돌발적 외교에 비해 예측 가능성이 증대한다는 점이다. 따라서 리스크, 비용 계산에 용이한 정책 대응이 가능해지는 대신, 매우 완고하고 틀에 박힌 외교를 할 가능성이 있어 트럼프처럼 파격적 외교는 불가능할 것으로 보인다. 하지만 바이든의 북핵 정책은 가치 · 규범 외교 기준에서 보면 그다지 낙관적이지 않을 수도 있다. 바이든은 민주주의, 인권, 국제규범 등 외교원칙을 중시하며, 그동안 여러 차례 김정은을 '불량배'라고 호칭한 바 있다. 그러면서도 이란 등 적대 국가들의 체제 전환은 추구하지 않는다는 입장을 밝혔다. 이런 정황을 모두 감안하면 북미 비핵화 협상은 경색되는 반면 남북 관계는 크게 진전될 경우, 한미 간 이견으로 인한 탈동조화 위험성도 존재한다는 점을 유의해야 한다.

이번 미국 대선이 '미국적 가치,' 예를 들면 민주주의, 인종차별 철폐, 인권, 가치지향 외교 등 회복에 대한 중요한 테스트였다는 점을 상기하면 바이든 행정부가 미국적 가치외교 복원 차원에서 북한 인권문제를 재점화할 가능성도 있다. 그럴 경우 당장 북한의 인권문제가 도마 위에 오를 수 있고, 대북 인권 공세에 한국이 동참할 것을 요구해올 경우에 대비해야 한다.

미중 패권경쟁 차원의 리스크

미중 패권경쟁이 심화될수록 강대국 정치의 영향은 커질 것이다. 한국처럼 미중 사이에서 안보와 경제를 해결해야 하는 국가들의 고충은 심화될 수밖에 없다. 미중 패권경쟁에서 비롯되는 리스크는 크게 보면 미국 중심의 국제질서를 유지 및 강화하는 데 한국을 비롯한 동맹국들이 얼마나 동조 혹은 이탈할 것인지가 핵심이다. 그 중심에는 미국이 주도하여 건설한 규칙기반 국제질서가 자리 잡고 있다. 문제는 규칙기반 국제질서 유지를 위한 미국 중심의 연대 참여는 중국의 보복을 초래하여 한국에 상당한 리스크를 초래할 수 있다는 점이다.

미국 국무부 정책기획국에서 발간한 보고서는 대중국 정책 핵심이 자유의 확보라고 지적한다. 이는 우선 미국 내에서 자유민주주의와 질서를 확고히 유지하는 데서 출발한다. 국내 체제의 정비를 바탕으로 세계에서 가장 강력한 군사력을 유지함으로써 해양과 영공, 우주의 자유를 지킨다. 그리고 자유롭고 개방된 규칙기반의 국제질서를 강화하여 인권의 존중과 법치를 확립한다. 구체적인 이행 전략으로는 동맹체제와 국제기구의 개혁과 강화를 지적한다. 특히 동맹체제가 더 효율적으로 작동할 수 있도록 하기 위해 동맹과 우방의 책임을 분담하고 다양한 연대와 그룹을 통해 자유에 대한 위협에 대처한다. 중국과의 전략경쟁은 세심한 밸런싱을 요구한다. 한편으로 미국은 중국을 포용해야 하지만 다른 한편 중국의 국가 주도 경제 제국주의와 군사모험주의에 확고히 맞서 싸움으로써, 중국공산당 통치와 불가분인 심각한 법치와 인권 위반에 대처해야 한다.[131] 미중 탈동조화와 EPN, 인태 전략과 쿼드 등 미국이 내세우는 대부분의 이니셔티브는 결국 미국 주도의 규칙기반 국제질서의 구성 요소들이라 할 수 있다.

트럼프 대통령은 미국 우선주의 레토릭 이면에 동맹과 우방의 연대, 협력을 특히 강조했다. 이는 미중 간 전략적 경쟁이 결국 미국 혼자만의 싸움이 아니라 동맹과 우방이 함께 참여하는 연대적 책임이 되리라는 점을 시사한다. 한국을 비롯한 미국의 동맹 · 우방은 불가피하게 미중이 갈등하는 영역에 연루될 수 있다. 그럴 경우 초래될 리스크는 한국 혼자의 힘으로는 감당하기 어려울 것이다. 이제는 동지국가들끼리 연대하고 힘을 합치는 것이 더 이상 선택이 아니라 생존의 필수적인 요건이 되고 있다.

미중 지역전략 경쟁의 리스크

일대일로를 중심으로 추구하는 중국의 지역전략은 미중 양자 경쟁의 지리적 확대와 지구적 차원의 세계질서 재편의 전초전이라는 두 가지 차원으로 볼 수 있다. 중국의 지역전략은 미중 무역전쟁에서 나타나듯이, 양자 관계를 중심으로 전개되어오던 미중 간 전략적 경쟁을 지역 차원으로 확대한 것이다. 미중 간 전략적 경쟁의 맥락에서 볼 때, 자국에 유리한 지역질서를 형성하려는 '목표'와 양자와 다자 차원에서 미중 경쟁을 전개하는 데 활용할 수 있는 '수단'의 양면성을 내포하고 있다. 중국은 한국에 대해 미국과의 지역전략 경쟁에서 유리한 위치를 확보하기 위한 수단으로 양자 관계를 활용하거나, 지역전략을 인센티브로 제시함으로써 양자 관계를 강화하는 양자-지역 전략의 연계를 추구할 가능성이 높다. 미국 역시 한미동맹 관계를 이완하기보다 지역 차원에서 한국의 역할과 기여를 필요로 하기 때문에, 인태 전략에 한국 참여 요청을 강화하는 양자-지역 연계 전략을 구사할 것으로 예상된다.

결과적으로 미중 간 전략적 경쟁이 치열하게 전개되면서 한국은 미중 양국으로부터 선택의 압박을 받을 가능성이 커지고 있다. 미중 양국이 전략경쟁을 양자 차원에서 지역 차원으로 빠르게 확대하면서 일반론 수준에 머물렀던 지역 구상의 경쟁이 인프라 건설, 에너지, 5G, 디지털 플랫폼 등의 분야를 중심으로 전개되고 있는 것이다.

미중 지역경쟁의 리스크는 미중 사이에서 한국이 선택의 문제에 직면할 때 가장 첨예하게 드러난다. 최근 들어 중국이 자국의 외교정책에 협조하지 않거나 비판적인 국가들에 대해서는 경제보복을 포함한 외교적 압박을 주저하지 않기 때문이다. 중국은 2020년 5월 오스트레일리아산 소고기와 보리 수입을 제한하고, 관광과 유학 자제령까지 내리는 등 오스트레일리아가 코로나19 기원과 관련 조사를 요구한 데 보복성 조치를 단행한 바 있다. 중국의 경제보복 리스트에는 일본, 한국, 필리핀 등 역내 국가들만 들어 있는 것이 아니다. 화웨이 5G 장비 배제 결정과 관련해 영국에도 보복을 시사하는 등 지구적 차원으로 확대되고 있다. 더 나아가 중국은 인도와 국경 문제로 40여 년 만에 군사충돌을 하는 등 공세적 외교의 한계를 드러내고 있다. 한편 주변국에 대한 '당근과 채찍', 특히 자국 외교정책의 비협조에 대한 경제보복이 양자 관계를 훼손할 뿐 아니라 지역 차원에서 중국에 대한 인식에 부정적 영향을 미치기 때문에, 새로운 돌파구를 모색할 것으로 예상된다.

중국의 입장에서는 미중 무역전쟁 등 양자 차원의 긴장과 갈등이 고조되고 있는 가운데, 지역 차원에서도 미국과 정면충돌하는 선택을 하기보다는 미국 지역전략의 핵심 고리에 해당하는 국가 가운데 일부를 이완시킴으로써 미국 지역전략의 효과성을 제한하는 것이 현실적인 선택이라고 할 수 있다. 쿼드 협력에서 인도, 한미일 삼각 협력에서 한국에 외교 공세를 집중했던 이유도 이 때문이다. 중국이 사드 배치와 관련해 한국에 사실상의 경제제재를 실행하고 인도와 국경 분쟁에 돌입한 데서 나타나듯이, 중국 정부는 약한 고리로 인식했던 국가들이 기대한 만큼 미국 중심의 지역질서에서 이탈하지 않고, 중국의 지역전략에 대한 협조에도 유보적 자세를 견지할 경우, 유화정책보다는 압박정책을 우선하는 모습을 보이고 있다. 한국의 경우 중국은 한일 관계에서 긴장이 고조되는 것을 기회요인으로 파악하고, 한국을 한미일 삼각 안보 협력으로부터 이탈시키기 위한 차원에서 한국에 유화정책과 압박정책을 반복적으로 활용할 것으로 예상된다.

克中之計

4부

시진핑 체제, 순항할 것인가

1장

국가주의 체제와 시진핑식 중국 특색 사회주의

중국의 미래, 시진핑 효과와 시진핑 리스크[132]

중국 경제는 지금 용틀임하며 마치 장마철 황허黃河의 흙탕물처럼 대지를 휩쓸고 있다. 국가자본주의라는 큰 강은 중국 대지를 적시고 할퀴어 지도를 바꾸며 도도히 흘러간다. 중국의 미래, 중국공산당의 미래, 그 뒤로 늘어선 중국 국민의 미래를 모두 함께 싣고 큰 바다로 나아간다. 그래도 중국 경제 내부에는 도처에 지뢰가 묻혀 있고 여러 개의 함정이 도사리고 있다.

그동안 중국 경제는 과도하리만큼 빨리 발전한 부문도 있고 천천히 가며 뒤처진 부문도 있다. 이러한 불균형 성장이 중국의 어두운 부분이다. 그리고 정치·사회 체제의 위험요소는 통합·결속이라는 긍정적 요소와 더불어 많은 암세포를 키우며 함께 굴러가고 있다. 모든 정치·사회적 갈등 요소를 품에 안고 시진핑 주석은 미국과의 결사 항전을 독려하며 장기집권을 꾀하고 있다. 결과는 쉽게 예측할 수 없다. 그러나 중국이 대응하기에 따라 중국 경제는 엄청난 내상을 입고 뒤뚱거릴 수 있다. 과연 시진핑 체제는 거대 중국을 어떻게 바꾸어놓을 것인가?

많은 예측 오차가 존재하겠지만 시진핑 체제가 오래 지속될수록 중국이 지난 40여 년간 추구해온 중국의 새로운 길, 즉 대륙국가에서 해양국가로, 하드파워 국가에서 소프트파워 국가로 이행하는 중국의 방향성은 주춤거리게 될 것이다. 그리고 다시 대륙적 하드파워 국가로 갇히게 될 가능성이 크다. 분명한 것은 중국의 주체는 공산당이며 이미 연성延性체제에서 경성硬性체제로 굳어가고 있다는 점이다. 국민이 국가의 주체에서 객체로 완전히 내려앉고 있는 것이다. 또한 국가자본주의는 부패와 부실을 만연하게 하고 분배상황은 더욱 악화되며 인권상황은 최악의 수준으로 내려앉을 것이라는 전망도 있다. 무엇보다도 미래 중국이 넘어서야 할 4개의 함정에서 벗어나야 하는 시진핑의 중국은 더 높은 허들을 만나며 어려움을 겪을 수 있다. 물론 미국의 대중국 봉쇄 포위압박 전략이 얼마나 성공적으로 시진핑 체제를 흔들어놓을 것인지는 앞으로 많은 변수가 작용될 문제이기 때문에 체계 있는 분석이 필요할 것이다.

그러나 시진핑 체제의 내부에는 많은 모순이 엇물려 작동되고 있다. 그리고 중국공산당, 중국 경제, 중국 국민은 서로 다른 곳을 쳐다보며 같은 방향으로 걸음을 걷는 모순적 집합체이다. 시진핑의 카리스마는 그 모순 때문에 시간이 흐를수록 점점 약화될 것이며 공산당은 안으로부터 곪아가며 스스로 주저앉을 수도 있다는 논자들도 많다. 지금도 중국의 거대 성공기업가들이 소위 양봉음위죄陽奉陰違罪라는 괘씸죄로 사업을 축소당하거나 접는 일이 많이 발생한다. 이 모습이 중국 경제의 모순적 상황을 대표한다고 생각한다.

그런데 중국의 또 다른 면이 투영되고 있다. 2021년 7월 1일 시진핑 주석의 중국공산당 창당 100주년 기념사는 중국 체제의 정당성을 앞세우며 서방세계에 정면대결을 선언한 것이었다. “중국을 괴롭히면 피를 흘리게 될 것”이라는 표현은 중국 국민들에게 결사 항전을 독려한 극단적인 선언이었다. 이에 대해 중국 국민들, 특히 젊은 층의 환호는 폭발적이었고 결사 항전에 강렬하게 호응했다. 이처럼 미중 충돌은 중국의 국내정치를 예상 밖의 방향으로 몰아가고 있다. 그리고 시진핑은 이러한 이중적 요소를 뒤얽어가며 어디론가 중국을 강력하게 견인해가고 있다. 시진핑의 중국은 이미 루비콘강을 건넜다고 생각한다. 예전으로 쉽게 돌아가기 어려울 것이다. 그리고 국제정치적으로 고립의 길을 가면서 중국 경제에 엄청난 비용을 부담시킬 것이다. 그러나 시진핑 효과와 리스크의 귀결은 좀 더 시간이 지나면서 판명될 것이다.

강성 국가주의 체제의 등장[133]

시진핑 정권의 등장 이전까지 중국은 시장경제 체제와 공산당 권위주의 통치에 기초하여 경제발전을 이룩한 이후, 정치적으로 민주주의 체제로 전환될 것이라는 기대가 널리 존재했다.[134] 실제로 덩샤오핑부터 장쩌민, 후진타오를 거치면서 진행된 일련의 중국식 민주주의 담론의 발전과정을 보면, 점진적이고 장기적 과정을 통해 중국이 민주사회로 갈 것을 전제로 한다는 점을 충분히 확인할 수 있다.[135] 이런 상황에서 후진타오 시대에 진입한 이후 중국 내 정치학자들 사이에서는, 서구와 다른 중국의 여건에 부합하는 중국식 민주적 전환방식을 강조하면서 중국이 어떻게 민주화를 실현할 것인가에 대한 방대한 연구와 다양한 견해가 등장했다. 심지어 2019년 여름 인터뷰에서 중국의 '신권위주의의 종언'을 선언한 샤오궁친蕭功秦 상하이사범대 교수는, 2018년까지도 이른바 '신권위주의 2.0'을 제기하면서 민주적 전환의 지향성을 담보한 신권위주의 담론이 적어도 시진핑 1기 초반까지는 유지되었다고 주장하기도 했다.[136]

그러나 시진핑 시대에 진입하면서 개혁개방 정책 이래 중국이 견지해온 기본 가정, 즉 경제가 저발전 단계일 때 과도적 정치체제로서 공산당에 의한 신권위주의 통치를 거친 후 궁극적으로는 서구식 헌정체제 혹은 민주주의로 갈 것이라는 근대화론의 기본 전제에서 벗어나기 시작했다. 중국의 '일체'(동서남북중, 노농학병)를 영도하면서 이른바 중국몽을 실현할 주도적 권력으로서의 공산당의 역할이 더욱더 강조되고, 강력한 권력을 지닌 공산당에 의한 강성 권위주의 통치가 강화되었다. 또한 이른바 서구와 다른 '중국식' 정치제도와 발전경로를 강조하면서 이러한 강성 권위주의 체제를 서구식 민주주의와 구분되는 중국식 정치체제 모델로 발전시켜나갈 것임을 분명히 했다.

이와 같이 중국은 개혁개방 이래 신권위주의 체제를 통해 정치사회적 안정을 유지하는 조건에서 경제발전을 이끌어냄으로써, 궁극적으로 민주주의 사회로 가는 정치발전을 추진해왔다. 비록 정치체제의 전환이 경제에 비해 상대적으로 지체되었지만, 그럼에도 불구하고 민주화로의 기본 방향에 대해서는 합의가 유지되었다.[137] 이런 상황은 서구에서 탄력적 권위주의로 간주되면서[138] 중국 체제의 변화에 대한 기대를 낳았다. 중국 내에서도 후진타오 시대에 전례 없이 정치학자나 헌법학자들이 헌정민주주의 실현을 위한 논의를 활발하게 전개하기에 이른다.[139] 후진타오 정부 역시 2005년 《민주백서》를 발행하여 민주주의와 인권을 보편가치로 인정하고, 헌정민주주의 건설을 위한 다양한 탐색의 필요성을 강조했다.[140]

그러나 시진핑의 등장 이후 이런 분위기는 사라지고, 이른바 중국식 통치체제의 현대화라는 방향하에(중국공산당 18기 3중전회 보고와 19기 4중전회 보고) 공산당 주도의 강성 권위주의, 즉 국가주의 체제의 제도화를 본격적으로 추진한다. 이념적으로 마르크스-레닌주의와 유가사상을 결합한 '신'마오주의가 등장하고, 국가 주도의 경제체제, 공산당의 정치·사회·경제 등 전방위적 통제의 강화, 인터넷 통제, 민주적 정치지도자 선출에 대한 새로운 방법의 탐색(이른바 비밀투표에 기초한 민주추천제의 실시로 나타난 당내 민주화, 기층 선거 및 향진 단위의 당과 행정 수장의 직선제 확대 시도 등)이 중단된다. 그리고 민주적 선거가 아닌 공산당 영도하의 '협상' 방식을 강조함으로써 인민의 정치참여를 국가주의 통치의 동원 대상으로 한정했다.

샤오궁친 교수는 이런 국가주의적 통치는 세 가지 수단을 통해 이뤄진다고 주장한다. 첫째, 공산당이 전통적인 조직 자원을 동원해 당정 분리가 아닌 당정 통합을 강화하면서 정치를 이끌고, 이런 조직 자원을 공산당의 사회적 자본으로 간주하면서 국가통치를 강화하는 역량으로 활용한다. 둘째, 전통적 이데올로기 자원과 혁명적 부호(상징) 자원을 더욱 강화해 공산당의 조직적 동원력을 뒷받침하고, 중앙집권적 통일적 지도와 당 중앙으로 권력의 고도 집중을 실현한다. 셋째, 보편적 가치, 삼권분립, 군대의 국가화, 권귀權貴 자본주의, 역사 허무주의 등 일련의 민주주의 및 비판적 사상에 대한 금지령을 통해, 중국 내 좌우 세력의 정치참여의 팽창을 억제하고, 공산당의 이데올로기 관리권, 영도권, 담론권 강화를 이끌어내 통치 안정성을 실현한다.[141] 이처럼 서구와 다른 이른바 중국식 통치모델은 '국가주의 체제'의 확립을 의미하는 것일 뿐만 아니라, 중국이 장기적으로 지향하는 정치발전 형태이다. 그러나 이는 서구사회로부터 '홍색 제국주의와 파시즘의 결합'이라는 우려를 낳고 있다.[142]

중국의 정치체제는 다양한 형용사로 묘사된 권위주의 시스템으로 설명된다. 권위주의 체제는 전체주의와 민주주의 체제의 중간 스펙트럼에 존재하는 다양한 과도적 정치체제의 모델을 포괄하는 개념으로 사용되고 있다. 이에는 근대화론의 기본 가설대로 민주주의 체제로의 전환이라는 방향성이 내포되어 있다고 볼 수 있다. 그러나 시진핑 정권의 등장 이후 서구식 민주주의 체제와 다른 '새로운 유형'의 중국식 정치체제를 상정하는 것이기 때문에, '권위주의'라기보다 '국가주의 체제Statism' 개념을 사용하는 것이 더 적절하다.[143] 이런 국가주의 체제론은 반개인주의적 국가지상론적 경향이 농후한 이론으로, 20세기 초에서 1940년대 사이에 중국의 반식민화와 국가 분열이라는 민족적 위기상황에 대한 대응방안으로서 등장한 바 있다. 이것은 중국의 자주독립 및 통일과 사회의 진보라는 가치가 개인주의와 민주주의, 계몽적 가치를 압도하는 것을 특징으로 한다.[144]

오늘날 중국에서 나타나고 있는 국가주의 체제도 반개인주의적이고 국가지상론적 가치를 강조한다는 점에서 공통점이 있다. 중화민족의 부상이라는 중국몽을 실현하기 위해 자유와 민주주의, 인권 등의 보편가치가 경시되고, 국가의 단결과 안정(이른바 대일통)이 최고의 가치로 강조된다. 그리고 이것을 해치는 다양한 가능성을 막기 위해 사회 모든 영역에서 국가권력의 통제가 일상화됐다. 또한 경제영역에서는 시장경제의 발전을 통해 세계화를 추진하지만 동시에 국유기업의 주도적 역할과 권위주의 체제의 경제적 개입을 결합한 이른바 '국가자본주의 체제'를 형성하고 있다.

신권위주의 체제가 시장경제에 기초하여 민주화라는 장기적 방향성을 전제로 강권적인 정치적 안정성을 추구하는 권위주의 체제라면, 국가주의 체제는 민주화라는 지향성이 제거되고 중앙집권적 당-국가가 시장경제의 현대화를 위해 시장 친화적 방식을 채택하되, 시장에만 맡기는 것이 아니라 계획과 시장을 적절히 결합하여 희소한 자원을 최적 분배하기 위해 금융·산업·인력 정책 등을 종합적으로 배치하는 경제발전 추진을 특징으로 한다.[145] 이것은 시장경제 체제를 수용하고 세계화에 동참하고자 한다는 점에서 마오쩌둥의 전체주의와는 다르다. 또한 민주화라는 장기적 방향성을 전제로 하면서 체제 내의 다원적 시민사회의 발전을 추동하지 않는다는 점에서 덩샤오핑의 정치체제 개혁에 대한 시각과도 다르다. 중국공산당은 바로 '민주 지향성 없는' 국가주의의 길을 갈 것이며, 이것은 중국공산당이 추구하는 정치체제의 최고 발전단계, 즉 중국식 정치체제가 될 것이다.[146]

시진핑식 중국 특색 사회주의 노선의 파장

2017년 10월 제19차 중국공산당 전국대표회의(제19차 당대회)에서 중국은 '시진핑 사상'을 선포했다. 이는 '시진핑 신시대 중국 특색 사회주의 사상'의 줄임말이다. 사실 '중국 특색 사회주의中国特色社会主义'

는 이미 덩샤오핑이 1982년 제12차 당대회 업무보고에서 제시한 것이다. 결국 여기서 새롭다 할 것은 '신시대'라는 문구이다. 무엇이 '새로운' 것일까? 이것은 시진핑 제2 체제가 새롭게 시작된다는 것 이상의 함의를 지니고 있다. 즉 미국의 세기가 저물고 중화민족의 위대한 부흥이 마침내 도래하고 있다는 것이다.

1949년 중화인민공화국 성립 후 초기 30년은 마오쩌둥의 '전체주의' 사회였다. 마오 이후의 30년은 덩샤오핑의 '개혁개방'의 30년이었다. 건국 이후의 중국 역사 질곡의 노정은 실로 이 두 거인의 어깨 위에서 만들어진 것과 다름없다. 덩샤오핑은 문화혁명을 막 벗어난 약한 중국이 국제사회에서 몸을 낮춰야 한다면서 '도광양회'를 주문했다. 자신의 야심을 밖으로 드러내지 않고 인내하면서 기다려야 한다는 충고였다. 특히 미국과는 절대 충돌해서는 안 된다고 했다.

시진핑의 '신시대'는 도광양회의 공식적인 파기이다. 이는 중국이 선택한 '사회주의 노선'에 대한 자신감의 표출이다. 관영 신화통신新華通訊은 "끝없는 정치 투쟁과 분규, 정책 변경이 현재의 자유민주주의 제도의 모습"이라며 "서방 국가는 노화하고 있는 민주체제를 철저히 반성해야 한다"는 내용의 논평을 내보냈다. 서방 민주주의와 발전모델의 배척 선언문이다. 사회주의 노선을 견지한 중국공산당의 선택이 역시 옳았다는 자신감의 반영이다. 중국은 과거의 '중화주의' 질서의 회복을 시도하고 있다. 슬로건에 '시진핑' 세 글자가 들어간 것은 그러한 위대한 사명을 완수할 사람의 이름을 명시한 것이다.

아이러니하게도 트럼프 전 대통령은 이에 지대한 공헌을 했다. 트럼프 행정부에 들어서 미국은 국제사회의 전통적 리더십 역할을 방기하는 경향을 뚜렷하게 보였다. 기존의 미국 대통령과 달리, 국정 경험이 전혀 없고 변칙적이며 예측할 수 없는 트럼프로 인해 미국의 국제 위상이 급속히 추락하게 됐다. 트럼프는 또한 미국이 제2차 세계대전 이후 구축해놓은 최고의 안보 자산인 동맹 네트워크를 자진해서 와해시켰다. 미국과 경쟁관계에 있는 중국에게 이는 자연스러운 호재가 된다. 이것이 유럽의 '브렉시트Brexit'와 같은 역외 변화와 맞물리면서 국제질서 전체의 체스판이 '리셋'되고 있다. 중국은 이를 국제질서의 '새 판'을 짤 수 있는 역사적 모멘텀의 순간이라고 인식한다.

이 모든 것의 한가운데에 시진핑이 있다. 시진핑은 중화민족의 위대한 부흥인 중국몽을 이룰 사명이 자신의 어깨 위에 놓여 있다고 믿는다. 그의 지도하에 중국은 겸손한 중국에서 자신감 넘치는 중국으로, 평화롭게 부상하는 중국은 강한 군대의 중국으로, 더 나아가 싸우면 이기는 군대를 공개적으로 표방하는 국가가 되었다. "어떤 나라도 중국이 자신의 이익에 손해가 되는 쓴 열매를 삼킬 것이라는 헛된 꿈을 버려야 한다"는 시진핑 주석의 경고를 외교적 발언으로 치부해서는 안 될 것이다. 미중 무역전쟁, 군비경쟁, 남중국해 갈등, 타이완 문제, 중일 간의 댜오위다오 문제 등에서 중국이 쉽게 물러서지 않을 것이란 의미이다.

중국몽을 꾸는 중국의 시대정신

중국제조 2025[147]

중국이 미국과의 패권경쟁을 위해 어떠한 준비와 노력을 해왔는지 살펴볼 필요가 있다. 우선 미중 무역전쟁의 시발점에는 소위 중국 정부가 내놓은 중국제조 2025라는 구호가 있다. 4차 산업혁명 시대에 기술혁신을 하자는 슬로건은 세계 각국에서 제시하고 있다. 얼핏 보면 '중국제조 2025'는 독일의 '인더스트리 4.0'이나 한국의 '4차 산업혁명' 담론과 별다를 바 없어 보인다. 이는 중국의 학자들이 미국의 중국 산업 견제를 못마땅하게 여기는 근거이다. 한국도 경제도약 과정에서 '증산-수출-건설' 혹은 '세계화' 등의 슬로건을 사용해서 산업화를 장려했다. 그 결과 삼성이나 LG 같은 세계 유수의 기업을 보유한 경험이 있다. 중국제조 2025 역시 비슷한 맥락에서 이해할 수 있다.

그런데 내막을 살펴보니 이것이 간단한 구호가 아니라 실로 야심찬 국가 프로젝트란 사실이 드러나고 있다. 중국제조 2025는 시진핑 정부가 2015년 '정부공작보고政府工作报告'에서 처음 발표했다. 중국제조 2025 서문의 첫 마디는 "국제적 경쟁력을 가진 제조업 기반을 건설하는 것은 중국의 종합 국력을 높이고我國提升綜合國力"로 시작한다. 또한 "국가안보를 지키며, 세계 강대국이 되는 유일한 방법이다保障国家安全, 建设世界强国的必由之路"라고까지 전한다.[148] 즉 이는 중국의 단순한 산업발전계획이 아니라 '국가안보' 차원의 전략이라는 속내를 드러낸 것이다. 심지어 이를 강대국이 되기 위해서는 '반드시 필요한 길'이라고 명명했다.

중국의 구상이 매우 구체적이라는 점은 더욱 의미심장하다. 우선 2025년까지는 한국, 프랑스를 따라잡고 2035년까지는 일본, 독일을 추월하고 2049년에는 마침내 미국을 제치고 주요 산업에서 세계 제조업 1위가 되는 것을 목표로 하고 있다.[149] 비록 미국을 명시하고 있지는 않지만, 중국의 목표는 미국을 초월하는 것이다. 또한 2049년은 중국공산당이 국공내전에서 승리하고 소위 '신중국新中國'을 건설한 지 100주년이 되는 해이다. 시진핑이 제19차 당대회에서 2050년까지 '사회주의 선진국'을 건설하겠다고 한 것은 이러한 시기를 염두에 둔 것이다.[150] 이는 경제적·군사적으로 명실상부한 세계 1등 국가가 되는 것이고, 시진핑 정부의 야심인 중화민족의 위대한 부흥이라는 중국몽을 이룩한다는 시대정신을 기반으로 하고 있다.

첨단산업을 통한 군사 굴기

세부적인 내용에서 중국제조 2025는 첨단 제조업 중심의 경제발전을 주력으로 한다. 이는 빅데이터, IT, 항공산업, 신소재, AI, 생명과학 등 현재 미국이 최고의 경쟁력을 갖고 관련 시장을 장악하고 있는 분야이다. 여기에서 중국이 경쟁하고 심지어 따라잡겠다는 야심찬 계획을 담고 있다. '미국이 가진 것이면 무엇이든 중국도 갖겠다'는 경쟁 심리는 마오쩌둥이 핵무기를 개발한 원초적 동기 중 하나였고,[151] 2012년 중국이 구소련의 중고 항공모함을 사들여 전면 개보수한 다음 재취역 및 실전 배치시킴으로써 본격적인 항모 보유국 시대를 연 것도 미국과의 미래 패권경쟁을 준비하는 작업의 서막이었다고 할 수 있다. AI 등 '4차 산업혁명의 신경망'이라는 5G 통신산업 경쟁도 마찬가지이다. 첨단기술 분야인 드론, AI, 안면인식 기술 등은 정찰위성, 무인정찰기 등 군사기술 분야에도 응용될 수 있다는 점에서 주목해야 한다. 공교롭게도 최근 중국은 '군-민간 협력'을 부쩍 강조하고 있다.

사회주의 강국의 이상향

시진핑을 비롯한 중국 정치지도부는 '시간은 중국 편'이라는 자신감을 안고 미국과의 경쟁에 임하고 있다. 이는 일반의 예측과 달리 중국은 항복하지 않으리라는 것을 시사한다. 무역전쟁 초기 많은 전문가는 중국의 조기 항복을 예상했다. 반대로 중국은 미국을 여전히 기울고 있는 패권국으로 보고, 현재를 미국 추월의 전략적 기회의 시기로 보았다. 시진핑은 사회주의 강국이라는 이상향을 제시한다. 지금 세계가 100년 만의 대변혁기에 있다는 시진핑의 말엔

'국운 상승' 기회를 확실히 중국 쪽으로 추동하려는 의지가 담겨 있다. 무역전쟁에서 단기적으로는 밀리겠지만 장기적으로 '시간은 우리 편'이라 믿는다. 중국의 이런 집단 사고는 2019년 3월 양회 기간에 왕이가 개최한 내외신 기자 간담회에서 "중국은 날로 더욱 세계무대의 중심에 가까워지고 있다中國日益走近世界舞台的中央"[152]고 한 발언에도 투영되어 있다. 무역전쟁 한가운데에서 자칫 엉뚱해 보이기까지 하는 자신감이었지만 지금은 진지하게 받아들이는 사람이 늘고 있다.

시진핑의 난세 의식

시진핑의 세계관에는 주목할 만한 특징이 있다. 시진핑이 보는 세계는 '평화롭지 않은 세계'[153]로 미국과의 경쟁 의식이 반영되어 있다. 시진핑 집권 이후 중국공산당은 '싸우면 이기는 군대', 소위 '강군의 꿈強軍夢'을 강조하면서 시진핑이 주창한 중화민족의 위대한 부흥이라는 국가적 목표를 실현하기 위해 앞장서고 있다.[154] 사회주의 강국을 향한 시진핑의 이상향은 중국의 대내외적인 도전과제(미중 갈등의 장기화, 중국 경제성장률 저하, 홍콩 시위, 타이완, 남중국해 등)에도 불구하고 일관성을 지닌다. 이것은 시진핑의 개인적 권력과 중국공산당의 집단적 권력의 강화와도 관련이 있다. 시진핑은 자신의 칭호에 '핵심' 지위를 붙여 절대적 권위를 강화했고 통치 정당성을 잃지 않기 위해 중국 사회를 더욱 이념화시키며 민족주의를 고취하고 있다. 동시에 중국공산당의 사회적 지위와 역할도 향상되고 있다. 제19차 당대회에서 시진핑 사상이 소개되는 동시에 당의 영도적 지위도 추가되었음을 명심할 필요가 있다. 즉 시진핑의 개인 권력과 공산당의 집단 권력 강화는 둘의 관계가 공생적이라는 사실을 의미한다.

이상에서 살펴본 바와 같이 강한 지도자 시진핑을 핵심으로 명문화한 중국은 자국의 핵심이익 관철을 명분으로 주변국과 근년 들어 잦은 갈등을 일으켰다. 이는 일본과 영토 분쟁, 한국과 사드 파동, 인도와 국경 분쟁, 미국과 남중국해 분쟁 등을 일으킨 사실만 봐도 알 수 있다. 그러나 이에 대한 중국 측 관전법은 확연히 다르다. 중국은 주변국들과의 갈등을 패권 추구라 보지 않고 중국이 대국으로 굴기하는 과정에서 겪어야 할 피할 수 없는 성장통으로 보는 듯하다. 이에 각종 갈등과 위기를 성장통으로 여기며 극복하자는 논리가 재탄생되며 중국의 시대정신을 대변하게 한다. 이는 또한 시진핑의 변증법적 세계관과 연관이 있다.

시진핑의 변증법적 사관으로 본 미중 갈등

2018년 말 미중 무역전쟁이 '90일 휴전'으로 들어간 후 화웨이 창업자의 딸인 멍완저우 부회장이 미국 정부의 요구로 캐나다에서 전격 체포돼 큰 파문이 이어지는 가운데 시진핑은 12월 13일 공산 당 정치국 회의를 소집했다. 그리고 이 자리에서 '변증법'을 언급했다. 시진핑은 다음과 같이 말했다. "변증법의 각도에서 국제환경의 변화를 보고, 위기의식을 강화하고, 국가발전의 중요한 전략적 기회 기간을 계속해서 잘 이용하고, '전략적 결정력'을 유지해야 한다."[155] 시진핑의 발언과 관련해서 중국 언론과 소셜미디어는 다음과 같은 타이틀을 붙였다. "오늘 정치국 회의, 변증법적으로 국제환경 볼 것 강조今天政治局会议, 强调要辩证看待国际环境."[156] 당시 중국이 직면한 가장 큰 국제환경은 미중 무역전쟁이었다. 그 국제환경을 시진핑은 변증법적으로 풀어야 한다고 한 것이다.

시진핑의 '변증법'에 대한 관심은 깊다. 변증법은 그의 집권 초기 중요 발언에서부터 등장했다. 2012년 11월 제18차 당대회에서 공산당 총서기로 선출된 시진핑은 집권 이후 처음으로 개최한 그해 12월 31일 공산당 '정치국 집체학습政治局集体學習'에서 "덩샤오핑 이래의 점진적 개혁 방식과 종합적 상위 비전에서 출발하는 하향식 개혁이 변증법적으로 통합되어야 한다"고 강조했다. 2015년 1월 제20차 정치국 집체학습에서는 "마르크스주의 철학의 지혜를 지속적으로 흡수하고 변증법적 유물론의 세계관과 방법론을 더욱 잘 견지하고 더욱 잘 운영해야 한다"고 말했다. 2017년 10월 제19차 당대회 개막연설에서 시진핑은 유달리 '새로운新'이라는 표현을 강조했는데 이 역시 이념 및 정책 노선의 지속과 변용을 강조한 변증법적 수사이다. 시진핑의 변증법에 대한 애착은 2018년

5월 '카를 마르크스 탄생 200주년 대회'에서 또다시 나왔다. 그는 중국공산당의 "역사와 중국 인민이 마르크스주의를 선택한 것이 백번 옳았다歷史和人民選擇馬克思主義是完全正確的!"[157]고 선포했다.

또한 시진핑은 변증법을 중국인에게 자신감을 북돋우는 수단으로도 운용한다. 2018년 6월 중국 '중앙외사공작회의中央外事工作會議'에서 시진핑은 "현재 중국은 근대 이후 가장 좋은 발전시기를 맞고 있다"라고 진단하며 "전략적 자신감을 견지하라"고 주문했다.[158] 미국과 무역전쟁 한가운데에 있지만, 중국국제경제교류중심 왕후이王輝 연구원에 의하면 시진핑의 발언은 "공산당 지도부 차원에서 현재 중국이 중요한 발전을 이룰 수 있는 전략적 기회 기간이라는 판단이 변하지 않은 것"이라고 했다.[159] 시진핑은 또한 같은 날 베이징 중난하이에서 가진 당외 인사들과의 좌담회에서도 참석자들에게 중국공산당이 결정한 경제정책 방향으로 뭉쳐야 한다면서 "확고히 고난을 극복하고, 도전에 대응한다는 의지와 결심을 가지라"고 당부했다.[160]

시진핑의 이러한 발언을 보면 그는 미중 갈등을 피하기보다 오히려 이를 통해서 중국이 더 강해지는 기회로 삼자고 독려하는 것 같다. 변증법은 정반합의 체계로 이루어진 것으로서 정의 긍정성이 반의 부정성을 거쳐 합이라는 종합성에 이르는 데 있다. 그러나 진정한 '합'이 이루어지기 위해서는 '반'의 부정적 역할이 충분히 이루어져야 한다.[161] 미중 무역전쟁 상황에 대해 마치 전쟁이 시작될 터이니 허리띠를 졸라매고 정신력을 무장하라는 주문처럼 들리기도 한다. 변증법에서 보면 위기는 결국 기회이다. 그리고 그것은 '합'으로 이어지는 필연적 역사 발전의 과정이다. 미중 무역분쟁이 전쟁으로 전이되는 것을 막으려면 중국은 어떤 태세를 갖추어야 할까? 시진핑은 "싸움에 능해야만 전쟁을 막을 수 있고, 전쟁 태세를 갖추어야만 싸움이 일어나지 않는다"[162]고 했다. 미중 무역전쟁에 시진핑이 변증법적 방책으로 임하고 있다는 해석에 힘을 실어주는 대목이다.

이 시각의 연장선에서 중국의 미국에 대한 인식은 기존의 충돌을 피해야 할 대상에서 중국이 강대국이 되기 위해 넘어서야 할 산으로 전이되고 있다. 중국에게 있어 최근 인도와의 국경분쟁, 남중국해 및 타이완 문제, 일본의 센카쿠열도 등은 모두 중국의 핵심이익에 속하는 영역이자 중국의 대국 굴기를 위해서는 양보할 수 없는 지역이다. 중요한 것은 시진핑의 중국은 미국과 물리적으로 충돌할 가능성이 더 커졌다는 것이다. 예를 들어 후진타오 시기 때는 미중 사이에 하나의 충돌점이 있었고 그것은 타이완 문제였다. 하지만 시진핑 시기에는 그것에 더해 남중국해와 북한이라는 2개의 충돌점이 늘어났다.

2장

시진핑 체제는 얼마나 지속될 것인가[163]

시진핑 국가주석의 장기집권 가능성

시진핑 주석은 핵심 지위를 획득한 2016년 이후 단순히 당에서 결정한 내용을 알리는 전달자에 머물지 않고 있다. 권력이 빠르게 그의 손안으로 모여드는 시점에 장쩌민 이후 사라졌던 핵심 지위를 부활시킴으로써 일인 권력의 집중에 성공했다. 이는 그동안 중국 정치가 드러내온 이른바 집단적 지혜에 기초한 정책 결정을 보여주었던 집단지도체제의 근원적 변화를 예고한다는 점에서 의미심장하다. 그러나 실제로 변화하는가는 또 다른 차원의 문제이다.

현대 중국의 역사적 경험을 보면, 중국의 정치변화는 개인 권력을 내려놓고 집단 권력을 중시하는 방향으로 변화해왔다. 이는 마오쩌둥 일인 권력의 폐해와 권력 주변에 모여드는 추종자들에게 개인 리더십이 신격화되는 것을 방지해야 하는 필요성 때문이었다. 그러나 다시 개인 손아귀에 권력이 집중되면 이것은 개인 권력을 차단하고 집단 권력을 강화해온 그동안의 국정운영 흐름과는 사뭇 다른 변화를 가져온다. 이러한 변화가 완전히 집단 권력을 약화하고 개인 권력 강화 흐름으로 돌아선 것으로 판단하기에는 이르다. 제도적 변화에 아직 민심의 변화가 부응하지 못하고 있기 때문이다.

또 하나 변화의 관점은 최고지도자의 권력 연장에 관한 내용이다. 설령 표면적으로 권력을 균점하는 형태의 집단지도체제를 보여준다고 하더라도, 내용으로 이미 개인에게 권력이 집중되는 현상이 지속되면 지배구조의 변화 가능성을 예측해볼 수 있기 때문이다. 2018년 시진핑 주석은 헌법의 국가주석 3번 연임 제한 규정을 폐지하여 사실상 국가주석 종신제 가능성을 열어두었다.[164] 물론 이 역시 시진핑 주석이 직접 자신의 권력을 연장하려는 것인지 아니면 차기 지도자에게 힘을 실어주기 위해서 선제적으로 제도를 보완하는 것인지 현재로서는 판단하기 어렵다. 다만 주석의 임기 연장 가능성에 대한 제도적 제약 요인을 걷어냈다는 점에서, 집단지도체제 변화의 불가피성에 대해 이견이 그리 크지 않은 점은 분명하다.[165] 같은 제한 규정을 받는 국무원 총리에 대한 연임 제한 규정은 그대로 살려두었기 때문이다.

미국의 '시진핑 교체' 전략

한편 미국 싱크탱크 애틀랜틱카운슬Atlantic Council은 2021년 1월 말 별도의 대중국 정책 건의 보고서를 내놓았다. 제목은 〈더 긴 전문The Longer Telegram〉이다. 보고서는 미중 갈등의 근본적 원인을 미국 패권에 도전하는 중국몽의 지도자 시진핑으로 수렴하고, 시진핑을 교체하는 것이 근본적 해법이라고 제시한다. 이를 위해 중국공산당 내부의 분열을 이용해야 한다고 방법론도 내놓는다. 또한 시진핑 이전의 중국 지도자들은 미국 주도의 세계질서에 '참여'하려 했지만, 시진핑은 '재편'하려 한다면서, 현 상황은 미국이 직면한 전략 환경의 근본적 변화라고 규정했다. 이에 미국은 중국이 '시진핑 이전의 중국'으로 되돌아가게끔 해야 한다고 강조했다. 시진핑 '교체'라는 단어를 쓰고 있지만, 80페이지에 달하는 보고서 전체의 문맥을 보면 시진핑 '도려내기'에 더 가깝다.

이러한 정밀 타격은 과거의 '중국공산당 타도'가 현실성이 없다는 반성에 기초한다. 현재 중국의 공산당원은 웬만한 국가의 인구를 훨씬 뛰어넘는 9,500만 명이나 되기 때문이다. 구체적으로 보고서는 중국공산당이 내부적으로 시진핑 리더십에 대해 찬반으로 상당한 분열에 이르렀다고 진단하고 시진핑의 정책 노선, 절대복종 요구가 반발을 일으키고 있음을 예시로 든다. 공산당 내부의 시진핑에 대한 불만을 이용해 궁극적으로는 공산당이 시진핑을 교체하게끔 해야 한다는 것이다.

시진핑에 대한 공산당 내부의 불만이 팽배하다는 설은 무수했다. 2020년 여름 '베이다이허 회의'에서는 공산당 원로가 시진핑에게 미중 관계를 악화시킨 책임을 물었다는 얘기도 들린다. 공산당 간부를 육성하는 중앙당교의 차이샤蔡霞 전 교수는 시진핑을 '마피아 보스'라고 공개적으로 비판하기도 했다. 하지만 중국과 같은 권위주의 국가를 분석할 때는 지도자에 대한 불만이야 항시 존재하기 때문에 그것이 혁명의 임계점에 도달했는지 여부를 정밀히 보는 것이 더 중요하다. 특히 지난 1년여의 코로나19 상황을 겪은 현 시점에서 시진핑의 권력 공고화 문제를 진단해볼 필요가 있다.

군중노선 성공과 반미감정 효과

중국은 주요 국가 중 유일하게 코로나19 방역과 경제 회복에 성공했다. 방역과 경제, 두 마리 토끼를 다 잡은 것이다. 중국 정부는 이를 시진핑의 리더십 덕분으로 선전하고 있다. 시진핑의 중요한 정치적 입지 강화 요인이다. 공산당 창당 100주년인 2021년 중국에선 빈곤퇴치가 중요한 화두인데 중국 정부는 관련 성과를 모두 시진핑 리더십의 공로로 대대적으로 선전하고 있다. 시진핑은 또한 후진타오 때부터 시작했던 의료보험제도와 퇴직금수당제도 개선에 박차를 가해 많은 중국 국민이 '느낄 수 있는' 민생 개선 성과를 냈다. 시진핑이 마오쩌둥을 모방해 인민들에게 인기를 얻는 '군중

노선群衆路綫'에 성공하고 있는 부분은 외부 관찰자들이 간과하는 대목이다.

시진핑의 권력 강화엔 미국이 도움을 준 측면이 있다. 세계 1등 국가인 미국의 코로나19 사망자가 60만 명이 넘고 사상 초유의 의회 점거 폭동 사건이 발생하자, 중국 관방언론은 민주주의의 취약점을 연일 집중 보도했다. 체제경쟁에서 사회주의가 민주주의에 이겼다는 자신감마저 내비치고 있다. 심지어 미중 갈등 격화로 생성된 반미감정을 통해 중국 사회가 공산당을 중심으로 더욱 단결하게 만드는 효과를 창출하고 있다. 더불어 2021년 3월 양회에서는 제14차 5개년(2021~2025년) 계획뿐만 아니라 2035년 장기 발전 전략을 승인했는데, 그러한 장기 발전 계획을 감독할 '장기 지도자'가 필요하고 이는 다름 아닌 시진핑이라는 내적 논리도 정비하고 있다. 종합적으로 볼 때, 중국 권력지형 변동은 지속적 관찰이 필요하지만, 현재 시점에서 시진핑의 3연임은 무난할 것으로 보인다.

그러나 3연임에 성공하더라도 새 임기 5년은 그리 평탄해 보이지 않는다. 미국의 파상적 공격과 봉쇄정책으로 중국 경제는 큰 내상을 입게 될 전망이다. 그리고 이를 극복하기 위하여 시진핑 주석은 결사 항전을 계속할 것이다. 미국과의 과학기술 신냉전을 수행하면서 과학기술 중국몽에 매달리고 국내 성공기업에 대한 정치적 압박과 국민 통제는 더욱 강화될 것이다. 더욱이 3연임 이후 4연임 가능성도 존재하나 시진핑은 보다 많은 장애에 봉착할 가능성이 크다.

시진핑 장기집권이 가능한 이유

시진핑 정권이 장기집권하고 중단기적으로 국가주의 체제가 지속할 가능성은 비교적 크다. 시진핑의 정책 방향에 대한 다양한 이견들이 노출되기도 했지만, 현재의 강대국 정책 노선을 수정하고 개방형 시장경제를 향한 경제개혁과 경제발전 중심의 새로운 정책 노선으로 전환할 가능성은 낮아 보인다. 중국 사회 내에 이른바 '백년간 미증유의 거대한 국제권력 관계의 변화 국면' 속에서 '천추의 위업'인 중국의 부상을 이끌고자 하는 열망이 강하게 자리 잡고 있기 때문이다. 또한 대중적 지지도나 경제성장세 등 사회, 경제적인 조건도 중단기적으로는 시진핑에게 그다지 비관적이지 않다. 이런 점에서 시진핑 '공산당 핵심'이 주도하는 국가주의 체제가 지속될 것이다. 이 같은 단정이 가능한 이유는 많다.

정치사회 안정 강화와 개혁 담론의 부재

첫째, 공산당과 당의 핵심인 시진핑이 정치사회적 안정을 이끌어 낼 안정적인 조건을 갖추고 있다. 중국의 정치사회적 안정에 결정적 영향을 미치는 변수는 통치 엘리트의 단합 정도와 시민사회를 통제 가능한 범위에 둘 수 있는가이다. 이 두 가지 점에서 시진핑 핵심이 당정 부문에 포진된 '시자쥔 习家軍'(푸젠, 산시, 저장성 출신의 오랜 측근들)을 기반으로 하여 장기집권을 둘러싼 통치 엘리트 내부 갈등을 통제하고 당정 엘리트를 안정적으로 장악하는 것이 가능할 것이다. 시진핑은 지난 8년간의 집권 기간 동안 군부와 당내에 이른바 시자쥔을 포진시키면서, 당 핵심으로 위치하는 자신을 중심으로 한 권력 집중을 꾀해왔다. 이런 시진핑의 권력기반 강화는 당정군의 엘리트를 자기 사람으로 포진시키는 데 국한한 것이 아니라, 사상(시진핑 신시대 중국 특색 사회주의 사상)적 수단을 동원한 최고지도자로서의 위상 제고, 당내 규정과 헌법 개정 등 제도적 수단을 동원한 장애물 제거와 권한 강화 등 다양한 방법을 통해 이루어졌다. 따라서 현재 중국공산당 내에는 시진핑을 대체할 만한 어떤 정치적 파벌이나 세력이 등장할 가능성은 높아 보이지 않는다.

또한 시민사회의 동향 역시 민주화를 중심으로 한 개혁 담론이 전혀 형성되어 있지 않다. 설사 일부 자유주의 지식인들이 시진핑의 장기집권에 대한 비판과 돌출적 저항 행위를 일으킬 수는 있지만, 이는 전국적 수준의 연대와 조직화된 저항으로 발전하지 못하고 당-국가 체제가 통제 가능한 범위에 국한될 것이다. 이것은 공산당 조직을 동원한 애국주의 교육을 통한 사상통제와 인터넷, 언론, 출판, 집회결사의 자유 등에 대한 통제정책 등이 강력한 힘을 발휘한 결과이기도 하다. 인권과 민주주의라는 관점에서 국제사회로부터 지속적 압박을 받고 때때로 내정 간섭으로까지 나타나고 있지만,[166] 국제사회와 중국 내의 민주화 세력이 연대하여 공산당체제 전복을 목표로 하는 행동으로까지는 연결되지 않을 것이다. 이런 조건에서 국제적 압력은 오히려 시진핑 정권이 애국적 민족주의를 내세워 시진핑과 공산당을 중심으로 중국 인민을 결집할 수 있는 내부결속의 수단으로 작용할 것이다.

둘째, 탈빈곤화와 반부패 투쟁을 지속함으로써 이른바 '인민중심'의 발전과 '공동부유' 추구 등의 레토릭을 형성하여, 인민의 지지를 이끌어내는 데 결정적 어려움이 없을 것으로 보인다. 시진핑은 집권 이후 당내 기율강화와 반부패 투쟁의 강력한 전개를 지속해왔으며 이것을 통해 엄청난 대중적 지지를 이끌어냈으며, 이런 정책이 앞으로도 멈추지 않을 것임을 분명히 했다. 또한 당의 기본정책의 방향으로 '인민을 중심에 둔다'와 '공동부유' 추구 원칙을 분명히 하면서 빈곤퇴치 운동을 지속하며 도농과 지역 간 빈부격차 해소를 계속해서 추진할 것이다. 이런 작업은 그동안 시진핑에 대한 중국 인민의 지지를 이끌어내는 중요한 조건으로 작용해왔으며, 앞으로도 대중의 일정한 지지를 유지하는 데 긍정적 영향을 미칠 것이다.

인민 중심 기조와 낙관적인 경제 전망

셋째, 이른바 중속성장을 통해서 중국몽의 실현과 중등선진국(2035년까지 1인당 GDP 2만 5천 달러 달성)으로의 발전을 이끌어갈 것으로 예상된다. 중미 간 경제전쟁과 중국에 대한 미국의 견제가 중국의 지속적 경제성장에 중요한 도전요인이 되고 있지만, 신냉전이나 탈동조화로 치달으면서 중국이 완전히 국제사회로부터 고립되는 정도가 되고 있지는 않다. 또한 2020년 11월 15일 한국, 일본, 동남아시아국가연합ASEAN 등 15개국이 RCEP를 체결하고 12월 30일 중국과 EU가 포괄적 투자협정 체결에 합의함으로써, 중국이 미국과의 무역전쟁에서 숨 돌릴 곳을 찾았을 뿐 아니라, 유럽이나 일본 기업들의 투자로 기술발전에도 도움을 받을 수 있을 것이란 분석도 제기되는 상황이다.

장기적으로 시진핑의 지구전론과 쌍순환 전략 및 자급적 혁신전략과 함께 4차 산업을 중심으로 한 첨단산업에서 중국이 미국을 추월할 수 있을 것인가는 두고 봐야 할 것이다. 그러나 코로나19 사태에도 불구하고 중국의 빠른 경제 회복에서 볼 수 있듯이 중단기적으로 연 5~6% 정도의 중속성장을 유지하면서 지속적 부상을 이끌어내는 데는 결정적 문제가 없을 것으로 보인다. 한 연구는 19기 5중전회에서 제출한 제14차 5개년 계획과 35년 장기목표에 관한 건의에서 제시된 바와 같이 2035년까지 1인당 GDP가 중등선진국 수준에 달하는 목표를 달성하려면, 이 시기에 평균 성장률이 4.7% 미만이 되지 않거나 혹은 6% 정도면 가능하다고 주장한다.[167] 각종 국제기구의 예측도 돌발적 위기 상황이 발생하지 않는 한 향후 중국의 5~6% 내외 성장이 어렵지 않다는 전망이다.

더구나 단기적으로는 코로나19 팬데믹의 빠른 통제에 따른 경제 회복세로 경제성장에 자신감이 붙은 상황에서, 2022년 제20차 당대회에서 시진핑의 장기집권을 이끌어내는 데 유리한 조건이 조성되고 있다. 한마디로 경제적 요인은 시진핑의 장기집권을 추진하는 데 긍정적 요소가 되고 있다. 다만 중장기적으로 내수시장의 소비능력을 증강하고, 이른바 '자립적 혁신전략'을 성공적으로 추진하여 산업 첨단화를 주도하며 4차 산업혁명을 선도하여 중국의 경제적 부상을 지속적으로 이끌어서 시진핑의 국가주의 체제를 장기적으로 안정화할 것인지는 지켜봐야 할 관전 포인트가 될 것이다. 중국의 경제적 부상을 이끌어내지 못하면 시진핑의 국가주의 체제는 지속되지 못할 수도 있다.

'경성' 강대국으로의 발전 가능성

결국 상술한 세 가지 측면에서 볼 때 2022년 시진핑의 장기집권은 크게 비관적이지 않다. 또한 비록 적지 않은 불확실성을 수반하겠지만 5~6%의 경제성장만 받쳐준다면 시진핑의 장기집권은 중단기적으로(최대 10년) 유지될 것이다. 제22차 당대회가 개최되는 2032년을 전후로 중국은 1인당 GDP가 평균 2만 달러를 넘어설 것이며, 6억~7억 명의 중산층(1인당 연소득 3만 달러 기준)이 등장할 것이고,[168] 경제 규모도 미국을 추월하여 세계 최대 경세 강국이 될 것이다. 이렇게 될 경우 선진국민으로서 중국의 정치의식에는 상당한 변화가 나타날 것이다. 국제사회에서도 중국은 글로벌 강대국으로서 국제질서와 지역질서 주도를 본격적으로 진행할 것이다. 이런 두 가지 요인은 공산당 주도의 국가주의 체제의 개혁을 불가피하게 요구할 가능성이 높다. 국가주의 체제는 국제사회로부터 비판의 강도가 점점 거세져서 글로벌 강대국인 중국의 정치체제가 국제사회에 내놓을 브랜드가 될 수 없고, 선진국 의식이 제고된 중국인의 정치적 요구 수준에도 부응하지 못할 것이기 때문이다.

그리하여 이 시기를 전후로 글로벌 강대국 중국의 정치제도 개혁방향에 대한 논쟁이 중국 내에서 격렬하게 전개되겠지만, 국제사회와 동아시아 국가들로부터 보편가치로 수용될 수 있는 이른바 (서구와 다른) 공산당이 영도하는 '중국식' 발전경로, 제도, 이론을 만들어내기는 어려울 것이다. 동시에 국가주의 체제의 변화는 직접선거, 삼권분립, 다당제 등의 제도적 조건을 갖춘 자유민주의 방향으로도 전환되지는 않을 것이다. 공산당이 여전히 통치 주도권을 지니고 개인보다 집단주의적 가치를, 자유보다 질서를 강조하면서 개인의 정치참여를 최소화하는 '연성' 권위주의 체제로 전환될 가능성이 높다. 그 결과 중국몽의 구체적 실현형태는 막강한 경제력과 군사력을 보유한 '경성' 강대국이 될 것이며, 국제사회로부터 가치와 제도, 문화가 보편적으로 수용되는 '문명' 강대국의 등장을 희망하기는 어려울 것이다.

국가자본주의 체제의 지속성 예측

시진핑 이후 경제체제는 어떻게 변모할 것인가? 과연 유연한 친시장 정책의 도입이 계속될 수 있을까? 당과 관료들은 계획경제 실패의 극복과 시장 실패의 보완이라는 두 마리 토끼를 잡을 능력이 있는가? 우선 시진핑 주석이 10년의 임기를 마치고 권좌에서 물러날 것인지의 문제가 중요하다. 시진핑이 계속 권좌에 남아 통치권을 발휘한다면 시진핑 이후의 경제체제가 어떤 모습을 보일 것인지 논의해봤자 아무런 의미가 없기 때문이다. 시진핑은 2017년 10월에 열린 제19차 당대회를 기점으로 공산당 당장과 국가 헌법 개정을 통해 연임할 수 있도록 제도적 기반을 구축했다. 또 시진핑 키드로 불리는 시자쥔 소속 정치인들을 중앙정치국에 대거 진입시켜 친정 세력을 확보했다. 이제 시진핑의 정책에 도전하는 것은 중국공산당 지도이념에 도전하는 것으로 금기시된다. 시진핑이 원한다면 푸틴과 같이 사실상 영구집권이 충분히 가능하다고 말할 수 있다. 시진핑 지도부 2기 들어 2035년이라는 시점이 자주 등장하는 배경에 혹시 시진핑이 2035년까지 집권하려는 의도가 숨어 있지 않은지 의문이 든다. 1953년생인 시진핑은 2035년이면 82세가 된다. 1942년생인 바이든이 2025년 은퇴하게 되는 나이가 83세이다. 2022년 69세에 은퇴하기에는 나이가 너무 젊다고 시진핑 본인 스스로 생각할 수 있다.

시진핑이 2022년에 은퇴한다고 가정할 경우 시진핑 이후의 경제

체제는 앞서 언급한 '2035년 장기비전'(이하 '건의')에 어느 정도 제시되어 있다. 아마도 시진핑이 권좌에서 물러나더라도 큰 틀에서 변화가 없을 것으로 전망된다. '건의'에는 "2035년은 우리가 경제력, 과학기술력, 종합국력이 대폭 상승할 것"으로 기술되어 있다. 또한 시진핑은 '건의'에 대한 설명에서 "2035년까지 중국의 GDP와 1인당 국민소득이 2배 성장할 것"이라고 언급했다. 2035년은 확실히 사회주의 현대화의 기초가 완성되는 시점이라고 볼 수 있다. 이러한 목표 달성을 위해 "반드시 따라야 할 원칙"으로 "당의 전면적 영도"를 강조하고 있다. 이 말은 중국식 국가자본주의가 강화될 것임을 천명한 것과 크게 다르지 않다. 제18차 5중전회 당시 '건의'에서 "인민의 주체적 지위"가 가장 상위에 놓였던 것과는 달리 "당의 영도"가 제19차 5중전회에서 가장 우선시되고 있다는 점이 대비된다. 따라서 시진핑 이후의 경제체제는 중국공산당이 주도하는 국가자본주의가 계속 유지 및 강화될 가능성이 크다.

3장

중국 지배체제의 변화 가능성[169]

중국 지배구조의 느린 변화

중국의 정책 결정 거버넌스의 핵심은 당, 관료, 기업인 등 삼각 동맹에 기초한 협력이 아니라 당의 우월적 지위를 충분히 활용하는 사실상의 당 유일성에 기초한다. 지배구조 역시 중앙 및 상층 집중의 정책 결정 시스템과 유사한 형태를 취하고 있다. 이를 우리는 시진핑 1인 집권체제 또는 시진핑 1인 우위체제 혹은 시진핑 중심 집단지도체제 등 여러 가지 표현으로 부르고 있다. 그 중심에는 시진핑 주석 일인의 권력체제인가 아니면 여전히 집단지도체제인가 하는[170] 문제의식이 스며들어 있다.

집단지도체제와 개인 권력의 관계

중국은 시진핑 집권 시기 들어서 권력이 시진핑 개인으로 강화되는 추세를 보여주고 있다. 이에 대한 근거로 각종 영도소조의 주임 지위 확보와 다양한 형태의 영도소조를 만들어서 최고 자리를 꿰차는 것을 들 수 있다.[171] 그러나 당-국가 체제에서 최고지도자가 각종 영도소조 혹은 위원회의 장長을 차지하는 것은 당연하다는 견해도 있다. 혹자는 이러한 권력 집중에는 심리적 요인이 영향을 미치고 있다고 분석하기도 한다.[172] 중요한 것은 중국공산당 창당 이후 현재까지 집단지도체제(정치국 상무위원회)를 유지하고 있고, 중국공산당 집권이 계속되는 한 변화 가능성이 거의 없다는 점이다. 물론 이 과정에서 집단지도체제를 유지하는 수단과 방식의 변화 가능성은 주목할 만하다.

예를 들어서 시진핑 일인 중심의 수직적 협력체제, 시진핑과 정치국 상무위원 간의 수평적 협력체제 등 체제 내적 변화를 전망할 수 있다. 그러나 이는 큰 틀에서 보면 시진핑이라는 현재 지도자에게 권력이 집중되는 것은 당연하게 받아들여질 수밖에 없다. 집단지도체제에서 결정의 최종 전달자로서의 '반장' 역할을 언급한 마오쩌둥의 역사적 유산에서 크게 벗어나지 않는다고 봐야 한다.[173] 큰 틀에서 지배구조 자체의 변화를 잡아낼 순 없지만 미세한 변화, 가령 앞서 언급한 부분적 권한의 집중, 부분적 협력 틀의 변화 등을 지속과 변화 차원에서 들여다볼 수 있다. 그러므로 현시점에서 당-

국가 체제가 지속하는 한 사실상 근본적이고 본질적인 지배구조의 변화가 나타난다고 평가하기에는 어려운 측면이 있다. 다만 2016년 본격적으로 언급되기 시작한 '핵심'이라는 의미를 어떻게 파악할 것인지가 지배구조의 변화가 갖는 함의에 적지 않은 해석의 여지를 남긴 것은 사실이다.[174]

지배구조의 근본적 변화 가능성

중국의 지배구조가 1인 지배에서 다수 지배(집단지도체제) 혹은 다수 지배에서 1인 지배로 변할지는 제도와 운영 차원에서 가능성이 매우 높다. 정책 결정의 효율성과 실효성 제고 차원에서 1인 지배가 다수 지배보다 효과가 있다면 1인 지배를 선택할 것이고, 효과가 떨어진다면 선택하지 않을 것이다. 물론 일종의 운영 차원에서는 고려할 수 있다. 그러나 실제로 본질적 차원에서 지배구조를 바꾸는 문제는 체제 전환과 밀접히 관련되어 있어서 쉽지 않다. 지난 100년 동안 당장에서 규정하고 있는 중앙집중형 체제를 변동 없이 운영해온 점에 비춰보면, 제한적 범위 내에서 변화 가능성은 있지만 근본적 변화는 사실상 불가능하다. 그것은 당-국가 체제라는 체제 속성을 바꿔야 하는 문제이기 때문이다.

다만 집단지도체제로 대표되는 정치국 상무위원의 수를 5명으로 할지, 7명으로 할지, 아니면 9명으로 할지는 권력의 운영과 관련된 측면이라 예측하기 힘들다. 변화를 위해서는 내부 합의가 중요하다. 이미 이들은 모두 공동의 이해관계로 묶여 있어서 격렬한 투쟁을 수반하지 않고도 적응하는 과정을 겪을 수 있다. 가령 내부 합의가 이루어지지 않아서 정치국 상무위원이 7명에서 9명, 다시 7명, 5명 등으로 변동할 수 있지만, 그 자체가 바로 지배구조의 변화를 보여준다고는 말할 수 없다. 향후 중국의 지배구조 변화의 핵심은 내적 합의가 지속해서 이루어지느냐 여부에 따라 판가름 날 것이다. 그러나 개혁개방 이후 이미 서로 이익을 달리하는 파벌적 당파가 사실상 존재하지 않고, 모두 개혁과 개방의 근본 이익에 동의하는 인식의 통일이 이루어져 있어서 이 합의 틀을 깬다는 것은 어렵다.

그렇다면 문제의 소지는 어디에 있는가? 일부의 일탈이 합의의 큰 틀을 깰 정도로 위력적이냐에 달려 있다. 이러한 내부 분열의 역사적 맥락은 바로 농민 등 기층과 지도자와의 결합, 지도자와 군벌 혹은 무장력과의 결합, 중앙 일부 지도자와 지방 실세와의 결합에 있다. 그런데 이는 과거 봉건시대에 물리력을 사적으로 소유하거나 지방이 일부 거느릴 수도 있었던 시대의 이야기일 뿐이다. 지금처럼 군 통제가 일사불란하게 이루어지고, 지방의 인사와 재정을 중앙이 확실히 틀어쥐고 있는 상황에서 중앙 일부 세력과 지방, 군, 인민 간의 결합은 사실상 불가능하다. 과거 보시라이薄熙來 사건에서 엿볼 수 있는 일종의 권력투쟁도 사실상 특정 세력이 보시라이 편에 설 수 없는 강고한 당-국가 체제가 여전히 힘을 유지하고 있었기 때문에 무력했다. 그리고 이러한 지배구조는 이미 역사적으로 정당성과 합법성을 갖추고 있어서 이를 변경하기 위한 명분도 부족할뿐더러, 변화의 명분이 당원과 인민을 견인할 정도로 시급한 이슈도 아니었다. 이를 바꾸려는 현실 인식과 의지 또한 출중했다고 말할 수 없다. 지배구조의 근본적 변화는 어렵겠지만 부분적인 효율성 제고 차원에서 제도 손질은 가능할 것으로 전망된다.

중국 지배구조 변화 포인트

중국은 정치적으로 급격한 변화보다는 점진적 변화를 선호했다. 변화보다는 지속의 측면을 더욱 강조하는 정치문화적 속성이 있기 때문이다. 따라서 지배구조가 되었든 다른 그 무엇이 되었든 변화의 폭은 크지 않을 것이고 오히려 작게 보이도록 노력할 것이다. 이른바 점-선-면의 단계적 전략이 구조변화에서도 나타날 것으로 보인다.

정치구조의 단계적 변화

중국의 권력 구조를 유지하기 위한 충원 경로는 특정 파벌에 의한 독점적 우위가 나타나지 않는 선에서 그 틀이 유지될 것으로 보인다. 오히려 특정 지역이나 계파에 의한 충원보다는 공청단을 통한 정상적인 충원 경로가 제도로 정착하는 과정을 거칠 것이다.

둘째, 중국의 정치권력 변화에서 현 체제가 밑으로부터의 압력에 어느 정도 감당할 수 있느냐도 체제 전환의 매우 중요한 고려 요소이다. 여기에는 강력한 동원체제와 함께 선전과 이데올로기의 역할이 매우 중시될 것으로 판단된다. 어떠한 시스템을 동원해 밑으로부터의 압력을 감당하든 그 결과는 분명하다. 체제가 흔들려서도 안 되고, 체제 구성원의 통합 지위로서 최고지도자의 권위가 흔들려서도 안 되는 것이다. 반대로 말하면 최고지도자의 권위에 영향을 주지 않고 체제변화에 부정적 요인이 아니라면, 밑으로부터의 압력을 어느 정도 용인하는 거버넌스가 유연하게 활용될 수도 있다는 의미이다.[175]

셋째, 인적 요소의 변화 과정인 관원 충원 경로의 다양성이 미래 정치에 새로운 변화를 가져올 것이다. 구조와 행위자 측면에서 중국 정치변화는 주로 행위자 측면에서 역동적으로 나타난다. 구조 변화는 매우 더디거나 혹은 거의 나타나지 않는다고 보는 것이 일견 타당할 수 있다. 중국공산당 100년 동안 수많은 대내외 정치변화에도 불구하고 당-국가 체제라는 구조는 한 번도 변한 적이 없다. 물론 문화대혁명 과정에서 당과 정부 등 국가기관이 공격당하고 무력화된 일도 없지는 않았다. 그렇다고 정치구조가 와해된 적은 한 번도 없었다. 따라서 중국공산당 지배하의 중국에서 국가 거버넌스 변화는 주로 구조보다는 행위자 측면에서 나타날 가능성이 크다. 또 다른 주목 요소는 인적 요소의 변화에서 최고지도자의 충원 기준과 원칙의 중시이다. 최고지도자의 언술은 새로운 인재 충원의 교범과도 같은 중요한 요소이다. 이렇게 역사적 맥락을 통한 충원 경로의 모델화는 간부 충원의 전망 가능성을 높일 수 있다.

넷째, 중국 거버넌스 연구 과정에서 시장의 역할 또한 새롭게 부상하는 요소이다. 과거 한국과 같은 권위주의적인 경제관리 사회에서도 자유주의 시장 질서에 근거하여 시장의 역할에 주목한 바 있다. 특히 자원의 권위적 배분 시스템을 중시하는 이른바 국가자본주의 과정에서도 시장의 역할, 자율성, 개방성에 대해 주목했다. 그리고 경제가 어느 정도 궤도에 올라서고 민주화 과정을 거치면서 정부의 역할을 대신하여 시장이 자원의 배분에 순기능을 하게 되었다.

시장화와 다원화, 공적 영역의 확대

중국도 마찬가지 과정을 거칠 것으로 전망된다. 당과 국가의 권위적인 보이는 손이 자원 배분에 작용한다고 하지만 시장의 공간이 꾸준히 늘고 있다는 점을 부인할 수 없다. 따라서 시장의 공적 영역에서의 역할에 주목해야 한다. 특히 한국의 경험은 시장 세력의 정치 세력화 가능성을 보여주었기 때문에 중국에서도 시장화의 가능성과 함께 시장 권력으로서 기업 권력의 정치 진입 가능성을 검토해봐야 한다. 그러나 아직은 시장 행위자로서 기업가들의 정치 세력화에 대해서는 크게 신경 쓸 필요가 없어 보인다. 적어도 현 체제에서 기업가가 독자적인 정치적 이익을 창출하는 공간은 존재할 수 없다. 앤트그룹 사태는 이러한 점을 적나라하게 보여주고 있다.

최근 중국공산당이 IT 기업을 통제하고 그들의 정치적 발언을 제지하자 많은 젊은 창업기업 CEO들이 잇따라 석연치 않은 이유로 사직하고 있다. 아마도 마윈 신드롬이라고 부를 수도 있을 것이다. 이것이 시장화의 한계선으로 보인다.

중국에서 시장화는 중앙정부보다는 지방정부에서 나타날 가능성이 크다. 지방정부, 특히 지급정부에까지도 법규 제정권이 부여되며 외자 유치나 해외 협력 사안 등에서 독자적 입법 능력을 갖춘 지방의 국제화 가능성이 커지고 있기 때문이다. 국내 시장에서 국제 시장으로 중국의 시각이 넓어진다는 점에서 지방정부의 시장 친화적 움직임은 강화될 것으로 보인다. 또한 중대형 국유기업보다는 대형 민영기업에서도 시장화 움직임은 뚜렷하게 나타날 것이다. 앤트그룹의 상장은 혼란에 빠져 있지만, 기업공개Initial Public Offering, IPO 등을 통한 상장은 여전히 민영기업에 매력적 유인이기 때문이다.

사회가 다원화되고 경제가 성장하면서 시장을 통한 자원의 배분은 대세로 정착하고 있다. 시장을 움직이는 세력으로서 이른바 시장 세력에 관한 관심이 높아질 것은 분명하다. 특히 대형 민영기업의 경우 국제적 영향력을 높여갈 뿐만 아니라 중국 내에서 고용과 성장이라는 두 마리 토끼를 잡고 있다는 점에서 중대형 기업이 지니던 사회 공공성의 역할도 함께 주목받을 것으로 보인다. 따라서 이들 기업에 종사하는 사람들이 시장을 중심으로 권력화할 가능성은 충분하다. 그러나 이들의 정치 세력화는 시기상조이다. 체제 특성상 이들이 권력을 직접 행사하기는 쉽지 않다. 당의 울타리 안에 들어가서 당내 지위를 확보하는 방식으로 시장 권력을 정치 권력으로 바꾸어나가고 있다. 따라서 이들 기업 중심의 시장 세력에 대한 정치 권력화 과정을 경험적으로 이해하는 것이 필요하다.

한국형 민주화 모델의 중국 적용 가능성

중국이 한국의 발전모델을 차용하여 한국과 같은 민주화로 나아갈 것을 기대할 수는 있으나, 그것이 10년 내로 이루어지기는 불가능하다. 따라서 한국 발전모델인 정치, 관료, 재벌이 영합한 삼각 지배구조의 중국 적용 가능성은 매우 낮다. 자율적 능력을 갖춘 관료의 부재와 창의적이고 역동적인 혁신의 아이콘인 기업이 당내 울타리에 묶여 있기 때문이다. 한국은 삼각 구조에서 변화 및 발전해 왔고, 나중에 시민사회가 결합하면서 권력의 독점이 무너지고 자원의 시장 배분이 이루어지면서 자연스럽게 민주화 과정을 겪었다. 그러나 중국은 이미 당의 절대적 지배가 헌법적 가치로 격상되어 있고, 당-국가 체제의 유연성과 적응력을 본다면 당의 역할을 축소하고 공간을 나누기란 현실적으로 불가능하다. 오히려 당의 유연성과 적응력이 제고되면서 당내 포용되는 사회 세력이나 기업 세력이 늘어날 수 있다.

사회 세력 네트워킹 구축과 연대 강화

중국은 한국과 달리 자율성과 전문성을 갖춘 관료의 존재가 상대적으로 부재한다. 중국의 관원 혹은 관료집단은 사실상 당의 통제를 받는 당의 간부이기 때문에 공산당 일원 지배하에 기능적인 역할만을 수행할 것으로 보인다. 그러나 기존 당정 계통 중심 충원 경로에서 기업, 금융, 사회단체 경로로 간부 충원이 증가하면서 관료적 이익에 기울어질 행태를 보일 가능성을 부정할 수는 없다. 따라서 우리는 그들과 접촉면을 늘리는 노력이 필요하다. 그들이 모든 정치사회 현상을 정치 논리라는 유일 기준으로 보지 않도록 열심히 견인해야 한다. 한국과 중국의 연대와 그것의 폭과 깊이는 정치 논리로 연결된 것이 아니라 경제 논리로 이어져 있기 때문이다. 이를 더욱 돈독히 해야만 그나마 경제 논리에서 사회문화 논리로 확산되는 것을 기대할 수 있다.

간부 충원 과정에서 기존 관행의 지속과 새로운 관행의 적용은 중국의 체제 유연성을 높이는 데 더욱 활용될 가능성이 크다. 그러므로 이들의 체제 운행을 바꾸기는 사실상 어려운 측면이 있다. 공동의 미래 협력 공간을 만들어내기 위해서는 구조적이고 체제적인 문제보다는 행위자 접근을 통해서 간부 개개인에 대한 네트워킹을 강화할 필요가 있다. 구조의 지배를 받고는 있지만 매우 역동적인 자율성을 갖고 있다는 점도 중국 간부들이 지닌 특성이다. 이를 활용하는 전략적 접근이 필요하다. 가령 덜 민감한 문제에 대해 지속적으로 교류 시간을 갖거나 학습 시간을 보내는 플랫폼 구축도 필요하다. 당분간 변하기 어려운 구조적 문제나 체제 친화적 문제를 가지고 중국에 접근할 것이 아니라 체제, 이념, 가치 등이 다르다는 출발점에서 다시 구동존이求同存異의 자세로 사람을 견인하는 노력이 요구된다.

중국 일부 간부들의 관료적 전문성은 우리와 큰 차이를 보이지 않는다. 특히 사회가 전문화되고 다원화되면서 전문 지식을 갖춘 인재의 등용이 증가하고 있다. 예컨대 국무원 부총리를 맡은 류허劉鶴는 하버드대 출신으로 미국 내 많은 동문이 산재해 있다. 우리도 이러한 점에 착안하여 국제화 물결에 익숙한 중국 관료들과의 네트워킹 가능성을 활짝 열 필요가 있다. 어차피 앞서 말한 대로 체제, 이념, 가치와 현격한 차이가 있어서 단기간에 협력의 끈을 만들어내기는 어렵지만, 다른 점을 찾아가는 노력도 상대를 이해하는 첫걸음이다. 중국 관원들의 국제적 연결망을 잘 활용하는 것도 필요한 접근 방법이다.

한편 중국의 급격한 지배구조의 변화는 그 속도와 무관하게 중국 정치체제 안정에 깊이 영향을 미친다. 이 점에 유념해서 중국 내부의 미시적 변화에 대응하는 노력을 멈춰서는 안 된다. 중국 내 장기 거주하고 있는 우리 국민이 적지 않고, 우리의 자본이 투입된 생산 현장이 중국 내 산재하고 있다. 우리는 중국 지배구조의 변화와 체제 안정에 관한 상시적인 관찰과 분석이 필요하다. 비상상황이 발생할 경우 이를 처리할 수 있는 든든한 관계망을 갖추도록 해야 한다. 급변은 북한에서만 일어나는 일이 아니다. 지금은 당-국가 체제가 강고한 힘으로 사회 질서를 유지하고 있지만, 어쩔 수 없는 상황이 발생하면 우리의 대응 조치를 위한 신뢰할 만한 '선'을 가지고 있어야 한다. 예를 들어 한중 파워 엘리트 간 다양한 대화 채널 확보를 위한 정책적 고려가 필요하다. 안정적이고 신뢰할 만한 정보를 확보하기 위한 이른바 휴민트HUMINT에 대한 지속적 관리도 필요하다. 이를 지배구조 변화와 연결하여 우리의 대응전략을 격상시키는 문제는 상수로 고려해야 한다.

중국 내 지식인의 역할과 네트워킹 문도 열어두어야 한다. 앞서 언급했듯이 중국은 사실상 선비의 나라라고 할 수 있다. 관료들은 배운 지식을 현실에 투사한다는 점에서 사실상 선비인 사람도 많다. 선비의 의미에는 대쪽의 의미도 포함되어 있다. 그들의 입을 통해서 우리의 이야기를 전달해야 효과가 배가되는 일도 있다는 점을 명심해야 한다. 중국은 사회가 다원화되고, 시장이 성숙하고 있다. 지식이 존중받는 사회로 진화하고 있다. 그렇다고 이것이 정치와 정치권력을 대체하여 당-국가 체제를 기저에서부터 흔들 것이라는 기대는 적절성이 떨어진다. 이러한 현상이 심화할수록 당-국가 체제 역시 매우 유연하게 적응하는 과정을 거치기 때문이다. 중국의 지식인에 대한 체계적 네트워킹 플랫폼 구축은 매우 시급한 과제이다.

시장화와 지식사회의 변화

한편 시장화가 진행되면 점차로 시장의 목소리에 귀를 기울이고 시장이 가격을 결정하는 시스템을 적극적으로 활용하면서 시장을 성숙시킨다. 시장 세력이 자율화하고 자유화와 개방화가 시장 요소의 움직임에 긍정적으로 작용한다면, 시장의 영향력을 높이는 방향으로 시장의 역할을 강화해나갈 것이다. 그러나 시장 세력의 독자 세력화에는 일정한 제동을 걸게 될 것이다. 체제 내 이반은 허용하지만, 이탈은 허락하지 않을 것이다. 당의 외연을 확장하면서 당내에서 포용 공간을 넓혀온 것이 그동안의 거버넌스 양태였기 때문이다.

시장화는 지식사회에 직간접적 영향을 미친다. 그런데도 전통적 지식인의 역할은 여전히 살아 있을 것이다. 중국의 정치과정에서 거버넌스 한 축으로서 지식인의 역할이 강화될 것은 분명하다. 물론 이들이 정책 결정에 직접 참여하지는 않지만, 참여자들에게 영향을 미칠 수는 있다. 경험적 연구에 따르면 중국에서 지식인은 철학적 사유의 지식인이 아니라 기능적 역할을 하는 실용적 지식인으로 취급받고 있다.

우리가 찾아서 연결망을 만들어야 하는 사람들은 철학적 사유의 지식인들이다. 덩샤오핑이 철학과 사회과학 연구를 충분히 확대해야 한다고 말한 것은 기술만으로는 중국을 변화시키기 어렵다는 방증이다. 이념과 사상 전반의 변화에 철학적 사고가 충분히 성숙해야 한다는 현실적 필요성이 있었다. 특히 문화대혁명의 폐해를 극복하고 새로운 세상을 열기 위해서는 기존 사상과 이념의 한계를 극복해야 했다. 《광명일보》를 중심으로 개혁개방 논점을 설파한 이면에는 철학과 사회과학에 대한 본원적인 필요보다는 새로운 사상의 구심적 출현을 기회로 이념과 사상의 공백을 메우려는 의도가 있었기 때문이다. 새로운 지식인의 출현이 사상 해방이나 이데올로기와 신념의 완화를 의미하지는 않더라도, 역사에서 애국주의적이고 민족주의적인 중국 담론을 끌어내 지금의 현상을 설명하고자 하는 지도부의 목적의식이 깊이 내재해 있다는 점에 주목해야 한다.

지식의 장려나 사고의 확장은 철학적 의미 그 자체보다 철학으로 포장된 체제 이데올로기의 유연화 과정이라고 할 수 있다. 여전히 기능주의적 지식인의 용도에 천착한 모습이다. 우리처럼 시민사회의 근간이 되는 체제와 정치권력에 대항하는 지식인의 출현은 오히려 더 요원해졌다. 대규모 연구비를 통한 지식사회의 통제가 중국 지식인의 발전을 저해하고 있다. 그런데도 체제 내 지식인의 다양한 목소리는 꾸준히 발산되고 있다. 이러한 목소리에 귀 기울이는 일단의 지식인들과 일반 대중이 지식인을 중심으로 자유화로 향할 가능성이 완전히 닫혀 있지는 않다. 이들 지식인이 조금 더 활발히 공론의 장을 열 수만 있다면 중국 정치사회의 변화는 한층 다양해질 것이다. 우리와 소통의 접점이 확대된다는 점에서도 고무적이다. 철학적 사유에 천착하는 중국의 지식인과 우리가 철학적 사유의 공감대를 형성하는 것은 더욱 중요하다.

소득 증가가 가져올 체제변화 가능성

국민의 소득수준이 오르면 욕구체계가 상향 이동한다. 생리적 욕구에서 자율, 민주, 자기결정에 대한 욕구로 대체된다. 이것이 소위 소득효과와 대체효과이다. 그러나 중국의 경우 지난 20년의 소득 증가가 욕구체계의 변화에 크게 기여하지 못한 것으로 분석된다. 중국 인민들은 민주국가 국민보다 현실적이기 때문이다. 그리고 가치에 목마르기보다는 현실적 이익에 더 집착한다. 왕조시대에도 빵의 문제는 왕조 붕괴의 원인이 될 수 있었지만, 가치 때문에 목숨 걸고 봉기하는 것은 드물었다. 또한 중국공산당 체제하에서 철저한 사상교육과 선전선동 전략이 성공하면서 이러한 욕구체계의 변화를 억제한 것도 영향을 미쳤을 것이다. 그러나 2030년대 초중반까지 1인당 GDP가 2만 달러에 이르고 이후 지속적인 중속성장이 이루어져 3만 달러 시대에 이를 때에는 중국 인민의 욕구체계 변화가 가시화될 수도 있다. 특히 디지털중화민족주의하에 AI 등을 동원한 여론통제나 공안시스템을 통한 국민감시가 고소득 시대의 부유한 인민들과 중산층 세력들에게 계속 용납될 수 있을지 의문이 든다.

아무리 현실주의적인 중국 인민들이라도 인간의 본성적 욕구변화가 없을 수 없고 이것이 공산당 정부의 정책실패로 인한 자산 소득감소와 연결된다면 자존과 자율에 대한 욕구가 분출할 수도 있다. 따라서 장기적으로 중국의 굴기가 지속적인 국민소득 증가로 연결될수록 시진핑식 감시 통제, 선전선동 시스템은 작동되기 어려울 가능성이 크다.

4장

70후의 등장과 차세대 리더십[176]

중국의 간부 성장에서 고전적 관행은 단계를 밟아가면서 성장 사다리에 오르는 것이다. 그 과정에서 간혹 지도자의 눈에 들거나 특별한 성과를 내는 경우 또는 특정 시기에 주목받게 되면 파격 발탁의 혜택을 입기도 한다. 하지만 기본적인 성장 패턴은 사다리 타기이다. 시진핑 주석이 단계별 성장을 선호하는 이유는, 이미 기존 관행으로 굳어진 만큼 굳이 변화를 수반하여 리스크를 만들 필요가 없기 때문이다. 기존 관행에 따른 지속 요인을 충분히 활용해도 좋은 젊은 간부를 찾아낼 수 있다는 역사적 경험의 성과가 있는 까닭이다. 그리고 단계별 성장 과정도 사실상 단계를 뛰어넘는다는 점에서 치열한 경쟁을 내재하고 있어서 기존 관행을 가져와도 충분히 간부 내부의 경쟁을 유지해가면서 좋은 간부를 식별할 수 있다.

단계별 성장과 파격 발탁

중국에서 간부는 대부분 향과급鄕科級, 현처급縣處級, 청국급廳局級, 성부급省部級, 국가급國家級의 단계를 거쳐서 성장한다. 물론 단계마다 정正과 부副의 직무를 거치면 과원에서 성부급까지 10단계를 거쳐야 하는 지루한 과정이다. 단계별 도약이라는 파격 발탁이 병행 추진된다고 하더라도 오랜 시간이 소요된다. 단계별 승진은 연공서열식 승진을 말한다. 각 직급과 직무 연한 기준에 따라 승진의 기회가 주어진다. 파격 발탁은 기존 관행을 뛰어넘는 선발 혹은 승진을 말한다. 성부급이나 국가급 간부로의 성장일수록 최고지도자와의 직간접 개인 네트워킹이 중요하다.[177]

단계별 성장이든 파격 발탁이든 성과와 능력이 중요하다. 절대적 조건인 성과, 업적, 사회적 평가, 기층 경험 못지않게 상대적 조건으로 젊음, 학력, 직무 경험, 동료, 지도자와의 관계, 기회 등이 주요 고려 대상이다.[178] 후계 구도와 관련하여 '70후'들이 주목받는 것은 중국 정치가 기본적으로 세대교체에 기초한 세대정치의 모습을 보여주기 때문이다. 일반적으로 장쩌민 집권기의 제3세대, 후진타오 집권기의 제4세대, 시진핑 집권기의 제5세대로 세대정치를 구분하고 있다.[179] 따라서 차기 지도부는 1965년생 전후의 제6세대와 1975년생 전후의 제7세대의 출현 가능성을 상상할 수 있다. 이 과정에서 특히 제7세대로 부상하는 '70후'들이 성부급 반열에 오른 것은 매우 고무적인 현상이다. 성부급 다음 단계인 국가급으로의 승진 문턱을 막 넘었기 때문이다. 그래서 '70후'들이 주목받고 있다.

시진핑 주석은 제19차 당대회에서 격대지정隔代指定의 관행 미수용,[180] 국가주석 2회 초과 재임 제한 조항 규정 폐지[181] 등 집권 강화와 집권 연장을 위한 제도 마련에 착수했다. 그러나 이러한 움직임이 바로 집권 연장으로 간다는 의미는 아니다. 집권 연장이 가능한 제도환경 구축은 기존 관행의 지속과는 다른 변화요인이다. 변화의 리스크를 줄이기 위한 사회적 명분 축적이 필요하다. 이를 새로운 동력으로 돌파하려고 한다. 그러한 의지의 발현이 바로 과감한 정치교체를 위한 새로운 정치동력으로서 70후에 대한 관심이다. 70후의 성장과 새로운 정치동력이라는 시진핑 주석의 필요성이 결합하여 나타난 것이 바로 70후의 부상이다.[182]

세대교체와 차세대정치의 중심, 70후

50후나 60후 성장과 시진핑 주석의 영향력은 연결 지점이 거의 없다. 그러나 70후 성장은 시진핑 주석 집권 연장이나 공고화와 관련하여 세력화 가능성이 있다.[183] 70후의 성장 공간 마련과 경쟁 유도라는 점에서 시진핑 주석에게도 나쁜 경우의 수는 아니다. 오히려 세대교체를 통한 새로운 정치의 동력을 충분히 활용할 수 있다. 충성 경쟁을 유도할 수 있어서 좋은 패이다. 이는 세대교체를 통한 정치교체 명분에도 부합한다고 볼 수 있다. "재상은 반드시 지방에서 나오고, 맹장은 반드시 병졸 중에서 나온다宰相必起於州部, 猛將必發於卒"라고 했다.[184] 기층에 포진해 있는 70후들을 견인하는 데도 기층 경험의 강조는 여러모로 쓸모 있다. 그리고 기층이나 지방의 경험이 쌓여서 성장하는 것은 관행의 지속 차원에서도 리스크가 되지 않는다. 따라서 기층에서 활발하게 성과를 내는 70후들에게 관심을 보이는 것은 어쩌면 시진핑 주석에게는 당연할 수 있다. "천하를 통치하는 것은 인재에 달려 있다"라고 보기 때문이다.

2020년 상반기 말 기준, 성부급에 오른 50여 명의 70후들은 대부분 지방 당정기관黨政機關에 부부급副部級으로 포진해 있고, 구區나 현縣의 당정 일인자一把手 출신이다. 또한 성간省間 임직 경험이 있다. 기층 경험의 매력적 요소를 갖고 있고, 금융의 국제화를 강조하는 시진핑 주석의 처지에서도 금융권 인재들의 지방 당정기관으로의 낙하 이동은 눈여겨볼 대목이다. 장리린張立林, 리보李波, 거하이자오葛海蛟, 황즈창黃志强 등은 정책 추진 방향과도 부합되는 70후 인사들이다. 2020년 7월 말 기준 그 면면은 다음과 같다.

중국의 '70후' 주요 인사 현황(2020년 7월 말 기준)

성명	출생 연월	현직	성명	출생 연월	현직
먀오칭왕 (苗慶旺)	1970.	중앙순시조 부부급 순시전문원, 중앙기율검사위 부비서장	천신 (陳新)	1970.09	저장성 정부 비서장
스광후이 (時光輝)	1970.01	구이저우성 상무위원, 정법위 서기	리윈쩌 (李雲澤)	1970.09	쓰촨성 부성장
류제 (劉捷)	1970.01	구이저우성 상무위원, 비서장, 조직부장	리웨이 (李偉)	1970.09	지린성 부성장
쉬다퉁 (徐大彤)	1970.02	산시성(陝西省) 부성장	청푸보 (程福波)	1970.09	산시성(陝西省) 부성장
왕훙옌 (汪鴻雁)	1970.04	공청단 중앙서기처 상무서기, 전국청년연합회 주석	저우훙보 (周紅波)	1970.10	광시자치구 부주석, 난닝시 시장
펑중화 (馮忠華)	1970.05	하이난성 부성장	왕웨이둥 (王衛東)	1970.10	톈진시 부시장
황즈창 (黃志强)	1970.06	네이멍구자치구 주석	롄마오쥔 (連茂君)	1970.11	톈진시 부시장
궈닝닝 (郭寧寧)	1970.07	푸젠성 부성장	뤼자오핑 (呂昭平)	1970.11	중국과학기술협회 서기처 서기, 당조 성원(掛職)
류샤오타오 (劉小濤)	1970.07	저장성 부성장	아둥 (阿東)	1970.11	지린성 부성장
리이 (李毅)	1970.07	헤이룽장성 부성장	추이융후이 (崔永輝)	1970.11	푸젠성 부성장
장리린 (張立林)	1971.01	랴오닝성 부성장	치바투 (奇巴圖)	1971.09	네이멍구자치구 부주석
천사오왕 (陳紹旺)	1971.02	다롄시 부서기, 시장	푸위페이 (蒲宇飛)	1971.10	응급관리부 당조 성원, 기검감찰조 조장
류창 (劉强)	1971.03	산둥성 상무위원, 비서장	저우량 (周亮)	1971.10	중국은행보험감독관리위원회 부주석, 중국금융공작회의 부주석
주거위제 (諸葛宇傑)	1971.05	상하이시 상무위원, 비서장	장원빙 (張文兵)	1971.11	후베이성 부성장

성명	출생 연월	현직	성명	출생 연월	현직
장시(章曦)	1971.06	안후이성 부성장	충량(叢亮)	1971.12	국가발전개혁위원회 부주임, 비서장
탄웨이중(覃偉中)	1971.07	광동성 부성장	거하이자오(葛海蛟)	1971.12	허베이성 부성장
양즈원(楊志文)	1971.07	칭하이성 부성장	류위장(劉玉江)	1971.12	허난성 부성장
페이가오윈(費高雲)	1971.08	장쑤성 부성장			–
류쥔(劉珺)	1972.	교통은행 행장	리보(李波)	1972.07	충칭시 부시장
우하오(吳浩)	1972.02	장시성 부성장	허우순리(候順利)	1972.10	중화전국공급판매합작총공사 당조 성원, 중국공급판매그룹 동사장, 당위원회 서기
리신란(李欣然)	1972.03	중앙기율검사위원회 주 중국은행보험감독관리위원회 기율검사조 조장, 중국은행보험감독관리위원회 당위원회 위원	청샤오보(程曉波)	1972.10	간쑤성 부성장
라이자오(賴蛟)	1972.04	닝샤자치구 부주석	자오자밍(趙嘉鳴)	1972.10	인민일보사 부총편집 겸 국제부 주임
주중밍(朱忠明)	1972.04	후난성 부성장	푸부둔주(普布頓珠)	1972.11	시짱자치구 부주석, 산난시 시장
진웨이(靳偉)	1972.05	베이징시 정부 비서장, 전국청년연합회 부주석	차오리쥔(曹立軍)	1972.11	쓰촨성 부성장
류훙젠(劉洪建)	1973.01	윈난성 부성장	천자즈(陳佳資)	1973.06	국가기관사무관리국 당조 성원, 시산복무국 국장
양진보(楊晋柏)	1973.04	베이징시 부시장	루둥량(盧東亮)	1973.12	산시성(山西省) 부성장
런웨이(任維)	1976.05	시짱자치구 부주석			–

5장

시진핑 체제는 내부적으로 순항할 것인가

시진핑 국가주의 체제의 내부적 도전요인

시진핑식 국가주의 체제는 중단기적으로 안정적 통치기반을 확립하면서 지속되겠지만, 결국 다양한 도전에 직면하게 될 것이다. 이로 인해 중국을 지속적인 불안정 상황으로 몰고 갈 개연성도 존재한다.

권력투쟁의 일상화와 개혁 담론의 성장

우선 1990년대 이래 30여 년간 힘들게 제도화해온 집단지도체제가 파괴되면서 엘리트 간 갈등이 통제되지 못하고 권력승계를 둘러싼 통치 엘리트 간 권력투쟁이 일상화될 것이다. 따라서 통치 엘리트 내부의 파벌 간 생존을 위한 치열한 막후 투쟁이 정치를 움직이는 일상적인 방식이 될 가능성이 크다. 이로 인해 발생된 높은 불확실성은 각종 경제·사회 정책의 안정적 추진도 방해할 것이다. 이런 상황에서 국가주의 체제는 점점 더 엘리트나 시민사회에 대한 억압과 통제를 강화할 수밖에 없을 것이다. 여기에는 사이버 통제와 감시, 공산당 기층조직을 통한 포섭과 통제, 이념교육을 통한 사상적 통제, 경찰과 정보기관, 국가감찰위원회 등의 권력기관을 통한 행정적 통제 등이 활용될 것이다. 또한 국제적 갈등, 특히 중미 간 갈등을 중국몽을 중심으로 한 민족주의 이념과 교육으로 연결시키면서 체제 단합을 위한 자원으로 활용할 것이다. 따라서 필요 시 타이완이나 남중국해 등지에서 국지적 무력 충돌을 유발하고 , 이를 단합 정책의 수단으로 활용할 수도 있다.

둘째, 시진핑 주석의 장기집권이 구체적 현실이 되면서 시민사회에서도 서서히 정치개혁과 민주화를 둘러싼 주장이 (대도시의) 지식인들을 중심으로 표출되기 시작할 것이다. 2010년 이래 중국의 부상이 눈앞의 현실이 되면서 중국 지식인들 중 일부는 공산당 영도의 권위주의 체제를 중국의 부상을 이끌어갈 정치모델로서 수용하기도 했다. 하지만 그럼에도 불구하고 경제성장이 일정 단계에 진입하면 민주적으로 전환되어야 한다는 점에 동의해왔다. 이런 상황에서 시진핑 정권의 국가주의 체제에서 민주적 전환에 대한 비전이 사라질 경우, 지식인들의 민주화에 대한 의식은 서서히 각성될 것이다.

더구나 중국몽 실현을 위해 박차를 가해 이끌어낸 경제성장은 시민사회의 다원성을 더욱 발전시키고 민주화에 대한 요구를 가속화할 것이다. 중국은 빠른 경제성장으로 이미 1인당 GDP가 1만 달러를 넘은 상황(2019년)이다. 경제의 세계화로 국제사회와의 교류가 일상화되면서, 중국 공민들의 정치참여와 자유에 대한 추구는 증가할 것이다. 상황의 점진적 변화에도 불구하고 자유와 인권, 민주적 가치가 부정되고, 인민의 참여를 통하여 정치 지도자의 선출 및 주요한 정책 결정이 이루어지지 않음으로써, 집권당인 공산당은 지속적인 통치 정당성에 시달릴 수밖에 없다.

국제사회의 비판과 국가주의 체제의 한계

셋째, 보편가치로 수용되는 인권과 자유, 민주주의 등을 부정하는 중국의 모습은 결국 엄청난 위협으로 인식되어 국제사회와 주변국들로부터 강한 저항에 부딪힐 수밖에 없다. 초강대국으로 부상한 중국은 서구와 다른 '중국적' 가치와 제도, 문화를 국제사회에 보편가치로 수용하도록 함으로써 하나의 문명권을 형성하여 국제질서를 재구성하고자 하는 원대한 꿈을 꾸고 있다. 이를 위해 중국은 '사회주의'와 '유가사상'으로 대표되는 전통가치를 결합한 '새로운' 중국적 가치와 제도, 규범을 만들어 국제사회에 제시할 필요성이 있음을 인식하고, 그 내용을 탐색하는 데 박차를 가해왔다.

문제는 국제사회가 수용 가능한 중국적 가치와 문화, 제도를 재구성해가는 것이 현실적으로 어렵다는 점이다. 중국과 서구의 가치와 제도에 대한 자유롭고 창의적인 연구가 보장되지 못하고, 권력이 고도로 집중된 당-국가 체제의 중앙집권적 통치하에서 각종 정책 노선의 수립과 결정의 주도권이 권력 최상층부에만 존재하기 때문이다. 이것은 시진핑 등장 이후 서구와 다른 중국식 발전경로로 가기 위한 제도·이론·사상·문화를 강조하면서 제시한 각종 내용을 보면, 새로운 것을 제공하기보다는 마오쩌둥 시대의 통치방식과 이념적인 경향으로 회귀하는 현상을 보이는 점을 통해서도 확인할 수 있다.

중국의 반민주적이고 반인권적 상황에 대한 국제사회의 비판과 압력은 소프트파워에 기초한 슈퍼파워가 되고자 하는 중국에 주요한 압력 요인이 아닐 수 없다. 중국이 글로벌 강대국으로서 리더의 역할을 추구하고 국제사회의 선도국가로서의 역할을 목표로 하는 이상, 국제사회의 비판과 목소리를 끊임없이 무시할 수만은 없다. 이것은 중국의 정치체제의 변화와 발전방향에도 영향을 미칠 수 있는 의미 있는 변수이다. 특히 홍콩과 티베트, 신장웨이우얼 지역의 인권과 민주화 문제가 국제적 쟁점이 되고, 국제사회가 연대하여 일련의 제재를 가할 경우 국가주의 체제의 안정적 통치는 외부로부터의 도전에 직면하게 된다. 이로 인해 글로벌 슈퍼파워로서 국제사회를 선도해가고자 하는 중국의 역할을 고민하는 지식인들 사이에 국가주의 체제의 통제방식으로는 국제사회로부터 지지를 얻기 어렵다는 인식이 등장할 것이고, 그 결과 국가주의 체제를 통한 통제는 점점 어려워질 것이다.

넷째, 이런 상황에서 중국은 통치 정당성의 기초를 만들어내기 위해 글로벌 시장경제 규칙을 준수하면서 개방형 경제체제와 성장방식을 통해 보편적 경제규칙의 제정자로서보다는, 중국식 국가 주도 자본주의 경제발전 모델과 성장방식에 기초하여 중속성장을 이끌어낼 수 있는 각종 정책적 수단을 강구하면서 경제적 영향력 확대에 주력할 것이다. 이것은 글로벌 강대국으로서 규칙 제정자 역할을 하고자 하는 중국의 목표와는 점차 멀어지는 길이기도 하다. 실제로 중국공산당 19기 5중전회는 미국의 본격적 견제 속에서 국가주의 체제가 '국내 대순환'에 기초한 '대외 대순환' 병립과 신산업에서의 자립적 혁신을 슬로건으로 내걸고 내수시장에 기초한 소비확대와 신산업에서의 혁신을 중심으로 한 성장전략을 추진할 것임을 표명한 상황이다.

그러나 모든 정치, 경제, 사회, 사상이 공산당의 일원적인 통치하에서 움직이고 개인의 자유를 보장하지 않는 국가주의 체제는, 경제성장과 함께 빠른 속도로 다원화되는 중국 사회구조의 변화에 대응할 수 없다. 그뿐만 아니라 다양한 창의적 사고에 기초하여 과학기술 영역의 혁신을 이끌어내 첨단산업을 중심으로 한 경제적 표준과 규칙을 다시 쓰는 경제 대국으로 부상하는 데 걸림돌이 될 것이다. 공산당에 의해 사상과 가치가 일원적으로 통제되는 상황에서 창의적이고 획기적인 과학기술이나 발전모델에 대한 구상을 이끌어내기는 어렵다. 이 경우 공산당 외의 각종 단체나 개인은 여러 정책적 목표나 대안을 자유롭게 제기하면서 주동적 역할을 할 수 없도록 억제되고, 결국은 중국 공민이나 다양한 사회단체 모두 경직된 국가주의 체제의 부속품으로 전락해버릴 수밖에 없다.

인류 역사는 소련과 동구 사회주의 체제의 실패 경험을 통해서 민주주의의 자발성과 창의성에 의존하지 않고 위로부터 밑으로 국가권력의 동원방식에 기초한 성장의 한계를 보여주었다. 초기단계에서는 일정한 효과를 거둘 수 있지만, 장기적으로 창의성에 기반한 경제사회 성장방식으로 전환해야 할 시점에서는 빠른 속도로 경쟁력을 상실해간다는 점을 교훈으로 얻은 바 있다.

우리의 좁아지는 전략 선택지

중장기적 관점에서 볼 때 시진핑식 국가주의 체제는 중국 스스로의 지속적 성장과 부상에도 불안요인이 되겠지만, 국제사회에도 커다란 도전요인이 될 것이다. 특히 자유와 민주주의, 시장경제를 보편가치로 추구하는 인접국 한국에게는 제도와 이념에서 완전히 다른 슈퍼파워 중국의 부상은 커다란 위협요인이 아닐 수 없다. 더구나 미국과 안보문제뿐만 아니라 가치와 제도영역에서도 공통된 길을 걸어온 한국으로서는, 가치와 제도문제를 둘러싼 중국과 미국의 심화되는 경쟁 앞에서 어떤 태도를 취할 것인가에 대한 심각한 도전에 직면할 것이다. 한국이 직면한 도전 상황은 크게 두 가지로 정리할 수 있다.

선택의 딜레마로 내몰리는 한국

첫째는 미중 간 가치와 제도를 둘러싼 갈등의 격화 속에서 한국이 선택의 딜레마에 직면하게 된다는 점이다. 중국이 슈퍼파워로 급부상하면서 국내적으로 어떤 정치적 선택과 결정을 하는가는 중국 일국의 문제가 아니라 국제사회 초미의 관심사이기도 하다. 특히 중국의 민주주의와 인권, 공산당 권위주의 통치 등 제도와 가치에 대한 문제는 이미 서구사회와 중국의 주요한 갈등 사항이 되었다. 그뿐만 아니라 국제사회의 중국에 대한 호감도를 떨어뜨리는 중요한 요소가 되고 있다. 시진핑 주석의 국가주의 체제에 기반한 장기집권 시도와 이것을 바탕으로 한 부상전략은 이미 미국을 중심으로 한 자유민주주의 진영으로부터 엄청난 비판을 받는 중이다. 중국위협론의 근거도 되고 있다. 심지어 트럼프 전 행정부는 공산당 지배체제를 전면 부정하고 정권교체를 주장하기까지 했다. 이로 인해 양국 갈등은 체제와 가치 등의 이념경쟁 형태로 나타났다. 홍콩, 신장웨이우얼, 티베트 등은 말할 것도 없고 중국이 가장 민감해하는 타이완 문제까지 공격 대상이 되었다. 미국은 이에 더해 '아시아판 NATO'라고 할 수 있는 인도·태평양 군사 연대를 추진하고 EPN이라는 블록을 만들어 중국의 고립을 시도한 바 있다. 바이든 행정부가 등장하면서 가치와 제도를 둘러싼 중미 갈등은 더 강화되는 추세이다. 인권과 민주주의 가치를 강조하는 바이든 정권은 중국의 체제와 이념에 더 큰 압력을 가하면서 공산당 통치를 압박할 것이다. 바이든은 2021년 2월 7일 CBS와 취임 후 가진 첫 방송 인터뷰에서 "중국과 충돌할 필요는 없겠지만 극심한 경쟁이 있을 것"이라고 밝히고, 시진핑 주석을 향해 "그는 매우 명석하고 강인하지만, 민주주의를 전혀 체화하지 못했다", "뼛속까지 민주주의가 없다"고 돌직구를 날렸다. 트럼프 전 대통령이 중국을 공개 비난하고 무역전쟁을 치르면서도 시진핑 주석을 향해선 "나는 그와 좋은 관계에 있다"는 말을 관용구처럼 사용한 것과 비교해볼 때, 민주주의와 인권 같은 국제 규범을 앞세워 중국을 압박할 것임을 예고한 것으로 볼 수 있다.[185]

더구나 최근 익명의 전직 관료 이름으로 발표된 중국에 대한 미국의 전략적 구상에서는 중국이 미국과 세계에 가하는 위협을 막기 위해서 중국공산당 내부의 분열을 이용해 시진핑 국가주석을 '교체'하는 것이 근본적 해법이라는 매우 강경한 내용까지 담고 있다. 이 글은 미국이 21세기에 직면한 가장 중요한 도전은 "시진핑 국가주석하에서 점점 더 전체주의적이 되어가는 중국의 부상"이라고 지적했다. 그리고 시진핑을 정면으로 조준하여 "중국을 전통적 마르크스-레닌주의로 돌려놓고 마오쩌둥과 유사한 개인숭배를 조장"하고 있으며, "저항하는 중국 내 소수민족에 대한 대우는 인종학살에 가깝다"고 비판했다. 또 중국이나 공산당원 전체를 공격하면 시진핑이 민족주의적 감정을 이용해 단합을 강조하며 권력을 공고화할 수 있으므로 시진핑을 집중 겨냥해야 한다고 주장했다. 다시 말하면 공산당 내부보다는 시진핑을 겨냥해 교체되도록 해야 한다는 것이다.[186] 중국 내에서는 바이든의 인터뷰에서 나타난 중국 정책과 관련된 발언도, 바로 상술한 익명의 관료가 발표한 대중국 정책과 동일한 맥락이라는 분석이 제기된 바 있다.[187]

이처럼 바이든 정부가 민주주의와 인권, 국제 규범이라는 잣대로 중국을 상대하며 동맹국 규합에 나설 경우, 전략적 모호성으로 양국 사이에서 국익을 추구해야 하는 한국으로선 부담스러울 수밖에 없다. 중미 간 패권경쟁이 격화되면서 한국은 선택의 딜레마에 일상적으로 봉착해왔다. 지금까지 한국은 미중 사이에서 사드 문제 외에도 환태평양경제동반자협정Trans-Pacific Strategic Economic Partnership, TPP과 역내포괄적경제동반자협정Regional Comprehensive Economic Partnership, RCEP 사이의 선택, 아시아인프라투자은행Asian Infrastructure Investment Bank, AIIB 가입의 선택, 아시아 교류 및 신뢰구축회의Conference on Interaction and Confidence Building Measures in Asia, CICA와 전승절 외교, 남중국해 갈등 등 다양한 사례에서 선택의 딜레마에 직면해왔다. 2018년 이후 중미 갈등이 가치와 제도 등의 이념 갈등으로 확산되면서 가치와 제도를 둘러싼 양국 간 경쟁에서도 한국의 딜레마가 심화되고 있다.

설 땅 잃은 전략적 모호성, 안미경중

둘째는 가치와 제도가 다른 국가주의 체제를 지향하는 슈퍼파워로서의 중국이 역사적·지정학적 요인으로 인해 한국에 던지는 도전이다. 중국은 한국에게 지정학적으로 인접한 국가인 동시에 경제성장, 통일문제 등을 해결하기 위해서 어떤 식으로든 협력할 수밖에 없는 국가이다. 그럼에도 불구하고 자유와 평등, 민주주의를 보편가치로 수용하는 한국은 중국과 가치와 제도 영역에서 거리가 점점 더 멀어지고 있는 것이 현실이다. 중국은 국내적으로 비민주적 국가주의 체제를 기반으로 하며, 대외적으로 중화민족의 부상이라는 공세적 민족주의를 내세우면서 경제력(과학기술 포함)과 군사력 중심의 국력 성장 제일주의를 추구하고 있다. 바로 이런 상황은 작은 국가 핀란드가 지리적으로 이웃한 문화와 사상이 다른 초강대국 소련의 눈치를 지속적으로 볼 수밖에 없었던 것과 비슷하다. 이웃 국가이면서도 추구하는 제도와 가치가 완전히 다른 슈퍼파워 중국과 한국 사이에도 이른바 '핀란드화' 현상이 나타날 수 있으리라는 우려를 자아낸다.

더구나 한국의 중국에 대한 위협의식은 근대 이전 동아시아 지역에 출현했던 이른바 중화질서 속에서의 한중 관계에 대한 경험에 비추어볼 때 단순한 기우라고 보기 어렵다. 근대 이전 중국을 중심으로 한 동심원적인 제국질서에서 한국은 오랜 기간 중국의 주변국으로서 불평등한 지위를 감수한 역사적 경험을 지니고 있다. 물론 '주권국가로 구성된 평등한 국제질서'라는 관념이 보편적으로 수용되는 오늘날의 국제질서에서, 문명과 야만의 구별에 기초한 불평등한 위계질서를 기초로 했던 중화질서가 다시 등장하기는 어려울 수 있다. 그럼에도 불구하고 사드 사태 등에서 보여준 바와 같이 중국의 한국에 대한 패권적 태도는 한국인에게 역사 속의 중화질서에 대한 '기억을 불러내기'에 충분한 상황이다.

더군다나 중국은 중화민족의 부상이라는 중국몽 실현을 목표로 자유와 민주주의, 인권 등의 보편가치를 뒤로한 채 강성 권위주의에 기초한 공세적 영향력 확장을 통해 동아시아 질서를 주도할 의지를 공공연하게 피력하는 상황이다. 지리적으로 인접한 슈퍼파워와 중소국 사이에 설사 자유와 민주주의, 인권 등의 가치와 제도를 공유한다고 하더라도 중소국이 어떻게 주권독립과 평등한 지위를 누릴 것인가 하는 문제는 지속적 숙제가 된다는 점에 비추어볼 때, 하물며 민주적이지 못한 강성 권위주의 체제를 기반으로 한 중국의 부상과 이런 중국에 의해 주도되는 동아시아 지역질서에 대한 우려는 지극히 당연하다고 볼 수 있다. 권위주의적인 국내질서와 마찬가지로 동아시아 지역도 권위주의적이고 위계적인 질서의 틀로 만들어갈 가능성이 높기 때문이다. 바로 이런 점이 한중 관계의 양호한 발전에 엄청난 도전요인이 될 것으로 보인다.

克中之計

5부

한국의 대중국 전략체계[188]

1장 미중 갈등 속 한중 관계의 기본자세

2장 공존 · 충돌 · 예속의 시나리오를 벗긴다

3장 중국의 대한국 한반도 전략과 한국의 대응전략 체계

4장 극중지계 전략체계

1장

미중 갈등 속 한중 관계의 기본자세

전환 시대의 상황 인식 바로 세우기

우리를 둘러싼 동북아시아의 지정학·지경학적 환경과 여건은 한국이 새로운 인식과 대응자세를 갖추도록 요구하고 있다. 이제 지난 30년의 관점에서 벗어나 중국의 급부상에 대한 상황 인식을 바로 세우고 한국의 생존 방정식을 새롭게 재구성해야 할 때이다. 미중 경쟁은 앞으로 20~30년 동안에 세계의 모습을 크게 바꾸어놓을 것 같다. 이렇게 전환기적 충돌 상황을 맞아 미중 간 전운이 감도는 이때 한국은 주권과 생존권을 지키기 위한 새로운 인식과 대응태세로 무장해야 한다. 크게 보아 한국은 21세기 미중 갈등에 그대로 노출되고 있다. 이 상황에서 한국은 중국이 강대국으로 부상하면서 한국과 한반도 지정학에 미칠 영향에 대해 정확한 인식과 상상력이 부족하게 되면 또 한 번의 어려운 시기를 맞을 수도 있다.

2021년 1월 기준 미국과 중국의 경제력 차이는 100대 71 수준으로 평가되면서 격차가 좁혀지는 추이를 보이고 있다. 앞으로 세계는 비대칭적 양극화가 상당 기간 심화될 가능성이 크다. 중국은 미국과 대등한 양국체제로 대립하기에는 아직 국력이 모자란다. 더욱이 군사력이나 외교적 네트워크, 나아가 첨단기술력 면에서도 미국과의 전면 경쟁은 아직 때가 이르다. 그렇다 하더라도 중국은 부상하고 미국은 서서히 하강하는 세력 전이 현상은 상당 기간 이어질 것이다. 역사적으로 한국은 한반도 주변 강대국의 세력 전이 과정에서 대응능력이 취약했다. 비록 지금은 그때와는 국력이나 외교력에서 차이가 나더라도 세력 전이가 진행되었던 구한말 통한의 외교적 실패를 지금도 답습하려는 기질적 한계를 보이지 않을까 하는 우려도 있다. 이러한 세력 전이의 대혼돈 과정에서 한국 정치는 그에 걸맞은 외교력과 사회 역량의 통합력, 방향감각을 갖춰야 할 것이다.

미중 갈등에 대비할 한국의 대응책 필요성[189]

장기적 관점에서 국제 질서는 결국 '미국 편에 설 것인가, 아니면 중국 편에 설 것인가'로 양분화될 것이다. 미중 관계의 미래는 여전히 불확실하지만, 그럼에도 불구하고 미국이 중국과 기존의 관계를 그대로 이어갈 수는 없다는 생각이 미국 내에 지배적이다. 이러한 생각이 유효하다면 세계는 미래에 미중 관계가 새롭게 정립되기 전까지 미국과 중국으로 나뉘어 대립하는 '양극화bipolarity' 시대가 지속될 가능성이 크다. 미국의 국력이 중국보다 우세한 상황에서 그것은 동등한 두 슈퍼파워의 양립이라기보다는 향후 최소 10년 정도까지는 미국이 우세한 '비대칭 양극화asymmetric bipolarity' 세계가 될 가능성이 유력해 보인다. 이러한 가운데 주요한 것은 '변화하는 미중 관계에 한국이 제대로 대처하고 있는가'일 것이다.

미중 관계가 더욱 악화되면 한국은 입지가 가장 어려운 국가가 될 것이다. 역사적으로 한반도는 주변 강대국의 '세력 전이' 과정에서 취약했다. 중국이 장기전을 준비한다는 것은 항복하지 않으리라는 것을 의미한다. 무역전쟁 초기 많은 전문가가 중국의 조기 항복을 예상했다. 이는 시진핑의 '중국몽' 야망을 제대로 이해하지 못했기 때문이다. 중국은 미국을 기울고 있는 패권국으로, 현재를 미국 추월의 '전략적 기회의 시기'로 보고 있다. 지금 세계가 '100년 만의 대변혁기'에 있다는 시진핑의 말에는 '국운 상승' 기회를 확실히 중국 쪽으로 추동하려는 의지가 담겨 있다. 미국과의 무역전쟁에서는 단기적으로 밀리겠지만, 장기적으로 '시간은 우리 편'이라 믿고 있는 것이다.

한국의 선제적 전략과 대응책 모색

중견국인 한국이 미중 사이에서 선택에 대한 지나친 강박감을 느낄 필요는 없지만, 역사적 경험에서 교훈을 찾자면 선제적·전략적 고려와 대응책도 염두에 두어야 할 것이다. 현재까지 진행된 미중 갈등 사안에 한국이 휘말린 사례들도 복기해서 교훈을 찾아야 한다. 한국은 정책 실패에 대한 복기를 잘 하지 않는다. 사드와 화웨이 사태가 대표적이다.

미국은 화웨이를 '수출제한 블랙리스트'에 올린 이후, 한국 정부에도 화웨이 제재에 동참해달라고 요청했다. 반대로 중국은 화웨이 설비수입을 한국이 중단하면 한국 기업의 손실은 수십억 달러에 이를 것이라고 엄포를 놓았다. 과거 사드 문제 때와 마찬가지로 한국은 미중 사이에서 선택을 강요받는 형국이다. 사드 배치 문제로 중국과 갈등을 빚었을 때 한국은 1년 넘게 결정을 못 하며 혼란 속에 갈팡질팡하는 모습을 보였다. 외교와 정책 결정 과정은 정교하지 못했다. 한국은 그에 대해 큰 대가를 지불했다. 사드 파동 당시 한국의 우유부단한 태도로 동맹인 미국은 고개를 갸우뚱했고 중국의 한국 인식 또한 더 악화시켰다는 점을 주목해야 한다. 중국은 한국이 '기회주의적으로' 행동하고 있다고 느꼈다.

국제관계의 현실정치에서 한 나라가 기회주의적으로 행동하는 것은 종종 유익하다. 윤병세 전 외교부 장관은 한국이 미국과 중국으로부터 '러브콜'을 받고 있다고 말한 적이 있다(2015년 5월 30일). 동아시아 지정학에서 한반도가 미중 사이에 지니는 전략적 가치를 언급한 것이었다. 그렇다면 '러브콜'을 받아야 할 한국이 왜 중국으로부터 사드 보복을 당했는가 하는 의문이 제기된다. 중국은 한국이 사드 문제에 있어 미국이 아닌 중국 쪽으로 기울도록 경제적 유인책과 정치적 양보를 제공하면서 한국에 '구애 작전'을 펼쳤어야 하지 않았을까? 그러나 중국은 한국에 다양한 보복 조치를 취했다. 한국 사회를 분열시키기 위한 여론전과 심리전을 펼쳤고, 중국에서 사업을 하는 한국 기업에 대해 불매운동을 벌였고, 통관 지연, 위생검사 등으로 공포를 유발했으며, 중국인 관광객을 막았고, 학회와 교류 프로그램을 취소했으며, 정부 간 채널을 폐쇄했다. 이는 확연히 '러브콜'이 아니다. 즉 한국은 미중 갈등 사이에서 한국이 종종 취한 '기회주의적 균형opportunistic balancing' 전략의 결과에 대해 리뷰를 할 필요가 있다. 또 중국이 이를 어떻게 생각하고 있는지도 알아야 한다. 왜냐하면 외교는 상대가 있는 행위이기 때문이다.

미중 경쟁이 심화되는 가운데 중국은 주변국을 3개 카테고리로 나누고 있다. 첫 번째 그룹은 일본과 같은 미국의 확연한 우방국들이다. 중국은 이런 나라들을 '비즈니스적인' 태도로 냉담하게 대하며 최소한의 필요한 접촉을 유지한다. 하지만 자신의 이익에 부합할 때는 관계개선도 마다하지 않는다. 비록 중국이 일본을 7년 동안 '투명인간' 취급했지만 일본과 정상회담을 모색한 이유이다. 두 번째 그룹은 미중 경쟁 와중에 중국 편향을 보이는 라오스, 파키스탄과 같은 '친중親中 국가'이다. 중국은 경제적 이익을 그들에게 제공하여 중국 편으로 묶어두려 한다. 세 번째 그룹은 한국같이 미중 사이에서 '줄타기 외교'를 하는 국가들이다. 중국은 경제적 이익으로 이들을 유인하기는커녕 오히려 혼쭐을 낸다. 사드 보복은 그 첫 '시범 케이스'였다. 중국의 의지에 반하는 행동을 할 때 어떻게 되는지를 한국을 본보기 삼아 주변 국가들에 보여준 것이다. 한국에 보복하지 않으면 역내 다른 나라들도 향후 유사한 사건이 발생할 때 중국의 경고를 무시할 수 있기 때문이다. "닭을 죽여 원숭이를 훈계한다殺雞儆猴"라는 고전적인 전술이다.

사드 파동 당시 한국 정부는 중국의 이러한 전략적 속내를 읽지 못한 듯하다. 당시 상하이를 방문했던 한국의 한 고위인사는 중국이 한국에 대한 경제보복을 감히 하지 못할 것이라고 공개적으로 말하기도 했다. 무역은 본질적으로 상호적이기에 중국도 손해를 입을 수 있기 때문이라는 '경제 논리'를 든 것이다. 그의 발언은 한국에 대한 중국의 보복 의지를 더욱 다지게 한 것으로 알려졌다.[190]

문재인 정부는 사드 파동을 전임 정부로부터 물려받으며 출범했다. 화웨이 사건을 놓고 다시 한국은 사드 때처럼 미중 사이에서 어떻게 위치를 선정해야 하는지 또 하나의 도전에 직면했다. 미국과 중국 모두 이 민감한 사안에 대해 한국이 자기편을 들어줄 것을 요구했다. 한국 정부는 미중 어느 편도 들지 않고 '가능한 한 낮은 키low-key 모드'로 대처했다. 그러면서 이 문제는 "기업이 자율적으로 결정할 일"이라고 거리를 두었다.[191] 문제는 이러한 전략이 효과를 볼 수 있느냐 하는 것이다. 이 발표를 청와대 인사가 했다. 미국과 중국은 이를 결국 한국 정부의 결정으로 이해했다. 미국은 한국이 "동맹국처럼 행동하지 않는다"고 불쾌해했다.[192]

주목할 것은 중국의 태도이다. 중국은 미국의 동맹인 한국이 미중 다툼에서 '중립'을 취한 것이 사실상 중국 편향임을 인정하면서도[193] 이에 반색하기는커녕 오히려 당연지사로 여겼다. 미국 주도의 쿼드에 한국이 가입하는 문제에 대해서도 강경화 외교부 장관이 "다른 국가의 이익을 자동으로 배제하는 협력체는 그 어떤 것도 좋은 아이디어가 아니라고 생각한다"라고 사실상 완곡한 거부 표시를 하며[194] 중국 편을 들어주는 모습을 보였을 때도 마찬가지였다. 이를 감사하게 여기기는커녕 한국이 당연히 중국 편을 들어야 한다는 태도를 보였다. 문제는 한국이 중국 편향 입장을 보일수록 중국은 이를 당연시하는 태도를 보인다는 점이다. 중국은 상대방이 굴종적으로 나오면 더욱 압박하는 경향이 있다. 그런 중국은 한국이 미국 편을 들 경우 엄벌의 대상으로 본다. 한국의 주권적 문제임에도 말이다.

중국은 화웨이 사태 때에도 한국이 미국 편을 들 경우에 '후과後果'가 있을 것이라고 경고했다. 미중 관계 논의에서 한국의 선의를 중국 측에서 어떻게 받아들이는가에 대한 연구는 부족한 형편이다. 이는 최근 중국의 대한국 관계의 전반적인 '하향 조정'과도 맥락을 같이한다. 최근 시진핑 주석의 방한이 불발된 것이 비록 코로나19 때문이라 하지만 2017년 12월 그에게 한국을 방문해달라는 뜻을 문재인 대통령이 밝혔으나, 현재까지 4년간이나 미루어지고 있는 상황을 되짚어볼 여지가 있다. 사실 방문할 기회는 많았다. 정말 코로나19 때문이라면 중국이 요즘 다른 국가들과 가지는 화상 회의라도 할 수 있었을 것이다.

이처럼 한국은 미중 사이에서 포지셔닝의 문제뿐만 아니라, 한미 관계, 한중 관계 역학에서 자신의 전략적 가치가 '조정'받고 있는지 잘 살펴봐야 한다. 관계는 상대적이기 때문이다. 분명히 한국은 미국과 중국 양쪽에서 러브콜을 받고 있는 상황이 아니다.

장기전에 대처하는 상황별·단계별 대응 매뉴얼 구축

한국 정부는 미중 갈등의 원인이 단순히 무역분쟁을 넘어 양국 간 체제의 이념과 가치관 대립이라는 것을 서서히 깨닫기 시작했다. 이는 역설적으로 한국이 미중 간 충돌 위기를 슬기롭게 타개할 준비가 미흡했음을 의미한다. 사안의 심각성에 대한 인식이 지체되었으니 그만큼 준비할 필요성도 더디게 다가왔을 것이다. 미중 갈등은 장기전이 될 전망이다. 이는 장기전에 약한 한국에게는 치명적인 약점으로 작용할 것이다.

개화기의 시발점인 1876년 강화도조약으로부터 1910년 한일합병조약으로 국권을 상실한 30여 년의 시간도 당시 조선 사람의 눈에는 길고 긴 시간이었다. 이 기간 청일전쟁(1894년), 아관파천(1896년), 러일전쟁(1904년), 을사늑약(1905년) 등 한반도 사람들의 운명에 큰 영향을 끼친 지정학적 사건이 줄줄이 터졌지만 이를 '일희일비'하며 지나쳤다. 이를 큰 안목에서 조망하며 전략과 대책을 세울 수 있는 정치역량도, 그런 안목을 지닌 지도자도 부재했다. 당시 아무도 이 30여 년 시간의 종착점이 망국亡國이 될지 몰랐다. 설사 그런 생각을 하는 사람이 있었다 하더라도 '설마' 하는 집단 안위의식에 의존하거나, 당시 국가의 외교에 영향을 미칠 만한 힘이 부족했다. 당시는 한반도를 둘러싼 강대국들 간의 힘의 균형이 무너지면서 신흥 강국이 기존 패권국에 도전장을 내밀며 자웅을 가리는 '세력 전이' 기간이었다.

작금의 상황이 구한말과 같지는 않다. 하지만 이 말이 설득력을 가지려면 이 혼란의 시기에 한국 정치가 그에 걸맞은 외교력과 사회 역량의 통합력, 그리고 방향성을 보여줄 수 있어야 한다. 구한말에도 한국의 위정자들은 한국이 이래야 한다고, 혹은 저래야 한다고 서로 다른 생각을 내놓으며 오히려 스스로 혼란의 구심점이 되었다. 당시 한국은 잘못된 선택을 했고, 망국의 상처를 한국 역사에 남겼다. 지금은 21세기이므로 역사가 똑같이 반복되지는 않겠지만, 역사가 주는 교훈은 반복될 수 있다.

당시 조선은 현대적 의미에서 보면 외교가 '부재'한 나라였다. 과거 중화 질서 속에 의탁해 중국에 '사신을 보내는 것'이 외교 활동의 근간이었다. 그러다가 개화기를 겪으며 일본의 식민지로 있다가, 해방과 더불어 다시 분단을 겪었고 그 후 한국전쟁을 겪으면서 현대적 의미의 외교를 뒤늦게 시작했다. 20세기 최대 강국인 미국의 동맹이 되었지만, 새로운 국제질서에 대한 적응은 한국의 산업화만큼이나 빠른 속성 교육을 토대로 한 것이다. 한국 사회는 민주주의 초기 단계에 있다. 한국 내 일각에서는 오늘날 미국 내에서 나타나는 민주주의 위기 사태를 목도하면서 민주주의 가치 자체에 의구심을 제기하고 있다. 따라서 우리는 이것이 갈등 요소로 한국 사회에 초래할 수 있는 상황을 경계해야 한다.

향후 미중 갈등은 끊임없이 진화의 과정을 겪을 것이다. 강도에 따라 △ 전면 충돌 △ 느슨한 냉전[195] 그리고 △ 화해로 옮겨갈 것이다. 질주하는 자동차가 도로 상황에 따라 기어를 바꾸듯이 강약도 있을 것이고, 평지를 지날 때는 쉬워 보일 수도 있다. 그러나 경주에 목표점이 있듯이 미중 갈등도 지향점이 있다. 그렇지 않다면 갈등이 생기지 않았거나 생겼더라도 이미 매듭지었을 것이다. 미중 갈등은 한 세대에 걸쳐 진행되는 장기전이다. 도중에 단기적 봉합은 가능할 수 있겠지만 전반적 갈등의 구조는 바뀌기 힘들 것으로 보인다. 이 기간 한국이 유의해야 할 점은 종종 보일 미중 갈등 '봉합' 혹은 '소강기'를 '해결'로 오판하는 것이다. 2020년 1월의 미중 무역전쟁 '1단계 합의'가 그 일례이다.

바이든 행정부 시기는 미중 패권경쟁의 관건이 될 것이다. 미중 갈등 속 양국 모두와 밀접한 관계를 맺고 있고, 양국 모두로부터 선택의 압력을 받고 있는 한국이 큰 어려움에 봉착할 수 있다는 우려가 제기되어왔다. 이 어려움은 주로 담론시장에서 경제적 측면과 안보적 측면, 두 가지로 나뉘어 소비되었다. 이 두 가지 못지않게 한국이 걱정해야 할 세 번째 어려움은 이념과 가치관의 문제이다. 아직 성숙한 민주주의가 정착하지 않은 한국은 이에 대해 경각심을 지녀야 한다. 이런 상황에서 기존 한국 외교의 '명품 처방전'이라 불렸던 '안미경중'은 갈수록 유지하기가 지난해질 수 있다.

한국은 미중 양쪽 모두와 잘 지내고 싶겠지만 미중은 이러한 한국의 사정을 이해해주는 것이 아니라 잠시 참아주고 있을 뿐이다. 강대국의 강요는 종종 정제된 외교적 수사修辭에 담겨 오기도 한다. 한국이 미중 사이에서 전략적 모호성인 '중간지대'에 머무를 수 있는 시간이 5년 정도란 예측도 해외에서 나오고 있다. 한국은 이 '유효기간'을 잘 살피며 중장기적 안목으로 미중 갈등을 헤쳐나가야 할 것이다. 한국 사회 내부의 취약성에도 유념해야 한다. 미중 사이 '선택'의 문제를 둘러싼 한국 사회의 내부 갈등은 잠재적 시한폭탄이 될 수 있다. 지난 70여 년간 한국 사회는 북한을 대하는 문제를 둘러싸고 심한 내상을 겪었다. 향후 30년은 미중 갈등을 둘러싸고 심각한 분열을 겪을 수 있다.

2장

공존·충돌·예속의 시나리오를 벗긴다[196]

공존·충돌·예속의 생존 방정식

미중 패권경쟁 속 충돌의 접점이 커지면서 한국의 입지가 줄어들고 있다. 이러한 가운데 우리는 지금 중국몽을 경이로움과 두려움 속에서 바라보고 있다. 중국이 WTO에 가입하던 해인 2001년, 미국에서는 9·11테러 사건이 터졌고, 2008년에는 글로벌 금융위기가 닥쳤다. 2009년에는 중국이 세계자동차생산 1위국, 무역규모 1위국으로 등극하더니 2011년에는 동일본 대지진과 후쿠시마 원전사고가 났다.

그 이듬해인 2012년에는 중국이 일본을 제치고 국내총생산GDP 세계 2위국으로 올라서고 2013년에는 시진핑 주석이 중국의 권력자가 되었다. 2015년에는 '중국제조 2025'가 발표되고 2019년에는 중국 우한에서 시작된 코로나19가 팬데믹 상황으로 번져 전 세계에 전파되었다. 영국의 EU 탈퇴를 계기로 유럽의 위축이 진행되고, 트럼프 대통령 취임 이후 미중 간의 갈등 충돌이 계속되었다. 그리고 2021년 바이든 행정부 출범 후에는 미국 민주주의에 최대의 위기국면이 찾아왔다. 그리고 지금, 중국의 도광양회 태도는 찾아보기 힘들다. 강력한 힘을 바탕으로 좌고우면 없는 대국굴기 드라이브가 계속되고 있다.

시나리오별 예측모델과 대응전략

지금 미국과 중국의 서로 다른 체제가 경쟁, 대립, 충돌로 부딪치고 있다. 통상과 경제적 패권을 둘러싼 이익의 충돌을 넘어 국가안보로 이슈화되고 이념과 체제의 경쟁으로까지 확장되고 있다. 미중 간 전략적 경쟁은 신냉전 국면으로 돌입하고 있다. 아직 군사충돌로 확대되고 있지 않지만, 미중 갈등은 단기간에 쉽게 해소될 사안이 아닐뿐더러 오히려 더욱 격화될 것으로 보인다. 지금 중국은 예측하기 힘든 변화와 굴기의 길을 가고 있다. 그 변화의 각도와 궤적에 따라 한국의 주권과 생존권에 지대한 영향을 미칠 것이 분명하다. 중국 경제는 자유세계의 일반적인 원칙이나 규범과 달리 스스로 시진핑 시대 중국 특색 사회주의 사상을 행위규범으로 삼아 독자적 길을 추구하고 있다. 따라서 중국 경제의 미래에는 수많은 돌발변수가 있을 것이고 미국 등 자유세계와의 충돌과 갈등이 불가피하다. 한국은 미중 간 전략적 경쟁과 코로나19 사태 이후 세계 경제의 지정학·지경학적 변화에 따라 중국과의 ① 공존, ② 충돌과 갈등, ③ 예속의 경로가 어떻게 전개될 것인가를 예의주시하면서 동북아 평화체제와 경제적 번영을 담보할 수 있는 세부 전략을 마련해야 한다.

이러한 지정학·지경학적 전환기에 있어서 중국 경제의 미래를 제대로 예측하고 이에 대응하여 생존전략을 짜는 것은 오늘날 우리에게 가장 시급하고 현실적인 과제가 아닐 수 없다. 무엇보다 우리는 중국과 그 경제의 실상을 있는 그대로 보고 이를 냉엄한 현실로 받아들여야 한다. 중국을 알고 우리 스스로를 깨달아 이를 생존 방정식으로 엮어내야 한다.

어떤 경우에 한국이 중국에 예속되고 이해 충돌이 심각해지는지 시나리오별 예측모델을 세우고 이를 예방하면서 공존의 생존 방정식을 찾아가는 것이다. 이것은 우리의 주권과 생존권을 지키는 데 준거가 되는 원칙과 여건 및 환경에 대응하는 유연성을 배합하는 고난도 관계 방정식일 것이다.

입지가 더욱 어려워진 한국

미중 패권경쟁 심화는 한국처럼 미국과 중국 사이에 낀 채 안보와 경제의 상당 부분을 의존하는 국가에게는 다양하고 중층적인 리스크를 야기한다. 대표적으로 ① 한미동맹 관리/미관리의 리스크, ② 남북 관계, 북핵 문제의 리스크, ③ 미중 패권경쟁 차원의 리스크, ④ 미중 지역전략 경쟁의 리스크, ⑤ 한일 관계 리스크 등을 들 수 있다.

이러한 리스크를 감안해볼 때 미중 관계 악화로 한국은 입지가 가장 어려운 국가가 될 것이다. 차기 한국 정부는 현 정부보다 미중 갈등 속에서 선택의 압력을 더 많이 받게 될 것이다. 역사적으로 한반도는 주변 강대국의 '세력 전이' 과정에서 가장 취약했다. 한국은 한미동맹과 중국이 지니는 지정학적 중요성 사이에서 선택을 강요받고 있으며, 미중 사이 선택의 문제는 향후 한국에서 북한 문제를 둘러싼 진영 갈등에 버금가는 최우선 사회 분열적 담론으로 등장할 수 있다. 중국이 힘의 부상과 함께 수직적 위계질서에 기반한 신중화질서 회복에 박차를 가함에 따라, 과거 조공국이었던 한국은 주변국 중 가장 먼저 신중화질서로의 '복귀' 압력을 받게 될 것이다. 이는 인센티브 제공을 통한 '회유'보다는 사드 사태에서 봤듯 보복성 조치로 한국의 의지를 조정하려고 할 가능성이 크다.

2022년 한중 수교 30주년을 앞두고 한국에서 일고 있는 반중 정서(77%, Pew Research Center)는 역대 최악의 수준이다. 중국의 사드 보복, 코로나19 방역 과정에서 중국 정부가 보여준 도시 봉쇄와 언론 검열 등 전체주의적 통제의 모습은 다시금 한국인들에게 중국의 '민낯'을 보게 만들었다. 이는 향후 한국 정부 차원에서 한중 관계를 상향 조정함에 있어 부담이 될 것이다. 한국이 경제적으로 중국과 협력해야 하는 필요성이 있지만, 정치제도적으로 이념적·가치적인 이질감을 단시일 내에 해소할 수 있는 방법은 부재한 편이다. 중국 역시 시진핑 정부 들어 사회주의 이데올로기와 중화민족주의를 강화하는 상황이어서 한중 간 이념 간극은 더욱 벌어지고 있다. 이는 기존 한중 갈등 영역(고구려 등 역사 갈등, 김치 종주국·BTS 사태가 보여준 문화 갈등, 중국의 잦은 한국 ADIZ 무단 진입 등 군사적 갈등)의 확장을 낳을 수 있다.

광의적 시각에서 볼 때 한국은 21세기 미중 갈등에의 노출, 중국의 강대국 부상이 한국과 한반도 지정학에 끼칠 영향에 대한 인식과 상상력 부족을 겪고 있다. 한국이 미래에 나아가야 할 방향과 전략을 구상하는 한국 지성 사회의 '파편화' 현상은 미중 갈등이 심화되는 배경에서 한국 종합 국력의 전반적인 하향조정화 과정을 추동할 수 있다.

대중국 전략선택 매트릭스

트럼프-시진핑 시대 미중 간 전략적 경쟁이 본격화되면서 가장 부각된 담론 중 하나가 바로 체제경쟁이다.[197] 미국과 중국의 서로 다른 체제가 경쟁, 대립, 충돌로 이어지고 있다는 것이다. 트럼프는 무대에서 사라졌지만 새롭게 등장한 바이든 행정부가 '미국 우선주의' 대신에 이념과 가치를 공유하는 동맹과 공동의 전선을 구축하며 체제경쟁을 지속하고 있다. 미중 체제경쟁은 결코 가볍게 보아서는 안 되는 문제이다. 바로 대한민국의 운명이 걸려 있기 때문이다.

앞으로 바이든 행정부는 동맹관계 부활을 통해 중국의 압박을 더욱 강화하는 한편, 중국은 한국을 한미동맹의 가장 약한 고리로 보고 회유, 견인, 압박을 해올 것이다. 그리고 시진핑식 중국 특색 사회주의 노선의 실현을 위해 한국에 복속주의적 관계를 복원하려 할 것이다. 이러한 전환기적 상황에서 한국은 자강의 길로 내몰리고 정치, 외교, 산업, 기술의 전방위적인 전환 압력에 직면하고 있다. 미중 충돌이 거세질수록 선택에 따른 비용이 커지고 때로는 치명적 결과를 가져올 수도 있는 예민한 상황이다. 다음의 표에서 볼 수 있듯이 미국이나 중국 어느 한쪽에 지나치게 밀착하고 다른 쪽을 적대하면 엄청난 충돌비용을 지불해야 한다. 특히 미중 양국이 목숨 건cut throat 쟁패 중에 있기 때문에 상대방에 대해 너그러울 수가 없다.

미중 간 패권경쟁에서 한중 간 충돌 · 예속 · 공존의 시나리오

대상국	한국의 선택과 경사 비용		
	미국 편향적	중국 편향적	국익 차원 전략적 선택
중국	충돌	예속(공존) 공존이익 불확실	선택의 이익과 비용이 혼재
미국	안전보장 확보, 공존이익	충돌 동맹이익 상실	

미중 충돌의 지속으로 신냉전 체제로 이행될 경우 한국은 동아시아에서 '선택의 비용'을 가장 많이 치르게 된다. 중국은 지정학·지경학적 중요성이 큰 한국을 미국의 동맹라인에서 가장 약한 고리로 견인하려 할 것이다. 미국은 팽창주의 중국을 일정 수준으로 묶어두는 데 있어 중국과 가장 가까운 지리적 요충지인 한국을 염두에 두고 한미동맹의 고삐를 강하게 쥐려 할 것이다. 따라서 한국이 어느 한 나라에 경사할 경우 그 비용은 다른 어느 나라보다 클 수밖에 없다.

일본은 한국을 방파제로 삼아 미국과 밀착하여 선택과 경사에 따른 비용이 우리보다 크지 않다. 필리핀, 베트남의 경사 비용은 더 크지 않을 것이다. 경사 비용은 우리가 처해 있는 지정학·지경학적 비용인 셈이다. 따라서 미중 관계가 협력적일 때 경사 비용은 줄어들고 미중 경쟁이 충돌의 양상으로 오래 지속될수록 비용은 천문학적으로 늘어난다. 미중 사이에서 고뇌하며 우왕좌왕할수록 경사 비용, 선택 비용은 커진다. 앞으로 한국의 외교·안보전략은 미중 사이에서 어떻게 선택·경사 비용을 최소화하면서 정체성과 주권, 생존권을 지켜나갈 것인가에 중점을 두어야 한다. 우리가 한미동맹을 강화하면서도 중국과 적국이 되지 않고, 충돌이나 예속 없이 공존의 길을 찾는다면 선택에 따른 외교·안보 비용을 크게 줄일 수 있다.

그렇다면 공존, 충돌, 예속의 시나리오로 진입할 가능성은 무엇으로 판단해야 하는가? 그 기준은 다음과 같은 세 가지 측면에서 접근해야 한다. 첫째, 정치외교 면에서 한국이 친중으로 기우는 경우 거대 중국에 예속될 가능성이 커지는 동시에 한미동맹 관계도 불안정해져 충돌의 길로 들어설 수 있다. 둘째, 기술력 측면에서도 한국의 과학기술 능력이 중국에 비해 열세가 되면 예속될 가능성이 커질 것이다. 또한 미국이 주도하는 기술동맹에 가입하여 중국의 과학기술 중국몽과 대치하게 되면 한중 간에는 충돌이 불가피해질 전망이다. 셋째, 체제와 가치 면에서 한국이 중국의 인권문제와 사회주의 체제에 대한 미국의 비판적 견해에 동조하지 않게 되면 미국과는 충돌하고, 침묵하거나 동조하면 중국에 접근 예속될 가능성이 커질 것이다.

이러한 면에서 한국이 미중 패권경쟁 속에서 중국과의 충돌과 예속의 길을 피하고 공존의 길을 모색하는 일은 고난도 게임이 될 것이다. 한국이 미중 사이에서 극단의 선택지를 택할 경우엔 충돌과 예속의 길을 재촉할 것이고 한중 관계는 복잡 미묘한 미궁에 빠질 가능성이 커진다. 한국은 자강의 길을 가더라도 중국과의 공존의 길을 계속 모색해야 한다. 중국은 여러 가지 함정과 포위망 속에서도 세계경제의 강자로 계속 부상할 가능성이 크기 때문이다. 자강의 길은 정치적 의사결정 프로세스 등 한국의 내부기반을 혁신하는 데서 출발해야 한다. 나아가 체제나 가치의 문제에 있어서는 우리의 입장을 분명히 할 필요가 있다. 그러나 우리는 전략적 선택을 강요받고 있다는 점에서 한중 간에 어느 정도의 충돌은 불가피할 것으로 예상된다.

이러한 점에서 어느 극단적 선택을 피해 충돌비용을 최소화하면서 우리의 주권과 생존권 및 정체성과 국익을 지키는 외교·안보 전략을 세워야 한다. 시진핑 주석이 주도하는 과학기술 중국몽 드라이브와 미중 충돌에 대비한 쌍순환 전략은 GVC 내부관계에서 한국의 위치를 크게 위축시킬 수 있다. 이를 방지하거나 피해를 최소화하려면 산업기술혁신 생태계 복원을 통해 한국이 중국에 꼭 필요한 나라가 되어야 한다.

미중 사이 편향적 선택의 경우 분야별 영향

	한국의 입장		
	정치외교·안보 (한미동맹)	경제 (기술동맹)	체제 (가치동맹)
중국 편향적	• 미국과 충돌 • 동맹연대이익 상실 • 외교적 소외	· 미국의 신기술협력 배제 · 중국 경제에 예속	· 자유민주체제 정통성과 자주권 위축
미국 편향적	• 중국과 긴장, 충돌	· 경제보복 가능성(중국) · 기술동맹의 이익(미국)	· 체제 정통성 유지

3장

중국의 대한국 한반도 전략과 한국의 대응전략 체계[198]

중국의 대한반도, 대한국 외교·안보 전략

중국의 대한반도 정책은 한반도의 평화와 안정 유지, 한반도의 독립적·자주적 평화 통일 지지와 한반도의 비핵화 구현 등을 기조로 한다. 이 모든 것이 구현될 때까지 중국의 대한반도 전략 목표는 다섯 가지 상황의 발생 불가로 정리된다. 즉 북한으로 인해 발생할 수 있는 전쟁, 불안정 상황, 붕괴, 난민, 그리고 핵무기 보유 등을 불허한다는 의미이다. 다시 말해, 한반도 통일 이전까지는 비핵화를 통한 한반도의 평화와 안정 상태 유지를 최우선시한다. 문제는 이 같은 전략적 목표를 구사하는 기간의 중국의 대한반도 전략을 다음 다섯 가지로 정리할 수 있다는 것이다. 첫째, 북중 동맹관계는 불변한다. 둘째, 중국의 한반도 정책의 대명제는 한반도에서 외세外勢의 축출이며 이를 통해 중국의 영향력 확보와 지정학적 안보가 확립될 때까지 완충지역으로서 북한의 전략적 가치는 불변한다. 셋째, 중국의 이익에 부합하지 않는 한반도에서의 현상변경을 추동하는 전쟁이나 혼란을 방지한다. 넷째, 한반도 문제에 대한 중국의 역할과 영향력 강화를 지속한다. 다섯째, 대한반도 영향력은 남북한 모두를 통제할 수 있는 수준에 이르러야 한다.

중국은 개혁개방 이후 서구에는 이질감을 느끼는 반면 동양인 한국에는 동질감을 갖고 있다. 현실적으로는 중국의 경제적 부상에도 불구하고 중국의 한국에 대한 경제 의존도를 무시할 수 없다. 그러나 중국은 한반도를 모두 다 관리하겠다는 전통적인 복속주의가 복선에 깔려 있다. 문화 면에서도 통일 한반도가 민주주의 국가로 중국과 국경을 접하면 민주주의 가치뿐 아니라 동양 가치와 사상이 혼합된 미국의 문화가 중국인들에게 더 손쉽게 수용될 수 있다고 본다. 대외적으로는 일본의 군사력이 동아시아 대륙으로 확장하는 것을 저지해주는 방파제 역할을 한국이 해주기를 내심 기대한다. 이러한 면들을 감안하여 중국은 한국의 전략적 가치를 높게 평가하고 있다.

한반도 분단상황에 대한 입장과 전략

한편 중국은 한반도 분단상황에 대해서는 한국이 당분간 한미동맹에 예속되어 '고립'되는 것을 선호한다. 한국이 미국에 결속된 현실과 북한의 중국에 대한 의존도를 보면 한반도의 분단은 당분간 중국의 이익에 부합하기 때문이다. 중국은 우리의 이러한 외교적 약점을 감안하고, 또 한국 정부가 북한이라는 실체를 중시하는 점을 이용하여 북중 관계와 남북 관계의 교집합을 확대해나가려는 노력을 경주해왔다. 이 교집합을 확대하면 한국 안보에 있어 중국의 영향력이 커진다는 점을 적절하게 활용하고 있다. 중국은 한반도 유사시에 우리의 간여를 반대하는 입장을 고수할 수밖에 없다.

시진핑 시대의 중국은 북한을 전략적 가치를 지닌 자산으로 인식한다. 중국은 북중 관계를 아직도 동맹관계로 보고 있다. 이를 변화시킬 생각이 추호도 없다. 미중 간 전략적 경쟁이 지속되는 한 중국은 북한을 완충지역으로 보존해야 한다. 장기적으로는 만에 하나 발생할지 모르는 수용 불가능한 통일 한반도 상태의 출현도 저지해야 한다. 이런 의미에서 북한 유사시에 중국은 수수방관할 수 없다.

이와 함께 중국은 세계 속의 한국, 한반도 속의 한국을 한미동맹과 지정학적 전략 관점에서 미국 동맹체제의 가장 약한 고리로 보고 있다. 한반도 차원에서 보면 한반도 유사시에 한미동맹의 대응전략이 중국의 '핵심이익'과 밀접한 관계가 될 수 있다. 중국이 한미동맹의 공동 행동을 중국의 핵심이익의 위협으로 볼 수 있다고 보기 때문이다. 중국은 북중 관계를 한반도에서의 영향력 유지와 중국의 '핵심이익' 수호 전략에서 필수 불가결한 요소로 인식한다. 한반도의 분단, 한미동맹과 주한미군이 지속되는 동안 북한의 전략적 자산 가치는 당분간 중국의 국익에 부합될 수밖에 없다.

북한 비핵화와 한미동맹에 대한 대응전략

북핵 위기사태와 이로 인한 대북제재가 성행하면서 북한 경제에 어려움이 야기되고 있다. 이에 따라 중국은 북한을 전략적으로 관리할 필요가 커졌다. 주변 지역의 안정과 평화를 강조하는 중국의 주변국 외교 목표 관점에서 보면 이는 북한으로 인해 발생할 수 있는 전쟁, 불안정 상황, 붕괴, 난민과 핵무기 보유 등의 억제를 의미한다. 한반도에서의 전략적 목표를 구현하기 위해 중국은 원칙적으로 한반도의 완전한 비핵화를 지지한다. 그러나 중국의 행동은 소극적이다. 비핵화 과정에서 중국의 우려가 가중되는 이유는 또 하나 있다. 북한이 핵 협상을 빌미로 주변국과의 관계가 개선되는 듯 보이면, 중국과는 일정 거리를 두려는 경향을 보인 데 있다. 물론 북미회담이나 남북 관계 개선이 실패할 경우 북한은 들어두었던 '중국 보험'을 이용해 중국의 끌어안기 전략을 수용하면서 '중국 일변도'로 회귀할 수 있었다. 북한 비핵화 이후에는 한반도의 역학 구조와 질서가 반드시 변한다. 따라서 중국이 북핵 폐기 이후 형성될 새로운 한반도의 질서에 대한 타협 없이 북한 비핵화 문제에 적극 나서고 싶지 않은 이유가 여기에 있다.

중국은 한미동맹의 공동 작전계획에 대해서는 더더욱 반대할 수밖에 없다. 한미동맹의 작전계획은 곧 북한의 점령을 암시하기 때문이다. 중북 관계의 공고화와 발전에 대한 확고한 입장, 중국의 대북 우호와 우정, 그리고 사회주의 북한에 대한 지지가 불변할 것임을 김정은에게 약속했다. 이는 북한 생존을 보장하는 중국의 약속이었다.

이와 동시에 중국은 인태 전략과 쿼드가 구체화되면서 한미동맹의 역할에 대해서도 민감하게 예의주시하고 있다. 미중 충돌과정에서 중국은 한국이 미국과 중국 중 어느 편을 들거나 편향되기를 원하지 않는다고 주장한다. 특히 인태 지역 문제에까지 한국이 미국에 기울지 않아야 한다고 주장하면서 어느 정도 중립을 지켜주기를 강조하고 있다. 더욱이 한국이 미국의 중국 공격의 전진기지가 되어서는 안 된다는 입장이다. 그리고 한미동맹이 반중연맹의 핵심이 되어서는 안 된다는 강한 입장을 주장하고 있다. 그러나 미국과 중국 사이의 분쟁이 격화될 경우 한국의 선택지는 점점 좁아질 것이다. 반대로 중국의 대미 대응전략이 유연할수록 한국의 선택폭은 넓어질 것이다. 따라서 중국은 한국을 바라보는 시각과 자세를 보다 합리적이고 유연하게 유지해야 난관을 맞고 있는 한중관계를 원만하게 풀어나갈 수 있을 것이다.

한국의 대중국 장단기 전략 목표

단기적 관점, 즉 시진핑 재임 기간 동안의 대중 전략 목표는 우리의 정체성과 주권 및 생존권을 수호하는 것이다. 외교적 측면에서 중국의 속국 의식과 복속주의의 부활을 경계하면서 우리의 정체성을 수호하는 데 초점을 맞춰야 한다. 중국은 부강할 때면 대략 두 가지의 전략을 취하기 때문이다. 역사적으로 중국은 평탄할 때 유순하고 자비로운 이타적 외교를 구사하지만, 위협을 느낄 때는 강압적이고 공세적인 행동으로 이를 억제해왔다.

미중 간 전략적 경쟁 기간은 '중국몽'을 구현하기 위한 새로운 시대와 중첩된다. 여기서 미중 간의 가치와 이념 투쟁이 격화될 것이며 분쟁과 갈등 국면이 협력과 공조보다 더 두드러지게 나타날 것이다. 이제 미중 간 전략적 경쟁 시대에 우리는 더 이상 미중 사이에서 '고래 싸움에 새우 등이 터지는 것'이 아닌, '독 안에 든 쥐의 신세'로 전락하는 것을 저지하기 위한 새로운 국제정세 대응전략 방안이 필요하다.

중장기적 목표로는 시진핑 이후에도 중국이 견지할 예측 가능한 전략 구상을 경계해야 한다. 가령 중국 중심의 지역질서 구상이 있다. 중국은 중국몽, 즉 중화민족의 부흥과 중화질서의 복원을 토대로 이른바 '인류운명공동체론'을 주창하고 있다. 그러나 이는 우리가 견지하는 가치와 이념과는 모순적이다. 왜냐하면 중국의 공동체 꿈은 인류의 보편적 가치를 중국이 실천하지 않고 우리와 다른 정체성을 견지하는 데서 비롯되기 때문이다.

미중 간 전략적 경쟁이 지속되어도 우리는 지경학적으로나 지정학적으로나 그 어느 나라와도 적이 될 수는 없는 운명이다. 그러나 우리의 정체성과 주권, 생존권을 중국으로부터 보호하기 위해서는 한미동맹에 의존할 수밖에 없다. 반면 중국 대륙의 반도에 위치하는 것도 우리의 지경학·지정학적 현실이다. 그래서 우리가 미국이나 중국 그 어느 나라와도 적이 되어서는 안 된다는 것이 우리 외교의 대명제라고 할 수 있다.

우리의 전략적 선택의 핵심은 어느 한 나라를 적으로 상정해서는 안 된다. 미국 및 중국과 전략적으로 공조하고 협력할 수 있는 영역의 발굴과 개척이 필요하다. 이를 위해 미중 간 전략적 경쟁관계 속에서 중국의 대응전략의 의도와 목표를 정확히 파악하면서 우리가 중국과 경쟁하고 협력해야 할 분야를 구별해야 한다.

경제·통상 분야에서 우리는 중국과 경쟁 및 협력을 병행해야 한다. 특히 첨단과학기술 분야에서 우리와 중국 간에는 상호보완적인 산업구조와 시장구조가 존재하기 때문이다. 뿐만 아니라 소비재, 자본재, 중간재 등의 제품 영역에서 우리와 중국 시장 사이에는 높은 상호의존도가 존재하기 때문에 협력해야만 한다.

상호의존도와 상호보완성이 높은 분야에서 한중 양국은 꾸준한 경제협상을 벌여야 한다. 가령 한중 양국이 앞으로 '윈-윈win-win' 하는 경제·통상·산업구조를 유지하기 위해서는 2차 한중 FTA 협상이 조속히 재개되어야 한다. 비록 사드 제재의 여파로 잠시 중단되었지만 지난 세 차례의 한중 외교장관회담(2019, 2020, 2021)을 통해 재개의 필요성을 인식한 만큼 후속책을 개진해야 한다.

다만 이들 산업 분야에서 우위를 점하기 위한 경쟁도 불가피하다. 특히 무역 의존도가 높은 우리는 중국 시장에 필요한 필수국가로서 경쟁력을 키워야 할 것이다. 중국이 우리의 전력산업에 대한 수요와 의존도를 높여야 한다는 의미이다. 따라서 한중 간의 기술 격차가 날로 감축되는 가운데 우리는 새로운 산업과 기술 영역을 조속하고 시급하게 개발해야만 한다.

중국과 최악의 관계 피하기, 마지노선 만들기

중국 외교에는 중국이 핵심이익이라 명명하고 이를 적용한, 외국이 '넘지 말아야 할 선(마지노선)'이 있다. 2011년 9월 6일 중국 당국은 그간의 논쟁을 정리하여《중국의 평화발전》이라는 백서를 발간하면서 핵심이익에 대한 정의를 공식화했다. "국가주권, 국가안보, 영토안정, 국가통일, 중국 정치제도와 사회의 전반적 안정, 경제사회 지속발전의 기본 보장"이 중국이 반드시 수호해야 할 핵심이익이라고 공표되었다. 핵심이익과 미지노선에 대한 중시는 중국의 외교 실천 과정에서 찾아볼 수 있다. 이런 마지노선이 침범을 당하면 중국은 자신의 정체성, 주권이익 또는 핵심이익을 침해하는 것으로 간주한다. 그리고 이를 응대함에 있어 무력동원과 제재를 마다하지 않는다. 영토분쟁과 국경분쟁에서 중국은 군사력을 동원해서라도 이를 수호해왔다. 가장 최근의 사례가 인도와의 국경충돌 사건이었다.

제재의 방식도 다양하다. 고위급 인사의 교류 중단에서부터 경제 제재에까지 이른다. 특히 중국의 정체성을 침해하면 고위급 인사 교류를 중단하는 경향을 보였다. 대표적 사례로 일본을 들 수 있다. 중국은 일본의 역사왜곡을 중국의 정체성을 침해하는 행위로 간주한다. 그러나 일본의 모든 역사왜곡 행위를 포함하는 것은 아니다. 중국이 선포한 일본 총리의 야스쿠니 신사 참배가 대일 중국 외교의 마지노선이다. 이 경우 중일 최고지도자 간의 상호교류를 금지한다. 가령 고이즈미小泉純一郎 전 총리가 재임 기간(2001~2006년) 매년 참배를 하자 모든 중국 지도자는 그와 접촉조차 하지 않았다.

서구와는 티베트의 지도자 달라이라마와의 접견이 마지노선이다. 서구의 최고지도자가 이런 행각을 벌일 때 중국의 인내는 한계에 달하고 보복성 제재가 동원된다. 물론 정상 간의 교류도 중단된다. 구매 계약의 이행을 취소 또는 지연하거나 상대국의 수출을 제한하는 식이다. 영토분쟁이 있는 동남아지역 국가에 대해서도 나름의 마지노선을 설정하고 있다. 여기에는 동남아국가 어민의 중국 '해역'에서의 '불법조업'과 접근 시도 등이 포함된다.

중국의 마지노선을 밝혀내는 데까지 이들 국가가 겪은 공통된 외교 경험은 중국의 보복성 제재이다. 중국의 외교 원칙에 끊임없이 도전한 결과라는 의미이다. 중국의 외교적 수사로만 여겨졌던 협박과 압박을 실제로 자극하고 도발해서 중국의 마지노선을 얻어 낸 것이다.

이들의 행위에서는 또 하나의 공통점이 발견된다. 중국의 보복 때문에 중국을 도발하는 것을 두려워하지 않는다. 이로 인한 국가적 고통도 감수하겠다는 저돌적 사고로 무장되었다. 이것이 가능했던 이유는 이들 나라가 추구하는 가치와 이익을 스스로 더 존중했기 때문이다. 그리고 중국의 보복 제재가 단행되었을 때 이를 해결하기 위한 외교적 노력을 배가했다. 중국의 마지노선을 숙지한 결과 가능한 이야기이다. 그리고 대중국 외교에서 자국의 가치와 이익 추구를 위한 새로운 공간과 지평을 개발할 수 있었다.

그러나 안타깝게도 우리의 대중국 외교에서는 이런 도전 정신이 없다. 이것이 결여되면서 타협을 할 수 있는 여지도 우리 스스로가 포기했다. 결국 스스로 중국에 대한 공포만 증폭시켰다. 가장 비근한 사례가 사드 '3불' 협의이다. 이를 제시하기 전에 중국에 끊임없는 협상과 논의를 진행했어야 했다.

한중 간의 충돌과 예속을 피하면서 공존의 길 모색

때로는 굴욕적으로, 낮은 자세의 외교로 중국과의 충돌을 피하고 공존의 길을 찾아보려는 이제까지의 우리 대중 외교 태도는 점점 중국의 강성외교의 함정에 빠져드는 형국이다. 이제 중국이 이런 경성화된 공산통치 체제를 강화하면서 대외적으로 대륙적인 강성외교를 펴나가는 단계에 이르렀다. 중국과의 충돌과 예속을 피하면서 공존으로 가기 위한 새로운 길을 찾아야 한다. 미중 간의 충돌이 격화될수록 한국은 중국의 외교적 함정에 빠져들 가능성이 크다. 특히 북미회담이 결렬된 이후 해법을 찾지 못할 경우 중국은 이를 지렛대로 한국에 더 많은 무리한 요구를 할 것이다. 이 과정에서 우리는 정체성의 혼란을 가져오고, 주권과 생존권이 침해되는 경우에도 이를 적극 항변하고 도전하는 기회를 갖기 힘들지도 모른다.

이제 보다 현실적인 접근방법으로 중국과의 충돌방지 장치를 만들어나가야 한다. 이를 통해 우리의 주권과 생존권을 확실히 지켜나가야 한다. 중국과 한국이 서로 넘지 말아야 하는 레드라인(마지노선)을 설정하고 이를 지켜나감으로써 이러한 목적을 달성하는 것이다.

한중 간 넘지 말아야 할 마지노선

중국이 한국에 지켜야 할 레드라인은 우리의 주권과 생존권을 침해하지 못하도록 설정한 선이다. 그리고 한국이 중국에 지켜주어야 할 레드라인은 주로 중국의 핵심이익과 관련된다. 그러나 중국의 핵심이익 개념이 굉장히 모호하고 확장되어 있기 때문에 그 모든 것을 레드라인으로 지켜줄 수는 없다. 따라서 우리가 넘지 말아야 할 대중국 마지노선은 중국의 핵심이익 중 우리의 국익과 직접 배치되지 않는 범위 내에서 설정되어야 한다. 이와 같은 원칙하에 향후 우리의 대중국 마지노선은 다음과 같이 정리할 수 있다.

중국이 넘지 말아야 할 대한국 마지노선	우리가 넘지 말아야 할 대중국 마지노선
우리 EEZ 내에서의 군사 활동	중국의 핵심이익(타이완, 인권 등)
북한의 대남 위협과 공격행위 동조 우리의 KADIZ 무단 침입 및 무력화	노골적인 대중국 군사적 포위망 참여 및 한미일 군사동맹 참여
우리 영해에서의 불법조업	대중국 공격형 무기 배치
남중국해와 동중국해 등 수역에서의 항행 자유 불허	한미동맹의 전략적 유연성 전략 참여로 타이완해협과 남중국해 유사시 군사적 개입
우리의 안보주권에 대한 개입	한미동맹의 방위 대상에 중국 추가
우리의 정체성 왜곡 언행	북한 비핵화 수단으로 선제공격 동원
우리의 가치와 이념에 반하는 행위	한미일 군사동맹 추진

우리가 중국과 공존의 길을 선택하더라도 중국이 우리의 주권과 생존권 및 기본가치에 위해를 가하는 것을 방치해서는 안 된다. 우리의 대중국 레드라인을 설정하되 이에 대한 억제와 예방 조치 마련이 시급하다. 지금까지 우리의 대중국 외교는 외국과 다르게 레드라인이 부재한 가운데 중국 관련 국익을 과대평가하면서 중국에 대한 막연한 공포로 우리 스스로 입지를 축소해온 것이 사실이다. 외교에서 레드라인은 사소한 발언이나 행동적 도발로 상대방의 반

응을 떠보면서 스스로 터득하거나 상대방과의 협의를 유발하여 모종의 합의에 이르는 방식으로 설정된다. 그러나 지금까지 한중 관계에도 이런 사례가 몇 가지 있었지만, 우리의 '순종'으로 일단락되면서 중국과 레드라인을 설정하는 데 실패한 것이 사실이다. 따라서 우리의 대중국 외교에서는 최소한의 원칙을 세우고 앞으로 중국이 이를 도발하는 행위를 할 경우 적극 대응함으로써 우리의 레드라인을 중국에 명확히 각인시켜야 한다. 그리고 이러한 위반행위에 적극 대응하는 행동을 취함으로써 우리의 억제와 예방 조치를 자연스럽게 확립할 수 있다.

중국이 우리의 주권과 생존권에 위협이 될 수 있는 상황, 즉 레드라인을 더 상세하게 살펴보면 다음과 같다. 첫째 우리의 기본 주권, 즉 영해와 영공에 대한 무단 침입 행위, 둘째 이와 관련하여 우리의 역사를 왜곡하고 우리가 견지하는 가치와 이념 등 정체성을 침해하는 행위, 셋째 우리의 EEZ에서 중국의 군사활동 행위, 넷째 우리 사회의 불안과 동요를 조장하고 국가법을 위반하는 한국 체류 중국인의 행동과 행위, 다섯째 우리의 안보이익에 대한 중국의 무차별적이고 무조건적인 제재 행위 등을 들 수 있다.

이 외에도 북한에 대한국 공격용 무기를 제공한다거나 UN 제재를 위반하여 대규모 대북한 경협을 제공하는 것도 해당할 수 있다. 또한 우리의 주요 산업, 기업에 대하여 불공정한 제재를 가하거나 강압적 조치를 단행할 때도 우리의 주권과 생존권을 침해한 사건으로 보아 강경 대응해야 한다.

우리의 억제와 예방 조치는 중국의 상기한 행위·행동에 대한 우리의 일관된 적극적인 대응을 통해 마련될 수 있다. 첫째 우리의 영토주권에 대한 무단 침입을 향한 적극적인 군사적 대응, 둘째 우리의 정체성에 대한 의지와 결의가 확고함을 양자와 다자 외교를 통해 명확히 전달, 셋째 EEZ에서의 중국 군사활동에 독자적인 군사적 대응 및 불가피한 경우 한미동맹, 주변국과의 공동 대응, 넷째 한국 체류 중인 중국인의 범법 행위·행동에 대해 국내법을 철저히 적용하여 처벌 등이다.

그러나 우리가 대중국 마지노선을 견지하는 가운데 한 가지 유념해야 할 사항이 있다. 우리도 중국의 핵심이익에 대한 배려가 필요하다. 중국의 핵심이익은 특히 양자관계에서 존중되어야 한다. 역으로 중국도 우리의 정체성, 주권과 생존권에 관한 사항을 침범하지 않고 존중해야 한다. 그러지 않으면 한국의 국력이 상대적으로 약한 전력의 비대칭성 때문에 우리는 외부세력과 연대하고 동맹에 더 의존할 수밖에 없는 형국으로 몰릴 것이 자명하다. 중국도 이를 원치는 않을 것이다. 더욱이 우리가 중국 내에서 우리 국익을 확대하기 위해서는 중국과의 공존이 필요하다. 그렇기 때문에 우리는 한미동맹이 중국의 핵심이익을 침범하는 것을 경계해야 한다. 이를 위해서는 한미 양국 간의 긴밀한 협의와 소통이 필요하다.

한중 간 공존을 위한 조건

앞에서 보았듯이 한중 간의 충돌을 피하기 위해서는 양국 간 핵심 이익의 침범을 경계하고, 소통을 강화하는 한편 마지노선과 같은 충돌방지 장치를 사전에 설정하여 지켜나가야 한다. 그러나 중국의 부상과 이에 따른 힘의 비대칭성은 더욱 심화될 것이다. 중국과의 가치체계와 체제 면의 상이함은 양국 간 반복된 충돌을 야기할 것이다. 이러한 흐름은 한국을 예속의 길로 강요하면서 서로 간 공존의 길을 모색하고 생존 방정식을 찾는 과정을 어렵게 만들 것이다.

지난 30여 년간 양국은 서로 필요성을 충족시키면서 보완적 생존관계를 형성해왔다. 그러나 양국 간 충돌과 예속의 반복은 어렵게 형성된 보완적 생존관계의 약화를 가져올 것이다. 따라서 양국 간 서로가 보완적 생존관계를 복원하고 공존하기 위해서는 다음 세 가지 요건을 충족해나가야 한다. 우선 첫째, 사전에 충돌을 피하는 게 바람직하다. 둘째, 우리는 자유민주적 가치를 지키면서 주권과 생존권을 보존하기 위해 자강의 길을 걸어가야 한다. 그러나 자강력은 쉽게 길러지는 것이 아니다. 우리 나름의 결사 항전이 필요하다. 셋째, 심화되는 힘의 비대칭성을 군사력·외교력의 강화를 통해 최대한 메워나가야 한다. 경제력 면에서도 한국은 기술력과 생산성에서 중국과 일정 격차를 유지하여 중국에 필요한 국가로 거듭나야 한다. 그래야 한중 간 보완적 생존관계가 유지될 수 있다.

4장

극중지계 전략체계[199]

극중지계 전략지도

이제 한국은 중국을 바라보는 시각과 대응자세에서 거대한 변화를 강요받고 있다. 세계 외교·안보 지평과 전략 환경이 급변하고 있기 때문이다. 중국 스스로도 본격적인 전환 시대를 맞고 있고 그들의 대외전략은 매우 공격적이고 대륙적으로 바뀌어나가고 있다. 이제 중국을 입체적으로 바라보고 분석하면서 한국의 대중국 전략을 체계 있게 재구성해야 한다. 지난 40여 년간 중국은 끊임없이 진화해 왔다. 그러면서도 큰 흐름을 유지해왔다. 그것은 도광양회의 자세였다. 독자 생존력이 부족한 중국이 세계 각국과 협력하면서 배우고 발전하여 빈곤으로부터 벗어나고 선진국 못지않게 잘 살아야겠다는 목표의식이 지배했다. 이를 위해 자세를 낮춰 자신을 드러내지 않고 참고 기다리는 인내가 필요하다고 믿었다. 한국은 중국의 중요한 협력파트너였고 나름 존중하고 존중받는 사이가 되었다.

우리의 대중 입장의 문제점

- '안보는 미국, 경제는 중국' 이분법적 전략사고의 비현실성
- 중국 역할론에 대한 맹목적 신념
- 중국 시장에 대한 과도한 집착
- 한반도 통일과 북한 비핵화 해결 등의 문제에서 중국의 역할 관건
- 중국의 '정경분리' 원칙과 '정경일치'에 현혹되어 대중 전략의 혼선
- 국익 손해와 국격 저하를 감수하는 '저자세 외교'로 대응

우리의 대중 주요 쟁점

- 인태 전략과 쿼드 참여로 한미동맹 강화
- 한일 관계 개선과 한미일 안보협력의 발전
- (미 핵탄두 장착용) 중거리 미사일 배치
- 사드 문제 해결 보류
- 불법조업 기승
- 방공식별구역(KADIZ) 침범 증폭
- 문화유산 및 기원의 갈등

생존 전략

1. 중국 실체와 현실 직시
2. 대중국 원칙 수립
3. 자강론 전개
4. 국익 중심 실용 외교

우리의 전략 환경

- 미중 전략적 경쟁의 불확실성
- 신냉전 구조의 재출현
- 한중 국력의 비대칭성 확대와 중국의 복속주의 행태
- 미국의 반중 연합전선 구체화
- 중국의 남북한 동시 제재
- 국내 사회의 분열과 사대주의 만연

우리의 대전략 방향

1. 우리의 정체성 재정립
2. 우리의 가치 재확인
3. 우리의 국익 정교화
4. 대중국 필수 역량 강화
5. 한미일 공조체제 공조화/한중일 협력 강화
6. 충돌 예속 없는 한중 관계 공존 추구

대미 입장 및 전략

- 미국과 함께 자유주의적 국제질서 복원 및 구축 적극 협력
- 미국과 함께 첨단기술을 비롯한 다양한 분야의 새로운 질서와 규범 구축
- 한미동맹 유지 및 강화, 발전: 북한 위협이 상존하는 한 한미동맹의 최우선 대상으로 북한 상정, 지역 및 세계 차원에서의 역할은 제한적, 노골적 중국 견제 지양
- 북한 비핵화와 북한 위협 억지를 위한 방어 역량 강화: 핵 공유를 포함한 확장 억제의 긴밀한 제도화
- 주한미군의 감축, 재배치에 따른 전략 강화

우리의 대미 주요 쟁점

- 대중 억제: 확장된 쿼드에 한국 동참 여부, 미국의 기술 규범 설계 참여 여부, 대중국 인권 관련 성명 동참 여부, 대중 견제용 중거리미사일 배치, 사드를 비롯한 MD 추가 배치, 주한미군의 중국 견제 역할 확대
- 한미동맹: 조건에 기초한 전작권 전환, 확장억제의 제도화, 전 세계 대비 태세 검토에 따른 주한미군의 역할 조정, 미국 주도 미사일(방어)망 참여 여부, 연합훈련 규모 및 내용
- 한미일 안보협력 복원 및 확대, UN사 재편
- 대북정책: 대북 접근 방법, 남북 합작 사업 제재 면제, 북한 인권 문제

그러나 21세기 진입 이후, 특히 2008년 글로벌 위기 이후 중국의 태도는 변화하기 시작했다. 어느 정도 독자 생존력이 생겼고 미국은 지속적인 국력 하락을 막지 못하고 있으니 앞으로 미국을 앞서 보겠다는 꿈이 태동한다. 시진핑 시대는 이러한 중국몽, 중화민족주의가 구체화되고 체계화된 시대이다. 이에 따라 미국은 전방위적으로 중국을 공격하게 되었고 미중 충돌은 불가피해졌으며 이제는 목숨 건 경쟁 시대에 진입했다. 이에 따라 한중 관계의 기초여건이 흔들리고 있다. 한미동맹과 중국몽 사이에 충돌요소가 많아지고 한국은 본격적으로 미중 사이에서 낀 존재로 몰리고 있다. 그동안 한국의 국력도 세계 10위권의 선진국가로 올라섰다. 이제 한중 간의 관계역학은 근본적으로 변할 것이다. 한미일 공조체제는 중국의 포위망으로 인식되고 한국은 중국을 바라보는 시선과 전략을 바꾸도록 강요받고 있다.

이제 우리는 견고한 중화민족주의 중국몽으로 무장된 중국을 어떻게 대응하고 극복할 수 있을 것인가? 새로운 전략과 전략지도(매트릭스)가 필요한 때이다. 주권과 생존권을 지키면서 자유로운 번영의 길을 가기 위해 중국과의 공존의 길을 모색해야 한다. 우리가 새로운 대중국 전략을 구상하는 데 있어서는 우리의 대외전략 환경의 변화를 충분히 고려해야 한다. 특히 미국과 중국 양국 간의 전략적 경쟁과 신냉전 구도, 한중 간 국력의 비대칭성 확대 등 변화된 여건을 바탕으로 현실에 맞게 전략변경을 시도해야 한다. 그리고 한미 관계의 축과 더불어 조화 있게 구성해야 한다. 또한 한중 양국 간의 충돌지점과 쟁점사항에 대한 전략변경 수요를 점검하여 대응방안을 모색해야 한다. 우리의 대중국 전략사고는 이제 중국에 경사된 것에서 벗어나야 한다. 우리가 중국문화권, 한자권에 속했다고 해서 중국식 사고방식에 경도되어 우리 전략을 형언하는 것은 더 이상 우리가 처한 국가적 상황을 대변하지 못한다. 우리가 '안미경중安美經中'(안보는 미국, 경제는 중국), '연미화중聯美和中'(미국과 연합, 중국과 화목) 등과 같이 한자를 동원해 우리의 전략 입장 및 기조를 포장하는 것은 중국식이다. 중국이 1896년 러시아제국과 동맹 밀약을 맺었을 때 주창했던 표어 '연아제일聯俄制日'(러시아와 연합해 일본을 제압한다)이 대표적 사례이다.

중국식 전략사고는 중국의 국정 철학과 기본 입장, 관점에서 확립되었다. 한자식 표현과 같은 '안미경중'은 이분법적 사고에서 출발한다. 그리고 이는 대국 사이에서 중재할 수 있는 능력, 균형을 이룰 수 있는 능력을 갖추었을 때 지닐 수 있는 전략사고이다.

특히 중국이 '정경분리'를 추구하는 나라일 때 구사 가능한 전략이다. 미국이 우리의 제2의 무역시장이고 경제 파트너이면서 안보의 보증인이기 때문에 '안미경중'과 같은 중국식의 전략사고는 우리 현실에 부합하지 않는다.

중국의 위상과 국력이 우리와 본질적으로 다르기 때문에 중국의 한자식 사고방식에 따라 우리의 전략기조를 형성하는 데는 무리가 있다.

대한민국은 주권국가로 건국되었다. 한반도 주변의 전략 환경

속에서 우리가 처한 상황과 위치, 위상에 따라 우리만의 생존전략을 수립해야 한다. 주권국가로서 우리의 중국 전략에서 가장 기본적으로 수호해야 할 것은 우리의 정체성과 주권, 가치이다. 우리가 정체성과 가치에서 거리가 있는 중국을 대면하는 동안 우리가 가장 기본적으로 수호해야 할 것은 국익이다. 작금의 중국이 우리의 주권을 위해하는 행위가 빈번해지고 증가하기 때문이다. 우리는 중국이 한반도 분단 이후 남북한에 동시에 제재를 가하는 현실을 직시해야 한다.

앞으로 보다 열린 외교적 시각을 갖추고 우리의 전략사고와 능력을 키워야 한다. 대중국 전략을 주시함에 있어서 '이이제이'하는 외교를 구사해야 한다. 한미동맹도 활용하고 일본도 이용하고 러시아도 파트너로 사용해야 한다. 중국 부상이 갖는 전략적 의미를 중시하면서 한중 간에 경제적 공존관계를 유지해야 한다. 이와 동시에 중국의 군사대국화의 의미를 직시하면서 우리의 주권과 가치를 수호하는 것을 최우선시해야 한다.

이제 우리의 방어전략 대상은 북한에만 국한되는 것이 아니다. 중국도 포함해야 하는 것이 현실이다. 중국이 우리의 영토주권은 물론 의사주권 개입에 주저하지 않고 있기 때문이다. 우리가 중국에 예속되거나 충돌 없이 공존하기 위해서는 전략사고를 확장해야 한다. 주변국과의 외교관계를 확장·발선시켜야 한다. 우리의 정체성과 주권, 가치와 국익을 위해 척지고 살아야 할 나라가 하나도 없다. 그렇다고 해서 이들과의 분쟁이나 갈등의 문제를 묵인하자는 것은 아니다. 이의 제기를 하더라도 형평성을 갖고 공정하고 공평하게 하자는 것이다. 가령 일본과의 독도 문제에 우리는 격앙된다. 그러나 우리는 중국이 우리의 동해를 모든 지도, 서적, 문헌에 '일본해'로 표기하는 것에 대해서는 함구한다. 이런 편향된 외교자세를 개정하자는 것이다. 우리는 해양국가이다. 우리는 반도국가이다. 우리는 주변국에 둘러싸여 있다. 따라서 우리가 생존할 수 있는 최적의 국제질서와 환경은 자유 국제질서에 있다. 우리의 정체성과 주권, 가치 이익에 모두 부합되기 때문이다. 이를 수호하는 데 그 누구보다도 우리가 가장 앞장서야 할 입장이다.

우리는 우리의 국익을 정교화할 필요가 있다. 단순하게 물리적 이익 외에도 우리의 정체성과 사상적·가치적 이익을 국익에 포함해야 한다. 이것이야말로 우리 후세에게 물려줄 수 있는 최선의 국익이다. 이를 토대로 우리의 대중국 필수 역량을 신장시켜야 한다. 중국에게 우리는 아쉬운 존재가 되어야 한다. 우리의 필수 역량의 근원과 지원 역량이 어디에서 나오는지에 대한 심각한 고민이 우리의 전략사고에 포함되어야 할 것이다.

미중 간 전략적 경쟁의 구도와 전략 환경 및 쟁점

중국의 국익	중국의 전략 환경
• 핵심이익 수호(영토 주권, 사회체제의 안정, 지속발전) • 주변 지역의 평화와 안정을 위한 미국 주도 대중국 포위망 구축 저지 • 정권 유지 위한 공산주의 이념과 사회주의 체제 우월성 입증 • 다자주의와 자유무역 기조 유지	• 코로나19 사태 진정으로 세계 경기의 회복과 경제교류 정상화 • 중미 전략경쟁 심화로 미국 주도 GVC 변경, ICT 동맹 구축 등으로 세계시장에서 중국의 경쟁력 위협 • 미국의 경제포위망(EPN) 추진, 4차 산업과 5G 기술 제재 강화 등으로 세계시장에서의 경쟁력이 견제받는 상황 • 미국의 중국공산당 대내외 형태 변화 압박 등 이념적 대립 심화 가능성, 남중국해에서 '항행의 자유'를 둘러싼 외교 · 군사적 갈등 심화, 미국의 타이완 지지 정책의 견고화 • 인태 전략 지속과 '쿼드'의 대중국 포위망의 구체화 및 일본의 군사 역할 확대 • 한일의 대중국 전초기지화 가능성, 이로 인해 유발되는 안보 딜레마 심화

미국의 국익	미국의 전략 환경
• 미국이 설계한 자유주의적 국제질서 복원 및 개선 • 중국의 부상을 효과적으로 억제, 미국 주도의 세계질서 유지 • 과다 팽창한 군사 개입을 '자제-축소'하여 미국의 사활적 이해에 '선택과 집중' • 미국의 국제적 리더십 발휘를 위한 국내 문제(이념 및 경제적 양극화) 해결 및 이를 위한 동맹국의 역할과 책임 확대 • NPT 체제 유지 및 대량살상무기 통제	• 미국의 리더십 축소(군사력 과다 팽창, 경제 불평등, 민주주의 기능 부전, 수정주의 세력의 등장, 코로나19 사태 등) • 트럼프 행정부의 자유주의적 국제질서 훼손, 특히 거래적 동맹관계로 미국의 지도력 손상 • 반세계화 대중영합주의인 트럼피즘의 영향력 지속 • 일대일로(BRI) 등으로 나타나는 중국의 영향력 확대와 중러의 전략적 반미연합 • 북한 · 이란에 의한 핵(대량살상무기) 확산 • 세계적 현상인 민족주의와 권위주의 강화로 자국 우선주의 팽배 • 미중 사이에 좌고우면하는 동맹국 및 우방국 증가로 인한 미국의 동맹 네트워크 약화

미중 간의 주요 쟁점
• 시진핑 권위주의 강화의 중국 체제 문제 • '규칙에 기반한 세계질서' 설계 경쟁 • 우주와 가상공간 신질서 구축 • 무역전쟁 지속 • 5G, AI 등의 기술 패권 • 4차 산업과 5G 기술에 대한 제재 강화 • CPTPP의 중국 배제 • EPN, 청정 네트워크, T-12 • 인태 전략과 쿼드의 군사화 • 남중국해와 동중국해에서 항행의 자유(FON) 관철 및 동맹 규합 • 남중국해 · 타이완해협 등의 군사적 대치 • 타이완 지원 강화 • 신장웨이우얼 · 홍콩 등에 대한 인권문제 • 중국의 북핵카드 활용 • 기후변화, 보건안보, 북한 · 이란 등 핵 반/비확산 영역

위 도식에서 보듯 미국과 중국의 미래 전략 구도 및 환경은 서로의 경쟁과 갈등을 유발하는 요인들로 가득 차 있다. 중국의 입장에서는 주변 지역의 안보 환경과 안정을 최우선시하므로 미국의 중국 '포위망' 전략에 긴장할 수밖에 없다. 미국의 입장에서는 중국이 자신의 주변 지역 안정을 도모하는 데 중국 방식, 즉 주변 영토의 복속을 통해 일궈내려는 것이 부당하다고 느낄 수밖에 없다. 특히 남중국해의 80% 넘는 해역을 자국의 해역으로 주장하는 중국의 입장을 수용하기 어렵다. 중국은 국내외에 산적한 자신의 정체성을 위해하는 요인을 '핵심이익'의 위협으로 인지한다. 이를 저지하기 위한 대응 책략으로 군사적 무력 동원도 마다하지 않는다. 그래서 최근 중국의 대외 행위 대응에 군사적 행보도 보이면서 중국 외교가 공세적이라는 비판에서 자유롭지 못하다.

미국은 이런 중국의 외교적 모험 행위가 중국공산당의 정체성과 깊은 연관이 있다고 본다. 따라서 미국은 중국이라는 국가와 사회의 내부적 변화를 모색해왔으나, 트럼프 행정부 이후부터는 중국공산당의 변화를 모색하는 등 변화의 대상을 전환했다. 이를 바이든 행정부도 계승해나가고 있다. 미국의 중국 정책을 시진핑의 중국 정책이라고 봐도 무난한 이유이다. 바이든 행정부는 경제통상 분야에서 트럼프 때와 같이 관세 경쟁으로 몰고 가지는 않을 것이다. 그러나 GVC의 대폭적인 구조 조정을 통해 중국의 전략산업에 영향을 미치는 전략을 전개할 것이다. 이 과정에서 많은 산업 분야에서 이른바 동맹과 우방 및 뜻을 같이하는 국가들과 '네트워크'를 형성해 중국의 과학기술 꿈과 지속 가능한 발전의 꿈의 추진 속도를 저해하는 식의 전략적 접근을 할 것이다.

군사외교·안보 분야에서 미국은 역시 동맹외교 네트워크를 동원해 인태 전략과 '쿼드'를 구체화하려는 전략을 구사할 것이다. 이 두 전략 개념을 통해 역내 국가들의 협력을 강화하는 방향으로 이를 견인할 것이다. 인태 전략은 기존의 아태 전략의 지리적 범위를 서태평양에서 인도양으로까지 확대한 것이다. 이 전략개념은 기본적으로 군사동맹이 핵심이다. 이들 국가를 중심으로 미국뿐 아니라 동맹과 우방국, 그리고 뜻을 같이하는 국가들의 참여를 통해 확장해나가는 게 주목적이다. '뜻을 같이하는 나라'를 포함함으로써 역외 국가, 즉 유럽의 참여도 독려하는 당위적 명분을 확보한 것이다. 쿼드를 창설함으로써 이들 간의 군사적 연대를 조율하고 군사적 행동이 요구될 때 이를 견인하는 책임과 역할을 부여한 것이다.

이에 중국은 쿼드 정상회의와 외교장관회의가 열린 후인 2021년 4월 7일에 이에 대한 입장을 밝혔다. 왕이 국무위원 겸 외교부장은 쿼드를 "외부세계의 중국 포위망으로 본다"고 전했다. 그는 '외부세계'를 인용하면서 중국 비판의 책임소재를 우회적으로 피하는 소극적 모습을 보였다. 그러면서 쿼드를 안보적인 우려라며 인도·태평양판의 새로운 NATO라고 지적했다. 같은 날 중국 외교부 대변인 역시 쿼드를 이데올로기적 편견에 기반하여 봉쇄하고 배타하려는 소포위망이라고 비판했다.

중국은 인태 전략과 쿼드를 자신을 겨냥한 미국의 포위망으로 인식한다. 그리고 미국이 이런 전략개념을 참여국의 대중국 경제통상 분야 전략에 적용하고 있다고 생각한다. 더 큰 문제는 이의 주도권을 미국이 일본과 공유하는 데 있다. 일본의 '정상국가화'를 가속할 수 있는 빌미를 제공한다는 의미로 해석될 수 있는 대목이다. 일본의 역내 국제안보 관계에서의 위상과 역할이 향상되고 확대되면서 중국의 우려는 커질 수밖에 없다. 또한 이것이 미국의 암묵적 동의 속에 진행된다는 점에서 중국의 대미 전략적 불신을 더 촉진하는 요인으로 작용하고 있다. 미국이 이런 연대를 통해 중국의 핵심이익에 도전하는 면모를 갖춰나가고 있기 때문에 중국은 인태 전략과 쿼드를 심각하게 우려하지 않을 수 없다.

한중 관계의 구도와 전략 환경 및 쟁점

한중 관계를 둘러싼 양국 간의 전략 환경 및 구도는 양국의 핵심이익 및 가치 논쟁화의 쟁점이 될 공산이 크다. 한국이 중국의 핵심이익에 도전적 요소로 간주되는 가장 큰 이유는 한미동맹 때문이다. 이는 한미동맹의 향후 역할, 즉 전략적 유연성에 기반한 인태 전략과 쿼드에서 어떠한 행보를 보일지에 대한 우려에서 기인한다. 이 과정에서 사드의 추가 배치, 한국의 장거리미사일 개발과 임시적 배치, 자유 국제질서 수호를 위한 동맹과 우방과의 연대 강화 등은 실로 중국 핵심이익에 대척되는 것으로 인지될 수밖에 없다.

중국의 국익

- 핵심이익 수호(영토 주권, 사회체제의 안정, 지속발전)
- 주변 지역의 평화와 안정을 위한 미국 주도 대중국 포위망 구축 저지
- 한반도 비핵화
- 북한 안전 보장과 제재 해제
- 한국의 한반도 경사
- 북한의 안정과 한반도 평화
- 한반도 유사시 미국과 공조 대응

중국의 한반도 전략 환경

- 코로나19 사태 진정으로 한반도 주변국 관계 회복과 경제 교류 정상화
- 중미 전략경쟁 심화로 미국 주도 탈중국 목적의 RVC 형성
- 미국의 경제포위망에 한국 참여
- 주한미군의 전략적 유연성과 한미동맹의 목표, 성격, 기능과 역할 변화
- 한국의 민주주의와 문화(K-culture)가 중국 인권과 사회 안정에 미치는 영향
- 인태 전략 지속과 쿼드의 대중국 포위망 구체화 및 한국의 군사 역할 확대
- 한국과 일본의 관계 개선으로 한일 군사 관계의 발전과 한미일 공조 강화 가능성
- 북한 핵협상 답보로 한국과 일본의 대중국 견제의 전초기지화 현실화 빌미가 제공되고 있으며 이로 유발되는 안보 딜레마 심화

한국의 국익

- 미국이 설계한 자유주의적 국제질서 복원 및 개선
- 중국의 부상을 효과적으로 억제, 미국 주도의 세계질서 유지
- 우리의 핵심가치와 정체성
- 우리의 주권과 생존권
- 중국 무역과 투자 시장
- 한반도의 안정과 평화
- 중국의 북한 비핵화 역할
- 한미일 공조체제와 한중일 협력관계
- 한중 레드라인 설정, 한미의 대중 레드라인 설정

한국의 전략 환경

- 미국의 리더십 축소(군사력 과다 팽창, 경제 불평등, 민주주의 기능 부전, 수정주의 세력의 등장, 코로나19 사태 등)
- 중국의 부상과 국력의 비대칭
- 중국의 한미동맹에 대한 전략적 불신과 위협감 증가로 우리 주권에 공세적 개입
- 중국의 우리 주권과 생존권에 대한 빈번한 침입 행위
- 북한의 비핵화 거부로 인한 미국 등의 제재 심화와 한반도 긴장 상승
- 북한 유사사태와 중국의 개입 여부로 불필요한 대결
- 한미동맹 사안 이행 결과에 대한 중국의 대한국 보복 제재
- 중국 제재에 대한 미국의 분담 의지 유무

미중 간의 주요 쟁점

- 서해 해상 경계선
- KADIZ 침범
- 불법조업
- 문화유산 기원 갈등
- 사드 '3불' 약속
- 한국의 쿼드 협력
- 대중 인권문제 제기
- 대중 중거리미사일 배치
- 사드 추가 배치
- 한미일 안보 협력
- 북한 군사 도발 대응
- 북한 비핵화 협상/제재 해제 문제
- 북한의 불안정 상황 대비

한국 역시 중국이 취하는 한반도 주변의 군사안보 전략 강화 노력을 한국의 정체성과 주권, 생존권을 위협하는 처사로 인식할 수밖에 없다. 우리의 영토주권, 즉 영해와 영공에 대한 중국의 무단 침입 행각이 급증하는 것이 대표적 예이다. 이에 대한 대비책으로 우리가 우리의 국방과 방위능력을 향상하려는 노력마저도 중국은 이해조차 하지 못하는 양상을 보이고 있다.

중국이 우리의 군사외교·안보 행보에 민감한 이유는 한미동맹뿐 아니라 지리적·지정학적 조건에도 있다. 우리가 지리적으로 중국과 너무 가까운 나머지 영해와 영공에서 갈등이 야기되고 있다. 이런 문제를 중국이 남중국해와 같이 힘으로 해결하려는 시도를 하지 못하는 데는 그나마 한미동맹이라는 요소가 존재하기 때문이다. 중국은 이를 한반도 수역과 영공에서 자신의 전략이익을 수호하는 가장 큰 장애로 느끼고 있다. 한미동맹에 기반한 우리의 경제 네트워크 참여 여부에도 중국은 민감하다. 중국의 경제발전으로 우리와의 기술력 차이는 좁혀졌지만, 양국의 무역 구조가 입증하듯 상호보완성이 아직도 유효하기 때문이다. 우리의 중간재와 소비재, 자본재에 대한 중국의 의존도가 존재한다. 그렇기 때문에 중국이 완전한 기술력 독립을 구사하겠다는 포부는 어불성설이다. 역으로, 지역밸류체인Regional Value Chain, RVC에서 중국이 아직까지 우리나라의 역할과 존재를 무시하지 못하는 이유이기도 하다.

따라서 우리는 우리의 정체성과 주권, 생존권을 수호하기 위해 한미동맹을 기반으로 하는 전략을 구사해야 한다. 우리가 군사적으로 중국과 대적을 할 수는 없기 때문이다. 중국과의 가치와 이념의 거리가 좁혀지지 않는 한 우리의 안보전략은 기존의 동맹체제를 더욱 강화하는 데 방점을 찍을 수밖에 없다.

경제통상 분야에서 우리의 대중전략은 우리에 대한 중국의 의존도를 레버리지로 활용하는 것이다. 특히 RVC에서 동맹 네트워크를 활용하면서 이를 구현하는 것이 최선의 전략이다. 때로는 이를 미국과의 타협점으로, 때로는 중국에 대한 레버리지로 활용할 수 있는 전략으로 전환할 시점이다. 우리가 미국에 대한 레버리지도 갖고 있기 때문이다. 따라서 한미동맹 내에서 미국과 긴밀하게 협력하는 동시에 미국과 딜을 하고 중국에 영향력을 발휘할 수 있는 고지에 서야 하겠다.

한중 간 양자현안과 대응전략

서해 해상 경계선

중국
• 해상 경계선 미확정으로 우리 바다에 대한 '제해권'과 '통제권' 강화의 절호의 기회로 인식 • 2020년 12월 한국의 NLL까지 접근 • 중국의 해상 경계선 획정 방식은 대륙붕과 '형평성' 원칙 고수 • 이를 근거로 EEZ를 획정하여 이 지역에서 군사 활동의 자유 보장도 요구 • 한반도 주변 수역, 특히 우리의 '서해'를 '내해'화하려는 의도 명확히 하려 함 • 서해 해상 경계가 확정될 때까지 중국은 평시와 전시를 가상한 군사활동을 지속 전개할 것임

한중 관계

- 우리는 UN해양법협약에 따라 해상 경계선 획정 고수
- 이에 따라 EEZ의 획정도 우리의 국익에 부합
- 특히 EEZ의 평화적 목적을 위한 획정 의도와 취지에 부합하기 때문에 중국의 이 수역 내에서의 군사활동을 저지할 수 있음
- 이를 평화를 강조하는 중국에 압박카드로 활용 필요
- 즉 모순적인 행태 자제를 유발할 수 있는 압박전략으로 유효
- 서해 해상 경계선이 획정될 때까지 우리는 중국과의 어업협정과 불법조업에 대한 감시활동 협력에 주력

서해 해상 경계선 문제는 한중 관계의 급속한 성장 과정에서 한중 양국이 시급한 해결 사안으로 인지하지 못한 결과에서 기인한다. 한중 간에 해상 경계선에 대한 획정 기준이 극명한 차이를 보이기 때문이다. 모든 해상 영토 분쟁에는 공통된 원인이 있다. 바로 획정 기준이다. 대륙국가는 당연히 대륙국가의 전통적인 획정 방법인 대륙붕을 기준으로 하는 것을 선호한다. 중국도 마찬가지이다.

반면 우리는 한중 간의 해역이 중첩되는 이유로 UN해양법협약에 따라 '중간선' 획정 방식을 주장한다. 전례를 보면 협상을 통해 원만히 해결되기도 한다. 그렇지 않을 경우에는 해양재판소와 같은 유관 기관에 중재를 의뢰한다. 그리고 대부분 이를 수용한다. 우리도 그럴 의향이 없어 보이지는 않는다. 그렇지만 아직은 중국과 대화 및 협상을 통해 해결하려고 노력 중이다. 국제 사법 유관 기관의 중재를 중국이 수용할 리 만무하기 때문이다. 이는 2016년 중국과 필리핀의 남중국해 영토분쟁에서 역력히 드러났다.

한중 실무진 간의 협상은 1990년대부터 진행되었다. 그리고 2015년에 국장급으로 승격되었다. 이후 세 차례의 국장급 협의가 열렸지만 영토주권 관련 사안이기 때문에 진전이 미미했다. 아직까지 해상 경계선이 EEZ에 의존하고 있는 현실이다. 그러나 EEZ에서의 군사적 활동에 대한 한중 양국의 입장 차이로 우리의 안보에 우려스러운 조짐이 나타나고 있다. 중국은 영토주권에 민감한 전통을 가지고 있다. 따라서 다른 국가가 연안국의 허가 없이 EEZ 내에서 벌이는 군사활동을 거부하는 입장을 견지한다. 우리는 EEZ의 평화적 목적과 중국의 거부 입장을 협상에 역이용해 인민해방군PLA과 공군PLAF의 군사활동을 제한해야 한다.

우리는 우리의 주장을 합법화할 수 있는 법적 근거를 신속히 마련해야 한다. EEZ 안에서 우리의 군사활동을 적법화하는 국내법을 제정하여 실제로 외국 함정활동을 감시할 수 있는 법적 근거를 마련해야 한다. 이는 우리의 주권적 권리와 배타적 관할권이다. 국내법을 제정하여 만반의 대비태세를 갖춰야 한다. EEZ는 한 번 획정되면 영속성이 있어 사후 변경이 거의 불가능하다.

또한 국제적 보장을 받기 위해 이 문제를 국제화할 필요가 있다. 우리의 주권문제인 만큼 중국과의 대화가 난국에 봉착하면 이를 공론화하는 것을 의미한다. 공론화를 통해 우리가 가용할 수 있는 전략적 옵션은 2개이다. 하나는 중재재판소에 중재를 요청하는 것이다. 다른 하나는 실효적 지배를 통해 우리의 해상 경계선을 우리가 방어하는 것이다. 이 경우 중국과 독자적으로 대적할 수 있는 상황이 아니기 때문에 한미동맹을 적극 활용해야 한다. 그러나 미국이 한국의 주권이익으로 중국과의 갈등에 연루되는 것은 일반적인 상황에서는 반대할 것이다. 미국을 끌어들일 수 있는 상황은 일본과 중국의 동중국해 영토갈등이 심화될 때이다. 또 다른 경우는 미국의 대중국 포위망을 군사적으로 강화해나갈 때이다. 이 두 경우가 다 여의치 않을 경우 인태 전략과 쿼드에 적극 협력하면서 우리의 서해를 이들의 협력 범위에 포함시켜야 한다.

방공식별구역의 침범

중국
• 중국은 기본적으로 'ADIZ'가 국제법적 효력이 없는 것으로 인식 • 따라서 이의 무단 침입 행위도 무단으로 보지 않고 정당한 권리로 인식 • 즉 국제규범과 관습을 존중할 의사가 없다는 반증 • 자신의 해상작전 전략개념에 따라 우리의 바다를 자신의 것으로 인식하는 행위가 속출 • 한반도 주변 수역, 특히 우리의 '서해', 남해와 동해마저도 '내해'화하려는 의도 명확히 하려 함 • 중국은 평시와 전시를 가상한 군사활동을 자율적으로 지속 전개할 것이고, 이는 태평양 진출입의 자유 권한을 수호하기 위한 목적이 있음
한중 관계
• KADIZ가 빈번하게 무단 침입을 당하는데 속수무책으로 수수방관 중 • 전투기 몇 대 출동으로 이를 방지하는 것은 무효과 • 중국의 KADIZ 무단 침입 행위가 우리뿐 아니라 타이완, 일본 등에도 동시에 행해지는 현실 • 이를 저지하기 위한 역내 협력 강화 필요 • 따라서 우리가 독립적이고 자주적으로 중국에 우리의 영해와 영공을 방어할 능력이 없으면 동맹 강화(쿼드 등)를 통해 영토 주권의 수호 필요

한반도를 둘러싼 주변국의 ADIZ는 일본이 가장 먼저인 1970년대에 획정했고 이것만이 유일하게 존재해왔다. 이는 오키나와에 주둔한 미군 공군기지와 동중국해 및 타이완해협 문제 때문에 설정되었다. 즉 중국을 포함한 주변 지역을 비행하는 나라의 국적기와 전투기의 '안전'을 위함이었다. 그런데 2013년에 중국이 접경구역에 자신의 ADIZ를 갑작스럽게 획정하고 나섰다. 정황상 중국은 2010년대에 들어와 동중국해에서 일본과의 영토분쟁 상황이 심각해졌기 때문에 자국의 군사적 방어능력을 더 잘 발휘할 수 있는 공간이 필요한 것으로 보였다.

중국의 발표가 나온 직후 우리도 즉각 이에 대응했다. 우리도 우리의 ADIZ를 선언해버렸다. 이후 동중국해지역에는 한중일 3국의 ADIZ가 획정되었다. 중국은 자신의 ADIZ에 대해 주변국의 존중을 주장하면서도 주변국의 것은 홀대하는 모순적 양상을 보인다. 중국은 영토주권 이익을 '핵심이익'으로 규정하면서 자국의 영토, 영해, 영공을 침입하는 행위에 대해 강경한 입장을 취하고 있다. 반면 자신의 무단 침입 행위에 대해서는 ADIZ가 국제법적 구속력이 없고 규범에 불과하다고 주장하면서 정당화한다. 중국의 무단 침입 행위는 엄연히 사전 비행계획서 제출과 지속적 관제 등 국내법 기준에 못 미치는 형식적 통보이고 국제규범과 관습을 어기는 것이다. 이런 빈번한 도발 행위는 여객기와 탑승객, 화물기 운항에 잠재적 위험이 될 수 있다.

중국이 무단 침입 행위를 이른바 '통상적 군사활동'과 '공동 군사훈련'으로 치부할 수 있는 것은 중국의 해상작전 전략개념에 근거한다. 이는 평시와 전시로 나눠볼 수 있다. 평시에는 해상의 '제해권'과 '통제권' 장악을 목표로 한다. 전시에는 '반격권'의 장악을 목표로 하는데 이 목표에는 핵 반격권까지 포함한다. 영해의 안보개념이 영공의 것으로 그대로 승화할 수 있다.

중국(과 러시아)의 의도는 우리의 공해와 영해를 자국의 통제권역으로 포함하는 데 있다.[200] 한중 간의 중첩지역은 무시하고 동해에서 제해권과 통제권을 확보하기 위해 동해 상공까지 이들의 비행자유를 주장하는 것이다. 또한 우리와의 EEZ와 우리의 북방한계선을 중국이 무시하는 데 일조하는 근거가 북중 간의 동경 124도의 중간선 때문이다. 더 나아가 중국이 자신의 태평양 진출로를 방어하기 위해서는 우리의 모든 영해와 영공에서의 군사활동 자유도 확보해야 한다. 2010년부터 중국은 우리의 서해를 자기의 '내해'로 선언했다.[201] 이후 서해상에서의 한미연합군사훈련은 중단되었다.

KADIZ는 국제법도 아니기 때문에 법적 구속력이 없다. 그러나 국제규범으로서 관련국의 존중을 받을 자격은 있다. 주변국을 통과하는 여객기와 탑승객 및 승무원의 안전 때문이다. 문제는 중국이 이 같은 규범도 존중하지 않고 사전 통지 없이 전투기를 급파하는 데 있다. 이런 군사적 행동이 빈번해지는 것이 또 다른 문제이다.

민간인에 위협적인 중국의 행위에 대해서는 국제사회에 우선 호소하는 것이 마땅하다. 국제규범을 무시하는 중국의 처사는 중국의 인류운명공동체 구상에 허점을 드러내는 것임을 선전해야 한다. 국제법도 준수하지 않고 규범도 무시하는 중국의 행위를 외교적으로 변화시킬 수 있는 유일한 수단이다. 이런 조치가 여의치 않으면 국제항공운송협회International Air Transport Association, IATA에서 이 문제를 공론화하는 것도 차선책이라 할 수 있다. 이 기관이 항공운송 문제를 중재할 수 있는 권한이 있기 때문이다. 만약 중국이 IATA의 중재나 국제사회의 규범 존중 요구를 수용하지 않으면 우리 역시 동맹과 우방의 도움에 의존하는 수밖에 없다. 특히 중국이 우리의 ADIZ뿐 아니라 타이완과 일본의 ADIZ 등을 무단 침입하는 사례가 빈번해지기 때문이다. 두 나라와 지역의 안전문제가 대두되고 있어 공동 대응을 모색하는 것도 가능할 것이다. 여기에 미국의 적극적인 참여를 유발함으로써 국제규범의 의미를 중국에 각인할 필요가 있다.

불법조업

중국
• 중국 역시 이 문제는 어자원 및 환경보호 차원에서 문제의 심각성을 인지 중 • 따라서 한중 간에 이 문제에 대한 협의와 협력 태도 진지함 • 실질적인 합동 감시 활동을 주기적으로 전개 중 • 그럼에도 불법조업 어선과 어민이 과도하여 감당 불가능이라며 책임 회피하는 핑계를 일삼고 있음 • 특히 불법조업이 북한 수역에서 이뤄지는 것은 완전히 묵인

한중 관계

- 우리는 UN해양법협약에 따라 해상 경계선 획정 고수
- 이에 따라 EEZ의 획정도 우리의 국익에 부합
- 특히 EEZ의 평화적 목적을 위한 획정 의도와 취지에 부합하기 때문에 중국의 이 수역 내에서의 군사활동을 저지할 수 있음
- 이를 평화를 강조하는 중국에 압박카드로 활용 필요
- 즉 모순적인 행태 자제를 유발할 수 있는 압박전략으로 유효
- 서해 해상 경계선이 획정될 때까지 우리는 중국과의 어업협정과 불법조업에 대한 감시활동 협력에 주력

불법조업 문제는 한중 수교 이전부터 간헐적으로 나타났다. 그러나 한중 수교 이후 개선된 관계를 이유로 중국의 불법조업 행위는 더욱 성행되었다. 이들은 두 가지 믿음을 토대로 불법조업에 적극 뛰어들었다. 하나는 만약 문제가 될 경우 중국 당국이 이를 해결해줄 수 있다는 것이고, 다른 하나는 한국 당국의 처벌 능력에 한계가 있다는 것이다. 중국 당국은 이들이 체포되면 신병 인도를 주장하기 때문이다. 자국민을 보호하고 자신의 법대로 처벌하길 원하는 것이다. 중국 어민들은 한국 당국 역시 국제적 불법조업을 징벌할 수 있는 법적 근거가 약하다는 것을 인지하고 있다. 나포되어도 중국의 신병 인도 요청이 있을 것이고, 한국 당국은 벌금 부과에 그치는 솜방망이 처벌밖에 할 수 없기 때문이다. 물리적으로 중국의 불법조업 어선과 어민을 퇴격할 수 있는 역량이 부족한 점도 너무나 잘 알고 있다. 가령 2021년 현재 한국 해경 소속의 함정은 대형 36척, 중형 42척, 소형 110척과 특수

함정 166척에 불과하다. 우리의 삼면 바다와 영토분쟁 지역을 수호하고 수백 척의 중국 불법조업 어선을 경비하기에는 역부족이다. 중국은 해양법 통과로 어선과 어민으로 둔갑한 해상민병대가 30만 명 정도를 가지게 되었다.

이런 현실을 감안하여 우리 정부 당국은 꾸준히 중국 측과 협상을 이어왔다. 그나마 한중 정부 당국의 협력 사안 중에서 성과를 내는 분야이다. 2017년 11월 한중 당국은 제17차 한중 어업공동위원회와 고위급 회담에서 '2018년도 한중 어업협상'을 타결했다. 양국은 △ 조업질서 유지 방안 △ 한중 EEZ 입어 규모 △ 조업조건 및 절차규칙 △ 수산 자원관리방안 등에 협력하는 내용을 2018년부터 시행하기로 했다. 그러면서 우선 양국은 불법조업을 근절하기 위한 공동대응을 강화하기로 했다. 2018년부터 양국은 '한중 공동 단속시스템'을 처음으로 시범 운영하고 있다. 이는 우리 정부가 중국 어선 불법조업 정보를 실시간으로 중국 측에 전달해 중국 정부가 이를 단속에 활용할 수 있도록 한 것이다.[202] 또한 양 당국은 일시 중단됐던 한중 지도선 공동순시 및 단속공무원 교차승선을 2018년부터 재개했다. 구체적인 시기와 운영방안은 양국 지도단속 실무회의에서 합의됐다. 이어 '무허가, 영해침범, 폭력저항' 등 3대 엄중 위반행위 근절 협력에 주안점을 두고 있다.

그런데 우리의 어자원을 더 효과적으로 보호하기 위해서는 북측 수역에서의 중국 어선의 불법조업을 단속해야 한다. 서해 수역은 NLL 주변 지역에서, 동해는 38선 이북 지역에서 중국의 불법조업이 성행한다. 이들은 NLL 주변에서 조업하다가 우리 해경이 출현하면 NLL 이북 쪽으로 도피한다. 동해는 속수무책이다. 동해에서의 불법조업은 UN 제재안 2379호의 위반행위이다.[203]

우리 헌법이 한반도 영토주권을 명시하고 있어 이북의 영해도 우리의 영해로 간주할 수 있는 법적 근거는 있다. 그러나 중국 측이 수용할지는 미지수이다. 중국이 북한을 주권국가로 인정하기 때문이다. 따라서 남북회담에서 이 문제에 대해 심각히 논의할 필요가 있다.

우리 영해에서의 불법조업에 대한 자체 대비 방안으로 우선 우리 해양경찰의 역량을 증강해야 한다. 중국은 이미 해안경비대와 해상민병대를 조직화하고 무장화했다. 특히 중국은 해상민병대를 상대방이 군사적 대응을 하기 어렵게 하는 '회색지대 전략Gray Zone Strategy' 수단으로 적극 활용하고 있다. 이들이 어민과 어선으로 위장되어 있기 때문이다. 그 규모는 30만 명에 이른다. 대외적으로 공개되지 않았지만, 이들의 조직 편대는 어선만 19만 척에 이를 것으로 추산된다. 이들이 위장하고 우리 영해에서 불법조업을 하다 우리 해경의 단속에 무력 저항하면 속수무책일 공산이 크다.

해상민병대에는 정찰 및 감시, 연락에 필요한 최신식 장비들을 장착하기도 했다. 미군 태평양사령부 합동정보센터 작전국장을 지낸 칼 슈스터Carl Schuster는 "해상민병대는 자동화기를 싣고 다니며 선체를 강화해 근접 시 매우 위협적"이라며 "최고 속력도 18~22노트(시속 33~41㎞)로 대부분 어선보다 빠르다"라고 설명했다.[204] 따라서 우리 해경의 화력 및 병기와 작전능력을 향상시켜야 한다.

우리 해경과 해군의 수적 열세를 극복하는 방안으로 주변국과의 공동 대응전략을 모색해야 한다. 우리 주변국도 중국의 불법조업으로 어자원의 고갈과 수적 열세의 문제를 안고 있다. 해상에서 당면한 어자원과 해상환경 보호가 주변국들의 공통 문제이기 때문에 공조가 가능할 것이다. 이를 억지하는 데 군사적 수단 동원이 필요할 경우 인태 전략 및 쿼드와 협력하는 것도 하나의 전략 옵션이다.

문화유산 기원 갈등

중국
• 중국은 한중 문화유산 기원의 갈등이 2005년에 한국 측이 단오제를 유네스코 세계문화유산에 등재하면서 도전한 것으로 인식 • 중국은 1당 독재체제와 전체주의를 추구하기 때문에 사회통제와 감시를 통치 수단에 전격 의존 증대 • 따라서 과거와 역사에 대한 왜곡은 물론 이들 기록의 삭제, 편파적 소개, 새로운 사실의 조작 등을 통해 민족주의가 고양된 사회 구축 중 • 이 과정에서 중국 후세대는 세계의 역사적 사실에 당연히 무지 • 중국의 미래세대는 역사적 기록 사실을 모르고 성장하기 때문에 주변 지역국의 미래세대와 역사 인식에서 갈등 증대
한중 관계
• 우리는 동북아, 특히 한중 간의 역사 인식 차이의 기원이 어디에 있는지 심각하게 고민할 필요가 있음 • 가령 서구사회에서 피자와 스파게티의 기원을 두고 논쟁이 없는 현실과 사실을 반면교사로 삼을 필요 있음 • 왜 유독 동북아지역, 한중 간에 이런 문제가 발생하는지에 대해 심각히 고민한 후 우리만의 설득력 있는 대응전략 마련 필요 • 중국이 사사건건 시시비비를 따지는 데 응하는 것도 우리 민족과 문화의 자긍심과 자부심 수호를 위해 필요하지만 중국의 교육 현실과 역사 인식을 보면 대응할 가치가 없기 때문에 우리만의 대응방식과 전략 필요

문화유산의 기원 갈등 문제는 우리의 정체성과 가장 긴밀한 문제이다. 우리는 지난 5,000년 동안 이어져 내려온 역사와 문화전통을 수호해야 할 역사적 사명이 있다. 문제는 중국과 공존해왔고 중국의 문화권에 예속되었던 역사가 길다 보니 중첩되는 것이 다반사인 데 있다. 그럼에도 우리 고유의 문화가 존재하는 것은 엄연한 사실이다. 중국과 중첩되는 것은 우리가 중국과 공유할 수 있다. 그러나 우리만의 고유 문화유산은 지켜내야 할 책임과 의무가 있다. 이 두 가지 사실에 근거해 중국과의 문화유산 기원 갈등 문제를 해결해나가야 할 것이다. 문제의 발원은 2005년 우리가 단오제를 유네스코 세계 문화유산에 등록하면서부터이다. 이후 지금은 김치, 한복, 태권도 등도 중국이 자국의 문화유산이라고 우기며 갈등 양상이 심화되고 있다.

문화유산의 기원 갈등이 왜 동북아에서 유독 심한지를 면밀히 조사하고 분석하는 연구 작업이 우선되어야 한다. 서구에서는 스파게티나 피자의 기원을 놓고 설왕설래하지 않는 사실에서 교훈을 찾을 필요가 있다. 그러나 유독 동북아지역에서는 특히 한중 간에 이런 문제가 첨예하게 대립되고 있다. 중국의 교육체계와 시스템을 고려하면 1당 독재 및 전체주의와 이 문제로 맞서 싸우는 것은 시간 낭비일 것이다. 우리 정부의 무대응이 최선의 대응일 수 있다. 우리는 우리의 문화유산만 지키면 될 것이다. 누가 뭐라 해도 김치를 중국 것으로 아는 이는 없다. 한복을 중국 것으로 인지하는 이도 없다. 특히 중국에 사료가 부족한 점을 감안하면 중국이 자기의 것으로 입증하는 데 더 많은 시간과 정력을 낭비할 것이다. 우리도 모든 문화유산을 다 등재하려는 노력을 지양해야 할 것이다. 선별 작업을 통해 세계에 값어치가 있는 우리의 유산을 등재하는 데 초점을 맞춰야 한다. 우리의 자제력과 이성도 요구되는 문제이다.

이 밖에 유네스코에서 중국의 역사 왜곡과 문화 분쟁 문제에 대한 담론을 주도해야 한다. 유네스코에 이미 문화유산 등재의 기준이 마련되어 있지만, 중국의 근거 없는 주장을 방지할 수 있는 대책 마련이 필요하다. 즉 유네스코의 기준을 강화하는 데 우리가 선도적인 역할을 할 수 있다. 공공외교의 강화를 통해, 중국의 억지 주장으로 피해를 보는 나라들과 함께 공동으로 반박할 수 있는 역사적 근거를 찾는 데 협력해야 한다.

이 문제가 우리의 정체성에 직접적 위협이 되기 때문에 정부도 더 적극적인 태도와 자세로 임해야 한다. 지금까지 저자세 외교로 역사문제에 일관한 나머지 NGO에 의존하는 경향을 보였다. 그러나 NGO 자체가 독자적으로 중국을 상대하기에는 역량이 부족하다. 우리나라의 대표 사이버외교사절단 반크VANK가 1999년 설립 이래 펼친 사업 중 대중국 사업이 거의 없는 사실이 이를 증명한다. 따라서 중국의 동북공정 사건을 반면교사로 삼아 정부의 더 적극적인 대응이 필요하다.

3불 협의

중국
• 중국은 우리가 제안한 사드 관련 '3불' 사안을 원칙과 약속으로 규정 • 이에 대한 우리 측의 이행 성의와 진정성을 제재 해제의 잣대로 적용 중 • 중국의 기본 입장은 사드 문제의 '해결'이기 때문에 이의 해결이 없이는 시진핑의 답방, 고위급 회담에서 인문 · 문화 교류의 제재 해제도 없다는 것 • 사드 제재를 현재 한반도에 대한 영향력 확대의 호기로 활용 중 • 한반도 분단 이후 중국이 남북한에 동시에 제재를 가하고 있음 • 그럼으로써 한국인의 인식 속에 '중국 공포증'을 조장하는 데 성공, 한미동맹의 이슈에서 중국을 의식할 수밖에 없는 의식을 만드는 데 성공

한중 관계
• 우리 측이 '3불'을 선제적으로 제시했기 때문에 이를 조용한 가운데 정리해나가며 사실상 소멸시켜가는 전략 필요 • 시진핑이 우리 대통령의 면전에서 이를 상기시킨 데 대해 일관되게 수긍한 것이 화근 • '3불' 문제의 해결을 위해 선별적 접근 필요, 즉 추가 배치와 미국의 MD 참여는 이미 '엎질러진 물'이기 때문에 한미일 군사관계 강화문제의 해결에 초점을 맞출 필요 있음 • 한미일 군사관계의 강화에 대한 우리의 입장을 외교적으로 이용(사드와 중거리미사일, 쿼드 참여 등)해 중국을 오히려 압박하는 전략 마련 필요

사드와 관련해서는 앞에서 충분한 설명이 있었다. 우리 정부 측이 2017년 중국에 제안한 '3불'이 약속이든 아니든 중요하지 않다. 사드 문제로 악화일로를 걷고 있는 한중 관계의 복원을 위한 고민이 필요하다. 그러나 지금까지 문재인 정부는 고민 대신 환경평가를 내세우며 현실을 모면하려 하고 있다. 이로 인해 중국의 불신은 증폭되었고 우리에 대한 제재를 지속하는 중이다.

중국의 입장은 불변한다. 중국은 '3불'을 우리가 한 약속으로 치부한다. 중국은 우리의 해결을 기대하고 있다. 사드 3불 약속이 지켜지지 않는 한 중국의 제재는 계속되리라는 입장이 시진핑을 통해 이미 몇 차례 밝혀졌다. 2019년 6월 오사카 G20 정상회의에서 열린 문재인 대통령과의 회담에서 그는 사드 문제의 해결을 공개적으로 촉구했다.[205] 2019년 12월 한중 외교장관회담에서도 중국 외교부장이 같은 입장을 표명했다. 이 문제가 해결되기 전까지 시진핑의 답방은 없다는 의미이다. 왜냐하면 시진핑이 한국에 당도하는 순간 사드 문제가 해결되었음을 뜻하기 때문에 그가 중국공산당을 설득할 수 있는 명분과 이유가 없다.

앞으로 사드 문제는 다루기에 따라 더 악화될 가능성도 있다. 미국도 사드의 업그레이드를 이미 추진 중이고 2022년까지 완료할 것이다. 이는 우리 의지의 범위를 벗어난 것일 수도 있다. 불가피성을 인정할 수밖에 없다. 사드와 한중 관계를 연계하는 것은 우리가 해결할 수 없는 문제인데, 이로 인해 한중 관계가 훼손되고 있음을 인식시키는 것이다. 이 문제를 가능한 한 미중 관계로 연계하는 노력이 필요하다.

문재인 정부가 제시한 '3불'을 모두 실천하기는 불가능하다. 그 대신 우리는 세 가지 조건 중 중국이 제일 우려하는 것을 해결하는 전략을 마련해야 한다. 중국의 최대 우려는 한미일 3국의 군사관계가 강화되는 것이다. 이에 대한 우리의 접근 전략은 일본을 활용하는 것이다. 일본을 활용하는 전략은 사드뿐 아니라 쿼드와 인태 전략, 그리고 향후 계획 중인 중거리미사일의 배치 문제에까지 적용될 수 있다. 즉 일본을 두고 중국과 딜을 해야 한다. 일본이 군사적으로 강화되어 이 모든 것을 미일동맹이 주도하게 되는 것을 중국이 수용할 수 있는지를 외교적으로 공략해야 한다.

중국은 미일동맹을 주도로 한 일련의 역내 군사전략관계의 강화 과정에서, 일본의 군사적 역할이 강화되는 것을 원하지 않는다. 특히 일본의 정상국가화의 가속화를 원하지 않는다. 이의 대안으로 우리는 한미동맹과 한국의 역할을 제시해야 한다. 이를 위한 우리 정부와 지도자의 확고한 의지가 전제되어야 한다. 대내적으로 이런 전략은 국민적 합의를 전제하기 때문이다. 대외적으로 한미동맹과 한미 관계의 강화가 전제되어야 한다. 또한 일본의 우리에 대한 신뢰도 전제되어야 한다. 차기 정부가 한일 관계의 회복에 주력해야 하는 이유이기도 하다. 이런 전제조건이 대내외적으로 충족될 때 중국의 보복을 피할 수 있을 뿐 아니라 우리의 국익도 수호할 수 있다.

한중 간 핵심 다자 이슈

미중 간 전략적 경쟁이 충돌 양상을 보이고 장기 신냉전으로 이행하는 과정에서 한국은 많은 전략 선택 이슈를 안고 있다. 그중에는 미중 관계와 한중 관계의 교집합에 해당되는 이슈들도 많이 있다.

한국의 쿼드 협력 문제

중국의 과민한 반응에도 불구하고 우리가 쿼드와 협력해야 하는 불가피한 이유는 우리의 지리적 위치 때문이다. 중국은 9단선과 1도련선을 연근해지역 방어선으로 규정하고 있다. 이는 우리의 태평양과 인도양을 향한 항행의 자유는 물론 진출입 권한을 구속할 수 있다. 지리적으로 동아시아의 기타 지역과 국가는 도서국가(지역)이거나 반도국가이기 때문에 일대일로의 군사방어해역을 우회할 수 있다. 그러나 우리는 중국의 '근해'와 남중국해를 반드시 관통해야 하기 때문에 동 해역에서의 항행 자유 보장이 관건이다. 이것이 우리가 쿼드에 관심을 보이는 이유이다.

평시와 전시 작전 수행 훈련을 이유로 중국은 이동以東 해역과 영공에서 우리의 영해와 영공 주권을 침범하는 군사적 도발 행동을 자행 중이다. 우리의 주권이 존중받지 못하고 국제법과 규범, 제도가 준수되지 않는 상황에서 중국과의 협력의 전제조건이 충족되지 않은 것이 문제라 할 것이다. 더욱이 중국은 인태 전략과 쿼드의 대항마로 2014년부터 일대일로를 군사전력화하고 있다.

우리가 두 나라 사이에 끼어서 우리의 영토주권을 어떻게 지켜나갈 것인지가 앞으로 전략 선택의 핵심과제이다. 그리고 중국의 향후 팽창주의적 행보에 따라 우리의 선택은 매우 민감해질 수 있다.

더욱이 최근 쿼드는 과학기술동맹으로 연결되고 미중 간 기술 신냉전의 전진 캠프로 발전될 가능성이 크다. 따라서 안보문제를 떠나서라도 새로운 과학기술 분야의 협력구도에서 한국이 빠진다면 혹독한 기술경쟁 시대에 뒤처질 가능성도 있다. 이것이 쿼드를 보는 또 하나의 중요한 관점이다. 쿼드에 참여하게 될 경우 중국의 압박은 불가피할 것이다. 이로 인한 피해를 최소화할 수 있는 외교적 지혜가 필요하다. 중국은 한국이 당장 쿼드에 참여할 경우 2016년 사드 배치에 버금가는 경제제재를 준비할 것이다. 중국의 다른 주변국에게 시범을 보임으로써 쿼드에 참여하지 못하게 하려는 의도가 있기 때문이다. 따라서 한국은 쿼드 참여 방법, 참여 시기, 그리고 대응체제 구축 등에서 철저한 사전준비가 필요하다.

쿼드 참여 방법과 관련해서는 먼저 직접적 참여보다 옵서버 형식으로 부분적 참여를 하는 것이 바람직하다. 미국은 쿼드를 확대하려는 계획을 세운 것으로 보인다. 그러나 커트 캠벨 백악관 인도태평양조정관의 발언과 같이 당장 쿼드 회원국을 확대할 생각은 없는 것으로 보인다. 따라서 미국은 군사, 경제, 기후협력, 팬데믹 등 다양한 기능별 협력을 추진하면서 각각의 영역에 관심 국가들을 비공식적으로 참여시킬 가능성이 크다. 정식 회원국이 아닌 옵서버 방식의 참여는 중국의 반발 강도를 낮출 수 있다. 공식 회원국도 아닌데 제재를 하기는 어렵기 때문이다.

한국은 옵서버 형식 등으로 쿼드와의 협력의 끈을 이어가다가 적당한 시기가 도래하면 이를 공식화할 수 있을 것이다. 이때 적당한 시기란 한국 혼자 참여하지 않고 여러 국가가 동시에 참여한다거나 중국이 주변국에 대한 경제제재가 쉽지 않을 시기를 선택해서 참여하는 것을 의미한다. 미국도 중국의 쿼드 참여에 대한 반응을 예상하고 있을 것이다. 따라서 쿼드가 쿼드 플러스나 기타의 형태로 회원국을 늘리려 할 경우 각각의 국가가 따로따로 가입하기보다는 동시에 가입함으로써 중국의 압박을 분산시키려 할 가능성이 크다. 한국 역시 이러한 분위기를 조성함으로써 경제적 피해를 최소화해야 할 것이다.

또 중국이 한국에 대한 경제제재가 어려운 시기를 고를 수 있도록 잘 살펴봐야 한다. 최근 중국의 오스트레일리아에 대한 경제제재가 철광석과 같은 원자재 가격 상승으로 이어진 것과 같이 한국에 대한 경제제재가 중국 경제에 부담이 될 수 있는 시기를 면밀히 관찰해야 한다. 과거 사드 보복 당시 중국 단체관광객의 한국 방문 중단 조치가 있었던 것처럼 쿼드 가입에도 경제적 보복 조치가 예상된다. 이 경우 한국의 대중국 비교우위 산업의 전략적 활용, 중국의 경제적 압박효과가 가장 적을 시기, 중국의 부당한 보복 조치에 대한 미국 등 국제사회의 대응조치 강구 등을 종합적으로 고려하며 공식적인 참여 시기를 정해야 할 것이다. 경제단체나 기업과의 긴밀한 조율이 반드시 선행되어야 함은 물론이다.

미국이 당장 쿼드 회원국 확대를 추진하지는 않겠다는 입장이므로 쿼드 관련 협력도 시간을 벌 수 있게 되었다. 그리고 공식적 참여는 바이든 행정부의 쿼드 협력의 실질적 진전을 봐가면서 시간을 두고 결정하면 된다.

미국의 대중국 인권문제 제기

중국의 인권문제는 2018년에 신장 위구르족의 탄압부터 시작해 2019년 홍콩 민주화 운동에 대한 무력 진압 등이 계기가 되었다. 우리가 중견국 외교를 오래전부터 표방하면서도, 인류 보편적 가치의 수호를 위해 외교적 성의 표시조차 하지 않아 신망과 신뢰를 스스로 깎아 먹고 있다는 국내외의 평가도 있다. 그런데 인권문제는 중국에게 핵심이익으로 간주되고 있는 것은 중국의 사회 안정 권리와 중국공산당의 영도력과 관계되어 있기 때문이다. 중국은 사회 안정을 보장할 수 있는 힘이 중국공산당의 영도력에서 나온다고 규정하고 있다. 그래서 중국 인권 개선을 빌미로 중국을 압박하는 것은 중국공산당에 대한 도전으로 간주된다.

따라서 우리가 중국의 인권문제에 어떠한 입장을 밝히기 위해서는 그 속성과 본질을 면밀히 검토하는 사전작업이 이뤄진 후에 진행되어야 한다. 중국이 이를 핵심이익 사안으로 연계 짓기 때문에 어설프게 접근해서는 불필요한 많은 비용을 지불하게 될 수도 있다. 그만큼 매우 민감한 문제이다. 중국의 인권문제가 무엇이 문제인지를 파악한 후 우리만의 접근 원칙과 방식을 토대로 주장을 전개해야 한다. 우리의 중국 인권문제에 대한 두 가지 접근전략은 다음과 같다. 하나는 국제무대에서 다자간의 협력을 통해 이 문제가 제기될 때 동참하는 것이다. 다른 하나는 독자적인 비판을 피하는 것이다. 중국의 핵심이익에 단독적인 도전 행위는 불필요하다. 앞으로 우리가 중국과 공존의 공간을 넓게 유지해야 한다는 현실적 상황을 고려하면서 우리의 대중국 원칙을 설정해야 한다.

우리가 유의할 점도 있다. 미국의 홍콩 인권법에는 홍콩의 민주와 인권을 촉구하기 위해 미국이 한국을 포함한 동맹과 협력coordinate할 것임을 명기했다. 미국은 신장 위구르족 탄압사태에 대해서도 중국 수출통제 기업리스트Entity List 3개를 채택(2019.10, 2020.5, 2020.7)하고 있다. 여기에 현재 관련된 제재 대상 중국 기업 수가 총 63개 사社에 이른다. 이들 기업의 제재 이유는 중국공산당의 위구르 사회에 대한 통제 수단의 설비와 시설에 대한 연구·개발 및 생산·유통과 관련이 있기 때문이다. 제재 내용에 '제3자 제재Secondary Sanction'와 최종 사용자End-user 규제 등을 포함하고 있어 우리 기업의 관련 여부에 대한 전수조사가 요구된다. 공식적으로 우리나라 기업은 아직 관련이 없는 것으로 파악되나 만일의 가능성에 대비해 반드시 검토 작업이 이뤄져야 한다.

대중국 중거리미사일 배치

우리의 미국 중거리미사일 배치 문제는 우선 2021년 5월 한미정상회담에서 '미사일 지침'이 폐기되면서 어느 정도 일단락된 문제이다. 우리가 자체적으로 중거리미사일을 개발할 수 있게 되었기 때문이다. 그러나 문제의 불씨는 아직도 살아 있다. 우리가 자체 개발에 성공하기 이전까지 미국 측은 아마도 우리나라에 있는 주한미군기지에 이를 배치하려고 할 것이다. 중거리미사일의 배치가 가시권에 근접할 경우 중국은 한국을 준적국으로 인지할 것이다. 한미동맹에 의거한 논리의 결과이다. "적의 친구는 적이다"라는 논리인 것이다. 따라서 한미동맹이 존재하는 한 중국의 인식 속에 우리는 이미 중국의 준적국·잠재적 적국으로 인지되는 현실을 직시해야 한다.

그리고 중국은 미국이 한국에 장거리미사일을 배치하는 것을 저지하기 위해 우리에 대한 보복 조치를 준비할 것이다. 이 문제는 한국 입장에서는 시간을 두고 미사일 개발능력이 확보될 때까지 지연해나가야 할 것이다. 그렇지만 그때그때의 상황에 따라 미중 전략적 경쟁관계가 군사적으로 어떻게 구체적으로 발전하는지에 대한 심도 있는 관찰이 요구된다.

앞으로 이 문제는 동북아시아 전체의 평화와 안정 차원에서 어떻게 파워 매트릭스Power Matrix를 가져갈 것인가에 대해 미국, 중국, 일본, 북한, 러시아 등 인접국 모두 매우 예민한 이슈로 받아들일 것이다. 이들 국가 중 중국이 가장 방어적 자세를 취할 것이다. 매우 면밀한 검토 후 신중한 자세로 임해야 한다.[206]

克中之計

6부

극중8계 克中八計

1계 우리의 가치와 정체성, 주권과 생존권을 확고히 지킨다

2계 중국을 깊이 있게 철저히 연구하여 속속들이 파악한다

3계 중국에 대해 필수국가가 되면서 다각도에서 자강의 길을 찾는다

4계 중국과의 충돌, 예속을 피하고 상호 공존의 길을 찾는다

5계 한반도 경사외교에서 벗어나 중국 경사외교를 탈피한다

6계 한미일 공조체제와 한중일 협력구도를 동시에 발전시킨다

7계 미중 간 장기 신냉전 체제에 대응하는 외교 · 안보 전략체계를 갖춘다

8계 국격에 맞는 외교 · 안보 역량과 인프라를 키운다

그동안 한국은 미중 분쟁의 격화와 그 사이에 낀 어려운 현실에 우려를 표시하면서도, 이 상황을 헤쳐나갈 장기전략 수립에는 적극적으로 나서지 않았다. 우리가 미중 분쟁을 해결할 수 없으므로, 국외자적 관망 속에 중국의 잠복된 복속주의나 중국에 대한 잠재된 사대주의적 운명론에 갇혀 소극적 체념론에 빠져 있었다. 그러나 작금의 상황은 그렇게 만만치 않다. 우리가 어떤 선택을 하든지 높은 리스크가 따르는 고난도 게임이 기다리고 있다. 특히 국제질서는 이제 본격적인 세력 전이 시대를 맞았다. 역사상 우리는 세력 전이 시대에 이르면 지리멸렬하여 국론이 분열되고 스스로 붕괴되는 길을 자초했다. 이제 외교·안보 전략에서 전면적 재검토가 필요한 때이다. 21세기 세력 전이 시기를 맞이하여 다시금 미국과 중국 사이에서 명분론과 실리론의 분열적 사고가 반복되지 않도록 해야 한다. 미국에 대해서도, 중국에 대해서도 주체적 인식을 해야 하며 우리의 국익을 잣대로 인식하고 접근해야 한다.

또한 우리가 지금까지 미중 사이에서 내걸었던 전략사고의 표어를 냉정하게 재평가해야 한다. 우리의 능력과 실력에 대한 냉철한 성찰이 필요하다는 뜻이다. '안미경중'이나 '연미화중' 같은 전략사고가 기대효과를 발휘하지 못한 이유는 세 가지로 귀결된다. 첫째, 우리는 우리의 실력과 능력을 과대평가했다. 둘째, 우리는 미국과 중국의 전략사상과 사고를 제대로 인지하지 못한 채 우리만의 생각으로 안일하게 전략적 입장을 수립했다. 셋째, 우리의 정책 생태계가 이를 추진할 역량과 거리가 멀었다. 지금은 냉철한 자기평가와 실사구시가 중요한 전환 시대임을 명심해야 한다.

이러한 고난도 과제가 2022년 이후를 관장할 새 정부의 숙제로 기다리고 있다. 새 정부가 출범하는 2022년은 한중 관계의 회복과 비대칭화가 동시에 진행되는 한 해가 될 것이다. 중국은 강력하게 한국을 중국 쪽으로 견인하려 할 것이다. 성패가 없는 장기전에 돌입할 가능성이 큰 미중 간 전략적 경쟁에서 한국 정부는 중국에 더 당당해졌으면 한다. 유망 핵심 분야를 발굴하여 남들이 넘볼 수 없도록 전략자원을 확보해나가야 한다. 강국과의 협력관계를 공고히 해야 한다. 위협적인 중국에 단단한 국민통합력을 보여야 미국과 일본도 한국을 존중할 것이다.

우리는 한국전쟁의 고난을 딛고 1960년대 이후 놀라운 경제성장의 기적을 창출했다. 그리고 무엇보다 소중한 자유민주주의를 우리 힘으로 이뤄냈다. 중국이 공산당 중심의 국가자본주의의 길을 걷는 동안, 우리는 자유민주주의에 기반을 둔 자유자본주의의 길을 걷고 있다는 점에 자부심을 느껴야 한다. 우리는 미중 패권경쟁 속에서 중국을 극복하고 공생의 생존 방정식을 만들어내야 한다. 이를 위한 여덟 가지 극중지계를 다음과 같이 제언한다.

1계

우리의 가치와 정체성, 주권과 생존권을 확고히 지킨다

주권과 생존권을 지키기 위한 강한 의지 필요

우리의 주권과 생존권을 위협하는 중국의 외교행태 뒤에는 한반도에 대한 중국의 잘못된 역사적 인식이 존재한다. 또한 시진핑 주석은 중국공산당 지도자 중에서 유일하게 중국의 한국전쟁 참전을 '정의'로운 행위로 정당화했다. 게다가 그의 영도 기간 동안 중국은 우리의 주권과 생존권을 위협하는 행동을 자행하고 있는 것이 사실이다. 더 심각한 것은 사드 사태에서 드러나듯 중국은 우리의 안보주권 의사결정에 노골적으로 압력을 행사하기 시작했다.

더 이상 중국이 우리의 주권과 생존권을 압박하는 행태를 좌시할 수 없다. 주권국가로서 우리 스스로 주권과 생존권을 수호해야 한다. 더는 중국의 이 같은 행동에 '조용한 외교', '저자세 외교'로 일관해서는 안 된다. 이 또한 국민들이 원치 않는다. 중국과 공존해야 하는 것이 한반도의 숙명임에도 불구하고 정부의 조용한 외교가 반복될수록 우리 국민의 불만은 증폭되고 반중 감정과 정서를 증대하는 결과를 양산할 뿐이다. 따라서 중국과 공존하기 위해서라도 우리의 주권과 생존권에 관련된 중국의 침범행위에는 강한 저항의식을 내보이며 '할 말을 하는' 외교를 구사해야 한다.

복속주의와 잠재된 사대주의 인식을 탈피

중국에 대한 강박관념에서 비롯된 중국 '포비아'는 우리의 주권과 생존권을 속박하는 요인으로 작용해왔다. 더욱이 중국이 우리의 중국 '포비아'를 현실화하면서 공세적이고 공격적인 외교 압박을 가하고 포비아를 증폭하고 있는 것이 현실이다. 이제 우리는 중국에 대한 강박관념에서 벗어나야 한다. 특히 한반도 안보에서 중국의 역할론에 대한 과대평가는 재평가되어야 한다. 우리는 한반도 통일에서 중국의 동의를 필수 불가결한 조건으로 신봉한다. 북한의 비핵화에 미치는 중국의 영향력에 대한 기대감을 버리지 못하고 있는 것이다. 중국 경제의 용틀임 속에서 우리의 지속 가능한 발전을 도모하며 과잉기대 속에 빠져드는 형국이다.

외교 · 안보 역량 강화로 중국의 대륙외교, 강압외교 극복

중국은 잠복된 사대주의 속성과 관습을 지금 다시 수면 위로 끌어올리는 데 주력하고 있다. 자고로 중국의 전략사고는 현실주의에 기반한다. 다시 말해, 힘의 논리가 중국의 전략사고를 지배한다. 이런 오랜 전통이 오늘날까지 이어지고 있다. 중국인들의 인식 속에는 민족적 우월감의 표현인 중화사상이 뿌리를 내리고 있다. 이를 바탕으로 한국이 오랫동안 중국에 복속되었다는 소위 복속주의 인식이 깊이 박혀 있다. 반면 한국은 이를 강력히 부정하면서도 깊이 잠복된 사대주의 인식이 일부 남아 있다. 중국인들의 잠재된 복속주의는 양국 국민들 사이를 갈라놓는다. 이는 한중 양국 간을 점점 멀어지게 할 수밖에 없는 부정적 요인으로, 극복하지 못하면 또 하나의 충돌요인이 될 것이다. 중국은 우리에게 중국의 영향권에 편입되어 상부상조하면서 사는 것에도 나쁠 것이 없다고 주장한다. 그러나 문제는 중국의 가치와 이념이 우리의 정체성과 주권, 생존권을 위협하고, 양국 간 가치의 거리가 계속 멀어지고 있다는 데 있다.

중국과의 비대칭적 국력 구조 속에서 우리의 주권과 생존권이 위협받고 있다. 특히 시진핑 체제하에서 지난 30년 동안 공들여 가꾸어온 보완적 생존관계, 공존질서가 상당히 약화되었다. 이제 우리의 입장을 확실히 세우고 담대한 외교자세를 확립해야 할 때이다. 이를 보장하려면 우리 스스로 강해져야 한다. 국론을 통일해 대중국관을 다시 세워야 한다.

2계

중국을 깊이 있게 철저히 연구하여 속속들이 파악한다

중국 연구체계 재정립과 학문세계 생태계 정비

중국에 대한 지성사회의 파편화 현상으로 균형 잡힌 국적 있는 중국 연구가 어려운 것이 현실이다. 중국에서 제공되거나 배운 국제정치의 틀에서만 중국을 바라보는 경향도 있고 그 반대의 경우도 많다. 더욱이 차세대 패권국으로 급부상하는 중국이라는 나라의 내면세계는 베일에 싸여 있다. 그 베일을 최대한 벗겨내는 것이 중국 연구의 사명이다. 그러나 한국의 중국 연구는 지식과 정보의 제한 속에 갇혀서 중국의 내면에 깊이 파고들지 못한 채 표피적 연구에 그칠 가능성이 크다.

국가 차원의 국적 있는 중국 연구 선행

잘 모르면 누구나 두려움이 생긴다. 깜깜한 동굴에 들어가면 공포심이 생기는 것과 같다. 지금 한국 정부나 국민은 중국에 대한 막연한 공포나 강박관념을 안고 있다. 무엇보다 중국을 바르고 정확하게 알지 못한다. 그리고 중국을 제대로 전략적으로 균형감 있게 아는 전문가를 키워내지 못했다. 이제 중국을 속속들이 알기 위해 모든 노력을 다해야 한다. 특히 중국의 정치사회와 학문 체제를 고려할 때 민간이나 개인이 중국에 대한 정보나 지식에 접근할 경우 지식의 파편화 현상이 생기기 쉽다. 따라서 국가 차원의 종합적이고 구체적인 중국 연구가 선행되어야 한다. 이를 위해 국가 차원의 중국 연구 체계(예: 국가중국연구센터 설립 등)를 갖추고 집중 투자해야 한다.

중국 내면의 모호함, 난해함, 이중성을 극복

이렇게 중국의 내면에 파고들고 정보를 소통하고 축적하려면 중국과의 긴밀한 협력체제 구축이 필요한데 현실적으로 거의 불가능하다. 특히 정보와 지식의 통제권을 가진 중국 권력 중심부와의 대화 채널이 제대로 갖춰지지 않아 중국 내면세계에 대한 연구가 제약을 받고 있다. 또 정치 성향에 따라 해당 정보의 많은 부분이 제공되기도 하고 단절되기도 한다. 정보의 진위를 가릴 평가의 기준도 모호하다. 중국을 깊이 있게 알고 대처하는 데 많은 장애가 있는 것이 현실이다. 이 상황을 극복하려면 무엇보다 권력 상층부 간 대화 채널의 연결이 중요하다. 중국공산당과 한국의 정당, 중국의 정치국과 한국 정부 사이에 어느 정도의 연결 창구를 확보하는 노력을 지속적으로 경주해야 한다. 체계 있는 중국 연구를 위해 인내심을 발휘해 지속적이고 체계적으로 노력해나가야 한다.

3계

중국에 대해 필수국가가 되면서 다각도에서 자강의 길을 찾는다

중국이 함부로 강압할 수 없는 필수국가로

미중 충돌이 중국을 자강의 길로 몰아갔듯이 한국도 이제 주권과 생존권을 지키기 위한 자강의 길에 내몰리고 있다. 한국이 세계 4대 강국에 둘러싸인 지정학·지경학적 위치를 극복하고 스스로 주권과 생존권을 지키려면, 의존과 편승의 외교·안보 전략에서 벗어나야 한다. 경제력, 군사력, 외교력, 국민통합력, 잘 갖춰진 국가지배구조 등의 확립이 중요한 기초조건일 것이다. 경제력에서 우리는 세계 10위권의 선진국 대열에 들어서 있다. 그러나 외교력이나 군사력에서는 우리 힘만으로 주변 4강의 압박에서 벗어나기 어렵다.

외교·국방 등에서의 국력 차이를 극복하려면 우리와 뜻을 같이 하는 국가들과의 외교·안보적 네트워크를 갖추어야 한다. 스스로 외교력과 국방력을 강화하여 일차 방어선을 구축하더라도 중국 등 한국에 위협을 가할 수 있는 나라의 잠재적 위협을 사전에 차단하기 위해 동맹외교를 강화하고, 외교·안보적 네트워킹을 더욱 확대해나가야 한다. 또한 경제력에서 한중 간의 중요한 연결고리는 결국 경제협력 분야이므로, 중국이 외교·안보적 목적으로 한국을 위협하지 못하도록 중국에 꼭 필요한 경제적 역량을 갖춰야 한다. 현재 한국은 반도체 등 핵심소재 부품들에 주력하면서, 중국 과학기술 발전의 핵심부품 소재 공급 국가로 자리매김하고 있다. 하지만 중국의 추격이 만만치 않다. 다른 4차 산업혁명 분야나 AI, 빅데이터 등 미래산업기술 분야에서 중국의 발전이 급속히 이루어지는 상황에 반도체 하나만으로 중국이 두려워하는 나라가 될 수는 없다. 한국의 과학기술 생태계를 혁신적으로 개편하고 미래산업기술 경쟁에서 승자의 반열에 오르려면, 현재와 같은 과학기술혁신체제로는 태부족이다. 바이든 정부 출범 이후 본격화되는 과학기술 동맹외교에서 한국이 핵심국가가 되고, 중국의 과학기술 중국몽의 돌관적 추진과정에서 한국의 반도체나 핵심물자들이 중추적 역할을 하면, 한국은 어느 나라도 함부로 볼 수 없는 필수국가가 될 것이다.

무엇보다 자강의 길을 가기 위해서는 국내 체제 정비가 최우선 과제이다. 국내 정치의 프레임에 갇히고 그 연장선상에서 외교·안보를 바라보지 말아야 한다. 그리고 국제 외교·안보의 흐름에 역류해서는 안 된다. 중국이 우리에게 위협이 되는 존재임은 틀림없으나 단단한 국민통합력 앞에서 그들의 압박은 번번이 실패로 돌아갈 것이다. 한국은 중국에 분명히 선을 그어야 한다. 우리의 국가 정체성에 대한 확고한 원칙과 신념을 각인시켜야 한다.

중국과의 충돌, 예속을 피하고 상호 공존의 길을 찾는다

한중 간 충돌예방 장치로서 상호 레드라인 설정

미중 간 전략적 경쟁이 가열될수록 한중 간 충돌 가능성은 커질 수밖에 없다. 한국이 미국의 동맹국이기 때문이다. 미중이 서로를 적국으로 인지하면, 우리는 자연스럽게 중국의 적국으로 간주될 우려가 있다. 지금까지 미국은 한중의 갈등 양상이 빚어질 때 적극 개입하지 않는 입장을 유지했다. 2010년 천안함 폭침 사건 후 서해에서 한미 연합군사훈련을 하지 말라는 중국의 경고를 미국이 수용한 사실이 그 예이다. 중국에는 우리가 독자적 대응을 할 수밖에 없는 상황이다. 이러한 여건을 고려할 때 한국이 중국과의 충돌을 예방하고 공존의 길을 찾으려면 한중 양국이 서로 '외교·안보 레드라인(마지노선)'을 설정하고 존중 및 준수하는 새로운 방안이 마련되어야 한다.

중국의 레드라인은 '핵심이익'으로 정의되지만, 이 개념은 너무 포괄적이다. 중국이 국익으로 간주하는 국내외의 모든 요소가 그

범주에 속하게 된다. 따라서 우리가 중국의 핵심이익을 다 수용하고 존중할 수는 없다. 우리의 주권과 생존권을 침해할 여지가 있는 부분도 존재하기 때문이다. 우리의 정체성과 주권, 생존권에 관련되는 것을 선별하고 구분하여 대중국 레드라인을 설정해야 한다.

동맹외교를 강화하고 필수국가를 지향할 것

미중 간 전략적 충돌상황에서 위협이 두려워 중국에 경사된 외교를 계속한다면, 중국 외교의 특성상 한국 외교는 중국에 예속될 가능성이 크다. 우리는 이제 독자적 영역을 넓히며 외교적 예속의 가능성을 배제해가야 한다. 다만 주권과 정체성을 지키는 과정에서 뜻을 같이하는 국가와의 동맹관계나 외교 네트워크를 강화하는 것은 독자적 영역을 넓혀가는 외교적 수단임을 확실히 해야 한다.

그러면 어떻게 중국과 공존의 길을 찾을 것인가? 서로 필요한 나라가 되면 된다. 중국은 이제 우리와 바라보는 시선이 상당히 달라졌기 때문에 모든 부분에서 공존하기는 어려울 것이다. 다만 중국이 우리를 필요로 하는 부분에서 교집합과 차집합을 찾아나간다면 공존의 길을 찾을 수 있다. 특히 중국은 경제적으로나 문화적으로 한국과 동질성을 느끼는 부분이 많은 편이다. 이것을 존중하면서 서로 필요한 부분에 대한 협력을 계속 강화해나간다면 한중 간 공존의 길은 더 넓어질 것이다. 공존의 길을 넓히는 작업은 지속적이고 인내심 있게 진행되어야 한다. 한국이 중국의 필수국가가 되고 양국 간에 설정된 레드라인을 밟지 않는 것이 필수 조건이다.

5계

한반도 경사외교에서 벗어나 중국 경사외교를 탈피한다

중국의 팽창주의 대륙외교를 경계하고 현란한 강압외교에 굴복하지 말 것

중국은 팽창주의적 대륙외교를 전개하고 있다. 스스로 자국의 지경학적 이익 수호에 필요한 지정학적 전략을 구사하는 중이다. 여느 대륙국가의 전통적인 '대륙 현실주의continental realism'에 기반한 전략사고이다. 그렇기에 중국은 해외에 있는 이익점에 접근하고 도달할 수 있는 자신만의 전략적 해로와 육로를 개척하고 있다. 이 과정에서 남중국해의 영토분쟁이 불거지고 있다. 유사시 우리의 바다와 하늘을 방어대상으로 염두에 두는 전략도 구상 중이다. 이에 대비해 자국의 해로와 육로에 장애가 되는 군사시설과 무기체계를 무력화하려 한다. 대표적 사례가 사드로 인한 한중 갈등과 중국의 제재였다.

이제 중국은 더 이상 우리의 공존과 협력의 파트너만은 아니다. 그들의 목표와 꿈을 실현하는 과정에서 언제든지 우리의 주권과 생존권을 위협하는 가상의 적이 될 수도 있다는 사실을 직시할 때이다. 이 점을 염두에 두고 긴장의 끈을 놓아서는 안 된다.

한반도 경사외교가 중국 경사외교의 근원이 되는 이유는 우리가 중국의 한반도 역할에 대해 만든 '환상' 때문이다. 한국이 한반도와 중국에 경사하는 외교를 하면, 중국은 미국 동맹체제에서 한국을 가장 약한 고리로 본다. 그리고 이런 상황을 한반도에 영향력을 확대하는 계기로 이용하려 한다. 중국은 두 가지 경로를 통해 한국에 영향력을 확대하려 한다. 하나는 중국에 대한 우리의 환상을 이용하는 것이다. 마치 우리의 환상을 현실로 이뤄줄 것같이 회유하면서 저자세 외교를 유도한다. 시진핑의 답방 문제를 놓고 중국이 보여준 행동이 대표적 사례라고 할 수 있다. 다른 하나는 압박을 통해 우리의 국론을 분열시키면서 우리의 의사결정에 직간접으로 영향력을 발휘하는 것이다. 결국 중국 경사외교는 우리 외교의 자주성과 독립성을 잠식하고 중국의 영향력 확대로 귀결된다.

이런 점을 감안하여 한중 관계의 미래전략과 우리의 대중국 시각을 전면 재수립해야 한다. 중국과의 충돌과 예속에서 벗어나 공존의 생존 방정식을 찾기 위해, 미중 간 패권경쟁의 역학구도 변화를 주시하면서 강대국과의 관계 형성을 재기획해야 한다.

6계

한미일 공조체제와 한중일 협력구도를 동시에 발전시킨다

교집합 속에 한국과 일본이 있음을 고려

우리가 동북아 소다자주의에서 당면한 외교 과제는 두 가지이다. 하나는 미국의 동맹으로서 동맹의 공조체제를 미국 및 일본과 유지하고 발전시키는 것이다. 또 하나는 지역협력 차원에서 중국 및 일본과 다자협력 관계를 발전시키는 것이다. 이 두 가지 협의체의 교집합에는 한국과 일본이 있다. 일본을 어떻게 활용하느냐에 따라 우리의 미국과 중국에 대한 레버리지의 역량도 결정될 것이다. 한미일 공조체제를 견고하게 발전시킬 경우 중국은 우리를 무시할 수 없을 것이다. 또한 우리도 이 체제에서 일본보다 강한 주도권과 발언권을 발휘하면서 견인하면, 미중 간의 전략적 불신을 감소시키는 데 이바지할 수 있다. 일본 대신 우리가 주도적 역할을 자처하면 중국도 한미일 공조체제의 발전에 덜 민감할 것이다. 중국과의 전략적 불신 감소는 미국의 역내 전략이익에도 부합한다. 따라서 한미일 공조체제는 우리의 역내 위상과 체제 내에서의 가치 상승이라는 긍정적 효과를 가져다줄 것이다.

한중일 3국의 협력관계가 발전하면 중국의 한미일 공조체제에 대한 불신과 우려를 불식하는 효과도 볼 수 있을 것이다. 결국 이 두 체제를 잘 활용하면 역내에서의 우리 국익 극대화와 국익 손실 최소화를 동시에 이룰 수 있다. 한중일 협력관계에서도 우리의 국익을 상당히 확보할 수 있다. 한중일 3국은 우선 지난 2020년 11월에 '역내포괄적경제동반자협정RCEP'을 체결했다. 이로써 3국은 간접적이나마 자유무역관계를 맺은 셈이다. 또한 중국도 우리와 함께 일본이 주도하는 '포괄적·점진적 환태평양경제동반자협정Comprehensive and Progressive Agreement for Trans-Pacific Partnership, CPTPP' 가입을 긍정적으로 검토하는 것으로 알려졌다. 이마저 성사되면 한중일 3국의 자유무역협정을 향한 협상이 탄력을 받을 수 있을 것이다. 한중일 3국이 두 협정을 통해 시장 개방도를 점진적으로 높여가는 효과를 볼 수 있기 때문이다. 그리고 이는 3국 간의 자유무역협정에 대한 우려를 감소시키는 데 긍정적으로 작용할 수 있다.

일본의 동북아 전략적 가치를 인정할 것

중국은 일본을 상대로 오래된 트라우마가 있다. 일본을 정복한 경험도, 일본과 싸워 이겨본 적도 없는 반면, 패전국으로서 모진 고통을 받았다. 반면 한국에 대해서는 역사적으로 우월감을 갖는다. 복속의식도 강하다. 한중 관계는 항상 대국과 소국의 관계였다. 지금 중국은 한국에 대해 우월감만을 갖고 내려다보고 있다. 그런데 일본에 대해서는 우월감과 동시에 두려움과 열등감 또한 갖고 있다. 제2차 세계대전 이후 중국은 일본의 '정상국가화'와 '군국주의의 부활' 가능성에 제일 민감한 반응을 보인다. 중국이 일본의 외교·안보 행보를 예의주시하는 가장 큰 이유이다. 역설적으로 일본의 정상국가화를 방지하기 위해서라도 중국은 미일동맹을 높게, 그리고 상당히 우호적으로 평가할 수밖에 없는 입장이다. 이제 중국의 지역강국으로서의 부상, 미국의 패권적 지위의 상대적 하락 속에서 일본이 지닌 위상과 역할은 과소평가될 수 없다.

지정학적으로는 한국과 일본은 모두 미중 간의 신냉전 구도 사이에 놓여 있다. 21세기 한국과 일본은 전략적 이익을 공유하기 위해 협력을 추구해야 하는 관계라고 볼 수 있다. 한일 관계가 개선되고 일본과의 전략적 협력이 추진된다면 북일 관계, 북미 관계, 남북 관계에도 순기능으로 작용할 수 있다. 일본은 현재 북핵 위협을 최고의 안보위협으로 정의한다. 이에 미국도 인식을 같이한다.

역사문제와 한일 미래는 투 트랙two track으로 분리 대응

역사문제가 우리 국익의 확대와 강화에 장애물이 되어서는 안 된다. 그렇다고 일본과의 역사문제 해결을 등한시해서도 안 된다. 역사적 사실은 지속적으로 확인이 필요하다. 기회가 있을 때마다 일본이 독일처럼 이를 외교·안보문제와 연계하지 않고 사과하도록 유도해야 한다. 한일 관계의 지속적 발전이 보장되면 역사문제도 해결될 것이다. 일본도 더 이상 폐쇄회로에 갇혀 손으로 얼굴을 가리는 소아적 대국의 길에서 벗어나길 바란다. 양국 간에 증대된 신뢰가 그런 결과를 유발할 것이기 때문이다. 그러나 더 이상 역사문제의 해결을 한일 관계 발전의 전제조건으로 고집해서는 안 된다.

7계

미중 간 장기 신냉전 체제에 대응하는 외교·안보 전략체계를 갖춘다

외교적 신뢰자산을 축적trust building해야

그동안 우리는 정권이 바뀔 때마다 새 정부가 과거 정권을 부정하면서 새로운 것을 제시하다 보니 외교적 질곡을 모면하기 위해 외교적 태도와 입장을 수시로 바꿔왔다. 때론 약소국 입장에서 생존을 위해 줄타기 외교도 하고, 강대국 사이를 자주 오가면서 약속을 번복하며 생존외교를 하는 등 불가피한 면도 있었다. 그러나 한국은 이제 자유민주국가 10대 강국에 속한다. D10 국가로서의 국격을 지키고 그들과 더불어 생존과 번영을 하려면 우리 나름의 원칙이 있고 또 응분의 비용 부담을 감수하고 희생할 줄 알아야 한다. 특히 경제력에서나 군사력에서 상위 중견국가의 위치에 있는 한국이 헛된 약속과 약속 허물기를 반복하면 국격에 맞는 국가의 대접을 받을 수가 없다.

D10 국가로서 편승외교에서 벗어날 것

한국의 미래 생존 환경과 여건은 불완전하고 불확실하다. 우리를 둘러싼 미국과 중국 사이의 신냉전이 장기적으로 진행될 것이고, 한미동맹으로 인해 중국은 한국을 눈엣가시처럼 바라볼 것이다. 앞으로 우리의 대외전략은 우리 정체성과 주권, 생존권을 지키는 데 집중되어야 한다. 그리고 우리만의 생존전략을 가지고 우리만의 길을 가야 할 수밖에 없다. 그 누구에게도 완전히 편승해서는 안 된다. 누구도 우리의 국익이나 생존을 끝까지 책임져주지 않기 때문이다. 주변국 관계에서 우리의 최대 도전과제는 주변국의 치열한 경쟁관계가 한반도의 불안을 초래하고 증폭시키는 것을 예방하는 것이다. 그렇기 때문에 우리는 주변국의 역학관계와 상호 전략 인식을 파악하여 이를 토대로 주변국 외교전략을 수립해야 한다.

우리 나름의 독자적 외교 · 안보 전략 구상 필요

우리의 지리적 위치, 강대국의 역학구조에서의 상황적 위치와 전략적 가치를 우리 스스로 명확히 인지해야 한다. 우리는 지리적으로 중국의 전략범위 내의 중심에 위치한다. 중국 세력범위 내에서 핵심적 위치에 있다는 뜻이다. 미중 양국이 우리의 지정학적 전략 가치를 높게 평가할 수밖에 없는 천부적 위치이다. 무엇보다 우리의 국력 규모를 인지해야 한다. 세계 10위권 내에 위치한 우리 국력에 걸맞은 외교의 공간과 지평을 우리 스스로 확대해야 한다. 우리는 세계 4강에 둘러싸이면서 스스로 위축된 모습을 보여왔다. 그들을 과도하게 의식해온 것이다. 이제는 지정학적 전략 가치와 국력을 결합하여 강대국에 우리의 입장을 제시하고 그들의 전략 선택을 공유해나가야 한다.

자유세계 외교 · 안보 네트워크의 핵심국가로

미국의 다자주의 전략에서 우리는 주도적이고 중심적인 역할을 해야 한다. 다자주의에 조기 참여하는 이점도 고려해야 한다. 다자외교에서 최선의 포석은 초기 참여로 많은 지분을 챙기는 것이다. 제도와 규범 설정에 참여함으로써 '룰메이커rule-maker'로 자리매김할 수 있어야 한다. 이것이야말로 다자외교에서의 발언권은 물론 영향력과 국익을 극대화할 수 있는 기반이다. 지난 쿼드 정상회의에서 정상들은 백신 파트너십 외교를 하고, 핵심적인 신흥 기술협력 실무그룹과 기후변화에 관련된 실무그룹을 설립했다. 쿼드 참여에 우왕좌왕하는 사이 우리의 비군사적 협력에 방점을 둔 신남방정책과 쿼드를 접목시킬 수 있는 기회가 멀어졌다. 이 기회를 되찾아야 한다.

정권, 이념, 역사인식을 넘어선 장기적 외교 · 안보 전략체계 마련

한국의 외교·안보전략이 자주 흔들리는 것은 미국 중심의 세계전략에 편승하면서 새롭게 부상하는 중국을 경제적 시각에서만 바라보는 단편적·단선적 전략을 구사해왔기 때문이다. 또 5년 단임정치가 파행화되는 과정에서 안정적이고 지속 가능한 장기 외교·안보전략을 수행하지 못한 것도 또 다른 이유이다. 이념과 국내정치의 흐름이 지나치게 외교·안보전략을 제약해온 것도 사실이다.

이제 중국은 경제뿐 아니라 전 분야에 걸쳐 미국에 도전하고 장기전을 모색하는 단계이다. 이제 중국의 실체를 재인식 및 재평가하고, 중국이 한국에 위협적 존재로 등장하는 과정에서 그들과의 충돌과 예속을 막고 공존의 길을 모색하는 것이, 우리 외교·안보전략의 새로운 지평이자 과제인 동시에 목표이다. 안미경중이나 연미화중 같은 막연한 개념정리로는 중국에 대응할 수 없다. 우리는 중국과 공존해나가야 한다. 그러나 중국을 바라보는 우리의 시각은, 중국은 위협적 존재이고 미래 한국의 가상의 적이 될 수 있다는 데서 출발한다. 미국에 대해서는, 한국이 중국과 충돌하거나 중국이 한국에 보복이나 위협을 가할 경우 미국이 이를 막아줄 확대된 명분과 역량을 갖고 있느냐를 새롭게 인식해야 한다. 중국이 한국을 적대할 때, 한국이 한미동맹으로써 이를 막기에 부족한 힘의 공백이 발생한다면 이것을 어떻게 메워나갈 것인가가 현실적 과제로 남는다. 만일 미국이 현실적으로 이러한 위험을 충분히 헷징할 수 없는 것이 사실이라면, 한국의 외교·안보전략은 그 부족한 부분을 무엇으로 메꿀 수 있는지에 집중해야 한다. 결국 우리의 동맹 네트워크와 자강력밖에 없는 것이다. 따라서 미중 충돌의 장기화 국면에서 우리의 주권과 생존권을 지켜나가려면 중국과 한국이 서로 생존에 필요한 나라가 되어야 한다. 중국과 공존관계를 유지하면서 한미동맹, 자유세계와의 외교·안보 네트워크를 충분히 확보하고 우리의 외교·안보역량을 국격에 맞게 강화하는 것이다.

8계

국격에 맞는 외교·안보 역량과 인프라를 키운다

오랜 미국 편승에서 벗어나 큰 틀의 장기적 외교 · 안보 네트워크 구축

한국은 오랫동안 세계 강대국에 포위된 지정학·지경학적 위치로 인해 자유로운 외교 선택이 어려웠던 것이 사실이다. 더욱이 한국이나 일본은 현대 국제사회에서 독자적 외교전략을 구사한 경험이 없다. 오랫동안 냉전의 틀 안에서 미국에 의존하면서 생존해온 결과이다. 그러나 탈냉전 시대에 한국은 혼자 사는 법을 배워야 한다. 한국의 관점에서 세계를 보는 한국적 세계관을 토대로, 21세기의 생존전략을 모색하는 큰 틀의 한국적 외교전략이 필요하다.

이러한 외교전략을 생산할 수 있으려면 무엇보다도 모든 영역에서 상상력과 활동의 제한을 혁파해야 한다. 그야말로 우리 국민의 생존영역을 남북한을 뛰어넘어 세계적-우주적 영역으로 확장할 수 있는 인식의 혁명이 필요하다. 이를 바탕으로 모든 국민이 국내적 이슈 영역에 매몰되지 않고, 세계와 보편가치를 기준으로 사유하고 활동할 수 있도록 훈련해야 한다. 이를 위해서는 교육, 언론, 정치 등의 영역에서 제한 없는 논쟁과 토론이 필요하다. 특히 정치 영역에서부터 한국적 외교전략에 대한 논쟁을 전면화하는 것이 필요하다. 우리의 생존전략에 대해 다양한 견해가 표출되고 집약되도록 해야 하는 것이다.

역량 있고 기개 있는 외교관 양성

우선 유능한 외교관의 체계적 양성이 필요하다. 외교관은 지식, 품격, 국가관을 중심으로 재무장해야 한다. 동시에 새로운 시대, 새로운 외교관상을 정립해나갈 필요가 있다. 이를 위해서는 외교관의 양성, 확보, 재교육 체제 등 인사 전반에 개혁이 필요하다. 특히 이제는 외교에 전방위적 전문성이 필요해졌다. 정치와 경제의 칸막이가 없어지는 단계에서 외교관이 갖추어야 할 전문성과 국가관, 네트워크는 외교·안보전략에서 필수 조건이 되었다. 더욱이 중국이 세계의 강자로 부각되고 대륙적 외교행태를 보이면서 한국을 위협하는 상황이다. 중국 전문 외교인력의 확보가 시급히 요구된다. 이제 외교관이라면 중국에 대한 지식과 외교경험을 기본으로 갖추어야 하는 시대가 되었다. 중국을 모르고 외교·안보전략을 수립하거나 집행하는 것은 시대에 뒤떨어지는 대응이다. 이 문제는 국가적 차원에서 기본과제로 다뤄야 할 사안이다.

아울러 외교자세에서도 변화가 요구된다. 국익을 추구하다 보면 갈등과 분쟁이 있을 수 있다. 국익을 위해서는 갈등과 분쟁을 두려워하지 않는 태도가 필요하다. 이해 갈등과 충돌의 발생 가능성을 과도하게 의식하여 상대국의 심기를 건드리지 않겠다는 외교는 국익을 위한 외교가 아니다. 이해 갈등과 충돌을 평화적으로 해결하는 것이 외교의 사명이지만, '사각의 링'에 오르기 전부터 상대의 심기를 의식한다면 기 싸움에서부터 지는 것이다. 이런 정신사고로는 외교전에서 이길 수 없다.

NSC, 외교부체제 개편

이제 한국 외교도 국내적 시각과 틀에서 벗어날 때가 되었다. 특히 세기적 세력 전이 시대를 맞이해서 외교·안보의 최종 전략을 선택해야 할 국가안전보장회의National Security Council, NSC가 국내정치적 수요나 대통령의 의중을 지나치게 중시하면서, 국제 상황이 지닌 민감성과 난해함을 전문적으로 분석하고 해법을 제시하는 역할에서 벗어난 적도 많았던 것이 사실이다. NSC 회의에는 국내 각 분야별 최고 전문가들이 모여야 한다. 충분히 자유로운 토론과 전문적 견해를 제시하고, 잘못된 판단을 예방할 수 있는 자정기능을 갖춰야 한다. 이런 자리에서는 전략적 시각이나 선택에 따른 비용함수들이 때로는 국내정세보다 덜 중요하게 취급되기도 한다. 이제 한국의 외교·안보전략 선택에는 그에 따른 엄청난 비용함수가 개재된다. 그 부정적 효과는 계산할 수 없을 만큼 클 수도 있다. 따라서 앞으로 NSC 기능과 구성, 논의절차 등에 대한 전면적 혁신이 필요하다. 그리고 청와대 외교·안보 라인과 외교부의 전략라인은 항상 한 배를 타야 한다. 누가 누구를 소외시켜서는 안 된다. 이와 관련하여 NSC의 구성에 중국 전문가나 미국 전문가, 일본 전문가, 기타 해당국가의 전문성이 최대한 보강되도록 고려해야 한다. 지금 외교부 전략팀에는 전문성과 관련해 새로운 시각이 도입될 필요가 있다. 이제 외교부는 전문가들의 아성이 되어야 한다. 그리고 그 전문가들의 의견은 NSC 토론 과정에서 기초자료로 제공되어야 한다.

공공외교 역량을 확대

지금 국제외교 무대에서 외교관들의 역할 못지않게 중요시되는 것이 공공외교이다. 세계 외교의 중심지에 한국을 알리는 외교적 노력이 배가되어야 한다. 공공외교로 말하면 한국은 선진국 대열에 있는 나라들에 비해 극히 취약하다는 평가이다. 특히 의회정치가 국내정치의 근본을 이루는 미국의 경우 공공외교의 위력은 상상을 초월한다. 다음 정부 이후의 외교전략을 쇄신하는 과정에서 공공외교의 강화는 가장 중요한 분야 중 하나가 되어야 한다. 특히 중국 외교와의 인적 네트워크를 구축하는 데 기업이나 학자, 동포 들을 중심으로 한 공공네트워크를 더욱 강화하는 것이 필요하다.

중국에 대한 수많은 논쟁거리를 만들다

이제 이 긴 탐험을 끝내야겠다. 지난 2년간 '극중지계'와 씨름하며 우리 모두는 행복했다. 그리고 지쳤다. 중국에 대한 새로운 시각 정리로 인해 눈이 조금이나마 밝아진 것 같다. 그러나 우리는 아직도 중국을 깊고 체계 있게 알지 못한다. 다만 우리는 우리가 중국에 대해 무엇을 모르는지는 어느 정도 알게 되었다. 우리는 이 책이 우리 국민에게 중국의 본질, 실체, 숨은 전략, 중화민족주의와 숨겨진 복속주의 그리고 중국인들의 DNA를 새롭게 인식하는 기회를 제공했으면 좋겠다. 중국을 매의 눈을 뜨고 바라보며 우리의 살길을 찾아야 한다는 깨우침이 모두에게 필요하기 때문이다.

중국에 대한 이야기는 대하소설 같기도 하고 천일야화 같기도 하다. 베일에 가려 있기도 하고 특히 그들의 이중성 때문에 모호하고 난해하다. 너무 커서, 거대한 산을 바라보듯 어떤 이는 동東산이라 하고 어떤 이는 서西산이라고 부른다. 모두 맞기도 하고 틀리기도 하다. 동서남북 다르고 춘하추동이 다르다. 계곡마다 피는 꽃이 다르고 방면마다 사는 사람도 다르다. 이러한 중국을 입체적으로 탐색하려다가 우리 모두는 스스로의 인내심과 지적 상상력, 지적 탐구력을 모두 소진해야 했다. 이 크고 다양한 나라를 시진핑 주석은 철통같이 일사불란하게 지휘하고 있다. 요즘은 AI나 빅데이터의 신기술을 통치·통제 수단으로 도입하여 국민 일상을 체크하고 있다. 무인기까지 동원하여 구석구석을 살피면서 중국 특색 사회주의 세상을 꿈꾸고 있다. 그리고 지난 80여 년간 세계를 제패해온 미국에 도전장을 내밀고 결사 항전을 독려하고 있다. 중국의 국력은 욱일승천하는데 미국은 민주주의의 위기에 시달리고 시진핑 주석은 이것을 민주병이라고 조롱한다. 미국은 중국이 자유, 인권을 억압하여 세계의 기본질서를 훼손한다고 선언하며 자유세계의 결집을 적극 도모하고 있다.

몇 년 전 베이징에서 중국의 미래를 걱정하는 지식인 한 분의 자택을 방문했다. 매우 귀하게 생긴 그의 부인이 국수를 말고 오리고기를 구워 대접했다. 그 인사는 속으로 울고 있었다. 시진핑의 중국이 마오쩌둥 시대로 돌아가고 있다고 한탄했다. 그는 80객의 노지식인이었지만 중국이 스스로 깨우쳐 깨어나야 한다고 힘주어 외치고 있었다. 모름지기 중국인들은 두려워 떨고 있다고 했다. 나는 중국의 경제발전 단계상 국가자본주의는 필요하고 국가사회의 자정기능이 살아 움직인다면 중국은 앞으로 잘 나아갈 수 있을 것이라고 말했다. 그러나 그는 고개를 저었다. 자정기능이 말살되었을 뿐 아니라 국민들의 오감 기능을 마비시키고 있다며 분개했다. 그는 "경제를 잘해야 되는 이유는 국가를 부강하게 하는 것이 먼저가 아니다. 국민이 편안하게 희망을 품고 살도록 하는 것이 최우선 목표인 것"이라고 설파했다. 나는 어떤 방법이든지 경제발전에 성공하여 국민소득이 늘어나면 차차 국민의 욕구도 올라가고 이에 부응하면서 결국 민주적인 국가가 되지 않겠느냐고 반문했다. 지금은 비록 빵이 우선이지만 배고픔이 사라지면, 자유를 원하는 국민들이 그들의 의사를 표시할 통로를 필요로 할 것이라고 말했다. 나는 박정희식 개발모형을 설명하고 이집트의 나세르정권이 무너진 경위를 설명드리면서 너무 걱정하지 않으셔도 종국에는 중국에도 꽃피는 정치의 봄이 올 것이라고 희망 섞인 전망을 했다.

그러나 노지식인은 여전히 그렇지 않다고 강변했다. 그러려면 자유기업인이 나오고 자유지식인이 다수 생기고 학생들과 같은 젊은이들이 파워 엘리트power elite로 등장해야 하는데, 현 체제상 중국에서는 이 모든 것이 불가능하다고 했다. 중국의 과학기술 발전이 국민을 먹여 살리지만, 그것이 국민의 입과 생각을 통제하는 데 쓰이고 인간을 비인격화하는 도구가 되고 있다고 하면서 이 체제는 매우 위험하지만 오래갈 것이라고 전망했다. 나는 중국 국민 1인당 GDP가 2만 달러를 거쳐 3만 달러 시대에 이르면 아무리 가치보다 빵을 중요시 여기는 중국 국민이라 해도 생각과 가치관에 급격한 변화가 올 것이라고 전망했다. 그리고 앞으로 20년 내지

30년 사이에는 그런 중국의 모습을 볼 수 있을 것이라고 내다봤다. 그는 눈을 지그시 감고 있었다. 그의 부인은 미국에 사는 아들네 가족사진을 보여주면서 미국과 중국이 계속 충돌하면 미국에 있는 아들 가족에게 어떤 일이 생길지 심히 걱정된다며 침통한 모습을 보였다.

그와 나는 여러 번 만났다. 그런데 이번 만남은 아주 특별했다. 시진핑 시대 중국 지식인들의 우려와 탄식을 대변하는 듯했다. 방문을 마치고 밖으로 나오니 주택단지를 지키는 군인들이 우리를 물끄러미 쳐다보고 있었다. 멀리서 들려오는 첨단무기 발사의 굉음과 항공모함의 거센 엔진소리 그리고 시진핑 주석의 강경한 연설에 눈물을 흘리며 환호하는 대다수 국민의 함성 속에서 모름지기 중국의 미래를 걱정스러워하는 국민의 목소리는 점점 작아지고 있는 모습이다.

책을 덮으면서 이 에피소드를 꺼내는 것은 앞에서 읽은 중국 정치 전반의 문제를 관통하는 논쟁거리를 제공하고 있기 때문이다.

중국은 이제까지 우리가 알고 생각해왔던 그 나라가 더 이상 아니다. 그리고 한중 관계도 예전 20세기 말 당시의 한중 관계보다 더욱 험난하고 복잡하며 난해한 관계가 되었다. 이제 중화민족주의는 중국 국민의 민족적 자존심과 연결되어 있다. 중국 국민도 덩샤오핑, 장쩌민, 후진타오 시대의 국민과는 다른 국민으로 변하고 있다. 모든 것이 불확실하고 복잡다단해졌다. 중국 앞에서 국력이 약해지거나 국민정신이 흔들리면 예속의 길로 갈 수밖에 없다. 우리는 이 책을 통해 중국이 크고 험하게 변했고, 우리와의 관계가 옛날 같지 않게 크게 기울어가고, 두 나라 국민 사이의 생각과 가치의 거리가 더욱더 멀어지고 있다는 사실을 알리고 싶었다. 그리고 서로 바라보는 시선이 어떻게 달라졌는지도 증명하고 싶었다. 중국이 국력은 엄청나게 커진 데 비해 그들이 가려고 하는 길은 우리의 길과 다르다는 것도 확인하고 싶었다. 앞으로 중국과는 충돌과 예속은 피해야 하고 정체성, 주권, 생존권을 지키는 데 더욱 치열해져야겠다는 다짐도 해본다. 그래도 지정학·지경학적 위치 때문에 끊임없이 중국과는 공존의 길을 찾아나가는 노력이 필요하다는 생각이다.

중국의 다양성과 이중 구조, 민족주의와 중국의 꿈을 짧은 글로 표현하는 것은 매우 어려운 일이다. 다만 이 책은 무엇이 중요한 쟁점이고, 이에 대한 논쟁거리가 무엇인지를 소개하는 역할을 할 뿐이다. 중국을 이해하고 깊이 아는 것이 지식사회에만 국한된 문제는 아니다. 중국 문제가 학문세계의 고일高逸한 고독경에 빠져 있어서도 안 된다. 이제는 중국에 대한 기본지식과 한중 간 관계 방정식에 관련된 모든 논쟁거리를 모든 국민이 익히 알아야 할 때이다. 우리는 이 책이, 함께 출간되는《극중지계 2: 경제 편》과 함께 많은 논쟁을 일으키기를 기대하고 있다. 중국에 대한 이야기는 그만큼 난해한 것이고 우리에게 치명적으로 중요하기 때문이다. 앞으로 우리는 한중 관계의 구석구석을 들춰내면서 활발하게 논쟁해야 한다. 성역이 있어서도 안 되고 중국식으로 은밀하게 덮고 넘어 갈 문제도 아니다.

이제 또 하나의 미완성 교향곡을 3악장까지로 마감을 해야겠다. 우리가 무엇을 모르는지 알게 되었다는 사실을 기초자산으로 하여 나머지 4악장을 마저 채울 날을 기약한다.

마지막으로 이 어렵고 난마와 같은 중국 체제와 한중 관계의 매트릭스를 끝까지 읽어주신 여러분들의 인내심에 존경하는 마음을 가지고 이 긴 글을 마친다.

2021년 8월

NEAR재단 연구실에서 정덕구

- ADIZ(Air Defence Identification Zone): 방공식별구역
- AIIB(Asian Infrastructure Investment Bank): 아시아인프라투자은행
- APEC(Asia Pacific Economic Cooperation): 아시아태평양경제협력체
- CEPI(Coalition for Epidemic Preparedness Innovations): 전염병대비혁신연합
- CICA(Conference on Interaction and Confidence Building Measures in Asia): 아시아 교류 및 신뢰구축회의
- CINC(Composite Index of National Capability): 종합국력지수
- COVAX(COVID-19 Vaccines Global Access): 코백스
- CPTPP(Comprehensive and Progressive Agreement for Trans-Pacific Partnership): 포괄적 · 점진적 환태평양경제동반자협정
- CSIS(Center for Strategic & International Studies): 국제전략문제연구소
- CTBT(Comprehensive Nuclear Test Ban Treaty): 포괄적핵실험금지조약
- EEZ(Exclusive Economic Zone): 배타적경제수역
- EPN(Economic Prosperity Network): 경제번영네트워크
- GAVI(Global Alliance for Vaccines and Immunization): 세계백신면역연합
- GDP(Gross Domestic Product): 국내총생산
- GPR(Global Defense Posture Review): 미군재배치계획
- GVC(Global Value Chain): 글로벌 가치사슬
- IATA(International Air Transport Association): 국제항공운송협회

- IPO(Initial Public Offering): 기업공개
- MD(Missile Defence): 미사일방어체제
- MFN(Most Favored Nation Treatment): 최혜국대우
- NATO(North Atlantic Treaty Organization): 북대서양조약기구
- NLL(Northern Limit Line): 북방한계선
- NPT(Nuclear Non-Proliferation Treaty): 핵확산금지조약
- NSC(National Security Council): 국가안전보장회의
- NSS(National Security Strategy): 국가안보전략
- OECD(Organization for Economic Cooperation and Development): 경제협력개발기구
- OPLAN(Operation Plan): 작전계획
- RCEP(Regional Comprehensive Economic Partnership): 역내포괄적경제동반자협정
- RVC(Regional Value Chain): 지역밸류체인
- SDGs(Sustainable Development Goals): 지속 가능한 개발목표
- THAAD(Terminal High Altitude Area Defense): 고고도미사일방어체계
- TPP(Trans-Pacific Strategic Economic Partnership): 환태평양경제동반자협정
- UNCLOS(United Nations Convention on the Law of the Sea): UN해양법협약
- WHO(World Health Organization): 세계보건기구
- WTO(World Trade Organization): 세계무역기구

- *2020 Democratic Party Platform*, July 27, 2020.
- Auslin, Michael, "Trump's New Realism in China", *Foreign Policy*, July 7, 2020. https://foreignpolicy.com/2020/07/07/trumps-new-realism-in-china/
- Auslin, Michael, "The Asian Century is Over", *Foreign Policy*, July 31, 2019. https://foreignpolicy.com/2019/07/31/the-asian-century-is-over/
- Auslin, Michael, *The End of the Asian Century: War, Stagnation, and the Risks to the World's Most Dynamic Region*, New York: Yale University Press, 2018.
- Barnes, Julian E. Jakes, Lara and Steinhauer, Jennifer, "In Confirmation Hearings, Biden Aides Indicate Tough Approach on China", *New York Times*, January 24, 2021.
- Beckley, Michael, "China's Century? Why America's Edge Will Endure", *International Security*, Vol. 36, No. 3 (Winter). 2011/12.
- Beckley, Michael, "The Power of Nations: Measuring What Matters", *International Security*, Vol. 43, No. 2 (Fall). 2018.
- Beckley, Michael, *Unrivaled: Why America Will Remain the World's Sole Superpower*, Ithaca, N.Y.: Cornell University Press, 2018.
- "Biden to approach U.S.-China relations with 'patience'", *Reuters*,

January 26, 2021.

- Bloomberg News, "Kissinger Says U.S. and China in 'Foothills of a Cold War'", November 21, 2019. https://www.bloomberg.com/news/articles/2019-11-21/kissinger-says-u-s-and-china-in-foothills-of-a-cold-war
- "Bring the Insurrectionists to Justice", *Wall Street Journal*, January 7, 2021.
- Brooks, Stephen G., G. John Ikenberry and William C. Wohlforth, "Don't Come Home, America: The Case against Retrenchment", International Security , Vol. 37, No. 3, 2012/13.
- Burrows, Mathew J., "Global Risks 2035 Update: Decline or New Renaissance?", Washington D.C.: The Atlantic Council, 2019.
- Burrows, Mathew J. and Engelke, Peter, "What World Post-COVID-19? Three Scenarios", Washington D.C.: The Atlantic Council, 2020.
- Campbell, Kurt M. and Doshi, Rush, "How America Can Shore Up Asian Order A Strategy for Restoring Balance and Legitimacy", *Foreign Affairs*, January 12, 2021.
- Campbell, Kurt M. and Sullivan, Jake, "Competition Without Catastrophe; How America Can Both Challenge and Coexist With China", *Foreign Affairs*, September/Ocotber 2019.
- Candidates Answer CFR's Questions, Joe Biden, August 1, 2019. https://www.cfr.org/article/joe-biden(검색일: 2021년 1월 28일)
- Chinese Foreign Ministry Spokesperson's Press Briefing, July 8, 2010. http://www.fmprc.gov.cn/chn/gxh/tyb/fyrbt/jzhsl/t714888.htm(검색

일: 2010년 7월 11일, 13일); http://www.fmprc.gov.cn/chn/gxh/tyb/fyrbt/jzhsl/t716403.ht(검색일: 2010년 7월 16일)

- Churchill, Owen, "Trump-Biden final debate: China 'will be forced to play by international rules'", *South China Morning Post*, October 23, 2020. https://joebiden.com/americanleadership/(검색일: 2021년 1월 28일)
- Crabtree, James, "US-China decoupling is much harder that Donald Trump thinks", *Nikkei Asian Review*, May 20, 2020a. https://asia.nikkei. com/Opinion/US-China-decoupling-is-much-harder-than-Donald-Trump-thinks
- Crabtree, James, "Team Biden Should Start With an Asia Pivot 2.0", *Foreign Policy*, October 19, 2020b.
- Darby Christopher and Sarah Sewall, "The Innovation Wars", *Foreign Affairs*, Mar/Apr 2021.
- Duchatel, Mathieu, Brauner, Oliver, and Hang, Zhou, "Protecting China's Overseas Interests: The Slow Shift away from Non-interference", *SIPRI Policy Paper*, June 2014.
- Edward Wong, Michael Crowley and Ana Swanson, "Joe Biden's China Journey", *New York Times*, September 6, 2020. https://www.nytimes.com/2020/09/06/us/politics/biden-china.html
- "Four Flashpoints in the China-U.S. Cold War", *Bloomberg*, February 22. https://www.bloomberg.com/opinion/articles/2021-02-22/germany-philippines-india-djibouti-may-decide-u-s-china-cold-war?srnd=premium
- "Full text: Joe Biden inauguration speech transcript", *Politico*, https://www.politico.com/news/2021/01/20/joe-biden-inauguration-speech-

transcript-full-text-460813(검색일: 2021년 1월 28일)

- Goldgeier James and Jentleson, Bruce W., "A Democracy Summit Is Not What the Doctor Ordered", *Foreign Affairs*, December 14, 2020.
- "Haines calls Chinese counterintelligence threat a top priority", *Reuters*, January 20, 2021.
- Hal Brands, "The Philippines Is a Flashpoint in the U.S.-China Cold War", February 24, 2021. https://www.bloomberg.com/opinion/articles/2021-02-24/the-philippines-is-a-flashpoint-in-the-u-s-china-cold-war?srnd=premium
- "Hong Kong Human Rights and Democracy Act of 2019", PUBLIC LAW 116-76—NOV. 27, 2019.
- Hung Tran, "'One World, Two Systems' Takes Shape During the Pandemic", *Issue Brief*, Atlantic Council, September 2020.
- Huang, Yanzhong, "The Four Traps China May Fall Into", Blog Post, Council on Foreign Relations, October 30, 2017. https://www.cfr.org/blog/ four-traps-china-may-fall
- Nathan, Andrew J., "China's Political Trajectory: What Are the Chinese Saying?", Cheng Li(ed), *China's Changing Political Landscape*, Washington D.C.: The Brookings Institution, 2008.
- "Nearly half of Republicans support the invasion of the US Capitol", *Economist*, January 7, 2021.
- Nye, Joseph, "What Could Cause a US-China War?", *Project Syndicate*, March 2. 2021. https://www.project-syndicate.org/commentary/what-could-cause-us-china-war-by-joseph-s-nye-2021-03
- "OPINION | WASHINGTON AND THE WORLD-To Counter

China's Rise, the U.S. Should Focus on Xi A proposal for a full reboot of American strategy toward China", *POLITICO*, Jan 28, 2021.
- Organski, A. F. K., "Power Transition: A Retrospective and Prospective Evaluation", in Manus I. Midlarsky (Ed.), *Handbook of War Studies*, First Edition, Unwin Hyman, 1989.
- Policy Planning Staff, *The Elements of the China Challenge*, Washington D.C.: Office of the Secretary of State, November, 2020.
- Poling, Gregory, "How Significant Is the New U.S. South China Sea Policy?", *Asia Maritime Transparency Initiative*, Center for Strategic and International Studies, July 14, 2020. https://www.csis.org/analysis/howsignificant-new-us-south-china-sea-policy
- Pompeo, Mike, "America's Indo-Pacific Economic Vision", Indo-Pacific Business Forum, U.S. Chamber of Commerce, Washington D.C., July 30, 2018.
- Pompeo, Mike, "Communist China and the Free World's Future", Yorba Linda, California, The Richard Nixon Presidential Library and Museum, July 23, 2020a. https://www.state.gov/communist-china-and-the-free-worldsfuture/
- Pompeo, Mike, "U.S. Position on Maritime Claims in the South China Sea", Press Statement, July 13, 2020b. https://www.state.gov/u-s-position-on-maritime-claims-in-the-south-china-sea/
- President-Elect Biden on Foreign Policy, "China," Council on Foreign Affairs, November 7, 2020. https://www.cfr.org/election2020/candidate-tracker(검색일: 2021년 1월 28일)
- Rapoza, Kenneth, "Overwhelming Majority Say Time to 'Decouple'

from China", *Forbes*, April 27, 2020. https://www.forbes.com/sites/kenrapoza/2020/04/27/overwhelming-majority-say-time-to-decouple-from-china/#2d7fa58377a2

- Rukmani, Gupta, "China's National Interests: Exploring the Domestic Discourse," *Strategic Analysis*, Vol. 32, No. 5, 2012.
- Secretary Antony J. Blinken, "Secretary of Defense Lloyd Austin, Republic of Korea Foreign Minister Chung Eui-yong, and Republic of Korea Defense Minister Suh Wook at a Joint Press Availability", REMARKS TO THE PRESS, March 18, 2021.
- Seldin, Jeff, "Defense Secretary Nominee: US Faces Enemies Both at Home and Abroad", *VOA*, January 19, 2021.
- Sun, Yun, "Testimony before the U.S.-China Economic and Security Review Commission China's Contingency Planning on North Korea", April 12, 2018.
- Swanson, Ana, "Biden's China Policy? A Balancing Act for a Toxic Relationship", *New York Times*, November 16, 2020.
- The White House, "United States Strategic Approach to The People's Republic of China", Washington D.C.: The White House, May 20, 2020.
- "Top U.S. General Breaks Bread With Chinese Soldiers on North Korea's Doorstep", *Wallstreet Journal*, August 16, 2017.
- "United States Hong Kong Policy Act of 1992," PUBLIC LAW 102-383-OCT. 5, 1992.
- Viser, Matt, "Biden plans a flurry of executive orders, new legislation for first days as president", *The Washington Post*, January 17, 2021.
- Zakaria, Fareed, "The New China Scare; Why America Shouldn't Panic

About Its Latest Challenger," *Foreign Affairs*, January/February 2020.

- 新華網(人民日报), "坚决反制 奉陪到底", 2019年 8月 16日. http://www.xinhuanet.com/world/2019-08/16/c_1124882697.htm
- "坚持和发展中国特色社会主义是当代中国发展进步的根本方向", 《人民网》, 2020年 12月 11日.
- 高力克, "中国现代国家主义思潮的德国谱系", 《华东师范大学学报: 哲学社会科学版》, 第5期, 2010年.
- 孔志国, "中国海外利益转型与一带一路战略", 《社会科学前沿》, 第5卷, 第1期, 2016年.
- 求是网, "坚定中国特色社会主义制度自信", 2020年 8月 7日. http://www.qstheory.cn/llwx/2020-08/07/c_1126335989.htm
- 國務院, "國務院發布〈中國製造2025〉全文", 2015年 5月 8日.
- 金融界, "中央政治局会议: 要辩证看待国际环境和国内条件变化", 2018年 12月 13日. https://finance.jrj.com.cn/2018/12/13164726735477.shtml
- 柳檢平. 劉威 著, 《美國對經濟制裁問題研究:當代國際經濟關係政治化的個案分析》, 北京: 人民出版社, 2009年.
- 刘世锦, "改革再突围 选择字号", 《中国经济50人论坛》, 2021年 1月 13日.
- 刘静, 《中国海外利益保护: 海外风险类别与保护手段》, 北京: 中国社会科学出版社, 2016年.
- 刘海泉, "'一带一路'战略的安全挑战与中国的选择", 《太平洋学报》, 第23卷 第2期, 2015年.
- "毛澤東: 黨委會的工作方法". http://theory.people.com.cn/

n1/2016/0226/c49157-28151895.html (검색일: 2020년 11월 15일)

- 门洪华, 钟飞腾, "中国海外利益研究的历程, 现状与前瞻",《外交评论》, 第5期, 2009年.
- "白皮书: 界定中国核心利益范围 坚持独立自主和平外交",《人民网》, 2011年 9月 6日. http://politics.people.com.cn/GB/1026/15600336.html(검색일: 2020년 1월 10일)
- 怀成波, "怎样理解'国家核心利益'?"《红旗文稿》, 第2期, 2011年.
- 史春林, "太平洋航线安全与中国的战略对策",《太平洋学报》, 第19卷, 第8期, 2011年.
- 萧功秦, "从新权威主义看中国改革40年",《中国战略分析》(中国战略分析智库), 2019年 3月 2日.
- 萧功秦, "中美关系的新思考",《萧功秦评论》, 2020年 9月 8日.
- "关于坚持和发展中国特色社会主义的几个问题",《中国共产党新闻》, 2019年 3月 31日.
- 习近平,《决胜全面建成小康社会, 夺取新时代中国特色社会主义伟大胜利》, 北京: 人民出版社, 2017年.
- "习近平应约同美国总统特朗普通电话",《新华社》, 2018年 5月 8日.
- "习近平会见韩国总统文在寅",《人民日报》, 2019年 6月 28日.
- 辛田, "中国海外利益保护私营化初探",《国际展望》, 第4期, 2016年.
- 新华网, "习近平: 努力开创中国特色大国外交新局面." 2018年 6月 23日. http://www.xinhuanet.com/politics/leaders/2018-06/23/c_1123025806.htm
- 新华网, "为全面建成小康社会收官打下决定性基础——中央政治局会议传递2019年经济工作伍大信号", 2018年 12月 13日. http://www.xinhuanet.com/politics/2018-12/13/c_1123850409.htm

• 新华社. "习近平: 在纪念马克思诞辰200周年大会上的讲话", 2018年 5月 4日. http://www.gov.cn/xinwen/2018-05/04/content_5288061.htm
• "王毅: 中国正在日益走近世界舞台的中央", 人民政协网, 2019年 3月 8日. http://www.rmzxb.com.cn/c/2019-03-08/2304277. shtml
• "要辩证看待国际环境和国内条件的变化, 增强忧患意识, 继续抓住并用好我国发展的重要战略机遇期, 坚定信心, 把握主动, 坚定不移办好自己的事. 要保持战略定力", 《人民日报》, 2018年 12月 14日.
• "人民日報, 國家主席任期撤限非終身制". http://news.takungpao.com/paper/q/2018/0302/3547201.html(검색일: 2020년 10월 15일)
• 人民日報, "坚定战胜困难, 应对挑战的意志和决心, 为保持我国经济持续健康发展作出新的更大贡献", 2018年 12月 14日.
• "宰相必起於州部, 猛將必發於卒伍", 〈韓非子 · 顯學〉.
• "定中国特色社会主义制度自信", 《求是》, 2020年 8月 7日. http://www.qstheory.cn/llwx/2020-08/07/c_1126335989.htm(검색일: 2020년 9월 30일)
• 曹辛, "从'更长的电报'到拜登的演说, 新政府的对华政策核心是什么?", 《远见经纬》, 2021年 2月 8日.
• 朱颖, "中国非市场经济地位尘埃落定意味着什么?", 《联合早报》, 2020年 7月 20日.
• 中共中央紀律檢查委員會, "強軍之路(下)—《將改革進行到底》第八集", 2017年 7月 25日. http://v.ccdi.gov.cn/2017/07/24/VIDEiPGLXN0a8yJX3wQl0QwY170724.shtml
• 中國國防部, 《中国武装力量的多样化运用》, 北京: 中华人民共和国国务院新闻办公室, 2013年.
• 中國國防部, 《中国的军事战略》, 北京: 中华人民共和国国务院新闻办公室, 2015年.
- “‘核心利益’就是维持一党专制”, RFI, September 22, 2011. http://www.rfi.fr/cn/%E4%B8%AD%E5%9B%BD/20110922-%E2%80%9C%E6%A0%B8%E5%BF%83%E5%88%A9%E7%9B%8A%E2%80%9D-%E5%B0%B1%E6%98%AF%E7%BB%B4%E6%8C%81%E4%B8%AD%E5%85%B1%E4%B8%80%E5%85%9A%E4%B8%93%E6%94%BF%E3%80%80%E3%80%80%E3%80%80(검색일: 2020년 1월 4일)

- MBN뉴스(2016.01.10.), “한중 정상, 5일째 불통…이유는?”.
- 경향신문(2021.04.07.), “미국 ‘베이징 올림픽 보이콧 동맹국들과 논의’…대중국 압박”.
- 경향신문(2003.07.08.), “[한 · 중 정상회담] 盧대통령 訪中첫날 안팎”.
- 국민일보(2002.03.13.), “中, 한국의원 비자 또 거부”.
- 동아일보(2001.11.30.), “재외동포법 개정 상당한 진통 예상”.
- 동아일보(2020.02.20.), “文대통령-시진핑과 통화 ‘어려울 때 친구 진짜 친구…방한 추진’”.
- 동아일보(2020.03.01.), “중국, 작년 한미일 등 사정 탄도미사일 100발 이상 발사 시험”.
- 동아일보(2021.04.07.), “中 ‘미국, 베이징올림픽 보이콧할 생각 없다고 해명’”.
- 매일경제(2019.06.09.), “靑 ‘中화웨이와 거래는 기업 자율로 결정할 일’”. https://www.mk.co.kr/news/politics/view/2019/06/398182/
- 보안뉴스(2018.11.21.), “내년 시행되는 중국의 사이버보안 규제 현황 살펴보니”.
- 서울신문(2021.04.23.), “[김규환 기자의 차이나 스코프] 남중국해 주변국

겁박하는 중국 해상민병대".
- 세계일보(2016.01.12.), "시진핑 '모르쇠'에… 박근혜 정부 통일외교 곤혹".
- 신화망 한국어판(2017.11.17.), "[인물 특집] 시진핑: 신시대의 길잡이". http://kr.xinhuanet.com/2017-11/17/c_136759507_6.htm
- 연합뉴스(1998.12.04.), "재외동포법 적용대상서 조선족 · 고려인 제외".
- 연합뉴스(2020.09.25.), "강경화 '다른 국가 배제 좋지 않아'…'쿼드' 가입에 부정적". https://www.yna.co.kr/view/AKR20200925075000504
- 연합뉴스(2008.05.28.), "李대통령 '황해를 '내해'로 만들자'(종합)".
- 조선일보(2019.06.13.), "美 '靑의 화웨이 발언, 동의 안 한다'". https://www.chosun.com/site/data/html_dir/2019/06/13/2019061300145.html
- 조선일보(2020.12.18.), "캐나다, 인구의 11배 확보…이스라엘, 모사드까지 동원해 백신작전".
- 중국외교부(2010.06.24.), "外交部發言人秦剛在例行記者會上答記者問". http://fmprc.gov.cn(검색일: 2010년 6월 30일)
- 중앙일보(2020.05.20.), "[양갑용] 젊은 피의 부상과 시진핑의 새로운 정치".
- 중앙일보(2020.09.02.), "'중국 세계위협론' 꺼낸 美 '핵탄두 200기, 10년 뒤 두 배 증가'".
- 중앙일보(2021.02.09.), "바이든 '시진핑 뼛속까지 d가 없다' 통화도 전에 돌직구".
- 프레시안(2004.08.24.), "中, 역사교과서 왜곡 '일단 중단' 약속".
- 한겨레(2015.07.01.), "중국, 새 국가안전법 통과…전방위 사회통제 우려".
- 한국일보(2020.11.02.), "'중국어선, 북한 바다 못 가' 동해안 어민들 '뿔났다'".
- 해양수산부 보도자료(2017.11.17.), " 2018년도 한 · 중 어업협상 타결…입

어 규모 축소 등 성과 거둬".

- 그레이엄 앨리슨, 정혜윤 옮김, 《예정된 전쟁》, 세종서적, 2018.
- 김석수(경북대), 〈독일관념론이 한국사회에 미친 영향〉. http://contents.kocw.or.kr/document/region/2011/01/321318_kimsuksu_02.pdf
- 김준영, 〈중국 2018년 헌법 개정의 경과와 주요 내용 고찰〉, 《외접논집》(제43권 제1호), 2019.
- 김진현, 〈21세기 중화주의 과학기술정책과 한국의 자강〉, 《기술패권 시대의 대중국 혁신 전략》, 한국과학기술기획평가원, 2021.
- 마이클 필스버리, 한정은 옮김, 《백년의 마라톤》, 영림카디널, 2016.
- 서상민, 〈시진핑 시기 중앙영도소조의 연결망 분석과 집단지도체제〉, 《아세아연구》(제58권 제3호), 2015.
- 서울대 통일평화연구원, 《2019년 통일의식조사》, 서울대 통일평화연구원, 2019.
- 손인주, 〈두려움의 정치: 시진핑 권력 강화의 심리적 동인〉, 《한국정치학회보》(제54권 제1호), 2020.
- 안치영, 〈중국의 간부 퇴직 제도의 형성과 그 의의〉, 《현대중국연구》(제20권 제3호), 2018.
- 양갑용, 〈시진핑 주석의 '핵심' 지위 획득의 의미: 중국공산당 제18기 중앙위원회 제6차 전체회의〉, 《EAI 논평》, 2016.11.
- 여유경, 〈시진핑의 제도적 조정을 통한 권력과 정당성 강화: 중국공산당 19차 전국대표대회를 중심으로〉, 《아태연구》(제25권 제4호), 2018.12.
- 이상민, 〈중국공산당의 위기관리 정치: '코로나19' 대응의 정치적 논리〉, 《중국지식네트워크》(6월 특집호), 2020.
- 이정남, 〈5.4운동 100년을 통해서 본 중국 정치체제의 변화: 당국가체제

의 '승급'인가? 민주체제로의 전환인가?〉, 《현대중국연구》(제21권 제2호), 2019.

• 이정남, 〈민주주의에 대한 중국의 인식: 비교 역사적 관점을 중심으로〉, 이정남 편, 《민주주의와 중국》, 서울: 아연출판부, 2010.
• 이정남, 〈시진핑(習近平)의 권력 강화와 중국 권위주의 체제의 변화: 경쟁적 독재에서 확립된 독재로의 전환인가?〉, 《중소연구》(제41권 제1호), 2017.
• 조영남, 〈중국 엘리트 정치의 제도화 과정 분석: 연령제와 민주추천제의 도입 사례〉, 《한국과 국제정치》(제35권 제2호), 2019.
• 조영남, 〈중국 집단지도체제의 제도 분석: 권력 기구의 운영과 구성을 중심으로〉, 《국제지역연구》(제28권 제3호), 2019.
• 주장환, 〈중국 세대별 정치 엘리트 유형 변화에 관한 연구: 제1세대에서 제5세대를 중심으로〉, 《국제정치논총》(제52권 제1호), 2012.
• 주장환, 〈중국정치 엘리트 선발 기제 변화 분석-'민주추천제도'를 중심으로〉, 《아시아문화연구》(제53집), 2020.
• 허재철, 〈시진핑으로의 권력 집중 현상 분석: 신설 기구와 언론 보도를 중심으로〉, 《지역과 세계》(제38권 제2호), 2014.

미주

1 김진현, 〈21세기 중화주의 과학기술정책과 한국의 자강〉, 《기술패권 시대의 대중국 혁신 전략》, 한국과학기술기획평가원, 2021.

2 상게서.

3 상게서.

4 집필자: 주재우, 정덕구.

5 미국 여론조사업체 퓨리서치(Pew Research)가 2021년 6월 30일, 17개국의 성인 1만 9천 명을 대상으로 중국에 대한 평판을 조사한 결과이다.

6 이 책에서는 중국의 천하주의가 주변국 외교에 드러내는 복속의식, 영향력 집착행위를 '복속주의'라고 부르기로 한다.

7 이 법안은 1948년 정부 수립 이전에 해외로 나가 해외 국적을 취득했지만 국내 호적을 입증하는 동포에게 대한민국 국적을 부여해주는 것이다. 법안 통과 당시 주중 한국대사관의 관계자에 따르면 "1999년 재외동포법 시행 때 중국 동포가 제외된 것은 중국 정부가 '중국 국민인 조선족이 한국 국내법의 대상이 될 수는 없다'며 강력히 항의했기 때문"이라며 "재외동포법이 개정되더라도 중국 정부의 협조 없이는 외교 마찰만 불러일으킬 뿐 실효를 거두기 어려울 것"이라고 말했다. 동아일보(2001.11.30.), "재외동포법 개정 상당한 진통 예상".

8 연합뉴스(1998.12.04.), "재외동포법 적용대상서 조선족·고려인 제외".

9 국민일보(2002.03.13.), "中, 한국 의원 비자 또 거부".

10 경향신문(2003.07.08.), "[한·중 정상회담] 盧 대통령 訪中 첫날 안팎".

11 5개 사항에는 ▲ 한중 양국은 고구려사 문제가 양국 간 중대현안으로 대두된 데 유념 ▲ 역사문제로 한중 간 우호협력 관계 손상 방지 위해 노력, 한중 수교 공동성명 및 양국 정상 간 공동성명에 따라 전면적, 협력적 동반자 관계 발전 위해 공동 노력 ▲ 고구려사 문제의 공정 해결 위해 필요한 조치 취하고 정치 문제화 방지 ▲ 중앙-지방 정부 차원에서의 고구려사 왜곡 방지 및 초·중·고 역사교과서 개정에 왜곡내용 수록 중지 ▲ 양측 간 학술교류의 조속한 개최 노력 등이 포함됐다. 프레시안(2004.08.24.), "中, 역사교과서 왜곡 '일단 중단' 약속".

12 연합뉴스(2008.05.28.), "李 대통령 '황해'를 '내해'로 만들자(종합)".

13 MBN뉴스(2016.01.10.), "한중 정상, 5일째 불통…이유는?"; 세계일보(2016.01.12.), "시진핑 '모르쇠'에…박근혜 정부 통일외교 곤혹".

14 동아일보(2020.02.20.), "文 대통령-시진핑과 통화 '어려울 때 친구 진짜 친구…방한 추진'".

15 柳檢平·劉威 著,《美國對經濟制裁問題研究:當代國際經濟關係政治化的個案分析》, 北京: 人民出版社, 2009年.

16 "Full text: Joe Biden inauguration speech transcript", *Politico*. https://www.politico.com/news/2021/01/20/joe-biden-inauguration-speech-transcript-full-text-460813(검색일: 2021년 1월 28일)

17 Viser, Matt, "Biden plans a flurry of executive orders, new legislation for first days as president," *The Washington Post*, January 17, 2021.

18 집필자: 주재우, 정덕구.

19 怀成波, "怎样理解'国家核心利益'?",《红旗文稿》, 第2期, p. 38, 2011年.

20 "白皮书: 界定中国核心利益范围 坚持独立自主和平外交",《人民网》, 2011年 9月 6日. http://politics.people.com.cn/GB/1026/15600336.html(검색일: 2020년 1월 10일)

21 Rukmani Gupta, "China's National Interests: Exploring the Domestic Discourse", *Strategic Analysis*, Vol. 32, No. 5, pp. 804-818, 2012.

22 "'核心利益'就是维持一党专制", RFI, September 22, 2011. http://www.rfi.fr/cn/%E4%B8%AD%E5%9B%BD/20110922-%E2%80%9C%E6%A0%B8%E5%BF%83%E5%88%A9%E7%9B%8A%E2%80%9D-%E5%B0%B1%E6%98%AF%E7%BB%B4%E6%8C%81%E4%B8%AD%E5%85%B1%E4%B8%80%E5%85%9A%E4%B8%93%E6%94%BF%E3%80%80%E3%80%80%E3%80%80(검색일: 2020년 1월 4일)

23 한겨레(2015.07.01.), "중국, 새 국가안전법 통과… 전방위 사회통제 우려"; 보안뉴스(2018.11.21.), "내년 시행되는 중국의 사이버보안 규제 현황 살펴보니".

24 중국공산당의 2017년 제19차 전국공산당대표대회에서 시진핑은 '대동사회'를 '부강하고 민주주의적인 문명과 조화롭고 수려한 사회주의 현대화 강국(富强民主文明和谐美丽的社会主义现代化强国)'의 구현으로 정정했다. 习近平,《决胜全面建成小康社会, 夺取新时代中国特色社会主义伟大胜利》, 北京: 人民出版社, 2017年.

25 辛田, "中国海外利益保护私营化初探",《国际展望》, 第4期, pp. 62-63, 2016年.

26 中國國防部,《中国武装力量的多样化运用》, 北京: 中华人民共和国国务院新闻办公室, 2013年.

27 Mathieu Duchatel, Oliver Brauner, and Zhou Hang, "Protecting China's Overseas Interests: The Slow Shift away from Non-interference", SIPRI Policy Paper, June 2014; 刘静,《中国海外利益保护: 海外风险类别与保护手段》, 北京: 中国社会科学出版社, 2016年; 孔志国, "中国海外利益转型与一带一路战略",《社会科学前沿》, 第5卷, 第1期, pp. 144-150, 2016年.

28 中國國防部,《中国的军事战略》, 北京: 中华人民共和国国务院新闻办公室, 2015年.

29 刘海泉, "'一带一路'战略的安全挑战与中国的选择", 《太平洋学报》, 第23卷 第2期, pp. 72-79, 2015年.

30 "United States Hong Kong Policy Act of 1992", PUBLIC LAW 102-383, OCT. 5, 1992.

31 "Hong Kong Human Rights and Democracy Act of 2019", PUBLIC LAW 116-76, NOV. 27, 2019.

32 경향신문(2021.04.07.), "미국 '베이징 올림픽 보이콧 동맹국들과 논의'…대중국 압박".

33 동아일보(2021.04.07.), "中 '미국, 베이징올림픽 보이콧할 생각 없다고 해명'".

34 신종호 박사가 니어재단에 제출한 보고서 〈북중 관계와 한반도 평화〉, 니어재단, 2021.

35 2020년에는 김정은의 시진핑 앞 연하장 송부(2월 3일), 코로나19 관련 김정은의 위로 서한 및 북한 노동당 중앙위원회의 중국공산당 중앙위원회 앞으로 위로금 전달(1월 말), 북한 정권 수립 72주년 계기(9월 9일) 시진핑 축전 및 김정은 답신(9월 16일), 중국 국경절 71주년(10월 1일) 계기 김정은 축전(10월 1일) 및 시진핑 답신(10월 24일), 북한 노동당 창건 75주년(10월 10일) 계기 시진핑 축전(10월 10일) 및 김정은 답신(10월 19일) 등이 이루어졌다.

36 중국 왕이 국무위원 겸 외교부장은 2020년 5월 전국인민대표대회 기간 동안 북한의 비핵화 관련 노력을 긍정적으로 평가했고(5월 24일), 동년 9월에는 동아시아정상회의(EAS) 외교장관회의에서 북미 대화 교착의 원인은 미국에 있음을 강조한 바 있다. 북한 역시 2월 10일 자 《로동신문》을 통해 코로나19 바이러스에 의한 질병에 오명을 붙이지 말 것을 주장함으로써 코로나19 책임론과 관련하여 중국을 편들었고, 5월과 7월에는 북한 외무성 대변인 담화를 통해 홍콩 문제와 관련하여 중국의 당과 정부의 조치를 전적으로 지지한

다고 밝혔다.

37 2014년 신압록강대교가 완공된 이후 북측 연결도로 공사가 지체되었으나 2020년 초부터 재개되어 동년 10월에 4차선 도로가 완공되었다. 또한 북중 간 유일한 육상통로였던 쐉무펑(雙目峯) 통상구가 2020년 1월에 정식 개방되고 동년 8월과 12월에는 각각 창바이산(長白山) 해관과 바이산(白山) 해관이 개관했다.

38 로동신문(2021.01.09.)

39 "习近平：在纪念中国人民志愿军抗美援朝出国作战70周年大会上的讲话",《新华网》, 2020年 10月 23日. http://cpc.people.com.cn/big5/n1/2020/1023/c64094-31904195.html(검색일: 2020년 10월 25일); Doug Bandow, "Xi Jinping Doubles Down on Korean War Propaganda," Foreign Policy, November 18, 2020, https://foreignpolicy.com/2020/11/18/xi-jinping-korean-war-propaganda-chinese-intervention-nationalism/(검색일: 2020년 12월 2일)

40 이하 집필자: 주재우.

41 중국외교부, "2010年 6月 24日 外交部發言人秦剛在例行記者會上答記者問". http://fmprc.gov.cn(검색일: 2010년 6월 30일)

42 기본적으로 사회주의국가의 관계는 당 차원의 관계가 국가와 정부의 것에 군림하는 본성을 가지고 있다. 따라서 정부가 이들 사회주의국가의 관계를 '정상적인 국가 관계'로 설명하는 것은 '당'이 아닌 '국가'를 주체로 보는 것이다. 현실정치에서는 국가를 영도하는 상위 행위자인 '당' 차원에서 보면 정상적인 '국가 관계'는 '당 대(對) 당 관계'의 하위개념이다. 사회주의국가 간의 당 관계는 그야말로 특수한 관계라는 뜻이다.

43 "中国驻朝鲜大使李进军在朝鲜《劳动新闻》上发表署名文章", 中华人民共和国驻朝鲜民主主义人民共和国大使馆, 2021年 6月 21日.

44 중국은 2005년부터 북한의 통일방식 지지 표현을 김일성의 고려연방제 통일방식에서 '북한의 주장과 입장'으로 대체했다.

45 집필자: 주재우.

46 习近平,《决胜全面建成小康社会, 夺取新时代中国特色社会主义伟大胜利》, p. 59.

47 집필자: 주재우, 정덕구.

48 집필자: 이성현.

49 Edward Wong, Michael Crowley and Ana Swanson, "Joe Biden's China Journey", *New York Times*, September 6, 2020.

50 新華網, "坚决反制 奉陪到底", 2019年 8月 16日. http://www.xinhuanet.com/world/2019-08/16/c_1124882697.htm

51 조지프 나이 교수는 "조 바이든 대통령 행정부가 단순히 트럼프의 정책을 뒤집는 것이 아니라는 점은 분명하다"라고 진단했다. 원문: It is clear that President Joe Biden's administration is not simply reversing Trump's policies. Joseph Nye. 2021. "What Could Cause a US-China War?" *Project Syndicate*. March 2. 2021. https://www.project-syndicate.org/commentary/what-could-cause-us-china-war-by-joseph-s-nye-2021-03(검색일: 2021년 3월 24일)

52 바이든 행정부 인사들은 이를 '미국이 더 빨리 달리는 것(The U.S. runs faster)'이라고 부른다.

53 마크롱 프랑스 대통령은 2020년 2월 프랑스 군사학교(Ecole de Guerre)에서의 연설에서 미중 경쟁을 '글로벌 차원의 경쟁(global competition)'으로 정의하면서 지금부터는 "모든 국제관계에 영향을 줄 것"이라고 하여 미중 갈등이 '패권경쟁'의 성격을 지님을 시사했다. 한편 블룸버그통신 칼럼니스트 핼 브랜즈(Hal Brands)는 미중 갈등을 '냉전'으로 규정하고 있다. 예를 들

어 그의 최근 칼럼 제목은 다음과 같다. "Four Flashpoints in the China-U.S. Cold War", February 22, 2021. https://www.bloomberg.com/opinion/articles/2021-02-22/germany-philippines-india-djibouti-may-decide-u-s-china-cold-war?srnd=premium(검색일: 2020년 2월 23일) 미국 국방부에 근무했고 존스홉킨스 SAIS(국제대학원) 교수인 핼 브랜즈가 일관되게 미중 관계를 'cold war'로 규정하고 있음을 그의 다른 칼럼 등을 통해서 파악할 수 있다. 가령 Hal Brands, "The Philippines Is a Flashpoint in the U.S.-China Cold War", February 24, 2021. https://www.bloomberg.com/opinion/articles/2021-02-24/the-philippines-is-a-flashpoint-in-the-u-s-china-cold-war?srnd=premium(검색일: 2021년 2월 25일)

54 "Kissinger Says U.S. and China in 'Foothills of a Cold War'", Bloomberg News, November 21, 2019. https://www.bloomberg.com/news/articles/2019-11-21/kissinger-says-u-s-and-china-in-foothills-of-a-cold-war(검색일: 2019년 12월 1일)

55 집필자: 이상현.

56 아산정책연구원, 《혼돈의 시대: 강대국 일방주의와 新냉전의 심화, 국제기구의 형해화, 그리고 국제규범과 질서의 붕괴》, pp. 14-19, 아산정책연구원, 2020.12.

57 Walter Russell Mead, "The Return of Geopolitics: the Revenge of the Revisionist Powers", *Foreign Affairs*, May/June, 2014.

58 집필자: 이상현.

59 Burrows, Matthew J. "Global Risk 2035 Update: Decline or New Renaissance?", Foreword by Amb. Thomas R. Pickering, *Atlantic Council Strategy Report*, pp. 10-12, 2019.

60 Burrows, Matthew J. and Engelke, Peter, "What World POST-COVID-19?

Three Scenarios", *Atlantic Council Strategy Report*, July, 2020.

61 Joshua Lincoln, "2021 Will Be a Make-or-Break Year for Multilateralism", *World Politics Review*, December 28, 2020. https://www.worldpoliticsreview. com/articles/29317/2021-will-be-a-make-or-break-year-for-multilateralism(검색일: 2021년 1월 4일)

62 Thomas J. Bollyky, and Chad P. Bown, "Vaccine Nationalism Will Prolong the Pandemic", *Foreign Affairs*, December 29, 2020. https://www.foreignaffairs.com/articles/world/2020-12-29/vaccine-nationalism-will-prolong-pandemic(검색일: 2021년 1월 24일)

63 조선일보(2020.12.18.), "캐나다, 인구의 11배 확보…이스라엘, 모사드까지 동원해 백신작전". https://www.chosun.com/international/europe/2020/12/18/2RAWDOWQSZEMHAU46WTHTVBF7M/

64 Yasmeen Serhan, "Vaccine Nationalism is Doomed to Fail", *The Atlantic*, December 8, 2020. https://www.theatlantic.com/international/archive/2020/12/vaccine-nationalism-doomed-fail/617323/(검색일: 2021년 1월 5일)

65 Samuel Brannen, "COVID-19 Reshapes the Future", Washington D.C.: Center for Strategic and International Studies, July 28, 2020. https://www.csis.org/analysis/covid-19-reshapes-future(검색일: 2020년 8월 9일)

66 집필자: 이상현.

67 Organski, A. F. K. "Power Transition: A Retrospective and Prospective Evaluation", in Manus I. Midlarsky (Ed.), *Handbook of War Studies*, (First Edition), London: Unwin Hyman, 1989.

68 Beckley, Michael "China's Century? Why America's Edge Will Endure", *International Security*, Vol. 36, No. 3 (Winter), 2011/12, pp. 42-44.

69 Brooks, Stephen G. G. John Ikenberry and William C. Wohlforth, "Don't Come Home, America: The Case against Retrenchment", *International Security*, Vol. 37, No. 3, 2012/13.

70 Beckley, Michael "The Power of Nations: Measuring What Matters", *International Security*, Vol. 43, No. 2 (Fall), pp. 38-44, 2018.

71 "The Asian Century is Over", *Foreign Policy*, July 31, 2019. https://foreignpolicy.com /2019/07/31/the-asian-century-is-over/(검색일: 2019년 8월 17일)

72 Michael Auslin, *The End of the Asian Century: War, Stagnation, and the Risks to the World's Most Dynamic Region*, New York: Yale University Press, 2018.

73 마이클 필스버리, 한정은 옮김, 《백년의 마라톤》, 영림카디널, 2016.

74 상게서, pp. 16-29.

75 그레이엄 앨리슨, 정혜윤 옮김, 《예정된 전쟁》, pp. 16-17, pp. 64-65, 세종서적, 2018.

76 Huang Yanzhong, "The Four Traps China May Fall Into", Blog Post, Council on Foreign Relations, October 30, 2017. https://www.cfr.org/blog/four-traps-china-may-fall(검색일: 2019년 4월 3일)

77 The White House, "United States Strategic Approach to The People's Republic of China", May 20, 2020. https://www.whitehouse.gov/wp-content/uploads/2020/05/U.S.-Strategic-Approach-to-The-Peoples-Republic-of-China-Report-5.20.20.pdf(검색일: 2020년 5월 22일)

78 시진핑 2013년 발언 원문: 求是(2019.03.31.), "资本主义最终消亡, 社会主义最终胜利." 출처 "关于坚持和发展中国特色社会主义的几个问题".

79 "Democratic Debate: Joe Biden Calls China's Xi Jinping a 'Thug'",

Bloomberg, February 25, 2020.

80 "United States Strategic Approach to The People's Republic of China."

81 Michael Auslin, "Trump's New Realism in China", *Foreign Policy*, July 7, 2020. https://foreignpolicy.com/2020/07/07/trumps-new-realism-in-china/(검색일: 2020년 7월 10일)

82 Mike Pompeo, "America's Indo-Pacific Economic Vision", Indo-Pacific Business Forum, U.S. Chamber of Commerce, Washington D.C., July 30, 2018.

83 The White House, "United States Strategic Approach to The People's Republic of China"; 이상현, 〈미국의 대중국 전략: '경쟁적 접근' 함의와 파장〉, 《정세와 정책》, 세종연구소, 2020.7.

84 "Keith Krach's May 2020 interview with Bloomberg's Kevin Cirilli", You Tube, May 2020. https://www.youtube.com/watch?v=upV9gh8yMSY&list=PLXCqnF_IqmY6JVJEtF4nIYsffUW06jKAI&index=2&t=0s(검색일: 2020년 5월 30일)

85 이상현, 〈미중 전략경쟁과 경제번영네트워크(EPN): 한국에 대한 함의와 대응〉, 《China Watching》(제30호), 아주대 중국정책연구소, 2020.

86 Kenneth Rapoza, "Overwhelming Majority Say Time to 'Decouple' from China", *Forbes*, April 27, 2020. https://www.forbes.com/sites/kenrapoza/2020/04/27/overwhelming-majority-say-time-to-decouple-from-china/#2d7fa58377a2(검색일: 2020년 5월 15일)

87 Mike Pompeo, "U.S. Position on Maritime Claims in the South China Sea", Press Statement, July 13, 2020. https://www.state.gov/u-s-position-on-maritime-claims-in-the-south-china-sea/(검색일: 2020년 7월 17일)

88 Gregory Poling, "How Significant Is the New U.S. South China Sea

Policy?", *Asia Maritime Transparency Initiative*, Washington, D.C.: Center for Strategic and International Studies, July 14, 2020. https://www.csis.org/analysis/how-significant-new-us-south-china-sea-policy(검색일: 2020년 8월 9일)

89 Mike Pompeo, "Communist China and the Free World's Future", Yorba Linda, California, The Richard Nixon Presidential Library and Museum, July 23, 2020. https://www.state.gov/communist-china-and-the-free-worlds-future/(검색일: 2020년 7월 25일)

90 집필자: 주재우.

91 미국이 이런 문제를 이전에 인식하지 않은 것은 아니다. 가령 2020년 6월 11일 키스 크라크 전 미국 국무부 경제차관은 "중국의 보복이 있을 경우 미국은 한국을 돕기 위해 무엇이든 할 준비가 돼 있다"라며 동맹국의 미국 반중 연대에의 동참을 적극 호소했다.

92 *2020 Democratic Party Platform*, p. 88, July 27, 2020.

93 Seldin, Jeff, "Defense Secretary Nominee: US Faces Enemies Both at Home and Abroad", *VOA*, January 19, 2021.

94 Barnes, Julian E. Jakes, Lara and Steinhauer, Jennifer, "In Confirmation Hearings, Biden Aides Indicate Tough Approach on China", *New York Times*, January 24, 2021.

95 "Haines calls Chinese counterintelligence threat a top priority", *Reuters*, January 20, 2021.

96 Biden(2020), pp. 67-68.

97 Churchill, Owen, "Trump-Biden final debate: China 'will be forced to play by international rules'", *South China Morning Post*, October 23, 2020.

98 https://joebiden.com/americanleadership/(검색일: 2021년 1월 28일)

99 Candidates Answer CFR's Questions, Joe Biden, August 1, 2019. https://www.cfr.org/article/joe-biden(검색일: 2021년 1월 28일)

100 President-Elect Biden on Foreign Policy, "China", Council on Foreign Affairs, November 7, 2020. https://www.cfr.org/election2020/candidate-tracker(검색일: 2021년 1월 28일)

101 Campbell, Kurt M. and Doshi, Rush, "How America Can Shore Up Asian Order A Strategy for Restoring Balance and Legitimacy", *Foreign Affairs*, January 12, 2021.

102 상게서.

103 상게서.

104 상게서.

105 "Biden to approach U.S.-China relations with 'patience'", *Reuters*, January 26, 2021.

106 *2020 Democratic Party Platform*, p. 88.

107 Goldgeier James, and Jentleson, Bruce W., "A Democracy Summit Is Not What the Doctor Ordered", *Foreign Affairs*, December 14, 2020.

108 Campbell and Doshi(2021).

109 Swanson, Ana, "Biden's China Policy? A Balancing Act for a Toxic Relationship", *New York Times*, November 16, 2020.

110 Kurt M. Campbell, and Jake Sullivan, "Competition Without Catastrophe; How America Can Both Challenge and Coexist With China", *Foreign Affairs*, September/Ocotber 2019. 바이든 행정부 출범 이후 캠벨과 설리번은 '전략적 공존'이 아닌 '전략적 경쟁'으로 표현하고 있다.

111 Zakaria, Fareed, "The New China Scare; Why America Shouldn't Panic About Its Latest Challenger", *Foreign Affairs*, January/February 2020.

112 집필자: 주재우.

113 "关于坚持和发展中国特色社会主义的几个问题", 《中国共产党新闻》, 2019年 3月 31日. 본 연설은 시진핑이 2013년 1월 5일 신진 중앙위원회 위원, 후보위원이 18대 정신을 토론하기 위한 학습회의에서 전해진 것이다.(这是习近平总书记2013年1月5日在新进中央委员会的委员, 候补委员学习贯彻党的十八大精神研讨班上讲话的一部分.)

114 习近平, 《决胜全面建成小康社会, 夺取新时代中国特色社会主义伟大胜利》, 2017年.

115 집필자: 정덕구, 주재우.

116 The White House, "Quad Leaders' Joint Statement: The Spirit of the Quad", March 12, 2021. https://www.whitehouse.gov/briefing-room/statements-releases/2021/03/12/quad-leaders-joint-statement-the-spirit-of-the-quad/

117 Office of the United States Trade Representative, "FACT SHEET: 2021 President's Trade Agenda and 2020 Annual Report", USTR, March 2021. https://ustr.gov/about-us/policy-offices/press-office/fact-sheets/2021/march/fact-sheet-2021-trade-agenda-and-2020-annual-report

118 Robert Wright, "Biden's foreign policy team is full of idealists who keep getting people killed", *The Washington Post*, December 15, 2020.

119 Barry Gewen, "Why Joe Biden Will Confront the Limits of American Power", *The National Interest*, December 23, 2020. https://nationalinterest.org/feature/why-joe-biden-will-confront-limits-american-power-174923

120 김진현, 〈21세기 중화주의 과학기술정책과 한국의 자강〉, 《기술패권 시대의 대중국 혁신 전략》, 한국과학기술기획평가원, 2021.

121 집필자: 이성현.

122 "定中国特色社会主义制度自信",《求是》, 2020年 8月 7日. http://www.qstheory.cn/llwx/2020-08/07/c_1126335989.htm(검색일: 2020년 9월 30일)

123 이는 중국이 서방 민주주의 국가들보다 못사는 이유로 종종 제시되었다. 덩샤오핑은 중국 '사회주의 초급단계'가 2050년까지 지속될 것이라고 했다.

124 "Bring the Insurrectionists to Justice", *Wall Street Journal*, January 7, 2021.

125 "坚持和发展中国特色社会主义是当代中国发展进步的根本方向",《人民日報》, 2020年 12月 11日.

126 "Nearly half of Republicans support the invasion of the US Capitol", *Economist*. January 7, 2021.

127 집필자: 이상현.

128 미국 트럼프 행정부의 〈대중국 전략적 접근 보고서〉, 폼페이오 국무장관의 닉슨 도서관에서의 소위 '반중국 연대 연설' 등.

129 당시 정부 당국자가 언론에 발표한 기권 이유는 "제반 상황을 고려해 공동발언에 불참했다"였다.

130 트럼프는 '미국의 가치'를 훼손하는 대통령이란 평가가 다수인데, 트럼프 행정부가 미중 갈등 속에서 가치외교 노선을 강화한 것도 역사의 아이러니라 하겠다.

131 Policy Planning Staff, *The Elements of the China Challenge*, Washington D.C.: Office of the Secretary of State, November, 2020.

132 집필자: 정덕구.

133 집필자: 이정남.

134 2019년 7월 30일 징예징 교수 심층 면접 자료에 기초함.

135 이정남, 〈5.4운동 100년을 통해서 본 중국 정치체제의 변화: 당국가체제의 '승급'인가? 민주체제로의 전환인가?〉, 《현대중국연구》(제21권 제2호), pp. 83-111. 2019.

136 2019년 8월 3일 샤오궁친 교수와의 심층 면접에 기초함.

137 2019년 8월 3일 샤오궁친 교수와의 심층 면접에 기초함; 2019년 7월 30일 정위에진 교수 심층 면접 자료에 기초함.

138 Nathan, Andrew J., "China's Political Trajectory: What Are the Chinese Saying?" Cheng Li(ed), *China's Changing Political Landscape*, Washington D.C.: The Brookings Institution, pp. 25-43, 2008.

139 兪可平, "中國公民社會的興起及其對治理的意義",《中央編譯局网站》, 2007年 2月 5日. http://www.chinaelections.org/PrintNews.asp?NewsID=117001(검색일: 2009년 6월 12일)

140 이정남, 〈민주주의에 대한 중국의 인식: 비교 역사적 관점을 중심으로〉, 이정남 편,《민주주의와 중국》, 아연출판부, 2010.

141 蕭功秦, "從新權威主義看中國改革40年",《中國戰略分析》(中國戰略分析智庫), 2019年 3月 2日.

142 蕭功秦, "中美關系的新思考",《蕭功秦評論》, 2020年 9月 8日.

143 이 개념은 시진핑 시대의 정치체제를 설명하기 위해 샤오궁친 교수가 제기한 개념이기도 하다.

144 高力克, "中國現代國家主義思潮的德國譜系",《華東師范大學學報: 哲學社會科學版》, 第5期, pp. 9-18, 2010年.

145 주잉(朱穎) 상하이사범대 경제학과 교수는 "중국은 서방모델에서 경제발전에 유리한 점을 취하지만, 중국 자체의 원칙상 공산당의 영도를 배척할 수 없고 경제 자유화 경향을 주장하는 시장경제를 받아들일 수 없다. 시장경제는 중국 경제발전의 수단일 뿐이다"라고 주장한다. 朱穎, "中國非市場經濟地位塵埃落定意味着什么？",《聯合早報》, 2020年 7月 20日.

146 2019년 8월 2일 상하이에서 진행된 심층 인터뷰에 기초한 것임.

147 집필자: 이성현.

148 國務院, "國務院發布〈中國製造2025〉全文", 2015年 5月 8日.

149 상동.

150 중화인민공화국 건국 100주년은 엄밀히 2049년이지만 편의상 숫자가 깔끔하게 끝나는 '2050'을 사용했다. 실제로 중국 문건에는 2049년을 더 강조하기도 한다.

151 2019년 7월 이성현 박사의 인터뷰.

152 "王毅: 中國正在日益走近世界舞台的中央", 《人民政協网》, 2019年 03月 8日. http://www.rmzxb.com.cn/c/2019-03-08/2304277.shtml(검색일: 2019년 5월 2일)

153 시진핑의 '평화롭지 않은 天下'에 대한 시대적 인식은 그의 연설에서도 종종 드러난다. 그는 2013년 4월 보아오포럼 개막식 연설에서 "천하가 여전히 평화롭지 않다(天下仍很不太平)"라고 진단했고, 2015년 9월에 열린 열병식(박근혜 前대통령이 참석함)에서도 "세계가 여전히 평화롭지 않다(世界仍很不太平)"라고 했다. 또한 2017년 7월 30일 건군 90주년 열병식 연설에서도 다시 "천하가 평화롭지 않다(天下并不太平)"라는 발언을 반복했다.

154 中共中央紀律檢査委員會, "强軍之路 (下) -《將改革進行到底》 第八集", 2017年 7月 25日. http://v.ccdi.gov.cn/ 2017 /07 /24 VIDEiPGLXN0a8yJX3wQl0QwY170724.shtml(검색일: 2018년 8월 1일)

155 관련 부분 원문은 다음과 같다. "要辯証看待國際环境和國內條件的變化, 增强憂患意識, 繼續抓住并用好我國發展的重要戰略机遇期, 堅定信心, 把握主動, 堅定不移辦好自己的事." "要保持戰略定力", 《人民日報》, 2018年 12月 14日.

156 金融界, "中央政治局會議: 要辯証看待國際环境和國內條件變化", 2018年 12月 13日. https://finance.jrj.com.cn/2018/12/13164726735477.shtml(검색일: 2018년 12월 14일)

157 "習近平: 在紀念馬克思誕辰200周年大會上的講話",《新華社》, 2018年 5月 4日. http//www.gov.cn/xinwen/2018-05/04/content_5288061.htm(검색일: 2018년 5월 6일)

158 "習近平: 努力開創中國特色大國外交新局面",《新華网》, 2018年 6月 23日. http://www.xinhuanet.com/politics/leaders/2018-06/23/c_1123025806.htm(검색일: 2018년 6월 23일)

159 "爲全面建成小康社會收官打下決定性基础——中央政治局會議傳遞2019年經濟工作伍大信号",《新華网》, 2018年 12月 13日. http://www.xinhuanet.com/politics/2018-12/13/c_1123850409.htm(검색일: 2018년 12월 14일)

160 "堅定戰胜困難, 應對挑戰的意志和決心, 爲保持我國經濟持續健康發展作出新的更大貢獻",《人民日報》, 2018年 12月 14日.

161 김석수, 〈제4장 독일관념론이 한국사회에 미친 영향〉,《요청과 지양-칸트와 헤겔을 중심으로》, 울력아카데미, 2015.

162 신화망 한국어판(2017. 11. 17.), "[인물 특집] 시진핑: 신시대의 길잡이". http://kr.xinhuanet.com/2017-11/17/c_136759507_6.htm(검색일: 2017년 11월 18일)

163 집필자: 이정남.

164 김준영, 〈중국 2018년 헌법 개정의 경과와 주요 내용 고찰〉,《외접논집》(제43권 1호), pp. 139-167, 2019.

165 국가주석 연임 제한 조항의 폐지를 사실상 종신제의 도입으로 이해하는 관찰자들에 대해《인민일보》는 논평을 통해서 해당 조항의 폐지가 종신제를 의미하지는 않는다고 강조했다. 이는 반대로 말하면 그만큼 종신제의 부활로 해석되고 간주하는 분위기가 있다는 의미이기도 하다. "人民日報: 國家主席任期撤限非終身制", http://news.takungpao.com/paper/

q/2018/0302/3547201.html(검색일: 2020년 10월 15일).

166 2021년 2월 4일(현지 시각) 바이든 미국 대통령은 외교정책연설에서 시진핑에 대하여 "뼛속까지 민주주의가 없다(doesn't have a democratic, small d, bone in his body)"고 비판했다. 이 연설에서 바이든이 중국과 관련해 언급한 내용은 지난 1월 29일 미대서양이사회가 익명으로 발표한 〈더 긴 전문〉의 핵심 내용과 일치하거나 적어도 상당히 영향을 받았다는 평가를 받고 있다. 특히 바이든이 취임한 이후 중국에 대해 취한 실제 행적을 보면 더욱 그렇다는 평가를 받고 있다. 曹辛, "從'更長的電報'到拜登的演說 , 新政府的對華政策核心是什么?",《遠見經緯》, 2021年 2月 8日.

167 劉世錦, "改革再突圍 選擇字号",《中國經濟50人論壇》, 2021年 1月 13日.

168 중국에는 현재 4억 명의 중산층이 있는데, 2035년까지 6억~7억 명의 중산층(1인당 연소득 3만 달러 기준)을 형성한다는 목표를 세우고 있다.

169 집필자: 양갑용.

170 중국 정치체제는 여전히 집단지도체제가 유지되고, 1인 지배체제로의 명시적 변화를 보여주지 않고 있다. 이에 대해서는 다음 참고. 조영남, 〈중국 집단지도체제의 제도 분석: 권력 기구의 운영과 구성을 중심으로〉,《국제지역연구》(제28권 제3호), pp. 187-213, 2019; 반면에 제도 변화를 통해서 시진핑 주석의 개인 권력이 강화되고 있다고 보는 견해도 존재한다. 물론 이러한 분석이 시진핑 1인 체제가 확립되었다는 의미는 아니다. 이에 대해서는 다음 참고. 여유경, 〈시진핑의 제도적 조정을 통한 권력과 정당성 강화: 중국공산당 19차 전국대표대회를 중심으로〉,《아태연구》(제25권 제4호), pp. 171-198, 2018. 12.

171 중앙영도소조와 시진핑 개인 권력 강화에 대해서는 다음 참고. 허재철, 〈시진핑으로의 권력 집중 현상 분석: 신설 기구와 언론 보도를 중심으로〉,《지역

과 세계》(제38권 제2호), pp. 125-152, 2014; 서상민, 〈시진핑 시기 중앙영도소조의 연결망 분석과 집단지도체제〉, 《아세아연구》(제58권 제3호), pp. 172-205, 2015.

172 손인주, 〈두려움의 정치: 시진핑 권력 강화의 심리적 동인〉, 《한국정치학회보》(제54권 제1호), pp. 137-160. 2020.

173 "毛澤東: 黨委會的工作方法". http://theory.people.com.cn/n1/2016/0226/c49157-28151895.html(검색일: 2020년 11월 15일)

174 양갑용, 〈시진핑 주석의 '핵심' 지위 획득의 의미: 중국공산당 제18기 중앙위원회 제6차 전체회의〉, 《EAI 논평》, pp. 1-3, 2016.11.

175 예컨대 중국공산당은 당장 개정을 통해서 자본가를 당원으로 받아들일 정도로 매우 유연하다. 권위주의가 교조적이고 매너리즘에 빠졌다는 비판과 달리 중국의 정치체제는 매우 역동적이며 유연해서 밑으로부터의 압력이 오히려 체제 유연성을 제고하고 체제 통치의 정당성을 강화하는 요소로 활용될 가능성도 없지 않다. 물론 이러한 체제 유연성은 당내 합의라는 두터운 명분에 기초한다.

176 집필자: 양갑용.

177 직간접이라는 의미는 직접 의견을 제시하거나 혹은 대리인을 통한 파격 발탁을 의미한다.

178 중국 정치 엘리트의 선발 메커니즘의 변화에 대해서는 다음 참고. 주장환, 〈중국 정치 엘리트 선발 기제 변화 분석-'민주추천제도'를 중심으로〉, 《아시아문화연구》(제53집), pp. 165-186, 2020.

179 중국 정치의 세대별 접근에 대해서는 다음 참고. 주장환, 〈중국 세대별 정치엘리트 유형 변화에 관한 연구: 제1세대에서 제5세대를 중심으로〉, 《국제정치논총》(제52권 제1호), pp. 191-215, 2012.

180 격대지정을 수용하지 않은 이유에 대해서는 다음 참고. 안치영, 〈중국의 간

부 퇴직 제도의 형성과 그 의의〉, 《현대중국연구》(제20권 제3호), pp. 75-113, 2018; 이정남, 〈시진핑(習近平)의 권력 강화와 중국 권위주의 체제의 변화: 경쟁적 독재에서 확립된 독재로의 전환인가?〉, 《중소연구》(제41권 제1호), pp. 7-39, 2017.

181 헌법 규정의 초과 집권 제한 규정의 폐지가 갖는 의미는 다음 참고. 조영남, 〈중국 엘리트 정치의 제도화 과정 분석: 연령제와 민주추천제의 도입 사례〉, 《한국과 국제정치》(제35권 제2호), pp. 213-240, 2019.

182 중앙일보(2020.05.20), 양갑용, "젊은 피의 부상과 시진핑의 새로운 정치".

183 이에 대한 가능성을 제시한 글로는 이상민, 〈중국공산당의 위기관리 정치: '코로나19' 대응의 정치적 논리〉, 《중국지식네트워크》(6월 특집호), pp. 81-137, 2020.

184 "宰相必起於州部, 猛將必發於卒伍", 《韓非子》 〈顯學〉.

185 중앙일보(2021.02.09.), "바이든 '시진핑 뼛속까지 d가 없다' 통화도 전에 돌직구".

186 "OPINION | WASHINGTON AND THE WORLD-To Counter China's Rise, the U.S. Should Focus on Xi A proposal for a full reboot of American strategy toward China", *POLITICO*, Jan 28, 2021.

187 曹辛, "從'更長的電報'到拜登的演說, 新政府的對華政策核心是什么?", 《遠見經緯》, 2021年 2月 8日.

188 집필자: 주재우, 정덕구.

189 이하 집필자: 이성현.

190 이성현 박사의 중국 인사와의 인터뷰.

191 매일경제(2019.06.09.), "青 '中 화웨이와 거래는 기업 자율로 결정할 일'". https://www.mk.co.kr/news/politics/view/2019/06/398182/

192 조선일보(2019.06.13.), "美 '青의 화웨이 발언, 동의 안 한다'". https://www.

chosun.com/site/data/html_dir/2019/06/13/2019061300145.html

193 2019년 이성현의 중국 측 인사들과의 인터뷰.

194 연합뉴스(2020.09.25.), "강경화 '다른 국가 배제 좋지 않아'…'쿼드' 가입에 부정적". https://www.yna.co.kr/view/AKR20200925075000504

195 이 표현은 정덕구 전 산업부장관이 저자와의 토론에서 사용한 용어이다. 맘에 들어 여기서 그대로 사용한다. 학계에서 여전히 현 미중 갈등의 성격을 '냉전'인지 아닌지 기술적 정의에 합의를 보지 못하는 이유 중 하나는 미중 갈등이 진화하는 '현재진행형'이며 그렇기 때문에 유동적 상태이기 때문이다. 적어도 미중 관계가 '냉전만큼 심각한 상황'이란 엄중한 인식의 반영이다.

196 집필자: 정덕구.

197 Hung Tran, "'One World, Two Systems' Takes Shape During the Pandemic", *Issue Brief*, Atlantic Council, September 2020.

198 집필자: 주재우, 정덕구.

199 집필자: 주재우, 정덕구.

200 史春林, "太平洋航線安全与中國的戰略對策", 《太平洋學報》, 第19卷, 第8期, pp. 75-87, 2011年.

201 Chinese Foreign Ministry Spokesperson's Press Briefing, July 8, 2010. http://www.fmprc.gov.cn/chn/gxh/tyb/fyrbt/jzhsl/t714888.htm(검색일: 2010년 7월 11일) http://www.fmprc.gov.cn/chn/gxh/tyb/fyrbt/jzhsl/t716403.htm(검색일: 2010년 7월 16일)

202 해양수산부 보도자료(2017.11.17.), "2018년도 한·중 어업협상 타결…입어규모 축소 등 성과 거둬".

203 한국일보(2020.11.02), "'중국 어선, 북한 바다 못 가' 동해안 어민들 '뿔났다'".

204 서울신문(2021.04.23), "[김규환 기자의 차이나 스코프] 남중국해 주변국 겁박하는 중국 해상민병대".

205 "習近平會見韓國總統文在寅",《人民日報》, 2019年 6月 28日.

206 사드 추가 배치, 한중일 안보협력 강화 문제는 양자 이슈 중 3불 인식 참조.

207 집필자: 정덕구, 주재우.

찾아보기

ㅇ

ㅈ

ㅊ

ㅋ

ㅌ

ㅍ

ㅎ